全国电力行业"十四五"规划教材

船舶与海洋工程电气与信息类系列教材

U0643300

船舶电力推进系统

主　编　乔鸣忠

副主编　朱　鹏　于　飞　魏永清

　　　　曾海燕　张晓锋

主　审　李维波

中国电力出版社

CHINA ELECTRIC POWER PRESS

内 容 提 要

　　本书详细介绍了船舶电力推进系统的相关技术及其主要设备的工作原理、结构组成、操作使用等。全书共分8章，主要内容包括概述、船舶综合电力系统、船舶电力推进系统的机桨特性、船舶推进电机及其控制策略、船舶推进变频器及其调制技术、船舶主推进装置、船舶侧推装置、船舶电力推进监控系统与能量管理系统等。本书注重理论联系实际，体系完整，内容新颖，突出"以人为本"的理念，培养学生的应用能力和创新精神。书中论述力求清晰准确，深入浅出，为便于学生学习和拓展，主要章节都列举了典型装（设）备，每章末有思考题与习题，附录中还提供了船舶电力推进全系统的仿真案例。

　　本书可作为普通高等院校船舶行业电气专业、轮机专业和高职高专相关专业教材，也可作为船舶设计研究单位和船厂技术人员的参考书。

图书在版编目（CIP）数据

船舶电力推进系统/乔鸣忠主编 . —北京：中国电力出版社，2023.9（2024.1重印）
ISBN 978 - 7 - 5198 - 6811 - 6

Ⅰ.①船… Ⅱ.①乔… Ⅲ.①船舶推进—电力系统 Ⅳ.①U664.14

中国国家版本馆 CIP 数据核字（2023）第 146468 号

出版发行：中国电力出版社
地　　　址：北京市东城区北京站西街 19 号（邮政编码 100005）
网　　　址：http：//www.cepp.sgcc.com.cn
责任编辑：冯宁宁（010 - 63412537）
责任校对：黄　蓓　常燕昆
装帧设计：王红柳
责任印制：吴　迪

印　　刷：北京盛通印刷股份有限公司
版　　次：2023 年 9 月第一版
印　　次：2024 年 1 月北京第二次印刷
开　　本：787 毫米×1092 毫米　16 开本
印　　张：15.5
字　　数：375 千字
定　　价：48.00 元

序　言

建设海洋强国是中华民族伟大复兴的重大战略任务，船舶及相关技术是实现"建设海洋强国"这一战略目标所需的关键物质和技术基础。电气系统作为船舶的"血液系统"，是船舶赖以生存的基础，船舶电气工程领域科学技术的进步将极大地促进我国船舶建造和运用水平的提高，为实现建设海洋强国战略目标发挥积极作用。

船舶电气工程是关于船用电气设备和船舶电气与控制系统的设计建造理论、运行控制方法以及工程应用技术的专业学科，是电气科学与技术的重要组成部分。船舶电气工程主要研究对象为船舶以及海洋结构物（如海上石油钻井平台等）上所有与电气有关的基础理论、工程技术与运用方法，涉及船用电机、船舶电力系统及其自动化、船舶电力推进、电力传动控制、电能变换等多个技术领域，具有自己鲜明的特色。

近年来，我国船舶电气工程领域获得了很大的发展，大量新技术应用于船舶电气系统。高品质、大容量、智能化的船舶电力系统产生了新的网络结构、运行模式、保护策略、控制与应急转换方法以及故障重构、接地及保护方案，基于高效率、模块化功率器件的新型电能变换技术，采用网络化、数字控制的船舶机械电气传动控制技术，以高功率密度新型推进电机及控制系统为代表的现代船舶电力推进技术等，在船舶电气系统中得到了广泛应用，显著提升了船舶电气工程领域的技术水平。

为充分反映船舶电气工程领域的技术进步，总结已有科研成果，普及并传播新的理论、方法和科学技术知识，并满足船舶电气工程专业本科教学需求，形成教材的体系化和系列化，海军工程大学电气工程学院组织多名长期从事船舶电气领域教学和科研的专家，编写了一套船舶电气工程专业系列教材。本系列教材充分展示了船舶电气工程领域的基本理论方法、设计制造工艺、最新科研成果和发展动态，可以作为船舶电气工程领域专业技术人员和高等院校相关专业师生的教材和综合性参考书。

张晓锋

2023 年 5 月

前　言

　　船舶电力推进系统是指采用电动机直接驱动推进器（螺旋桨、喷泵等）推动船舶行进的系统，可广泛用于各种民用船舶和军用船舶。与传统的机械推进方式相比，电力推进系统具有噪声低、调速性能好、效率高、可靠性好、重量体积小、布置灵活等优点。

　　船舶电力推进技术的应用历史悠久，随着控制理论、电力电子、电机和材料等技术的发展，电力推进由原来直流推进为主演变到以交流推进为主，过去一直只局限于专用船只的电力推进系统，目前已扩展到几乎所有的民船领域。欧美各国已把电力推进作为新一代舰船的推进方式，采用电力推进已成为船舶动力发展的必然趋势。因此，对于从事船舶动力行业设计、制造和使用的技术人员来说，船舶电力推进系统的相关知识已经成为必须要了解和掌握的专门知识。

　　本书注重理论联系实际，体系完整，内容新颖，突出"以人为本"的理念，培养学生的应用能力和创新精神。书中论述力求清晰准确，深入浅出，为便于学生学习和拓展，主要章节都列举了典型装（设）备，每章末有思考题与习题。附录提供了船舶电力推进全系统的仿真案例，另外通过扫二维码可以获取本书的课件，课件图文并茂，涵盖了本书全部知识要点，并对难点知识进行了细致深入的分析。

　　本书的第 1、2、3 章由乔鸣忠编写，第 4、5 章由于飞和魏永清共同编写，第 6 章由张晓锋和曾海燕共同编写，第 7、8 章由朱鹏和曾海燕共同编写，全书的文字编排和绘图由徐建霖负责。全书由乔鸣忠统稿，张晓锋审阅。本书的部分内容来自课题组培养的博士研究生论文，他们是叶志浩博士、杜承东博士、宋庆国博士、魏永清博士、张成胜博士、蔡巍博士、梁京辉博士，在此向他们表示感谢。

　　本书由武汉理工大学李维波教授主审。同时，本书受到了国家自然科学基金项目（51277177、51407188、51307180）支持。在此一并致谢。

　　由于作者水平有限，同时船舶电力推进技术的发展还在不断深入，许多技术问题本书没有涉及，书中难免有不足之处，敬请广大读者批评指正。

编　者

2023 年 6 月

常用符号表

一、元件和装置用文字符号

ASR	转速调节器	FBS	转速传感器
ACR	电流调节器	IM	异步电动机
G	发电机	SM	同步电动机
T	变压器	LV	电压传感器
VD	二极管	LT	电流传感器
VT	晶闸管	FU	熔断器
V	IGBT	KM	接触器
QF	自动空气开关		

二、参数和物理量文字符号

R	电阻	η	效率
L	电感	σ	漏磁系数
L_m	互感	φ	相位角；功率因数角
L_l	漏感	T_e	电磁转矩
C	电容	s	转差率
Φ	磁通	ω	角频率；电角速度
ψ	磁链	ω_1	同步角频率
P	功率	n_p	极对数
p	微分算子	Ω	机械角速度
f	频率	δ	功率角

目　　录

本书课件

第1章 概　　述

区别于传统的原动机直接驱动螺旋桨的机械传动方式，船舶电力推进是指由原动机拖动发电机产生电能，供给推进电动机，再由推进电动机驱动螺旋桨的间接传动方式。这种推进方式优势较为明显，是当前船舶推进技术的重要发展方向。

本章主要介绍船舶电力推进系统的构成、分类、特点、应用及发展概况。

1.1　船舶电力推进系统概述

1.1.1　电力推进系统的构成

船舶电力推进系统一般由螺旋桨、电动机、发电机、原动机以及控制设备组成，其构成见图 1-1。

其中，原动机 Y 的机械能经发电机 G 变为电能，传输给推进电动机 M，由电动机将电能变为机械能，传递给螺旋桨 J，推动船舶运动。由于螺旋桨所需功率较大，推进电动机不能由一般的日用电网供电，必须设置单独发电机（组）或更大功率的电源。因此电力推进船可设立两个独立的电站，也可设立一个综合性电站。

图 1-1　电力推进系统构成简图
Y—原动机；G—发电机；
M—推进电机；K—控制设备；J—螺旋桨

电力推进用的原动机可以采用柴油机、汽轮机或燃气轮机。目前一般采用高速或中高速柴油机，大功率时采用汽轮机或燃气轮机。

发电机可以采用直流他励、交流同步或交流整流发电机等。

电动机可以采用直流电动机、交流同步电动机、异步电动机或永磁电动机等。

船舶推进器一般采用定距螺旋桨，因为其效率高，尺寸较小，但也可采用其他推进方式，如喷泵、直翼推进器。

1.1.2　电力推进系统的分类

电力推进装置利用旋转电机从原动机向螺旋桨传递功率。由原动机驱动的发电机直接或通过固态整流器或变频器给推进电动机供电，推进电动机直接或通过减速齿轮装置与螺旋桨联轴。由于使用了固态变换器，发电机所发出的供推进电动机使用的电能不必是同一类型，可以是交流电也可以是直流电。因此，船舶电力推进系统可以根据所用的原动机形式、主电路电流种类以及装置的功能进行分类。

1. 按原动机类型分类

（1）柴油机电力推进。柴油机是目前船舶电力推进中最广泛采用的原动机，特别是中小型船舶，采用柴油机较汽轮机更为经济。同时为了减轻重量和减小体积，电力推进一般采用高中速柴油发电机组。

（2）蒸汽轮机电力推进。一般适用于大功率电力推进以及船上本身需要消耗大量蒸汽的

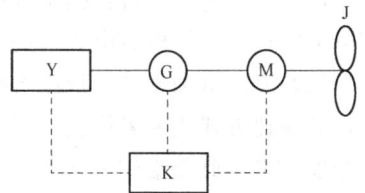

船舶。汽轮机可以使用低级廉价的燃料，降低船舶营运的成本，但汽轮机的缺点是需要蒸汽锅炉，动力装置占用体积大，其重量亦大。

（3）燃气轮机电力推进。燃气轮机具有功率大、体积小、重量轻、结构简单、启动快等特点。

（4）原子能反应堆装置电力推进。把原子能反应堆中产生的热能，通过热交换器，加热蒸汽或惰性气体，然后通过汽轮机发电。作为船舶电力推进，它可以不需燃料储备而航行很长时间，因而特别适用于破冰船、潜艇、远洋船等大中型船舶。

（5）燃料电池电力推进。燃料电池是直接或间接地使用燃料氧化自由能的化学电池，它与通常的电池不同，只要连续供应燃料就能连续产生电能。此外，它工作可靠，无噪声。并可根据需要，任意串、并联。这些优点，使燃料电池在电力推进的应用中具有广阔的发展前景。

（6）太阳能电力推进。利用大型太阳能电池阵列，将采集的太阳能转化为电能，比起传统的推进系统，太阳能电力推进将使用非常少的推进剂。

2. 按电流种类分类

按主回路电流种类可分成直流、交流和交直流系统电力推进。

（1）直流电力推进：按系统调节原理可分为恒压电力推进、简单 G-M 电力推进、恒功率电力推进以及恒电流电力推进等。

（2）交流电力推进：推进电机采用交流电机，包括异步电动机、同步电动机、永磁电动机，其调速方式主要采用交—交变频调速、交—直—交变频调速等。目前，绝大多数电力推进船舶均采用此类推进方式。

（3）交直流系统电力推进：交直流系统采用电力电子技术将交流电源和直流电动机结合成一个系统。

（4）直交流系统电力推进：直交流系统采用电力电子技术把直流电源和交流电动机结合成一个系统。

3. 按推进功能分类

（1）独立电力推进。螺旋桨专由推进电动机带动，主发电机除给推进电动机供电外，有时尚可把一部分电能供给船舶电网。

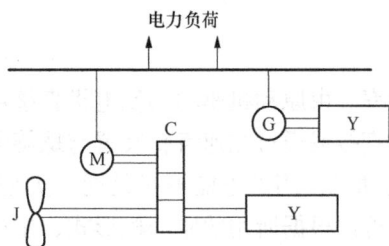

（2）联合动力推进。联合动力推进方式如图 1-2 所示，它可以有四种工况：

1）螺旋桨由推进电动机带动（此时主机与螺旋桨脱开），作低速航行。

2）螺旋桨由主机（原动机）直接带动（此时推进电动机与螺旋桨脱开）。

3）螺旋桨由主机（原动机）与推进电动机共同带动，作高速航行。

4）在航行时推进电动机由主轴带动，作发电运行，把电能回馈给电网（相当于轴带发电机）。

电力负荷

图 1-2　联合动力推进
Y—原动机；G—发电机；
M—推进电机；J—螺旋桨；C—齿轮箱

（3）特种电力推进。特种电力推进有侧推电力推进、全回转吊舱电力推进、超导电力推进、磁流体电力推进和泵喷电力推进等类型。

（4）综合电力推进。采用电力系统集成技术来实现船舶电能的产生、输送、变换、分配以及利用，以满足船舶推进、日用负载、大功率脉冲负载等负荷的需要。它将船舶发供电与推进用电、船载设备用电集成在一个统一的系统内，从而实现发电、配电与电力推进用电及其他设备用电统一调度和集中控制。

1.1.3　电力推进的特点

与直接或带齿轮推进相比，电力推进的主要优点有：

（1）布置安装灵活。大型船舶的原动机几乎是毫无例外地安装在船尾的下部空间，同时需要一根较长的传动轴系连接螺旋桨。而电力推进的电动机通常和螺旋桨靠得很近，省去了传动轴系，相应地节省了空间；发电设备可以根据全船的配置合理安排，不受推进电动机和螺旋桨的限制。可以在机舱整个空间内立体布置，既方便灵活，又充分利用了机舱舱容。如果从消防和安全性方面考虑，还可以把发电机分成几组布置在不同的舱室内。

（2）易于获得理想的拖动特性，提高船舶的技术经济性能。

1）低速特性。柴油机的调速比一般为 1∶3，因此采用直接推进时，不容易获得低速度（额定转速为 250～300r/min 时，稳定低速不可能低于 90～120r/min）。而电动机的调速比可达一比十甚至一比几十，故采用电力推进时螺旋桨可以获得很低转速（4～5r/min 以下），有利于船舶实现机动航行，比如稳定低速接近目标、靠离码头等。

2）动车停车等的快速性。电动机的启动、停止与反转均比柴油机迅速，因此螺旋桨动车停车及倒车速度很快，有利于提高船舶的机动性。

3）恒功率特性。船舶在航行过程中，由于风浪等因素的影响，阻力经常发生变化。采用电力推进装置可以在阻力经常变化的条件下，始终维持动力设备（柴油机或发电机、电动机）处于恒功率运行，使动力设备的效率保持在较高的水平上，以利于充分发挥动力设备的效能（即充分利用设备的装置功率）。

4）恒电流特性。电力推进装置的主回路电流可以采用一定的调节措施使其保持一定的数值不变，这就有可能在主回路内串接若干个电动机，这些电动机可以独立调节而彼此不受影响。这一特性对某些工程船特别适合。这些船具有容量相近而不同时使用的若干个负载，将他们的拖动电动机电枢串接在一条主回路内，由公共的发电机组供电，可以使发电机组的装置容量大大减小。采用恒电流系统时还具有电动机过渡过程较快、工作可靠、操纵灵活、系统无过载危害等特点。

5）堵转特性。当螺旋桨被绳缆、冰块等卡住时，由于采用电力推进，系统具有"堵转特性"，在短时内不必断开电动机，待到卡住的原因消除以后，螺旋桨很快恢复正常运转，消除了系统经常"断开—接通"的弊端。

（3）可以采用中高速不反转原动机，降低了设备重量、体积。螺旋桨的转速不能太高，通常在 300r/min 以下，否则其效率将降低，因此在直接推进时，原动机若为柴油机时，它的转速就不可能做得较高，只能采用所谓重型低速柴油机。其特点是功率大，速度低，因而重量、尺寸大。如果采用电力推进装置，则可用轻小的中高速柴油发电机组，柴油机也不必采用可反转的，这样便可大大降低原动机的重量和体积。

中高速柴油机重量轻、尺寸小，便于舱室布置。不反转柴油机结构简单、运行可靠、寿命长。在其他条件相同时，不反转柴油机比可反转柴油机的寿命要长得多。已有资料显示，柴油机每反转一次的磨损与它工作 16h 的磨损相当。由于原动机不必反转，因此电力推进装置也为燃气轮机的广泛应用创造了良好条件。

（4）操纵灵活，机动性能好。采用电力推进易于实现由驾驶室直接进行船舶的操纵，使船舶的操纵十分机动灵活。对于直接推进，一般是由驾驶室通过车钟向机舱传递主机操作指令，由主机操作人员按指令操纵柴油机，然后通过车钟向驾驶室回令。这样不但来车速度慢而且很容易产生误操作。若采用电力推进，驾驶人员只需在驾驶室操纵驱动推进电机的调速装置即可实现对船舶的操纵，大大减少了误操作的可能性。

电力推进装置的操纵过渡过程比直接推进的大大缩短（来车快），因此它应付紧急状态的能力较强，极大地增加了航行安全性。

（5）可靠性高。可使用多台发电机组和电动机，从而确保较大的可靠性，因为丧失一台装置不致引起电力的全部丧失。同时，进行多台小容量装置的维修比进行单台大容量装置的维修更高效、更容易。

（6）振动小。摒弃了传动轴系和调速齿轮箱，较少的螺旋桨振动传递到原动机上。

（7）适用性强。除提供推进电力外，还可利用发电机组给其他日用负载供电。

（8）燃料经济性。由于可以完全关闭一些发电装置，且另一些发电装置在接近满载和高效率下运行，因此在减小了功率时，燃料的经济性是极好的。通过使用固态变换器控制电动机转速，发电机在其最佳转速下运行，使原动机获得最高效率。

与直接或带齿轮推进相比，电力推进的缺点主要有：

（1）在最高速度时的总效率通常较低。

（2）采用电气设备可能引来一些需要防避的附加危害，如电气设备中可能的火灾，故障引起的扰乱（闪络、短路和接地）、电击造成的人身伤害等。

（3）电力推进装置需要受过较好训练且具有较高技能的操作人员。

（4）需要种类繁多的备件。

1.2　船舶电力推进系统的应用

电力推进系统多数应用在具有下列特点的船舶上：

（1）需要高度机动性能的船舶。

（2）需要有特殊工作性的船舶。

（3）具有大容量辅助机械的船舶。

（4）军用船舶。

在下述一些船舶上采用电力推进尤其具有突出的优点，国内外均有应用实例：

1. 渡轮

电力推进易于集中控制，可在驾驶室直接操纵船舶。采用电力推进后，除了船尾部装设推进器外，尚可方便地在船首及左右舷装设侧向推进器，使渡轮在港口要道和狭窄航道中能快速灵活和安全地航行，也使靠离码头的操作快速准确、可靠。"烟大"渡轮是国内首次采用全电力推进系统的载火车、汽车和旅客的客滚船。

2. 挖泥船

耙吸式挖泥船在采用电力推进时，挖泥机械（大功率泥泵）不必由专用的原动机带动，动力装置的功率可以给耙吸工作和推进工作随意分配使用。即在耙吸挖泥时，船舶低速航行，主发电机除把一小部分电能供推进装置外，大部分能量供给泥泵。不进行耙吸操作时，船舶可利用全部电能高速航行，提高了电能的利用率。这样可减少原动机组数量，提高动力装置的经济性，还可简化机舱值班和维护工作，提高船舶生产率，降低挖泥成本。如链斗式挖泥船，在需要自航时，也常利用挖泥机械的电力作为推进动力。

3. 破冰船

电力推进在低速时能发出大推力，可出色地完成破冰任务。它的堵转特性使机组不会超载，并在螺旋桨被冰块卡住时也不会发生事故。电力推进装置的快速机动性能和恒功率自动调节性能，也改善了破冰船的工作效率。

4. 起重船

在自航式起重船上，可利用起重机械的电力作为推进动力。如我国自行设计、制造的50t 起重船，装有两台 55kW 柴油发电机组；起重作业时，供电给起重机械；在航行时，供电给两台 55kW 推进电动机，航速约为 3Kn。

5. 渔轮

可以根据各工况的不同要求，方便地把电能适当分配至推进、捕捞和冷藏机械，以节省一些专供辅机（如拖网机、冷藏机）的发电机组。如拖网渔船，在寻找鱼群时，只需在经济航行工况运行，推进装置耗用一部分电能，在拖网捕鱼时，除将部分电能供低速推进外，其余可供给拖网机械与其他设备，在捕捞完毕返回基地时，可把全部电能供给推进装置，全速返航。

6. 拖轮

电力推进装置具有宽广的调速范围，故可保证从自由航行状态到拖带状态都发出全功率，获得拖航工作的最佳效率。此外，在拖带过重时，还可实现堵转，避免事故的发生。由于电力推进可以方便地在驾驶室控制，保证了操作的正确和拖曳的安全。对港口拖轮，就更为适宜。

7. 调查船、测量船

这些船上的甲板机械、附属设备和科研仪器，往往需要大量电能，它们可以与电力推进装置一起从主发电机组中获得电能。电力推进具有较高的机动性、低速航行特性等，这些对于航行状态多变、航区复杂的调查船和测量船都是必不可少的。

8. 消防船

消防船在急驶火场时，必须把主发电机的全部功率用于推进，在到达火场后，只需把少量的电能供低速推进，在火场周围缓行，而把大部分电能供给消防泵。电力推进不仅可以减少消防船上原动机数量，而且可以在驾驶室集中控制，获得良好的机动性和操纵性，使消防船处于最佳灭火位置，出色完成消防任务。

9. 救捞船

同消防船相似，在急驶救生地点后，救生打捞设备（如空压机、绞车等）可从主发电机组获得大量电能。

10. 领航船

采用电力推进，可精确地控制低速推进，使船的位置保持不变，在恶劣的气候条件下移动时，电力推进还可增加安全性。由于领航船的工作包括了一段相当长的低速航行，采用电力推进后，可以只开一部分机组，减少燃料消耗，提高经济性；在一定的燃料储备下，减少返航添加燃料的次数，增加营运时间。

11. 布缆船

在敷设电缆时，需要稳定正确的航向和较大调节范围的低速推进。采用电力推进，就可以达到上述要求，同时还可降低推进速度，将剩余的电力用于布缆作业。

12. 航标工作船

在敷设和维修航标时，需要低速电力推进，使船舶逐渐靠近和保持在航标敷设的位置，进行作业。我国沿海航标船大都采用电力推进。

13. 水下作业船只

由于在水下无法采用柴油机等需氧气的原动机，因此，水下作业船只通常都采用蓄电池供电的电力推进方式，如潜艇、潜水器等。

14. 大型邮轮

直接由变频器控制的电动机推进驱动装置，使轮机布置方便、紧凑；增加客轮房间，减少噪声，使乘客生活更舒适。如美国的"幻想号"，日本的"Crystal Harmonuy 号"等。

15. 现代化的军用舰船

现代化的军用舰船一方面需要较强的机动性，另一方面也会配备电磁炮、激光、微波等高能武器和电磁弹射等高能量的装备。采用电力推进后，用电动机驱动船舶推进器，控制灵活，调速方便，船低速航行时，可将大量的能量用于高能武器和高能量装备。如英国建造的45 型驱逐舰、美国建造的福特级航空母舰等一批新式战舰都采用了电力推进。

1.3　船舶电力推进技术发展趋势

1.3.1　电力推进技术发展概况

船舶电力推进并非新名词，这一术语出现于 1838 年，迄今已有 160 余年的历史。船舶电力推进随船舶航运事业和电气、电力电子技术的不断进步而发展。在 20 世纪初期，交流和直流电力推进系统就已在船舶中应用。回顾电力推进的发展，大致有以下几个阶段：

1. 试验时期

19 世纪末期，在德国和俄国最先开始以蓄电池为能源的电力推进应用试验，此后第一代电力推进在 1920 年投入使用，结果在小客船横渡大西洋上效果明显。这个时期大约从电动船诞生一直延续到 20 世纪初，在此期间的电力推进大多采用蓄电池作动力，用直流电动机作推进电机，功率在 75kW 以下。

2. 广泛应用时期

20 世纪 20 至 30 年代，尽管大功率蒸汽轮机作为船舶原动机的技术已经成熟，但由于机械加工水平和能力的不足，从民用货轮、客轮及油轮到航空母舰等大功率船舶，多采用电力推进。电力推进出现过广泛应用的流行期，除潜艇、破冰船等特殊工程专用船舶外，仅美国就有 226 艘护卫舰与 488 艘民船采用电力推进。美国建造的"新墨西哥"号电力推进战列舰，采用汽轮机发电，异步电动机推进的总轴功率已达到 4000～22000kW。

3. 萧条时期

从 40 年代后期开始，由于机械加工技术的进步，特别是齿轮传动装置加工能力的提高，蒸汽轮机和柴油机朝大型化发展，批量生产能力也得到了提高，而当时的电力推进却由于技术条件的限制，装置大而笨重，效率低，成本高，严重限制了其广泛应用。因此大部分水面船舶均采用蒸汽轮机、柴油机和燃气轮机及各种联合动力装置推进。只有那些作业时需要大功率电源的船舶仍旧采用电力推进，电力推进进入了萧条时期。但是在此期间，电力推进技术仍在不断进步。

50年代，电力推进出现了可调速的"发电机－电动机"直流系统，调速利用电机励磁回路的可变电阻来实现。

60年代，半导体技术可以保证由晶闸管系统来控制励磁，推进了电力推进系统的发展。60年代中期，出现了带变距桨的交流电力推进。

70年代，电力推进的特征是借助大电流的半导体元器件，将用于船舶总电网工作的三相交流发电机电流传递给电力推进装置，但是，船舶直流推进电动机有换向器和电刷，在使用中存在许多缺点，如大负载和反转时出现火花、换向器磨损、电刷烧毁、产生电磁干扰以及难维护等。由于在当时条件下变频技术还是新鲜事物，所以可获得的交流推进装置不能提供必要的容量，交流换向器电动机具有与直流变速系统相同的缺点。

4. 蓬勃发展时期

80年代以后，通过改变供给电动机的电流频率和电压来调节推进电动机转速的交流推进系统取代了直流推进系统，借助逆变器和变频器来实现的各种推进方案得到广泛应用。采用更紧凑和更轻便的同步电动机和异步电动机可以使系统获得更高频率，大大简化设备的维护。采用现代交流变换器技术的以下两个系统已获得广泛应用：

(1) 带直接变频器和安静型同步推进电动机的系统，适合1～40MW功率使用；

(2) 带具有中间直流环节的变频器和异步推进电动机的系统；电动机转速范围为800～1500r/min，并具有与推进轴连接的减速传动装置，这种类型的推进装置适合于7～8MW功率使用。

20世纪后期，功率电子器件制造技术不断提高，控制技术不断完善，大大地推动了商用船舶电力推进技术的应用水平，更大地提升了电力推进系统的有效功率等级，电力推进在民船应用领域出现了前所未有的发展盛世，电力商船的应用范围日益扩大。

另外，船舶在推进结构上从燃气轮机、柴油机或核动力等单机配制到多种原动机混合配制；功率等级上从百千瓦级到数十兆瓦级不等；推进模式上更加多样化，如用途广泛的吊舱式推进。由于采用了脉宽调制和循环变频等控制技术，电力推进中推进电机的控制更加可靠，船上各种设备的用电品质得到保证。上述一系列变化使电力推进成为船舶推进技术的发展趋势。

1.3.2　电力推进技术现状及发展趋势

进入20世纪末期，世界各国都热衷于研究船舶电力推进技术，新造的船舶80%以上都采用了电力推进，而且比例越来越高。另外，造船强国也纷纷提出了电力推进技术的研究计划，如美国提出了船舶综合电力系统（Integrated Power System，IPS）的研究计划，英国提出了船舶综合全电力推进系统（Integrated Full Electric Propulsion，IFEP）研究计划等。

我国在20世纪设计和建造的电力推进船舶主要采用传统的直流推进技术，到了20世纪末期，我国也开始研究以综合电力系统为背景、具有现代技术的交流电力推进船舶，国内建造的第一艘交流电力推进船是上海爱德华造船有限公司为瑞典DONSOTANK公司制造的"帕劳斯佩拉"号化学品船，于2000年投入运营；2002年12月广船国际为中远广州公司建造的半潜船"泰安口"号正式交付使用。该船采用了先进的吊舱式的交流电力推进系统，目前它的姊妹船"康盛口"号也已经投入运行。上述船舶均由国外公司设计,仅在国内厂家建造。国内自行设计的第一条具有现代技术的交流电力推进船是由上海船舶研究设计院设计,江南重工建造的科学考察船,于2005年在南海投入使用,上海船舶研究设计院还为铁道部设计了两艘交流电力推进的客滚船"烟大"渡轮,该船由天津新港船厂建造,船长182.6m,宽24.8m,满载排水量16299t,服务航速18Kn,抗风浪能力为8级,2006年建成使用。

电力推进系统主要由推进电机、推进变频器、推进负载和监测与控制系统等组成。这些装置的应用现状及发展趋势如下:

1. 推进电机

按电机类型,推进电机分为直流推进电机、交流推进电机、永磁推进电机和超导推进电机。在水面船舶电力推进中是交流推进电机占主导地位,在单机功率5000kW以内以异步电机为主,单机功率超过5000kW以同步电机为主。在水下作业船只(含潜艇)电力推进中直流推进电机目前占主导地位。

随着电机设计技术和永磁技术的发展,永磁电机由于其功率密度高,结构简单,已逐步进入船舶推进领域,并有取代传统的电励磁交流电机的趋势,超导推进电机也将是未来的发展方向之一。

2. 变频调速装置

以主电路结构形式来划分,船舶电力推进变频调速装置最常见的类型主要有四种:整流器或斩波器、交—交型循环变频器、交—直—交电流源型变频器(又称同步变频器)、交—直—交电压源型变频器(又称PWM变频器),它们可驱动不同类型的推进电机。

随着电力电子器件的发展和控制理论的日益成熟,电压源型脉宽调制变频器的拓扑结构越来越多样化,控制技术也越来越先进,其优势越来越明显,已逐步成为变频调速装置的主流技术。

3. 推进器

船舶推进器的方式多样,主要有:螺旋桨推进、喷水推进、直翼推进、磁流体推进等。螺旋桨方式应用最为广泛,主要有三种形式,即常规轴系推进装置、全回转舵桨推进器和吊舱推进器。

目前,常规轴系电力推进、Z型电力推进装置和吊舱式推进系统都有大量应用,在一些机动性、定位能力等要求高的场合,Z型电力推进装置和吊舱式推进系统应用较多。

4. 监测与控制系统

电力推进监测与控制系统主要涉及电力推进系统、执行机构系统、传感器系统和控制计算机系统。设计与制造的任务则是按工程标准规范,将这些子系统进行有目的的整合,完成满足要求的监测与控制功能。

随着计算机技术的发展,电力推进监测与控制将会越来越先进,并逐步向智能化的方向发展。

小　结

船舶电力推进系统一般由螺旋桨、电动机、发电机、原动机以及控制设备组成,与直接或带齿轮推进相比,电力推进系统具有布置安装灵活、振动噪声小、经济性能高、操纵灵活、机动性能好、可靠性高等一系列的优点,目前已广泛应用于民船和军用船舶。

思考题与习题

1. 船舶电力推进与常规推进有什么区别,其特点是什么?
2. 船舶电力推进系统由哪几部分组成?
3. 船舶电力推进系统可以分成哪几类,各有什么特点?
4. 电力推进主要用在哪些船舶? 能否结合实际船舶,分析电力推进的优势?
5. 电力推进装备有哪些? 试述其现状及发展趋势。

第2章 船舶综合电力系统

采用电力推进的船舶，电站容量大、电网结构复杂，一般采用综合电力系统的运行模式。本章主要介绍综合电力系统的基本概念、结构组成、特征、基本要求和参数，分析综合电力系统在船舶中的典型应用。

2.1 船舶综合电力系统的组成

综合电力系统（Integrated Power System，IPS）是指采用电力系统集成技术来实现船舶电能的产生、输送、变换、分配以及利用，以满足船舶推进、甲板机械、舱室机械、照明等负荷的需要的系统。它将船舶发供电与推进用电、船载设备用电集成在一个统一的系统内，从而实现发电、配电与电力推进用电及其他设备用电的统一调度和集中控制。

船舶综合电力系统主要包括发电、配电、电能变换、电力推进、监测与控制等。综合电力系统根据功能可以划分为发电模块、配电模块、电力变换模块、推进模块、储能模块、电能控制模块以及日用负载模块。其构成见图2-1。

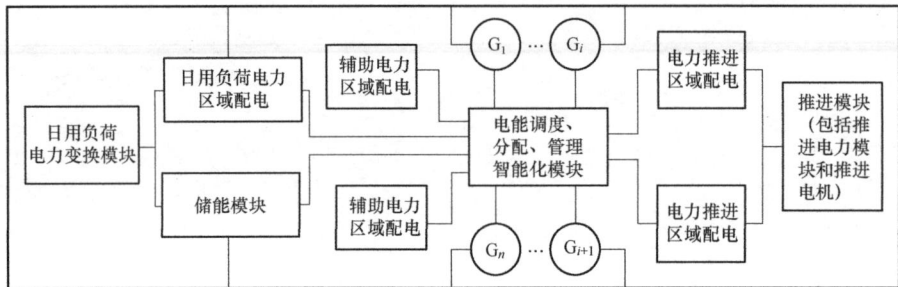

图2-1 船舶综合电力系统典型示意图

2.1.1 发电模块

1. 原动机

综合电力系统发电模块的原动机主要有柴油机、蒸汽轮机、燃气轮机、原子能反应堆装置和燃料电池五种形式。

2. 发电机

发电机主要有电励磁同步发电机、永磁发电机、异步发电机和超导发电机四种形式。

电励磁同步发电机是船用发电机组的成熟产品，从几十千瓦到300MW都有成型产品，在船舶电力系统中应用广泛。

永磁发电机和异步发电机具有功率密度高的突出优点，主要用高速整流发电机，功率等级可达到数兆瓦级。

超导发电机也具有功率密度高的突出优点，但是尚有很多关键技术未突破，技术比较复杂，可靠性没有保证，目前难以取得实际应用。

2.1.2　配电模块

船舶配电系统由主配电系统以及应急、事故、局部专用配电系统组成，按照分级、分区原则进行设计。主配电系统一般设置有主配电板、区配电板、分配电板、配电箱等配电装置。配电网络是指主配电板、区配电板等配电装置及其连接方式，其主要任务是合理配置电能，采取各种有效措施来保证全船用电设备得到最可靠的电力供应。为了提高船舶供电生命力和可靠性，各国都不断对配电网络进行研究，配电网络结构呈现出很大差异，综合来看，主要包括干馈式、环形、网形、交流区域式、直流区域式五种配电网络结构及其衍生形式。

1. 干馈式配电

干馈式（又称辐射式）配电是干式和馈式配电网络的复合形式，如图 2-2 所示。主配电板之间、主配电板至区配电板、区配电板至分配电板、配电箱为干式，各配电板、配电箱至下层配电装置或负载为馈式。根据主配电板之间连接方式的不同，干馈式配电网络又可分为单跨接线、双跨接线、两两跨接等形式。

干馈线制配电系统技术成熟，应用广泛，但

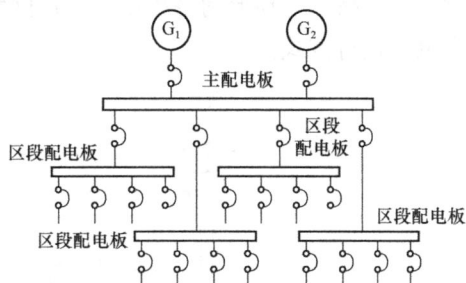

图 2-2　干馈式配电结构

是这种配电方式电缆用量大，穿舱电缆多，供电生命力较低，供电连续性不高。

2. 环形配电

环形配电采用母联开关、跨接开关和跨接电缆，将主配电板连接为环形结构，分为开、

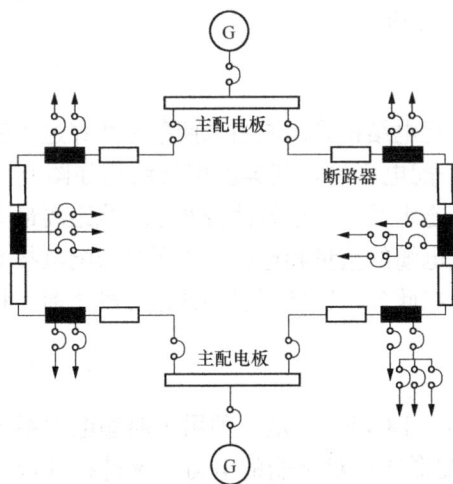

图 2-3　环形配电

闭环两种运行方式，图 2-3 为闭环结构。开环运行方式不构成电气闭环，但是可以增加供电通路，网络重构方式灵活，供电生命力较高，在高端民用船舶、大中型船舶上应用较为广泛。闭环运行方式构成电气闭环，任意一点发生断路故障时，不影响负载供电；发生短路故障时，保护装置迅速切除短路故障点两端的电气连接，不影响其他区域的不间断供电，供电生命力更强；发生短路故障、过电流或某台发电机组退出运行等大扰动时，系统的电压和频率跌落相对较小，电力系统的稳定性更强。但闭环运行时，常规的反时限电流保护不能实现保护的选择性，必须增加差动保护、方向性电流保护，并添加复杂的网络重构功能。

环形配电形式与干馈式配电相比，馈电通路增加，供电生命力有所提高，但是环形配电网络的保护比较复杂，横向保护与纵向保护协调较为困难，尤其是对于负载中心达十多个的大型船舶，日用电网采用环形网络时保护更加复杂，不能简单地通过断路器动作值的整定完成故障隔离和重构，需要像陆用大电网那样采用复杂的保护系统完成故障诊断、保护控制策略决策及网络重构控制功能，这对综合监控系统和保护开关都提出了较高的要求。因此，一般主电网采用环形配电形式提高供电生命力，而负载中心很少采用环形配电形式，大多采用

干馈线式，重要负载采用多路供电。

3. 网形配电

　　网形配电是由环形网络发展而成，是环形网络的一种更高形式。当船舶吨位较大，发电机组和负载较多，主配电板数量达到5～8个时，仍然采用单个环形网络就会影响网络运行灵活性，在单个环形网络的基础上增加部分主配电板之间的跨接线，将单环分割为多环是自然的解决方式，于是形成了网形配电网络。其典型网络结构如图2-4所示。主配电板连成"8"字形，相当于两个环形网络，应急配电板通过跨接线与4个主配电板跨接，又形成数个小型环形网络。与环形网络相比，网形网络的运行管理、保护更加复杂，也采用开环运行，限定网络运行方式。

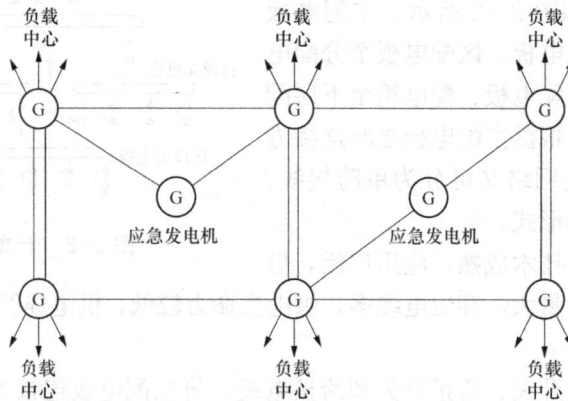

图2-4　网形配电网络结构

4. 交流区域式配电

　　交流区域式配电是区域配电的一种形式。区域式配电结构采用左右舷两条母线穿过水密舱，并综合考虑防火区域的划分，将船体分割成数个配电区域，其典型网络结构如图2-5所示。一条主要母线位于吃水线以上，而另一条位于吃水线下，这就使得两条母线距离最大化，提高了安全性。另外区域式配电结构也可以降低电缆的重量和造价。采用区域配电技术后，船舶可以在建造各舱段时就独立进行电缆布置，在此分段连接到船的其他分段之前，将所有在本分段的设备连接好并供电。

5. 直流区域式配电

　　直流区域式配电（DC Zonal Electric Distribution，DCZED）是一种用于船舶电力系统的新型配电技术。它以直流为主要的电能传输和分配形式，对全船的电力系统进行区域划分。其典型网络结构如图2-6所示。以电力电子变流装置为核心元件，利用现代电力电子变流技术，将整流器、逆变器、斩波器等变流装置组成合理、高效的配电网络，向用电负载提供不同电制（交流或直流）、不同频率、不同幅值需求的电能。

　　直流区域配电与交流区域配电相比具有下列优势：

　　（1）采用直流区域配电系统后，可采用两组二极管接在逆变器前作为转换开关，转换时间很短，而交流电力系统的转换开关引起的断电时间可达到几秒，甚至是十几秒。另外，各变换器模块均可实现故障诊断及自动保护功能，比机械式开关动作迅速，可防止故障扩大，所以直流配电系统的供电连续性好。

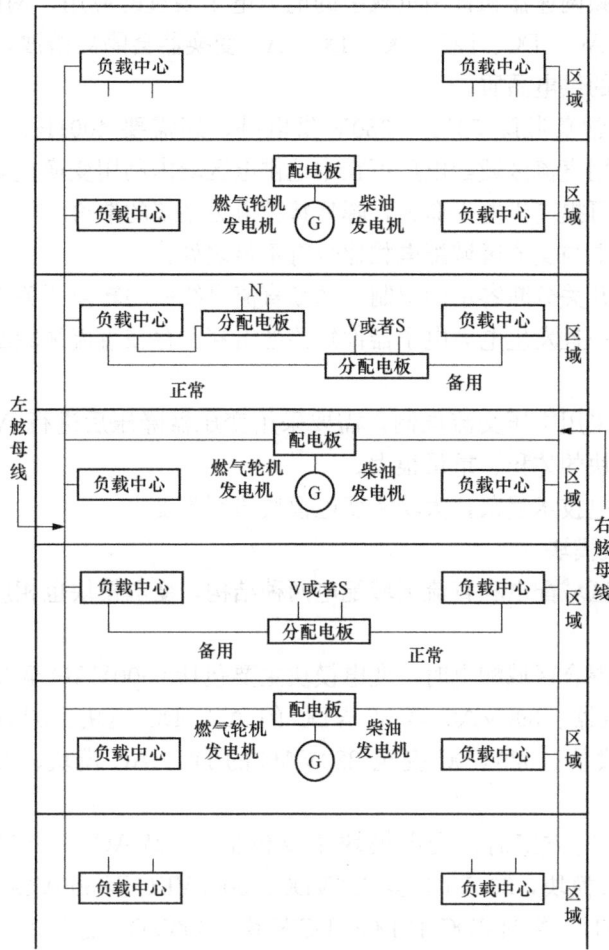

图 2-5　交流区域配电结构

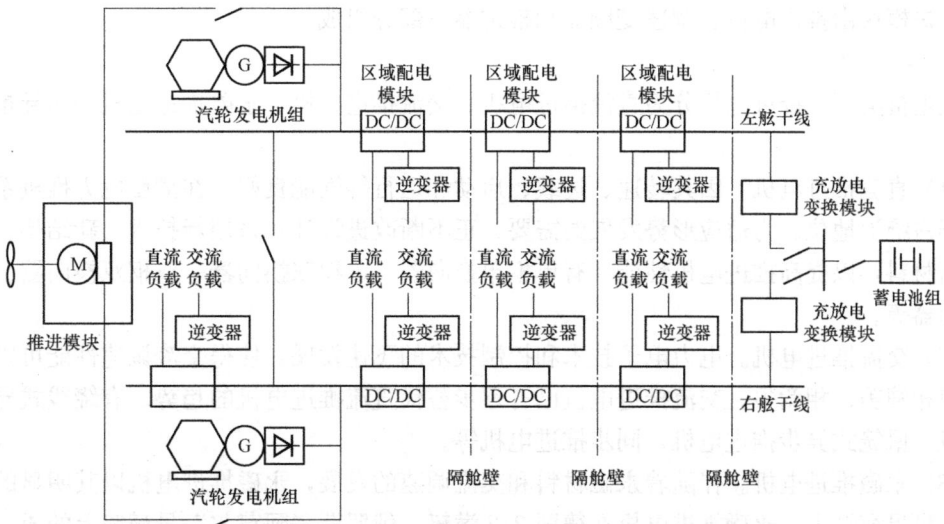

图 2-6　一种基于直流区域配电系统的综合电力系统结构

（2）由于推进变频调速器和日用负载中的电力电子装置的应用，网侧会产生大量谐波，而直流配电网络中的AC—DC、DC—DC、DC—AC变换器会隔离谐波，减小畸变率，因此直流配电可提高负载的供电品质。

（3）由于船舶日常负载除50Hz、380V供电外，还需要400Hz、50Hz、220V、直流24V等供电要求，采用直流区域配电后可在本地供电区域内利用变换模块进行变换，取消分布全船的特种电网，可提高供电生命力，降低特种电力系统的造价。

但是直流区域配电与交流区域配电相比也有不足之处：

（1）受直流转换开关分断容量的限制，两舷直流母线中的转换开关不能带载操作，不能分断短路故障电流，一旦发生电力电子器件短路性击穿，存在直流区域配电系统无法自动保护的隐患。

（2）由于主电网采用中压交流电制，需要采用变压器降压后进行AC—DC变换，直流区域配电系统中各模块的体积、重量很大。

（3）直流区域配电技术复杂，大功率变电模块研制难度大。

2.1.3　电力变换模块

依据交直流混合区域配电和直流区域配电两种结构，变电模块也相应地分为两种不同类型：

（1）采用交直流混合区域配电时，变电模块主要包括6600VAC至390VAC或690VAC至390VAC日用变压器、390VAC至320VDC的AC—DC模块、320VDC至110VDC或24VDC的DC—DC模块、320VDC变至220VAC的DC—AC模块、320VDC变至400Hz AC的DC—AC模块。

（2）采用直流配电方案时，变电模块主要包括6600VAC至800VDC、3700VAC至5000VDC的AC—DC模块，800VDC至600VDC、5000VDC至600VDC的DC—DC变压模块，600VDC至110VDC或24VDC的DC—DC模块，600VDC变至390VAC、4000VDC变至390VAC的DC—AC模块，600VDC变至400Hz AC的DC—AC模块。

2.1.4　推进模块

推进模块由推进电机、调速变频器和推进器三部分组成。

1. 推进电机

按电机类型，推进电机分为直流推进电机、交流推进电机、永磁推进电机和超导推进电机。

（1）直流推进电机。因其转速、过载、启动和运行等性能良好，在潜艇电力推进系统中至今仍占统治地位。为适应形势发展的需要，正不断改进设计，采用新技术、新结构、新工艺、新材料，以提高推进电机性能。有单枢单换向器、单枢双换向器、双枢双换向器、双枢四换向器等。

（2）交流推进电机。电力电子技术和控制技术的飞速发展，使得交流调速性能可以与直流调速相媲美、相竞争。交流推进电机已有逐步替代直流推进电机的趋势。有绕线式异步推进电机，鼠笼式异步推进电机，同步推进电机等。

（3）永磁推进电机。伴随着永磁材料和交流调速的发展，永磁推进电机以其明显的优势展示在世界海洋上。永磁推进电机在德国212潜艇、俄罗斯"阿莫尔"号潜艇上的成功应用以及美国、英国、法国等各国在实用化研究上的累累硕果，有力地证明了它是近中期首选的动力装置，是船舶直流推进电机的更新换代产品。永磁推进电机按气隙磁通方向，可以分为径向磁通永磁电机、轴向磁通永磁电机和横向磁通永磁电机；按电枢绕组反电势波形，可分为正弦波永磁电机和方波（梯形波）永磁电机。

（4）超导推进电机。因为高温超导材料的发展，引起世界各国的青睐，是中远期可提供高效、大功率动力的推进电机。超导推进电机有超导单极电机、超导同步电机，超导异极电机（即超导换向器式直流电机）、特种超导电机等。其中超导单极电机、超导同步电机具有一定的研究基础，较为成熟。

2. 调速变频器

综合电力系统采用的变频器主要有交—直变频器、交—交循环变频器、同步变频器、电压源型脉宽调制变频器等，其结构如图 2-7 所示。

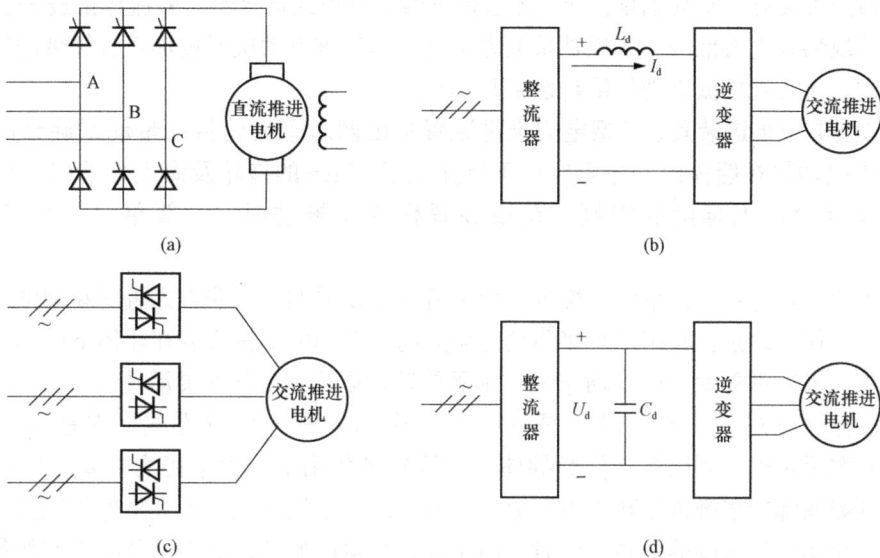

图 2-7 调速变频器

(a) 交直变流器；(b) 同步变频器；(c) 交—交循环变频器；(d) 电压源型脉宽调制变频器

（1）交—直变频器，控制对象为直流电动机。在船舶电力推进应用中，桥式全控晶闸管整流器给直流电动机供电，具有可控的电枢电压，实现直流推进电机的调速功能。

（2）交—交循环变频器，控制对象为感应或者同步电动机，主要用于速度极低扭矩极高的场合，例如破冰船等。另外，这种变频器的功率密度较低，输出谐波大，导致较大的振动和噪声。

（3）同步变频器（又称电流源逆变器或者负载换向逆变器），控制对象为同步电动机，主要用于同步电动机变频调速控制，其技术发展已经十分成熟。由于它主要采用晶闸管作为主开关器件，因此在电压、功率等级和经济性方面具有优势，所以很多采用电力推进的大型民船如油轮和客轮等都采用这种结构的变频器。它的主要缺点是功率密度不高，同样存在噪声和振动较大的问题。

（4）电压源型脉宽调制（PWM）变频器，控制对象为感应电机、同步电动机或者永磁电机。该类变频器在功率密度、输出谐波、控制性能等方面比其他几种类型的变频器具有更多的优点。另外，它的控制对象也更加灵活，可以是感应电机、同步电机或者是永磁电机。电压型PWM变频器对电网电制和推进电机的类型都没有限制。如果采用交流电网，需要增加一套变压整流装置：因为电网是三相三线制，为了获得高品质的直流电源，一般采用6相12脉波整流或者12相24脉波整流，这就需要引入一套笨重的移相变压器，二极管整流装置和滤波装置也必不可少，就变频装置而言，这是采用交流电网的一个缺点。如果采用直流电网，则变频器的直流电源可以直接从电网获取，省却了移相变压器，整流装置可以集成到发电装置中，而发电系统也可以采用高速高功率密度集成发电技术，不但可以减小设备的重量、体积，也可以提高直流电源品质。对于其他船用低压交流负载设备，可以采用额外的逆变电源供给，或者利用辅助低压交流机组供给。

3. 推进器

推进器的种类有：常规轴系推进、Z型推进器、吊舱式推进器、磁流体推进等。

（1）常规轴系电力推进。常规轴系电力推进是由推进电动机通过轴系直接带动螺旋桨推动船舶前进，与常规机械推进的传动设备基本相同。

（2）Z型电力推进装置。Z型电力推进装置是由两对伞齿轮传动带动螺旋桨的全回转装置。推进电动机在船体内，主要应用于航速低于15Kn的拖轮及海上作业船，由于受机械强度和伞齿轮加工难度的限制，在该装置作为主推进时，一般单机最大功率小于4000kW。

（3）吊舱式推进系统。吊舱式推进系统是近年来发展的一种非常先进的新型电力推进系统。其主要工作原理是：将用于直接驱动螺旋桨的大功率电动机安装在船体下面的一个流线型的吊舱里，吊舱可随垂直转动轴作360°水平旋转，以达到最佳的灵活性。

（4）磁流体推进。磁流体推进是一种无噪声的新概念推进方式，它是根据弗莱明（Fleming）左手定则，利用海水作为导体，在强磁场作用下产生电磁力的基本原理而实现的。传统的船舶螺旋桨推进器在水下高速转动时会产生空泡现象，大大降低了推进装置的效率，限制了船舶行进速度的提高。同时，由于拖动机械的振动、磨损以及噪声使船舶的隐蔽性大为降低。而电磁流体直线推进装置没有传统的旋转机械装置，几乎可以做到无噪声推进，速度也将大为提高。

磁流体推进器可以分为外磁式磁流体推进器和内磁式磁流体推进器两种。外磁式磁流体推进器的磁场和电场均在推进器的外部，故又称为外部式。内磁式磁流体推进器的磁场和电场在推进装置的内部，故又称为内部式。

2.1.5　日用负载模块

日用负载指的是除推进负载之外的其他电力负载。采用交流配电式综合全电力系统时，日用负载模块电气接口与非电力推进船舶相同。

采用直流配电式综合全电力系统时，许多需要直流电的日用负载模块可直接通过日用变电模块获取直流电，可省去日用负载内部的AC—DC环节，需要400Hz中频电源的负载也可直接进行DC—AC变换，不必经过50Hz交流电环节，省去中频发电机组。

2.1.6　储能模块

储能模块主要有蓄电池储能、飞轮储能、燃料电池储能、超导储能、电容储能、压缩空气储能等形式。

1. 蓄电池储能

蓄电池能把电能转化为化学能储存起来，使用时又把化学能转化为电能通过外电路释放出来。这种可逆的变换过程，可以重复循环进行。船用蓄电池主要有两类：酸性蓄电池与碱性蓄电池，船上大都使用铅酸蓄电池。铅酸蓄电池技术已相当成熟，可满足船舶的应用需求，但存在功率密度小、脉冲功率不大、充电缓慢等诸多不利因素。

2. 飞轮储能

飞轮储能是指利用电动机带动飞轮高速旋转，将电能转化成动能储存起来，在需要的时候再用飞轮带动发电机发电的储能方式。飞轮储能可以分为两种类型：一种是电动发电机驱动的脉冲发电机组，属于脉冲发电模块，主要用于飞机电磁弹射器或高能武器；另外一种是高速飞轮储能，主要用作应急电源。

3. 燃料电池储能

燃料电池输出电能后产生的高温废气进入换热器，预热供给燃料电池的燃料气和空气，也加热进入其中的回水供热；废气随后驱动由蒸汽发生器、冷凝器、蒸发器和吸收器构成的氨吸收制冷系统制冷；通过与吸收器和蒸发器之间的液氨管道相连的液氨储存罐，分别与吸收器和蒸汽发生器之间的浓氨水管道、稀氨水管道相连的浓氨水储存罐、稀氨水储存罐进行储能。燃料电池将是一种理想的储能装置，可实现分布式的不间断电源。

4. 超导储能

利用超导体电阻为零的特性制成的储存电能的装置，其不仅可以在超导体电感线圈内无损耗地储存电能，还可以通过电力电子换流器与外部系统快速交换有功和无功功率，用于提高电力系统稳定性、改善供电品质。超导储能可用于高能武器，也可用于不间断电源，用于不间断电源时，超导储能装置必须进一步提高容量、可靠性。

5. 电容储能

目前，只有超级电容才能储能。超级电容器是介于传统电容器与电池之间的一种新型电化学储能器件，它主要是利用电极/电解质界面电荷分离所形成的双电层，或借助电极表面、内部快速的氧化还原反应所产生的法拉第"准电容"来实现电荷和能量的储存的。因此，超级电容器具有充电速度快、大电流放电性能好、循环寿命超长、工作温度宽等特点。它相比传统电容器有着更高的能量密度，静电容量能达千法拉至万法拉级；相比电池有着更高的功率密度和更长的循环寿命，因此它兼具传统电容器与电池的优点，是一种应用前景广阔的化学电源。

6. 压缩空气储能

压缩空气储能（Compressed - Air Energy Storage，CAES）是指在电网负荷低谷期将电能用于压缩空气，将空气高压密封在报废矿井、沉降的海底储气罐、山洞、过期油气井或新建储气井中，在电网负荷高峰期释放压缩空气推动汽轮机发电的储能方式。

2.1.7　电能控制模块

电能控制就是对船舶电能进行集中统一调度、管理和控制，由综合平台管理系统（IPMS）实现。综合平台管理系统源自工业生产中广泛应用的计算机集成制造系统（CIM），它是集计算机、通信、网络、自动控制等技术，把船舶平台部分的主要系统及设备用网络连接在一起，为船舶的操作管理人员，提供了一个信息采集、显示的自动路径和对这些系统及设备实现自动监控和远距离操纵及智能化管理的优良平台。

综合平台管理系统可以实现对综合电力系统的监测、报警、控制和管理。

综合平台管理系统一般包括主推进监控系统、电站及电能管理系统、辅机监控系统、损管系统、三防系统、综合舰桥系统、综合状态评估系统、实船在线训练系统、全船保障系统、电视监视系统等分系统。

2.2　船舶综合电力系统的特征和基本要求

2.2.1　船舶电力系统的特点

由于船舶是活动于水面上的独立体，其所处环境和使命任务特殊，因此，船舶电力系统与陆地电力系统相比，在电站容量、连接方式、电压等级、变送电装置等都有很大差别，其特点主要表现在如下几个方面：

1. 电站容量和类别

为了保证供电可靠性和经济性，陆上电力系统一般都有十几个甚至数十个不同类型的发电厂联合供电，电力系统的容量一般都很大，如三峡水电站总装机容量为 7 700 000kW、单机容量为 700 000kW，且各电厂联网运行。陆地电源可以认为是无限大电源系统。

由于船舶电站只需满足一条船上负载的需要，因此其单机容量和系统容量与陆地相比要小得多，只能视为有限电源系统。

目前，采用机械推进的船舶电站容量在 10 000kW 以内，采用电力推进的船舶容量相对较大，可以达到机械推进的船的数十倍。

为了使管理维护方便，一条船上发电机组的形式、容量大多采用相同的类型，常用的有柴油发电机组、蒸汽轮机发电机组和燃气轮机发电机组等几种。

由于船舶电站容量小，单机容量与某些大的船用负载可相比拟，当大的电动机启动时，对电网将造成较大的冲击，因而对船舶电力系统的稳定性提出了较高的要求。如要求船舶用发电机励磁调节器动作时间要快，有强励能力，发电机有较大承受过载能力等。

由于船舶是海上独立活动单元，为在各种工况下，如航行、作业、停泊、应急等情况下都能连续、可靠、经济、合理地进行供电，船上常常配置多种电站。船舶电站的种类有主电站、停泊电站、应急电站、特殊或专用电站等。

2. 发配电装置和电力网

陆上电力系统容量大，发电机功率也大，发电机的出口电压可达数千伏甚至几万伏，因此主配板的电压一般在一万伏以上，发电机开关为高压开关。因此装置的保护及自动装置种类繁多、也很复杂。陆上电力系统供电范围广，送电距离有时长达数千公里，为了减少电压损失、功率损失，必须采用高压输电，这样就需配备各种电压等级的配电装置（断路器、互感器、变压器、避雷器）和输电线路，以满足送变电的要求。目前陆上最高输电网络电压已达 500kV，因此输电大多采用架空线路。

船舶上从维护管理可靠、安全、经济、优质及系统容量较小等考虑，主要采用中、低电压等级的发配电电气设备及各种类型的电缆供电给负载，因此维修、保养要比陆上容易得多；另外由于船舶容积的限制，电气设备比较集中，发电设备和用电设备之间距离较短，电网长度不大，并都采用电缆，所以发电机和电力网的保护比起陆地上要简单得多，一般只设置保护发电机外部故障的短路及过载保护，电力网保护通常和发电机保护采用一套装置。

但是，正因为船舶电力系统的电压等级低、电缆线短，使得发电机、电缆线路、自动开关和配电板上的额定电流、事故电流都相对很大，造成这些设备常处在其热效应和电动力效应的边界状态，因而降低了安全裕度。

3. 电气设备工作条件恶劣

船舶长期处于各种水体中，船体及船用设备直接暴露在复杂的自然环境下，需要长期经受如高热、高湿、低温、盐雾、霉菌、油雾、日光辐射等各种恶劣环境条件的考验，使导电金属受到腐蚀，并使绝缘材料性能降低；在风浪较大的水域中行驶时还需承受横、纵向的摇摆以及高、低频的振动和冲击，影响电气设备动作的可靠性和正确性；随着用电设备的增加，特别是电力电子设备比例的增大，船舶的电磁环境也日益恶劣。

为了提高船舶电气设备在恶劣的环境条件下工作的可靠性，确保其在运行期间内的工作能力，不论是电工器件的选型、电气设备的设计和安装、电力系统的构建，还是电气设备的使用、电力系统的控制，以及各电气设备和子系统的维护保养，都应严格按照船用标准和规范进行。对影响船舶航行安全和船员生命安全的重要电气设备，还应采用多路供电、应急供电的方式，保证其供电连续性，提高船舶在航行中的生存能力。

2.2.2 船舶电力系统的基本要求

船舶电力系统能在各种工况下完成其担负的任务，是对船舶电力系统的基本要求，即系统能以规范规定的品质向全船电力负荷连续供电。这包括：

（1）确保为保持船舶处于正常工作状态并满足船员正常生活条件所需的所有电气设施的供电，而不求助于应急电源。

（2）确保在各种紧急状态下，向保证船舶安全所需要的重要电气设备供电。

（3）确保船员及船舶设备的安全，免受电气事故的危害。

为此，对系统相关设备应采用可靠而先进的技术；要求有最佳费用效益；贯彻统一和互换原则；选用船用设备要求体积小、重量轻、结构简单、耐用、使用维护方便等；另外，对船舶电力系统的供电生命力、工作寿命、可靠性、可维修性和安全性，以及适应环境条件的能力都提出了更严格的要求。

2.3 船舶电力系统的基本参数

船舶电力系统的基本参数是指电制（电流种类）、电压、频率、线制。

2.3.1 电制

电能在船上应用已有近百年历史，在 20 世纪 50 年代以前建造的船舶，基本上以直流电制为主。因为在当时的技术条件下，采用直流电有明显的优越性，主要是直流容易满足甲板机械关于速度控制的要求，直流电动机启动冲击小，可以实现大范围内平滑调速；直流发动机调压、并车简单；直流配电装置中开关电器及仪表等也均较交流简单；蓄电池可直接由电源充电，省去了整流器等。虽然直流有诸多优点，但是直流电制在工作的可靠性、经济性、维护保养方便性、重量及尺寸等方面都远不如交流电制优越。随着船舶电气化程度的不断提高，船舶电站容量日益增加，直流电制的固有缺陷也日益突出，明显的例子就是直流电不宜于变换电压，由 220V 再提高困难，这样势必增大大功率电力系统的造价和损耗。再者，自

20 世纪 50 年代以后，由于电子工业的迅速发展，大功率半导体元件、器件的生产，成功地解决了曾经阻碍船电交流化的一系列难题（调速、调压、并车、调频调载等），从而使交流电制得到飞速发展，仅用了十年左右的时间，在 50 年代末即奠定交流电制在船舶上的主导地位。近年来，除了某些特种工程船舶仍采用直流电或交、直流混合电制外，几乎所有大中型船舶都采用交流电制。

交流船的电气设备在维护、保养等方面的工作量比直流船要少得多，且交流电机结构简单、体积小、质量轻、运行可靠，其相应控制设备也简单。交流船又分成单相交流电系统、三相三线绝缘系统与三相四线系统等几种形式。

2.3.2　额定电压

船舶电力系统额定电压、额定频率的大小，直接影响到电力系统中所有电气设备的重量和尺寸。从减少导体电流的角度，提高电压是有利的；但随着电压的提高，对电气设备的绝缘和安全方面提出了更高的要求。提高频率也有类似的问题：提高频率可以减少电机的尺寸和重量，但也会带来不利因素，如需制造特殊频率的电机、电器、仪表和高速机械等，交流阻抗增大损耗增加等。因此目前世界各国对电压和频率等级的考虑主要是与本国陆地电制的参数统一起来选用。

我国《钢质海船入级规范》规定了我国船舶电气设备的额定电压和频率。用电设备额定电压有 24V、110V、220V、380V、1kV、3kV、6kV、10kV 等。发电机额定电压一般应比相同电压等级的受电设备高 5%，我国规定为 115V、230V、400V、3.15kV、6.3kV、10.5kV 等。

2.3.3　频率

交流配电系统的标准频率为 50Hz（60Hz）。

表 2-1 为 I 型船舶交流电力系统电力品质的界面特性和接口参数。

表 2-1　　　　I 型船舶交流电力系统电力品质的界面特性和接口参数表

	电能品质	I 型
电压	(1) 用电设备标称电压（有效值）	380V 或 220V
	(2) 用电设备电压允差 (a) 三相线电压的平均值允差 (b) 包括 (2)(a) 和 (3) 项组合的任一线电压允差	±5% ±7%
	(3) 线电压不平衡允差	3%
	(4) 电压的周期性变化允差	2%
	(5) 瞬态电压 (a) 瞬态电压允差 (b) 瞬态电压恢复时间	±16% 2s
	(6) 尖峰电压（峰值）	2500V（对 380V 系统）
	(7) 瞬态或故障情况除外，由 (2)(a) 和 (4) 项组合引起的用电设备标称电压的最大偏离	±6%
	(8) 故障情况除外，由 (2)(a)、(4) 和 (5)(a) 项组合引起的用电设备标称电压的最大偏离	±20%

电能品质		Ⅰ型
波形	(9) 正弦性畸变率	5%
	(10) 最大单次谐波含量	3%
	(11) 偏离系数	5%
频率	(12) 标称频率	50Hz
	(13) 频率允差	±3%
	(14) 频率的周期性变化允差	0.5%
	(15) 瞬态频率 (a) 瞬态频率允差 (b) 恢复时间	±4% 2s
	(16) 故障情况除外，由 (13)、(14) 和 (15)(a) 项组合引起的与标称频率的最大偏离	±5.5%

2.3.4　线制

1. 直流电

对于直流电的船舶，常用的配电方式主要有三种：双线绝缘系统、负极接地双线系统和以船体作为负极回路的单线系统，如图 2-8 所示。

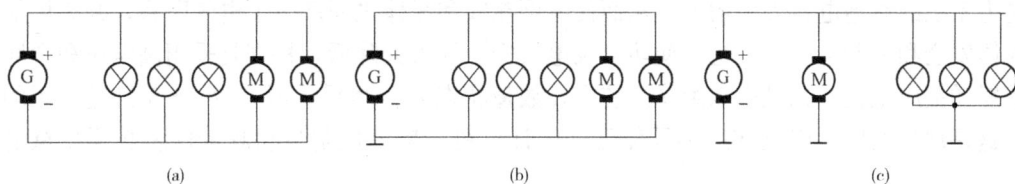

图 2-8　船舶直流电力系统配电方式
(a) 双线绝缘系统；(b) 负极接地双线系统；(c) 以船体作为负极回路的单线系统

2. 交流电

对于交流单相的船舶，可采用双线绝缘系统或一线接地的双线系统。

在单线制中，由于利用了船体的铁壳作为回路的回线，可节省大量电缆、简化配电装置、减少配电板与开关的尺寸与重量，从而降低建造费用。但当导线绝缘损坏时，可造成较大的漏电而引起短路。因此要求随时检查电网的绝缘情况和接地的良好程度，否则当接地松脱或接触不良时就会产生电弧或局部过热，甚至引起火灾，同时对人身的危险性也相对地变大。但是部分研究者对此亦有不同的看法，认为单线制因有较大的漏电流而能使保护装置动作，从而能及时切除故障。总之，使用单线制时须特别小心。目前仅用于少数小船、渔船上。

对于三相交流电的船舶，常用配电方式也有四种：三线绝缘系统（三相三线系统）、中点接地四线系统（三相四线系统）、中点接地三线系统（利用船体作为中性线回路的三线系统）、中点高电阻接地三线系统，如图 2-9 所示。

三相绝缘系统的特点是照明系统与动力系统是经过变压器相联系的，所以在两系统间只

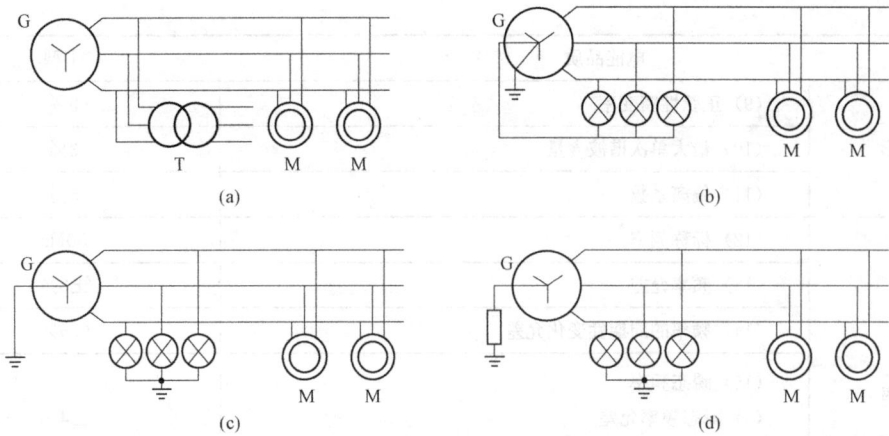

图 2-9　三相交流电的船舶配电方式

(a) 三级绝缘系统；(b) 中点接地四线系统；(c) 中点接地三线系统；(d) 中点高电阻接地三线系统

有磁通的联系而没有电气的直接联系，因而相互间影响小。当船舶电网的绝缘电阻符合《规范》要求，且船舶电力系统的对地电容又较小时，即使其中有一相对船体发生短路故障，仍不会产生单相短路电流。这样，电力系统既有较好的电气防火安全性，亦保证人体触及一相时的电气安全性。但是亦带来了两个主要问题：一是随着船舶向大型化、自动化发展，电气设备大量增多，电缆线数、长度及其截面的增加，以及防无线电干扰电容的广泛采用，使船舶电力系统的对地电容大为增加，从而使电网相线和船体之间产生了电气联系，并有可能危及人体安全和引起电火灾，这就使防火及电气安全性大大降低，特别是采用高电压和中频电源的船舶更应重视；二是中点绝缘系统中在故障状态或合闸瞬间可产生 2～5 倍过电压的冲击，这是现代船舶上广泛使用半导体元件的计算机、集中控制台和测量仪表必须注意的问题。

　　对中点接地的三相四线系统，其特点是电力和照明可由同一电源供给不同的电压，过电压倍数小，且维护方便，不需要经常检查电网的绝缘电阻。当单相接地时便形成短路，且比三相绝缘系统的短路电流大。但也有人认为，合理地选择分段保护后，在故障点附近就能切除分段开关，并根据切断点可方便地检查出故障点。在中点接地的三相四线系统中，具有较大的中线电流和三次谐波电流，但这与三相负载的不对称度及两台并联机组的有功和无功负载分配的不均匀度有关。因此要加接直流均压线并把不均匀度限制在 10% 以内。

　　利用船体作为中性线回路的中点接地的三线系统，因为利用了船体的铁壳作为回路的中性线，所以节省了大量的电缆、简化了配电装置、减少了配电板和开关的尺寸与重量，从而降低建造费用，但当导线绝缘损坏时，可造成较大的漏电而引起短路。因此，要求随时检查电网的绝缘情况和接地的良好程度，否则当接地松脱或接触不良时就会产生电弧或局部发热，甚至引起火灾；同时对人体的危害也相对变大，这种接地方式仅用于少数小船上。

　　随着船舶电网容量的增大，尤其是采用电力推进的船舶，其电压已上升到 6600V，发生单相接地故障时，接地电容电流在故障点形成的电弧不能自行熄灭，同时，间歇电弧产生的过电压往往又使故障进一步扩大，从而显著降低电力系统的运行可靠性。为了解决上述问题，必须改变低压电力系统中性点不接地运行方式，以提高船舶中压电力系统的安全性和可靠性。因此，一般采用中点高电阻接地三线系统，即选择电阻值较大的电阻接于中性点与地之间。高电阻接地方式在 20 世纪后期逐渐成为热门接地方式，它拥有着非常多的优点和良好的性价比。其优点有：

（1）保持供电连续，第一个接地故障不需要设备跳闸。对于不同发电机的尺寸和接地电容大小，高电阻接地一般将故障电流限制在较小的范围值内。理论上，高电阻接地应满足该故障电流值能带故障连续工作。

（2）接地电弧重燃的暂态过电压被抑制，非故障相的电容和接地电阻构成放电回路，将发生单相接地故障时在电容中积聚的电荷释放掉，使得过电压发生在一个较低的水平。

（3）高电阻接地故障定位相对简单，零序电流、负序电流均可用于故障判断，漏电流可以用于定位。

（4）可以消除电弧对人体的伤害。

2.4 船舶综合电力系统典型应用

2.4.1 交流低压综合电力系统

中海油田服务公司的综合检测船是国内最早的独立开发设计并投入运营的电力推进船舶之一。2002 年 10 月开始设计，该船的主要用途是从事海洋管线建造、维护、修复等水下工程作业，地质钻孔作业，ROV（无人遥控潜水器）作业及管线调查，海洋工程环境调查。

该船是进行综合海洋工程作业的船舶，在海底敷管敷缆及维修时需要稳定和保持航向，地质钻探时需要精确定位，并配有升降式全回转舵桨推进装置、艏侧推、深海超重机等大功率负载，需要较大的电站。较大电站的功率可在航行时用于推进，作业时用于作业设备。所以电力推进非常适合这种船型。

1. 电站系统的配置

本船电力负荷及工况情况见表 2 - 2。

根据负荷计算和分析，配置 3 台 2000kW 主柴油发电机和一台 600kW 辅柴油发电机。由于推进器 2200kW 以及主发电机为 2000kW，所以电压选定在 AC690V、50Hz，而船舶日常负载的电压为 AC380V、50Hz。

表 2 - 2　　　　　　　　　　　本船各工况下所需功率情况　　　　　　　　　　（kW）

工况	航行	进港	停泊	动力定位	动力定位（起重）	应急
负荷总功率	4958	4045	492	5027	5378	76
使用发电机功率×台数	2000×3	2000×3	600×1	2000×3	2000×3	90×1
发电机负荷百分比（%）	82.6	67.4	82	83.7	89	89
备用发电机功率×台数	600×1	600×1	2000×3	600×1	600×1	

（1）柴油发电机组。主发电机 2000kW、AC690V、3 相、50Hz、1000r/min，淡水冷却、3 台。辅发电机 600kW、AC690V、3 相、50Hz、1500r/min，淡水冷却、1 台。

（2）主配电板（AC690V 配电板、AC400V 配电板）。AC690V 配电板 11 屏，汇流排分为三段。主配电板单线图如图 2 - 10。从图中可知，除主推进器和升降式推进器采用

AC690V 外，艏侧推、起重机等大负载也都采用 AC690V，船舶日用负载采用 AC380V。

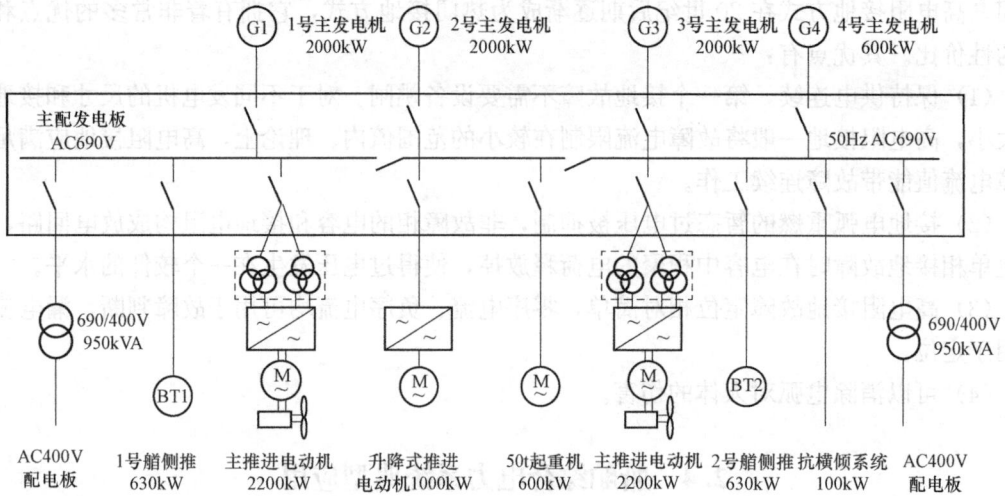

图 2-10　综合检测船电力系统

2. 电力推进系统的配置

主推进配置 2 台 2200kW 全回转舵桨推进器，首部设 2 台 630kW 侧向推进器，1 台 1000kW 升降式全回转舵桨推进器，较大的电力负载还有 1 台 600kW 深海起重机，1 套 100kW 抗横倾系统，2 台 950kVA 电力变压器（1 台备用）用于向船舶日常负载供电。

与常规推进船舶相比，电力推进船舶最大的特点是将对柴油机的速度控制变为对电动机的速度控制，可长期运行于低速工况。该船作为主推进器的 2 台全回转舵桨推进器由异步电动机驱动，异步电机的额定转速为 1000r/min。变频器选用 24 脉冲脉宽调制（PWM）变频器，采用 AC—DC—AC 电压型变频器调速，具有功率因数高、转矩控制平滑等优点，可实现交流电动机平稳调速的目的。同时在电动机低速时也能保持较大的转矩。2 台全回转舵桨推进器齿轮箱的变速比为 4.34∶1，通过变频器控制，调速范围在 0～230r/min。

本船电力推进系统的配置如下：

（1）推进变压器。推进变压器参数见表 2-3。

表 2-3　　　　　　　　　推进变压器主要参数

数量	2 台
安装位置	变频器室
组成	2 单元 3 绕组变压器（2×1400kVA，2 单元变压器在次级移相 30°）
原边额定电压	AC690V
副边额定电压	2×3×AC720V
效率	98.3%
冷却方式	水冷

（2）变频器。变频器参数见表 2-4。

表 2 - 4 变频器主要参数

数量		2 套
安装位置		变频器室
输入	电压	3 相 AC690V　50Hz
	脉动数	24 脉波
输出	电压	3 相 AC690V
	最大电流	2337A
	功率	2200kW
	效率	98%
	冷却方式	水冷

变频器内部主要由以下几个部分组成：整流器（包括 4 个 6 脉冲整流桥）、逆变器（PWM 型）、预充电装置、应急控制装置。

（3）推进电动机。推进电动机参数见表 2-5。

表 2 - 5 推进电动机主要参数

数量	额定功率	额定电压	额定电流	额定转速	冷却方式
2 套	2200kW	675VAC	2×1115A	1000r/min	淡水冷却

（4）全回转舵桨。全回转舵桨参数见表 2-6。

表 2 - 6 全回转舵桨主要参数

型号	数量	安装位置	功率	输入速度	减速比	回转速度
SRP2020FP	2 套	舵桨舱	2200kW	1000r/min	4.34：1	2.5r/min

（5）升降式全回转舵桨及变频器。为增强首部的定位能力，首部除设有 2 台艏侧推外，还设有一套升降式全回转舵桨及变频器，参数见表 2-7。

表 2 - 7 升降式全回转舵桨装置主要参数

功率	输入速度	减速比	变频器	回转速度
1000kW	1000r/min	3.257：1	APF 滤波电路的 IGBT 整流器加 IGBT 逆变器	2.5r/min

为防止开关闭合瞬间在变频器内产生较大的冲击电流，变频器内设有预充电系统。在启动前先对变频器内的直流电容器预充电，同时也对推进变压器激磁。由于设有预充电系统，启动时没有冲击电流，尽管容量很大，推进器可以不认为是大负载。

系统中推进变压器、变频器、推进电动机以及发电机都采用水冷方式，使设备体积大大减小。电力推进使设备的布置也很方便，AC690V 配电板和 AC400V 配电板安装在集控室，推进变压器和变频器安装在中后部的变频器室，尾部的舵桨舱用于安装全回转推进器的舱内部分，包括推进电动机、减速齿轮箱以及回转操纵液压泵站。

2.4.2　交流中压综合电力系统

烟台至大连铁路轮渡项目，是我国铁路网规划中"八纵八横"之一的东北至长江三角洲地区陆海铁路大通道的重要组成部分。该项目北起辽东半岛南端的大连市旅顺口区羊头洼港，南至山东半岛北部的烟台市四突堤港，纵贯渤海海峡，海上运输距离约 86.28n mile（159.8km），是集铁路、港口、海上安监、渡船四项工程于一体，涉及多学科、多行业、多专业，具有很强综合性的系统工程。

渡船为火车/汽车/旅客客滚船，抗风浪能力为 8 级，服务航速 18Kn（含 25% 海况储备），全长 182.6m，宽 24.8m，满载排水量 16229t，单航次可载运一列 50 节 80t 重的货运列车、50 辆 20t 载重汽车、25 辆小汽车和 480 名旅客。渡船设上、下两层纵通车辆甲板，下层为火车甲板，上层为汽车甲板。火车车辆舱为封闭式，汽车车辆舱为遮蔽式。火车上下船采用尾进尾出方式，上甲板滚装汽车在尾部右舷采用侧进侧出方式。旅客通过全封闭人行栈桥在船中部上下船。

烟大轮渡船是国内自行开发的大型渡船，2004 年开始建造，2006 年下水。该船首次采用代表国际先进水平的紧凑型永磁吊舱式舵桨装置。该船的电力推进系统是集电机、电磁、电力、电子、舵桨、计算机控制等技术于一体的综合性系统，其电力系统结构如图 2-11 所示。

1. 电站配置

该船配置了 4 台高压发电机，2 台 AC6600V/AC725V 配电变压器，2 台 AC6600V/AC400V 配电变压器，1 台应急兼停泊的发电机，1 套 DC220V 不间断电源，1 套 DC110V 不间断电源，2 套 DC24V 不间断电源。在工况下，机组使用情况如表 2-8 所示。

（1）高压发电机。

数量：4

型式：无刷同步发电机

额定容量：2880kW

电压：AC6600V

相数：3 相

频率：50Hz

功率因数：≥0.85

表 2-8　　　　　　　　　　各工况机组使用情况

工况	正常航行	进出港	装运作业
台数×使用高压发电机功率	4×2880kW	2×2880kW	1×2880kW
台数×备用高压发电机功率	—	2×2880kW	3×2880kW
需用低压电站	1×1600kW	2×1600kW	1×1600kW
备用低压电站	1×1600kW	—	1×1600kW

（2）配电变压器。

额定容量：1600kW/2000kVA

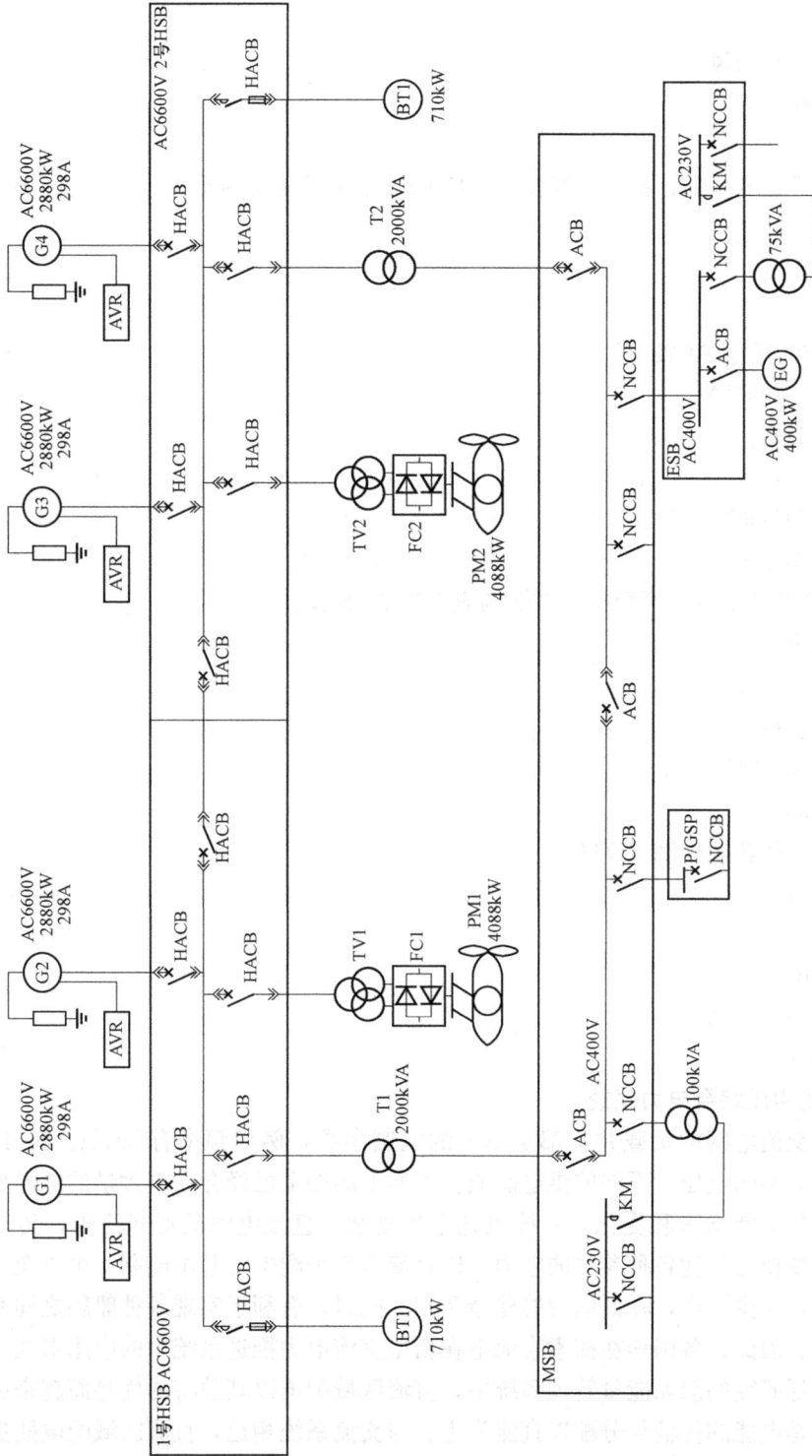

图 2 - 11 烟大轮渡船电力系统

电压：AC6600V/AC400V

（3）应急发电机兼锚地停泊发电机。

数量：1套

型式：防滴，自通风式

额定功率：400kW

2. 电力推进系统

推进系统由推进变压器，推进变频器及 AC660V 吊舱舵桨永磁推进装置和 AC6600V 艏侧推电机构成。

（1）推进变压器。

数量：2台

电压：AC6600V/×AC725V

额定容量：4500kVA

（2）推进变频器。

数量：2台

输入电压：AC690V

输出电压：AC0～660V

输入采用 12 脉波整流、两套推进系统构成虚拟 24 脉波。

（3）推进电机。

数量：2台

型式：永磁电机

额定电压：AC660V

功率：4088kW

控制策略：直接转矩控制（DTC）

（4）侧推电机。

数量：2台

型式：异步电机

额定电压：AC6600V

功率：710kW

2.4.3 直流中压综合电力系统

现有船舶上交流电网的负载并不都是单一的电制参数，例如频率有 50Hz、400Hz 等，还有三相、单相，不同电压，不同的供电品质。事实上船舶上已经存在着大量的电源变换装置，而且随负载的不断增大和变化，系统也越来越复杂。直流电源的形式简单，传输损耗小，可以方便地变换为其他各种参数的电力。以直流电作为配电的基本电制，可以统一和简化整个配电系统，减少层次，降低船舶的建造费用。同时，有利于实现各种船舶之间系统设备的全面通用化。因此，各国均在探索直流电在新型交流电力推进系统中的应用形式。

在目前被广泛研究的船舶能量管理系统中，直流区域配电以其独特的优势而越来越被重视。其核心理念是电能的传输与分配以直流为主。与交流系统相比，直流区域配电能更好地发挥区域配电的优势：

（1）直流区域配电采用电力电子器件进行系统保护，能够提供比电磁断路器更好的故障隔离，有利于系统重构。

（2）能够摆脱发电机与负载电动机之间的转速耦合，利于原动机与电动机优化设计。

由于功率变换技术的发展从根本上解决了电源的变换问题，解开了电源变换给电网电制带来的种种约束，人们对直流电和交流电在船舶电网的应用有了新的认识，认为在船舶电力分配中采用直流电比交流电更有优越性。

如图 2-12 为某型货船电力系统结构，发电机配置了一台 22MW 燃气轮机发电机组和两台 5.5MW 柴油发电机组，三台发电机组采用交流高速发电，体积较小。三台发电机组整流后并网，直流母线电压为 DC5000V；推进电机应用直—交变频器（逆变）进行变频调速。推进电机采用异步电机；低压电网采用直—直功率变换器（斩波），将高压直流电变换为低压直流电，为直流辅助机械和其他设备供电。

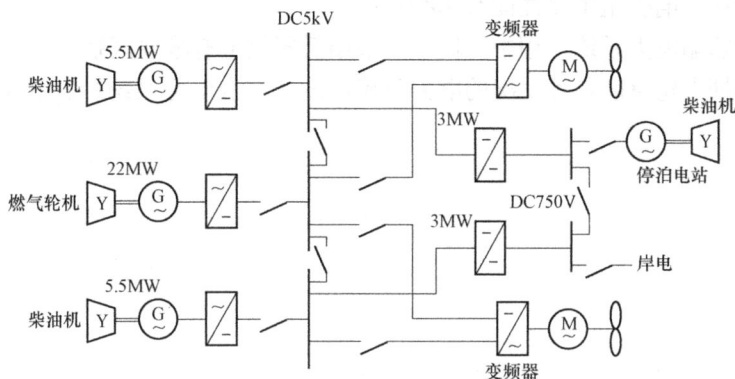

图 2-12 直流区域配电电力系统

小 结

综合电力系统是指采用电力系统集成技术来实现船舶电能的产生、输送、变换、分配以及利用，以满足船舶推进、甲板机械、舱室机械、照明等负荷的需要。它将船舶发供电与推进用电、船载设备用电集成在一个统一的系统内，从而实现发电、配电与电力推进用电及其他设备用电统一调度和集中控制。

综合电力系统根据功能可以划分为发电模块、配电模块、电力变换模块、推进模块、储能模块、电能控制模块以及日用负载模块。

采用机械推进的船舶电站容量在 10 000kW 以内，采用电力推进的船舶容量相对较大，可以达到机械推进的船的数十倍。因而，常采用中压电制，并通常采用中点高电阻接地三线系统。

目前船舶综合电力系统主要有交流低压综合电力系统、交流中压综合电力系统和直流中压综合电力系统三种方式。

思考题与习题

1. 船舶综合电力系统由哪几部分组成，各部分的作用是什么？
2. 船舶推进器有哪些种类，各有哪些特点？

3. 船舶电网有哪些配电方式，各有哪些特点？

4. 与陆地电力系统相比，船舶电力系统的特征有哪些？

5. 全电力推进系统发电模块中通常采用的原动机有哪些，各有哪些特点？

6. 直流区域配电与交流区域配电相比，各有哪些优缺点？

7. 船舶配电系统都有哪些线制，船舶电力系统为什么通常采用中性点不接地的三线绝缘系统？

8. 船舶电力系统的基本参数有哪些，电源设备的额定电压、用电设备额定电压如确定，常用的数值是多少？

9. 船舶电力系统的可靠性是什么，生命力是指什么？

10. 综合平台管理系统（IPMS）主要有哪些部件，其主要功能有哪些？

11. 中压柴油发电机组主要性能有哪些？

12. 试分析船舶电力系统采用中压供电和采用低压供电有哪些区别。

13. 试依据烟大轮渡船各种工况的电力负荷，设计综合电力系统中、低压电力网络的保护控制系统。

第3章 船舶电力推进系统的机桨特性

螺旋桨是指靠桨叶在水中旋转，将原动机转动功率转化为推进力的装置，是目前船用推进器效率较高、应用最广的一种，它也是推进电机的负载。本章主要介绍螺旋桨的基础知识、水动力特性和螺旋桨对推进电机机械特性的要求。

3.1 螺旋桨的基础知识

3.1.1 螺旋桨的外形和名称

螺旋桨俗称车叶，其外观如图 3-1 所示。螺旋桨通常装于船的尾部（但也有一些特殊船只在首尾都装有螺旋桨，如港口工作船及渡轮等），在船尾部中线处只装一只螺旋桨的船称为单螺旋桨船，左右各一者称为双螺旋桨船，也有三桨、四桨乃至五桨者。

螺旋桨通常由桨叶和桨毂构成，如图 3-2 所示，螺旋桨与尾轴连接部分称为桨毂，桨毂是一个截头的锥形体。为了减少水阻力，在桨毂后端加一整流罩，与桨毂形成一光顺流线形体，称为毂帽。

桨叶固定在桨毂上。普通螺旋桨常为三叶或四叶，两叶螺旋桨仅用于机帆船或小艇上，有些船舶（如大吨位的油船）为避免振动而采用五叶或五叶以上的螺旋桨。

由船尾后面向前看时，所见到的螺旋桨桨叶的一面称为叶面，另一面称为叶背。桨叶与桨毂连接处称为叶根，桨叶的外端称为叶梢。螺旋桨正车旋转时桨叶边缘在前面者称为导边，另一边称为随边。

图 3-1 螺旋桨

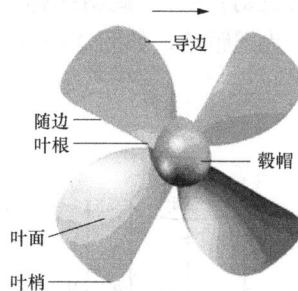

图 3-2 螺旋桨

螺旋桨旋转时（设无前后运动）叶梢的圆形轨迹称为梢圆。梢圆的直径称为螺旋桨直径，以 D_P 表示。梢圆的面积称为螺旋桨的盘面积，以 A_0 表示：

$$A_0 = \frac{\pi D_P^2}{4} \tag{3-1}$$

当螺旋桨正车旋转时，由船后向前看去，所见到的旋转方向为顺时针方向的，称为右旋桨；反之，则为左旋桨。装于船尾两侧之螺旋桨，在正车旋转时其上部向船的中线方向转动者，称为内旋桨；反之，则为外旋桨。

3.1.2 螺旋面及螺旋线

桨叶的叶面通常是螺旋面的一部分。为了清楚地了解螺旋桨的几何特征，有必要讨论一下螺旋面的形成及其特点。

设线段 ab 与轴线 oo_1 成固定角度，并使 ab 以等角速度绕轴 oo_1 旋转地同时以等线速度沿 oo_1 向上移动，则 ab 线在空间所描绘的曲面即为等螺距螺旋面，如图 3-3 所示。线段 ab 称为母线，母线绕行一周在轴向前进的距离称为螺距，以 H 表示。

根据母线的形状及与轴线间夹角的变化可以得到不同形式的螺旋面。若母线为一直线且垂直于轴线，则所形成的螺旋面为正螺旋面如图 3-4（a）所示。若母线为一直线但不垂直于轴线，则形成斜螺旋面，如图 3-4（b）所示。当母线为曲线时，则形成扭曲的螺旋面如图 3-4（c）及图 3-4（d）所示。

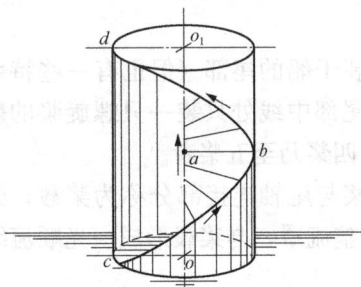

图 3-3 等螺距螺旋面图   图 3-4 不同形式的螺旋面

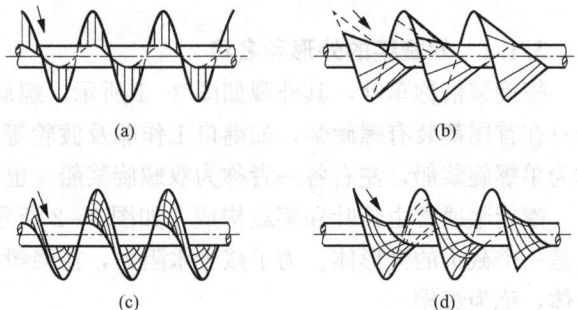

母线上任一固定点在运动过程中所形成的轨迹为一螺旋线。任一共轴之圆柱面与螺旋面相交的交线也为螺旋线，图 3-5（a）表示半径为 R 的圆柱面与螺旋面相交所得的螺旋线 BB_1B_2。如将此圆柱面展成平面，则此圆柱面即成一底长为 $2\pi R$ 高为 H 的矩形，而螺旋线变为斜线（矩形的对角线），此斜线称为节线。三角形 $B'B''B''_2$ 称为螺距三角形，节线与底线间之夹角 θ 称为螺距角，如图 3-5（b）所示。由图可知，螺距角可由下式来确定：

$$\tan\theta = \frac{H}{2\pi R} \tag{3-2}$$

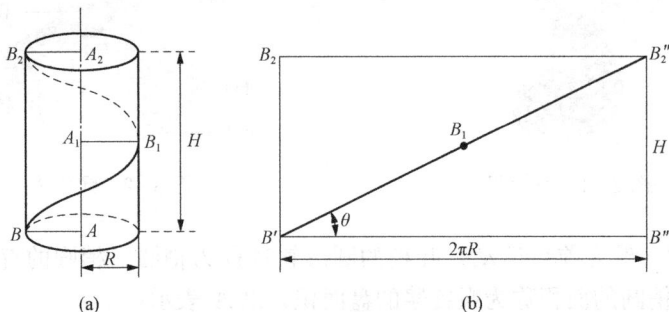

图 3-5 螺旋线

3.1.3 螺旋桨的几何特性

1. 螺旋桨的面螺距

螺旋桨桨叶的叶面是螺旋面的一部分［见图 3-6（a）］，故任何与螺旋桨共轴的圆柱面与叶面的交线为螺旋线的一段，如图 3-6（b）中的 B_0C_0 段。若将螺旋线段 B_0C_0 沿长环绕轴线一周，则其两端之轴向距离等于此螺旋线的螺距 H。若螺旋桨的叶面为等螺距螺旋面之一部分，则 H 即称为螺旋桨的面螺距。面螺距 H 与直径 D_P 之比 H/D_P 称为螺距比。将圆柱面展成平面后即得螺距三角形如图 3-6（c）所示。

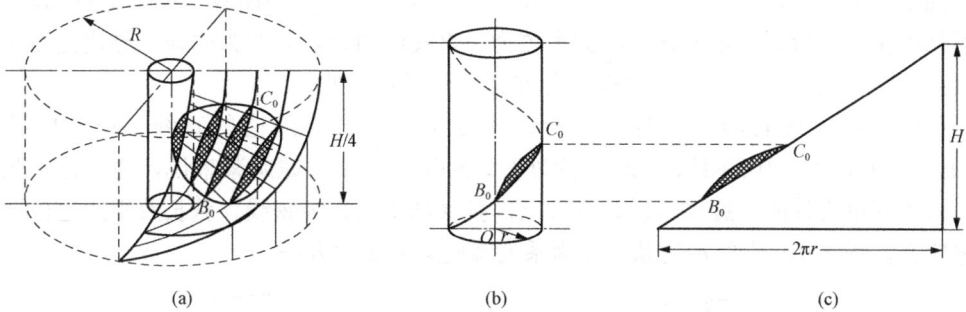

图 3-6　面螺距

设上述圆柱面的半径为 r，则展开后螺距三角形的底边长为 $2\pi r$，节线与底线之间的夹角 θ 为半径 r 处的螺距角，并可据下式来确定：

$$\tan\theta = \frac{H}{2\pi r} \tag{3-3}$$

螺旋桨某半径 r 处螺距角 θ 的大小，表示桨叶叶面在该处的倾斜程度。不同半径处的螺距角是不等的，r 越小则螺距角 θ 越大。图 3-7（a）表示三个不同半径的共轴圆柱面与等螺距螺旋桨桨叶相交的情形，其展开后的螺距三角形如图 3-7（b）所示。显然，$r_1 < r_2 < r_3$ 而 $\theta_1 > \theta_2 > \theta_3$。

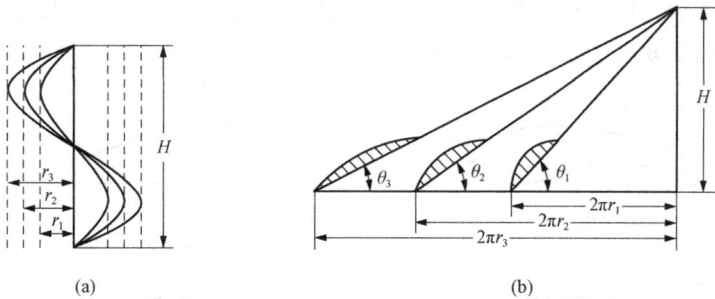

图 3-7　螺旋桨半径与螺距角

若螺旋桨叶面各半径处的面螺距不等，则称为变螺距螺旋桨，其不同半径处螺旋线的展开如图 3-8 所示。对此类螺旋桨常取半径为 $0.7R$ 或 $0.75R$（R 为螺旋桨梢半径）处的面螺距代表螺旋桨的螺距，为注明其计量方法，在简写时可记作 $H_{0.7R}$ 或 $H_{0.75R}$。

2. 桨叶切面

与螺旋桨共轴的圆柱面和桨叶相截所得的截面称为桨叶的切面，简称叶切面或叶剖面，如图 3-6（b）

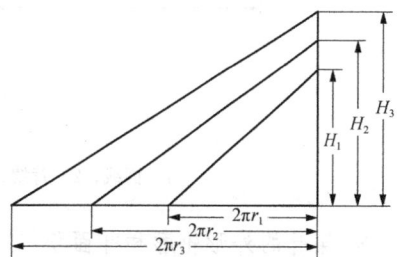

图 3-8　变螺距螺旋桨的螺距

所示。将圆柱面展为平面后则得如图 3-6（c）所示的叶切面形状，其形状与机翼切面相仿。所以表征机翼切面几何特性的方法，可用于桨叶切面。

桨叶切面的形状通常为圆背式切面（弓形切面）或机翼形切面，特殊的也有梭形切面和月牙形切面，如图 3-9 所示。一般说来，机翼形切面的叶型效率较高，但空泡性能较差，弓形切面则相反。普通弓形切面展开后叶面为一直线，叶背为一曲线，中部最厚两端颇尖。机翼形切面在展开后无一定形状，叶面大致为一直线或曲线，叶背为曲线，导边钝而随边较尖，其最大厚度则近于导边，约在离导边 25%～40%弦长处。

切面的弦长一般有内弦和外弦之分。连接切面导边与随边的直线 AB 称内弦（见图 3-10），图 3-10 中所示线段 BC 称为外弦。对于系列图谱螺旋桨来说，通常称外弦为弦线，而对于理论设计的螺旋桨来说，则常以内弦（鼻尾线）为弦线，弦长及螺距也根据所取弦线来定义。图 3-10 中所示的弦长 b 为系列螺旋桨之表示方法。

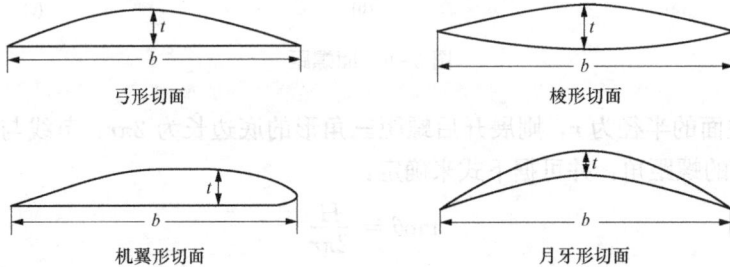

图 3-9　桨叶切面

切面厚度以垂直于所取弦线方向的直线与切面上、下面交点间的距离来表示。其最大厚度 t 称为叶厚，t 与切面弦长 b 之比称为切面的相对厚度或叶厚比 $\delta = t/b$。切面的中线或平均线称为拱线或中线，拱线到内弦线的最大垂直距离称为切面的拱度，以 f_M 表示。f_M 与弦长 b 之比称切面的拱度比 $f = f_M/b$（见图 3-10）。

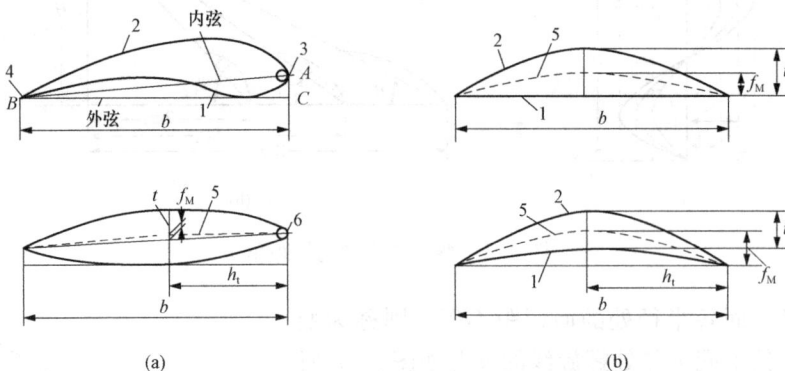

图 3-10　桨叶切面结构

（a）机翼机；（b）弓形

1—面线；2—背线；3—导缘；4—随缘；5—拱线；6—导缘端圆

3. 桨叶的外形轮廓和叶面积

桨叶的外形轮廓可以用螺旋桨的正视图和侧视图来表示。从船后向船首看去所看到的为螺旋桨的正视图，从船侧看过去所看到的为侧视图。图 3-11 所示为一普通螺旋桨图，图上注明了螺旋桨各部分的名称和术语。

为了正确表达正视图和侧视图之间的关系，取叶面中间的一根母线作为作图的参考线，称为桨叶参考线或叶面参考线，如图中直线 OU。若螺旋桨叶面是正螺旋面，则在侧视图上参考线 OU 与轴线垂直。若为斜螺旋面，则参考线与轴线的垂线成某一夹角 ε，称为纵斜角。参考线线段 OU 在轴线上的投影长度称为纵斜，用 z_R 表示。纵斜螺旋桨一般都是向后倾斜的，其目的在于增大桨叶与尾框架或船体间的间隙，以减小螺旋桨诱导的船体振动，但纵斜不宜过大（一般 $\varepsilon<15°$，否则螺旋桨在操作时因离心力而增加叶根处的弯曲应力，对桨叶强度要求更高）。

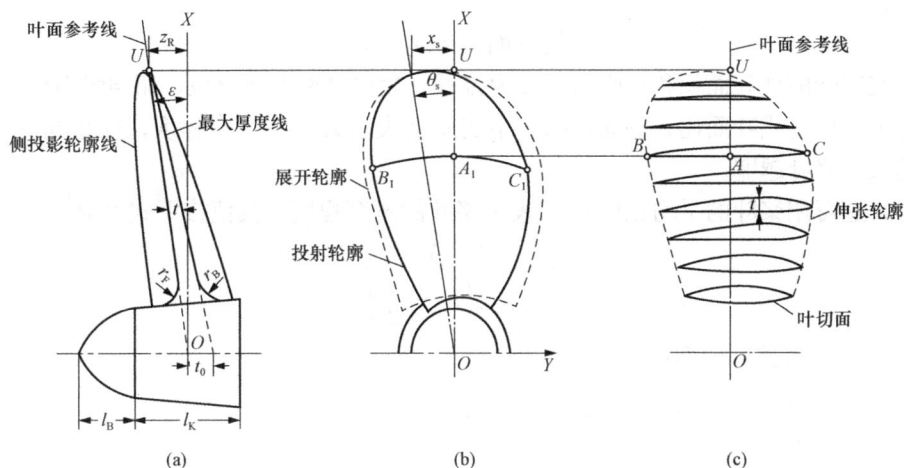

图 3-11　桨叶的外形轮廓

桨叶在垂直于桨轴的平面上的投影称为正投影，其外形轮廓称为投射轮廓。螺旋桨所有桨叶投射轮廓包含面积之总和称为螺旋桨投射面积，以 A_P 表示。投射面积 A_P 与盘面积 A_0 之比称为投射面比，即：

$$投射面比＝A_P/A_0$$

投射轮廓对称于参考线的称为对称叶形。若其外形与参考线不相对称，则为不对称叶形。不对称桨叶的叶梢与参考线间的距离 x_s 称为侧斜，相应之角度 θ_s 为侧斜角。桨叶的侧斜方向一般与螺旋桨的转向相反，合理选择桨叶的侧斜可明显减缓螺旋桨诱导的船体振动。

桨叶在平行于包含轴线和辐射参考线的平面上的投影称为侧投影。图上除画出桨叶外形轮廓及参考线 OU 的位置外，还需作出最大厚度线。最大厚度线与参考线 OU 之间的轴向距离 t 表示该半径处叶切面的最大厚度。它仅表示不同半径处切面最大厚度沿径向的分布情况，并不表示最大厚度沿切面弦向的位置。与桨毂相连处的切面最大厚称叶根厚度（除去两边填角料）。辐射参考线与最大厚度线的延长线在轴线上交点的距离 t_0 与直径 D_P 之比值 t_0/D_P 称为叶厚分数。工艺上往往将叶梢处的桨叶厚度做薄呈圆弧状，为了求得叶梢厚度，需将桨叶最大厚度线延长至梢径，如图 3-11（a）所示。

螺旋桨桨毂的形状一般为圆锥体，在侧投影上可以看到其各处的直径并不相等。通常所说的桨毂直径（简称毂径）是指辐射参考线 OU 与桨毂表面相交处（略去叶根处的填角料）至轴线距离的两倍，并以 d 来表示［见图3-11（a）］。毂径 d 与螺旋桨直径 D_P 的比值 d/D_P 称为毂径比。

将各半径处共轴圆柱面与桨叶相截的各切面展成平面后，以其弦长置于相应半径的水平线上，并连接端点所得之轮廓称为伸张轮廓，如图3-11（c）所示。螺旋桨各叶伸张轮廓所包含面积的总和称为伸张面积，以 A_E 表示。伸张面积 A_E 与盘面积 A_0 之比称为伸张面比，即：

$$伸张面比 = A_E/A_0$$

将桨叶叶面近似展放在平面上所得的轮廓称为展开轮廓，如图3-11（b）所示。各桨叶展开轮廓所包含面积的总和称为展开面积，以 A_D 表示。展开面积 A_D 与盘面积 A_0 之比称为展开面比，即：

$$展开面比 = A_D/A_0$$

螺旋桨桨叶的展开面积和伸张面积极为接近，故均可称为叶面积，而伸张面比和展开面比均可称为盘面比或叶面比。盘面比的大小实质上表示桨叶的宽窄程度，在相同的叶数下，盘面比越大，桨叶越宽。

此外，还可用桨叶的平均宽度 b_m 来表示桨叶的宽窄程度，其值按下式求取

$$b_m = \frac{A_E}{Z\left(R - \dfrac{d}{2}\right)} \tag{3-4}$$

式中　A_E——螺旋桨伸张面积；

　　　　d——毂径；

　　　　Z——叶数。

或用平均宽度比 $\bar{b}_m$ 来表示，即

$$\bar{b}_m = \frac{b_m}{D} = \frac{\pi A_E/A_0}{2Z\left(1 - \dfrac{d}{D}\right)} \tag{3-5}$$

3.2　螺旋桨的推力和阻转矩

螺旋桨转动时，桨叶向后拨水，自身受到水流的反作用力，其推力通过桨轴和推力轴承传递至船体。螺旋桨本身除了旋转之外，还随着船体一起作轴向运动，所以螺旋桨工作时，会同时产生轴向诱导速度和周向诱导速度。

设想螺旋桨是在刚性的介质中运动，即是像螺丝在螺母中运动一样，此时螺旋桨旋转一周时，其在轴向的前进距离就刚好等于一个螺距 H。但实际上螺旋桨工作在流体中时，其旋转一周前进的距离小于螺距 H。于是定义螺旋桨在流体中旋转一周时在轴向上的实际前进距离为进程 h_p。设螺旋桨的转速为 n，则螺旋桨在流体中的实际前进速度为 $v_p = h_p n$。螺旋桨进程的相对值称为相对进程，又称进速比，表达式为

$$J = h_p/D_p = v_p/nD_p \tag{3-6}$$

螺旋桨的推力 P 和阻转矩 M 常用无因次量表示：

$$P = K_P \rho n^2 D_p^4 \tag{3-7}$$

$$M = K_M \rho n^2 D_p^5 \tag{3-8}$$

式中　K_p——推力系数；

　　　ρ——海水密度；

　　　n——螺旋桨转速；

　　　D_p——螺旋桨直径；

　　　K_M——阻转矩系数。

另外，螺旋桨的效率也可以用 K_p、K_M 以及 J 来表示

$$\eta_p = Pv_p/2\pi nM = (K_p/K_M)(J/2\pi) \tag{3-9}$$

式（3-7）与式（3-8）中的 K_p 和 K_M 都是进速比 J 的函数，当进速比 J 一定时，不管螺旋桨是在正转，还是在反转，K_p 和 K_M 都是不变的常数，此时推力 P 和阻转矩 M 都与 n^2 成正比。

3.3　螺旋桨的敞水特性

对于几何形状一定的螺旋桨，其推力系数 K_p、阻转矩系数 K_M 以及效率 η_p 仅仅与进速比 J 有关，K_p、K_M、η_p 与 J 的关系称为螺旋桨特性曲线，又因为所讨论的螺旋桨的性能并未考虑船体的影响，所以该曲线又称为螺旋桨的敞水特性曲线，如图 3-12 所示。图中因为 K_M 数值太小，通常就给出 $10K_M$ 的曲线。K_p 和 K_M 都不是直线，而且两者都随着 J 的增加而单调递减。一般可以认为 K_p 和 K_M 近似为抛物线，并表达为

$$K_p = K_0 + K_1 J + K_2 J^2 \tag{3-10}$$

$$K_M = \overline{K_0} + \overline{K_1} J + \overline{K_2} J^2 \tag{3-11}$$

式中的系数 K_0，K_1，K_2，$\overline{K_0}$，$\overline{K_1}$，$\overline{K_2}$ 可以通过曲线拟合的方式来确定。如果是给定的螺旋桨，则它们都为常系数。

从图 3-12 的工作特性曲线中，可以看到 K_p—J 曲线和 K_M—J 曲线在第一象限内非常相似，事实上，K_p—J 曲线和 K_M—J 曲线在整个坐标系内都是比较相似的。图 3-13 给出了 J 在大范围内取值时的 K_p—J 曲线。

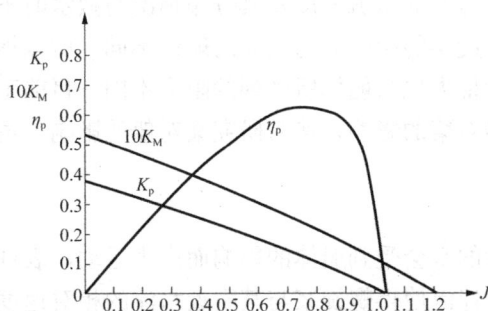

图 3-12　螺旋桨的工作特性曲线　　　　　　图 3-13　K_p—J 特性曲线

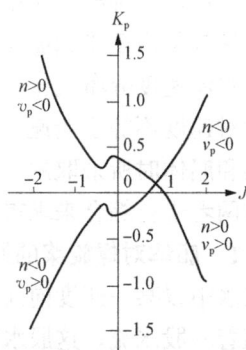

图 3-13 中走向由左上方至右下方的曲线为螺旋桨转速 n 为正转时的特性。其中第一象限部分对应螺旋桨推进船舶前进的状态，第二象限部分对应为船舶转为倒退运行状态，第四象限部分是设想有拖轮拖着船向前航行，螺旋桨成为水轮机的工作状态。图中走向由右上方

至左下方的曲线为螺旋桨转速 n 为反转时的特性。其中第四象限部分对应为螺旋桨推动船舶倒航的状态，第三象限部分对应为船舶由倒航转变为正向航行状态，第一象限部分对应设想有拖轮拖动船舶向后，螺旋桨成为水轮机的工作运行状态。

船舶在实际航行时，会受到各种外界因素的影响，其进速比 J 会发生变化，进而与之关联的螺旋桨推力和阻转矩也会变化。可见从螺旋桨的工作特性出发，可以仿真出船舶在任何工作状态时的螺旋桨的工作特性。

3.4　船体的阻力

船舶在水中航行时会受到阻力，螺旋推进器所产生的推力用以克服船舶所受到的阻力，从而保证其正常航行。船体在实际流体中运动时，会受到垂直于船体表面的压力作用，这种压力是由兴波和旋涡等引起的；同时船体又受到水质点沿着船体表面切向力的作用，即水的摩擦阻力作用。所以船舶航行时的阻力有漩涡阻力、兴波阻力和摩擦阻力，而且它们的大小都是随着船速的增加而增加，阻力和航速的关系为

$$R = K_r v^2 \qquad\qquad (3 - 12)$$

式中　R——船体阻力；

　　　v——航速；

　　　K_r——阻力系数，航行工况一定时，K_r 为常数，工况改变时，K_r 也改变。

通常采用实际船舶航行阻力曲线图，将曲线值存入数据库，利用数值插值算法求得某个时刻船速所对应的阻力值。

3.5　螺旋桨与船体的相互作用

螺旋桨的敞水特性是孤立的螺旋桨在均匀流场中的水动力性能，船舶阻力一般也是单独考虑孤立的船体所受到的阻力，实际螺旋桨工作于船尾，船和桨构成一个系统，两者之间存在着相互作用，这种相互作用表现为船体所形成的速度场和螺旋桨所形成的速度场之间的相互影响。螺旋桨由于受到船体的影响，其桨盘处的水流速度及其分布情况与敞水时不同，船体周围的水流速度分布及压力分布也因为螺旋桨的影响而与孤立的船体不同。所以螺旋桨与水流的相对速度不等于船速，螺旋桨发出的推力也与船体所受到的阻力不同。目前工程上研究螺旋桨和船体时所采取的做法是先研究船对桨的影响，然后研究桨对船的影响，再以简单的形式对两者进行综合来求得最后的结果。

3.5.1　船体对螺旋桨的影响

船在水中以某一速度向前航行时，附近的水会受到船体的影响而产生运动，表现为船体周围伴随着一股水流，这股水流称为伴流。伴流使得螺旋桨与其附近水流的相对速度和船速不同。伴流速度与船速方向相同的称为正伴流，相反者称为负伴流。伴流主要由三部分组成：摩擦伴流、位差伴流和波浪伴流。摩擦伴流是船体运动时由于水的黏性引起的一种追随水流；若船前进一段距离，船艏须将这一段水向两舷挤开，船尾则有空出一段水的趋势，使外围的水自船艏和两舷挤入，这种随着船体运动自船艏经两舷再流向船尾的水流称为位差伴流，位差伴流作用不是非常显著；因为波浪作用而使水产生的伴随船体的运动称为波浪伴

流，一般较小。

所以，伴流速度 u 可以写成

$$u = u_\mathrm{p} + u_\mathrm{f} + u_\mathrm{w} \tag{3-13}$$

式中　u_p——桨盘处位差伴流的轴向平均速度；

u_f——桨盘处摩擦伴流的轴向平均速度；

u_w——桨盘处波浪伴流的轴向平均速度。

设船速为 v，桨相对于水的速度为 v_p，由于伴流使流过螺旋桨的水速 $v_\mathrm{p} < v$，定义：

伴流速度

$$u = v - v_\mathrm{p} \tag{3-14}$$

伴流系数

$$\omega_\mathrm{p} = u/v = 1 - v_\mathrm{p}/v \tag{3-15}$$

则有

$$J = h_\mathrm{p}/D_\mathrm{p} = v_\mathrm{p}/nD_\mathrm{p} = v(1-\omega_\mathrm{p})/nD_\mathrm{p} \tag{3-16}$$

紧靠船后安装的螺旋桨所产生的推力比安装在船远后方的螺旋桨大，可见伴流对提高螺旋桨推力有利，所以应将螺旋桨尽量设置在伴流较大的位置处。船给水以能量的同时产生了伴流，而推力的提高意味着船又回收了其中的部分能量。

3.5.2　螺旋桨对船体的影响

螺旋桨在船后面工作时，由于它的抽吸作用，使桨盘前方的水流速度增大，导致船体尾部压强降低，这相当于增大了船体首尾压力差，从而使船体阻力增加。这种由于螺旋桨在船后工作时引起的船体附加阻力称为阻力增额。若螺旋桨发出的总推力为 P，则其中一部分用于克服船的阻力 P_e（不带螺旋桨时的阻力），而另一部分则为克服阻力增额 ΔP，即：$P_\mathrm{e} = P - \Delta P$。推力减额系数定义为：$t = \Delta P/P$。则有

$$P_\mathrm{e} = P(1-t) \tag{3-17}$$

单桨船的 t 可以用下列经验公式确定

$$t = C_1 \omega_\mathrm{p} \tag{3-18}$$

式中　ω_p——伴流系数。

$C_1 = 0.5/0.7$（螺旋桨后装流线型舵）

$C_1 = 0.7/0.9$（螺旋桨后装方形尾柱和双板舵）

$C_1 = 0.9/1.05$（螺旋桨后装平板舵）

双桨船 t 值可以用下列经验公式：

$t = 0.25\omega_\mathrm{p} + 0.14$（桨毂，Bossing）

$t = 0.70\omega_\mathrm{p} + 0.06$（螺旋桨托架，Propeller bracket）

3.6　螺旋桨负载特性

螺旋桨负载特性指的是螺旋桨转矩、功率与转速之间的关系曲线，即 $M = f(n)$、$P = f(n)$ 曲线。最常用到的是下面三条典型特性曲线：

（1）自由航行特性：$M_\mathrm{y} = f(n)$，$P_\mathrm{y} = f(n)$。

（2）系缆特性或抛锚特性：$M_\mathrm{x} = f(n)$，$P_\mathrm{x} = f(n)$。

（3）反转特性：$M_f = f(n)$。

3.6.1　自由航行特性

满载船舶在静水中航行时的螺旋桨阻转矩（或功率）与其转速的关系曲线称为自由航行特性曲线。

转矩—转速特性曲线为一条近似的二次曲线，其表达式可以写成

$$M_y = K_y n^2 \tag{3-19}$$

而功率—转速特性曲线为一条近似的三次曲线，其表达式可以写为

$$P_y = K'_y n^3 \tag{3-20}$$

式中　　　M_y——转矩，N·m；

$\qquad\qquad P_y$——功率，kW；

$\qquad\qquad n$——转速，r/min；

$\qquad\qquad K_y$、K'_y——常数。

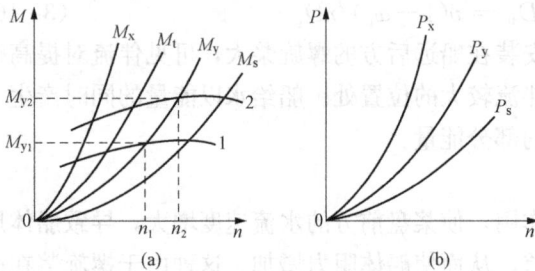

图 3-14　螺旋桨特性

（a）转矩—转速曲线；（b）功率—转速曲线

图 3-14 为自由航行特性曲线，图中曲线 1、2 为原动机特性。船舶航速与螺旋桨转速近似成正比（$v \propto n$），因此，这条特性曲线上的每一个螺旋桨转速，对应有一个确定的船舶航速。整个特性曲线对应有很多不同的航速。

要使螺旋桨以某个转速稳定运转，则必须克服该转速下螺旋桨的阻转矩，为此必须有相应大小的原动机转矩。比如要以 n_1 或 n_2 的转速运转，原动机转矩必须与螺旋桨阻转矩 M_{y1} 或 M_{y2} 的大小相等而方向相反。

3.6.2　系缆（抛锚）特性

满载船舶在航速等于零时的螺旋桨阻转矩 M_x（或功率 P_x）与其转速的关系曲线 $M_x = f(x)$ 或 $P_x = f(n)$ 称作系缆特性或抛锚特性曲线。为了得到这个特性曲线，做试验时将船舶系住不动，因此得名。曲线见图 3-14。

系缆特性表达式为

$$M_x = K_x n^2 \tag{3-21}$$

$$P_x = K'_x n^3 \tag{3-22}$$

必须注意：在自由航行特性上螺旋桨每个转速 n 对应有不同的航速，而在系缆特性上，航速总为零，即 $v = 0$。在大风浪中逆风航行时阻力很大，可能接近这种情形。当船舶静止时启动螺旋桨，螺旋桨阻转矩与转速的关系曲线就是一条系缆特性曲线。因此研究启动时的原动机（或电动机）与螺旋桨共同工作特性，应该用系缆特性。

如果船舶有拖曳性负载（如拖船），则其螺旋桨转矩—转速曲线处于自由航行特性曲线与系缆特性曲线之间。

如船舶在轻载或顺风顺水的条件下航行，则船舶阻力较小，螺旋桨特性将处于自由航行特性曲线的下方，如图 3-14 的 $M_s = f(n)$ 所示。

在 $M_x = f(n)$ 与 $M_s = f(n)$ 之间，实际上还有许多条相似的特性曲线，随船舶负载情况

和阻力情况而不同。当船舶在暴风雨天气航行时，船舶阻力会在很大范围内变化。有时螺旋桨还可能脱落、损坏、出水等等，使螺旋桨阻力矩减小到近于零。这时，在原动机转矩的作用下，螺旋桨甚至可能产生"飞车"现象，使转速达到不允许的程度。

3.6.3　螺旋桨反转特性

当航速不变时，螺旋桨反转过程中其阻转矩与转速的关系曲线 $M_f = f(n)$ 称为螺旋桨反转特性曲线。螺旋桨的反转特性曲线有非常奇特的形状，如图 3-15 中曲线 4、5、6、7 所示。

在论及螺旋桨反转特性时，必须把螺旋桨本身的反转与船舶倒车区别开来。为使船舶倒车，必先使螺旋桨反转；螺旋桨反转时间甚短，以秒计。但船舶倒车（例如由全速前进到全速后退）所需时间甚长，是以分来计算的，二者在过渡过程中的时间，后者是前者的 $100 \sim 150$ 倍。因此可以认为，在船舶倒车的一定阶段上，船舶还是几乎以全速继续航行，尽管螺旋桨这时已经在后退方向旋转了。

在反转时，由于这种情况导致螺旋桨阻转矩有非常特殊的变化。假如螺旋桨在船舶航速为零的情况下（例如在船舶停泊时）进行反转，则其反转特性曲线为一条相互对称的曲线，此时反转特性与系缆特性将重合为一，如图 3-15 中曲线 7 所示。

假如螺旋桨在其他船舶航速的情况下（例如船舶前进或后退时）进行反转，则其反转特性曲线是一条相互不对称的曲线，在这些相互不对称的曲线上都将具有这样的一些特性，即当螺旋桨的转速维持为正值时，在它们的个别线段上将出现负的转矩，如图 3-15 中曲线 4 的 BCD 段所示（由全速前进到全速后退），并且在一定转速时出现最大值，如 C 点。

负的制动转矩，也即螺旋桨负值转矩的出现说明了由于船舶继续向前推进而螺旋桨在水压的作用下将力图维持原先的旋转方向，这时螺旋桨不再做推进器的工作，而是开始做水力发电机的工作。

在倒车时，螺旋桨制动转矩的大小与船舶的前进速度有关，若船舶的前进速度原来很高，则螺旋桨的负制动转矩也较高。比较曲线 6 和 4 即可明了这一点。曲线 6 对应于船速 $v = 0.6 v_e$，曲线 4 则对应于全船速，即 $v = 1.0 v_e$。v_e 为额定船速。

采用电力推进船舶，螺旋桨的原动机是推进电机，推进系统能正常运行必满足：螺旋桨的水动力特性与推进电机工作特性相匹配。下面以图 3-15 为例，分析螺旋桨反转过程中电机与螺旋桨的特性。

图 3-15 中 4、5、6 曲线分别对应不同航速下的螺旋桨的反转特性；1、2、3 曲线分别为不同端电压条件下推进电机的正转工作特性；8、9 曲线分别为不同端电压条件下推进电机的反转工作特性。

为了便于分析船舶的制动过程，作如下假设：

（1）制动前，船舶工作在螺旋桨特性曲线 4 上，且推进系统工作在 N 点；

（2）船舶紧急制动时，电机、螺旋桨的过渡过程远小于船舶的过渡过程，即电机、螺旋桨制动时船速不变，螺旋桨始终工作在曲线 4 上。

船舶紧急制动时，推进电机带动螺旋桨将从正转快

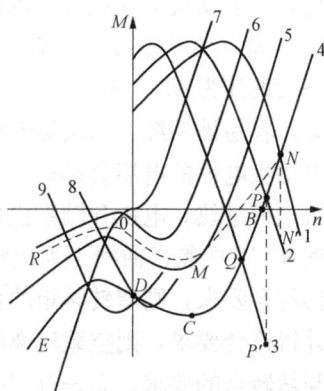

图 3-15　推进电机与螺旋桨的工作特性

速降至 0，而后，又使电机反转升速。整个过程可以分为 NB、BCD 和 DE 三个阶段：在 NB 段，控制系统发出制动指令后，PWM 变频调速装置必将快速降低输出电压和输出频率，由于电机转速不能跃变，电机将沿 N—N′—P 曲线运行，在这一阶段，若变频装置的输出电压和输出频率下降过快，则有可能使得电机的工作点进入第四象限，而使电机处于发电机制动状态，即推进电机运行于发电机状态，并向变频调速装置馈能；BCD 段，螺旋桨在水压的作用下将维持原来的旋转方向，螺旋桨处于水轮机工作状态，推进电机工作在发电状态，此阶段，推进电机一直向变频调速装置馈能，直至电机转速为 0；DE 段，在 D 点电机转速为 0，由于存在着较大的水动力矩，推进电机将承受着螺旋桨的水动力矩开始反转，推进电机进入电动机反转状态。

由以上分析可知，推进系统进入制动状态后，在电机转速降为 0 之前，推进电机将向变频调速装置馈能，馈能大小与船舶工作的螺旋桨特性有关。

当螺旋桨转速减到零时（D 点），螺旋桨的力矩不等于零。这说明在水流冲击下，螺旋桨上产生一主动转矩，力图维持原来方向旋转。要使螺旋桨在这一点不动，必须有大小相等的原动机阻力矩。而欲使螺旋桨在反方向加速，调速装置必向推进电机发出反转的信号。当螺旋桨在反方向加速时，其转矩随转速而变的关系如 DE 段表示。在这一阶段，即使转速很低，电动机所承担负载转矩也相当高，因此在螺旋桨反转过程中，电动机是在大负载下启动，启动电流将会很大。

在螺旋桨反转过程中，船速实际上不会保持不变，而在不断降低。因此，螺旋桨转矩不是按照某条确定的特性曲线变化，而是由下方的特性曲线不断地向上方特性曲线过渡，其将会工作在曲线 NMR 上，与每个时刻船速相对应。

3.7　螺旋桨对推进电机机械特性的要求

螺旋桨是推进电机的工作对象，推进电机的特性必须与螺旋桨的特性相适应，彼此才能很好地配合工作。下面以直流电力推进为例，分析一下螺旋桨对直流电机特性的要求。

1. 电动机理想空载转速 n_0 必须能够自动限制，不允许太高

一般设计为 $n_0 \leqslant 120\% \sim 140\% n_e$。如果电动机空载转速远大于额定转速，则当螺旋桨出水（船舶在大风浪中颠簸时常有可能）或者脱落时，电动机负载大为减小，电动机转速将大大升高，使电动机受到很大的机械性损害。

2. 电动机的"堵转"转矩必须能够自动控制，也不允许太高

一般设计为 $M_{dz} = 150\% \sim 250\% M_e$。这是因为螺旋桨，特别是港口作业船、破冰船等的螺旋桨，容易被钢缆、冰块等卡住，使得电动机发生"堵转"，即电动机转速急剧降低到零，流过电动机电枢的电流会迅速增大，电动机的电磁力矩变得很大。电流和电磁转矩的增大使电动机电枢过热，电机和轴系机械应力过大，因此电动机"堵转转矩"应受到限制。

图 3-16 的特性曲线 1 为他励电动机的机械特性，它是一条硬特性。如果理想空载转速设计得符合要求，则堵转转矩的数值将会极大，在图形上无法找到它的位置。而如果堵转转矩设计得符合要求，则空载转速将大为升高。由此可见，他励电动机的特性无法同时满足空载点与堵转点的要求，总是有"顾此失彼"的毛病。

3. 当负载变化时，电动机的功率应该获得比较充分的利用

船舶航行中，特别是在风浪中，电动机的负载经常发生变化，表现为螺旋桨特性曲线经常在自由航行特性曲线两侧发生变动。这时要保持电动机在某一点（比如 a 点，见图 3-17）稳定工作是不可能的。当负载增大时（其极限是螺旋桨特性由自由航行特性变到系缆特性），电动机将过渡到 b 点工作，b 点既在电动机机械特性曲线上，又在螺旋桨系缆特性曲线上。可以看到，在 b 点，转速与 a 点差不多，而转矩却远大于 M_a（$=M_e$）。这将使电动机发生过载，并引起发电和柴油机过载。而负载减轻时，电动机将过渡到 c 点工作，电动机将严重欠载，功率利用不充分。

由此可见，他励电动机的特性也不能适应负载变化时充分利用机组功率的要求。

为了能够比较好地适应上述几点要求，电动机机械特性必须具有如图 3-18 所示的形状。在这条特性曲线 $dacbe$ 的 acb 段，曲线呈双曲线形状，在 ab 段的每一点始终具有 $M \cdot n =$ 常数的关系。因此在这条双曲线上的每一点，电动机输出的功率相等，电动机的这种状态称为"恒功率"状态。a 点是在螺旋桨自由航行特性曲线上，而 b 点在螺旋桨系缆特性曲线上，这就保证当电动机的负载在 1、2 之间变化时，电动机将能自动维持"恒功率"运行，电动机功率不会过载，因而发电机和柴油机功率也不会过载。转矩虽然大于额定值，但它在电动机允许的转矩过载范围之内，不致引起电的和机械性的损害。

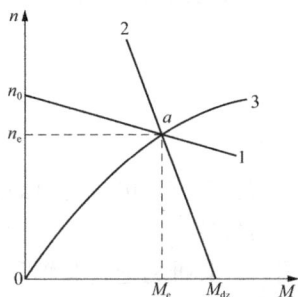

图 3-16　他励电动机的空载转速和堵转转矩
1、2—电动机机械特性；3—螺旋桨自由航行特性

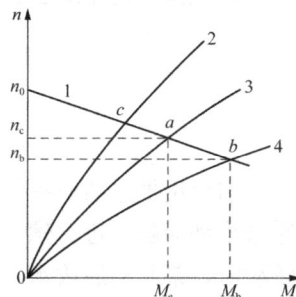

图 3-17　他励电动机与螺旋桨的共同工作特性
1—电动机特性；2、3、4—螺旋桨特性

这条特性曲线的 d 点限制了电机的空载转速，而 e 点限制了电机的堵转转矩。它们的数值均可设计在允许范围之内。

一般来讲，要获得 acb 段的理想恒功率特性比较困难，而获得所谓"凸形特性"则比较容易。凸形特性如图 3-18 的曲线 $dafbe$ 所示。当负载变化，电动机过渡到如 f 点工作时，虽然这一点高于恒功率曲线，电动机将稍有过载（$P_f > P_e$），但过载不大，因此应用还是比较普遍。一般把它和理想恒功率特性一样都称为恒功率特性。

恒功率特性在拖船、拖网渔船、扫雷艇、破冰船等船舶上应用比较适当。在某些船舶上，比如消防船、渡轮、挖泥船等船舶上，除了螺旋桨外，还有一些同螺旋桨容量相当的大容量辅机，它们的特点，一是容量大，二是它们的负荷高峰在时间上常常是与螺旋桨错开的，这时往往把它们的电动机与螺旋桨电动机串接在同一条主电路内，由公共的发电机组供电。为保证各电动机可独立调速而互不影响，人们研制了所谓"恒电流"系统。

4. 在恒电流系统中，要求主回路电流保持不变，不因任一台电动机的转速变化而受到影响

特性曲线形状如图 3-19 中曲线 $dabe$ 所示。当电动机磁通 Φ 为常数时，转矩 M 正比于

电流 I，这条特性曲线也就代表机械特性 $n=f(M)$。这条特性曲线比图 3-18 中的特性曲线 $dafbe$ 更为陡峭，它的转矩在 a 点以下几乎为恒定值。当螺旋桨特性由 1 变为 2 时，电动机工作点由 a 变到 b。很显然，b 点的功率比 a 点小，即 $P_b < P_a$。该台电动机的功率利用是不充分的。但由于各台电动机的负荷高峰不是同时出现，因此整个柴油发电机组的负荷有可能比较均匀，其功率利用也就有可能比较充分。

5. 电动机调速应该比较方便

船舶运行过程中，经常要求螺旋桨正反转及获得不同的速度。这就要求电动机具有不同的转速，而且调速应该比较简便。

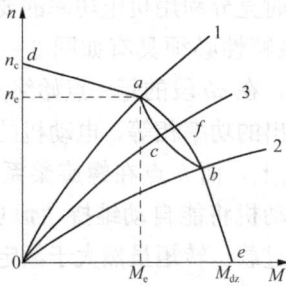

图 3-18　电动机的理想机械特性　　　　图 3-19　恒电流系统中电动机的特性

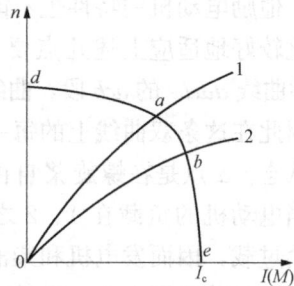

小 结

螺旋桨是目前船用推进器效率较高、应用最广的一种，它也是推进电机的负载，推进电机通过驱动它来推动船舶行进。螺旋桨具有复杂的外形和几何特性。

螺旋桨转动时，桨叶向后拨水，自身受到水流的反作用力，其推力通过桨轴和推力轴承传递至船体。螺旋桨本身除了旋转之外，还随着船体一起作轴向运动，所以螺旋桨工作时，会同时产生轴向诱导速度和周向诱导速度。

对于几何形状一定的螺旋桨，其推力系数 K_P、阻转矩系数 K_M 以及效率 η_p 仅仅与进速比 J 有关，K_P、K_M、η_p 与 J 的关系称为螺旋桨特性曲线，该曲线又称为螺旋桨的敞水特性曲线。

螺旋桨的敞水特性是孤立的螺旋桨在均匀流场中的水动力性能，船舶阻力一般也是单独考虑孤立的船体所受到的阻力，实际螺旋桨工作于船尾，船和桨构成一个系统，两者之间存在着相互作用，这种相互作用表现为船体所形成的速度场和螺旋桨所形成的速度场之间的相互影响。

螺旋桨负载特性最常用到的是自由航行特性、系缆特性和反转特性三条典型特性曲线。螺旋桨是推进电机的负载，推进电机的特性必须与螺旋桨的特性相适应，彼此才能很好地配合工作。

思考题与习题

1. 什么是右旋桨？什么是左旋桨？

2. 什么是螺旋面与螺旋线?

3. 桨叶切面的形状有几种,各有什么特点?

4. 船舶在水中航行时,船体会受到哪些阻力?

5. 船舶在水中航行时,螺旋桨与船体的相互作用表现在哪些方面?

6. 螺旋桨的推力与阻转矩分别与哪些因素有关?

7. 螺旋桨三条典型的负载特性曲线是什么,分别表示什么意思?

8. 试分析螺旋桨在快速反转时,推进电机的运行情况。

9. 螺旋桨对推进电动机机械特性有哪些要求?

第4章 船舶推进电机及其控制策略

船舶电力推进系统的主要动力源是推进电动机，目前主要有直流推进电机、交流异步推进电机、交流同步推进电机、永磁推进电机。本章介绍了船舶推进电机的特点及要求，分析了船舶各类推进电机的工作原理、数学模型、运行特性和控制策略。

4.1 船舶推进电机概述

4.1.1 推进电机的特点

船舶的航速和推进轴功率的变化范围很大，船舶对推进电机的要求决定了推进电机的特点，它是一种高可靠性、大容量、低转速、高转矩、高比功率、功率和转速变化范围很宽的多工况电机。

1. 高可靠性

推进电动机是船舶电力推进系统的主要，甚至是唯一的动力源，其可靠性直接关系到船舶的安全航行，特别是潜艇推进电机。原来潜艇采用柴油机与推进电机同轴推进，而且有多台主推进电机和多台经航推进电机。而现在仅仅设一台主推进电机，推进电机成为了潜艇深潜、上浮、航行的唯一推进动力，它必须具有非常高的可靠性，以保证潜艇的生命力。

2. 大容量

船舶推进电动机的最大功率取决于船舶航行所要求的最大航速、排水量、运动阻力和推进螺旋桨的特性，一般在船舶总体设计时决定。推进电机的功率大致与螺旋桨转速的立方成正比，即 $P = kn^3$（k 为常数），因此，提高船舶的航速要求显著增加推进电机的功率。

随着船舶排水量的增大，航速增高，所需推进动力越来越大，导致推进电机的容量也逐步增大。现代船舶已由双螺旋桨推进发展为单螺旋桨推进，单台推进电机的容量成倍地增加。

3. 低转速、高转矩

早期的船舶螺旋桨为小直径高速螺旋桨，为提高螺旋桨推进效率和降低噪声，现均采用低速大直径螺旋桨。而一般推进电机与螺旋桨同轴连接，无齿轮减速，所以推进电机转速向低速发展。单台推进电机的容量大幅度增加，推进电机的转矩也大幅度提高。

4. 高比功率

船舶舱室空间和排水量有限，希望设备体积、重量尽量轻巧，推进电机在船上属于大型设备之一，特别是潜艇推进电机一般放置在船舶的尾部。现代潜艇为了提高流体力学和声学性能，趋向于采用水滴形尾部收缩，导致舱室体积变小，所以要求推进电机体积小、重量轻、功率密度大。

要求推进电机具有最小的外形尺寸和重量，是与电机便于维护以及某些部件便于接触相矛盾的；但是对于船舶推进电机来说，最小的外形尺寸和重量成为设计时的优先考虑因素。

5. 宽调速范围和调速性能

推进电机要能满足船舶航行的全部航速需要，其转速一般在每分钟几十转到几百转。在同样的输出功率情况下，它与一般恒速的电机和有转速中断区的调速电机相比，实际分担的功率、电负荷和磁负荷都要大得多。

6. 高效率

电机的效率对船舶的燃料消耗、主发电机外形尺寸和重量有很大的影响。推进电机效率低，总的电力消耗加大，会使主发电机的容量、燃料的消耗、主发电机外形尺寸和重量显著地增加。

推进电机的效率直接影响船舶的续航能力和作战半径。

7. 振动和噪声小

船舶推进电机通常安装在很小的舱室内，那里的长期工作人员将被电机不间断的噪声所困扰。因此改善工作人员的居住和工作条件，减小电机的噪声是很有必要的。

对于特殊船舶如测量船和海洋考察船，推进电机的振动和噪声还会干扰测量的精度。

另外，随着声纳等反潜技术的发展，需要研究、发展安静型潜艇。潜艇低速航行时，推进电机是其主要振动和噪声源，对潜艇的隐蔽性影响很大，尤其影响了潜艇的战术技术性能指标。因此，根据船舶发射到水中的声能值的限制，对潜艇推进电机振动和噪声的要求越来越高。

必须指出，要求振动噪声小是与限制外形尺寸和重量直接相矛盾的，因为电机的有效材料利用率越高，即电机的电磁负荷和转速越高，电机的噪声就会越大。要得到噪声小的电机，必须减小电机的电磁负荷和转速，这样就要增加外形尺寸和重量。所以实际设计时，通常要兼顾上述各个因素的影响，最终得到一个最优方案。

8. 多工况运行

推进电机要推动船舶在不同的航速下前进、后退，应满足多种工作状况运行要求。

潜艇推进电机一般有基本、短时和连续三种工作制。基本工作制是水下航行的短时工作状态，也是电机的额定工况，一般为一小时；短时工作制可以使潜艇操纵更加灵活、机动，有利于接近敌人、占领有利阵位和规避以应付各种不利的局面，一般为十分钟工况；连续工作制满足潜艇水面、水下、通气管航行、倒车等状况下的各种航速。

9. 多电压供电方式

推进电机由蓄电池供电的船舶（如潜艇、ROV 等），由于蓄电池放电特性，供电电压波动范围很大，另一方面，为了便于调速，蓄电池组在工作时，经常调整串并联结构。推进电机在同样输出功率时，与一般电机相比，电负荷和磁负荷较大。

4.1.2　船舶推进电机的要求

对推进电动机的要求，除由推进电机的特点决定外，同时要考虑船舶工作时的环境条件如海水、盐雾、霉菌等，船舶航行姿态如倾斜、摇摆和冲击的影响等，还要考虑舱内的布置、外形结构尺寸、重量等要求。

推进电机的基本要求如下：

（1）可靠性高。电机高可靠性的要求是一个综合性概念，它可决定该电机的许多结构特点。电机的高可靠性要求通常可作如下理解：

1）电机可以长期不间断地工作，维护时只需短期内停止工作，即更换电机需维修的零部件如直流推进电机的电刷、机电一体化推进电机的功率模块、轴承润滑油以及清除电机上的灰尘时也不长期停止工作。

2）推进电机安装在船舶上，要求所有最重要的结构部件可以方便地定期维护。

3）绕组绝缘的耐潮性和耐水性。在正常海洋空气湿度的作用下，电机仍能保持良好的绝缘性能。即使被海水浸没的电机，在海水从舱中排出后，电机用淡水洗涤，并经短期烘焙干燥后，仍能短期工作。

4）电机的机械强度。具有承受正常操作时以及船舶执行任务时所产生的机械应力的能力，能承受较大的冲击震动。

5）保证电机在横倾和纵倾、横摇下能可靠地工作。

6）电机脱离辅助机械的独立性，即在有限的时间间隔内，电机不因辅助机械（如风扇、供轴承油的油泵以及其他辅助机械）出现异常而丧失其独立工作能力与生命力。

（2）推进电动机最好采用强迫通风，以减小体积和重量，避免在船舶制动或倒车时过热。具有强迫通风的电机，应在不用强迫通风时也能承受低负载运行。对于功率过大电机也可采用水内冷式。

（3）为了防止电机停车后在内部凝水，以及提高电机绝缘，电机内部应装电热器，使电机内温度保持比周围介质温度高 $2 \sim 3 ℃$，为此目的，也允许使用电机的励磁绕组来作加热器。

（4）推进电机的绝缘电阻，在耐电压试验前后，测得的修正到 $25℃$ 时的绝缘电阻值（按照温度每减少 $15℃$，绝缘电阻增加一倍进行修正），应不低于下列数值：

励磁绕组（B、F、H 级绝缘）：$50MΩ$。

电枢绕组（B、F、H 级绝缘）：$25MΩ$。

电加热绕组：$25MΩ$。

（5）电机应能承受超速运行的考验。电机应能承受 125% 额定转速，空载超速运行 $5min$ 而不发生损伤或有害变形。当 125% 额定转速小于 120% 最高工作转速时，应按 120% 最高工作转速进行试验。

（6）逆转。对可逆转电机，应能在产品技术规格书规定的逆转工况下正常运行。

（7）电机应采取有效措施防止轴电流对轴承产生危害。一般轴电压的峰-峰值不应超过 $1V$。如果轴承已电气绝缘，轴电流回路被断开，则允许有较高的轴电压。

当采取轴绝缘措施时至少应将电机的非驱动端轴承加以电气绝缘，与绝缘轴承连接的金属油管、金属冷却管和其他导电连接件均应电气绝缘。

（8）推进电机的轴承和润滑。在电机允许的倾斜范围内，应保证轴承能得到良好的润滑，正常工作。润滑油（脂）不能从轴承中渗漏或溢出。

（9）推进电机应尽量采用滑动轴承。当推进电机采用滚动轴承时，应考虑：

1）在船舶上能顺利地更换滚动轴承。

2）设置轴承加油杯（孔），并设置排油道；正确选用润滑脂，以保证轴承良好地润滑。

3）滚动轴承的使用寿命应不少于 $20000h$。

当推进电机采用滑动轴承时，应考虑；

1）在明显部位应设有轴承温度测量、油面高度观察以及超温报警装置。

2）若采用压力润滑时，必须保持足够的油压或油面高度，以保证不断油。若采用飞溅式滑动轴承时，应设轴承加油杯（孔），以便补充润滑油。

　　3）采用滑动轴承的推进电机，必须设有转子提升装置，以利于更换轴承轴瓦。

　　（10）推进电动机转子的直径应尽可能小，以减小转动惯量，从而减少反向或调速时的过渡时间，提高机动性。

　　（11）在必要的情况下，应安装推进电动机的超速保护，以防止在操纵和故障条件下超过电机设计的速度极限。

　　（12）在规定的运行模式和紧急操纵模式下，再生电力不应引起推进系统的任何报警。

　　（13）推进电机励磁电路保护不应引起开路，除非电枢电路同时断开。

　　（14）对于具有一个励磁绕组或者两个电枢绕组的电机，一个电枢电路的故障不应引起励磁电路的断路。

　　（15）应有检测电机内部温度和轴承润滑情况的装置，其信号应在操纵板上反映出来。

　　（16）由静止式变频器供电的推进电动机，在设计中要考虑电源中谐波的影响。

　　（17）电机排放至舱室中热量的导出。船舶舱室空间很受限制，大容量推进电机所排出的热量对船上的居住条件以及维护人员正常工作条件的影响很大，因此电机排放至舱室中热量的导出很重要。船舶推进电机一般使用带有水冷式空气冷却器的闭式循环通风冷却系统或水冷系统。

4.2　船舶直流推进电机及其控制

　　直流电动机具有良好的运行和控制特性，其调速系统在理论和实践上都比较成熟，从控制技术的角度来看，它又是交流调速系统的基础。本节主要分析直流推进电机的结构特点、工作原理、基本方程、运行特性和控制方法。

4.2.1　船舶直流推进电机的基本结构

　　船用直流推进电机的结构形式和普通的直流电机差别较大，为了全面了解船舶直流推进，在此，对船用直流推进电机的结构特点进行分析。

　　1. 基本形式

　　推进电机的布置空间有限且调速范围较大，往往需要做成双电枢双换向器电机或单枢双换向器电机。双电枢双换向器与单电枢电机相比，电枢之间可以串、并联；既可单电枢工作，又可双电枢工作，机动性好，可靠性高。但其轴向尺寸较长，重量和体积较大，效率稍低。单电枢双换向器两个独立的换向器之间可以串、并联，增加调速区，灵活性较好，但结构相对复杂，风路上要特殊考虑。

　　直流推进电机基本形式有：

　　（1）单电枢单换向器。同一轴上只有一个电枢和换向器，如一般电机的转子形式。

　　（2）单电枢双换向器。同一轴上只有一个电枢铁芯和两个换向器，在该铁芯上放有两套独立的绕组，每一套绕组接到各自的换向器上，如图 4-1 所示。

　　（3）双电枢双换向器。同一轴上有两个独立的电枢铁芯，每个铁芯上有一套绕组，分别接到各自的换向器上，这两个电枢装在同一机壳内，有两个独立的磁路系统，两换向器可以置于两铁芯中间，也可置于两端，如图 4-2 所示。

　　（4）双电枢四换向器。同一轴上有两个独立的带双换向器电枢。

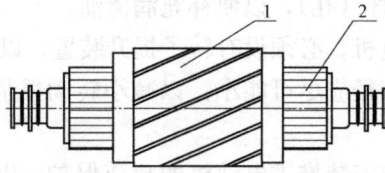

图 4-1　单电枢双换向器

1—电枢；2—换向器

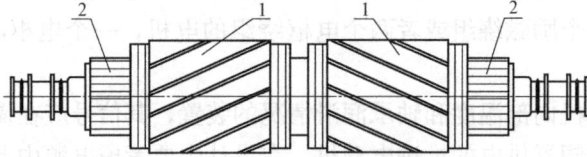

图 4-2　双电枢双换向器

1—电枢；2—换向器

2. 机座

机座一般由钢板焊接而成，机座结构除考虑强度、刚度以及防护形式、冷却方式和安装等方面的要求外，同时应考虑机座的结构工艺性要求。

推进电机的机座多为剖分式结构，其上、下机座结合面位置应着重考虑安装和维护的方便，并装有定位销以保证定位。若推进电机布置在船的舷侧，则上、下机座为斜剖分。底脚也不在一个平面上。

端盖也为上、下剖分结构。较大直径的电机，上半端盖又分为两半，而且上半端盖没有止口，以便于拆卸。

机座结构应满足磁路对称方面的要求，对同轴双电枢电机，独立的两磁路系统，其机座应使用材质相同、导磁性能尽量一致的材料。

3. 定子磁路系统

推进电机的定子磁路系统一般由主磁极、换向极、励磁绕组、换向极绕组、补偿绕组和极间连线组成。对大功率的直流推进电机一般须采用补偿绕组，增加抗环火的能力。

主磁极应采用优质冷轧硅钢片叠压而成，换向极应根据换向设计要求来确定是采用薄钢板还是采用硅钢片叠压结构。主磁极、换向极与机座的连接固定需使用螺栓，并留有足够的调整垫片的裕量，以便必要时调整气隙来调整换向性能。

各磁极绕组的对地绝缘性能很重要，主磁极和换向极推荐采用真空压力浸漆，极间连线应具有足够的绝缘，以防凝露或积水导致磁路系统的绝缘电阻偏低，影响电机的正常使用。

磁路系统各绕组之间的连线方式应使各极磁势相等、极性正确、轴电流和外磁场最小。

磁路系统的极间连线必须考虑机座的剖分要求，在结合面附近分断并采用螺栓联结。

4. 电枢

推进电机电枢一般需要采用斜槽，电枢铁芯由高导磁、低损耗电工硅钢片叠制而成，若采用扇形片叠压，扇形片间接缝应逐层交错放置，并应使磁性对称。叠片应通过穿过铁芯的拉紧螺杆同压板一起牢固地压紧。为防止在拉杆内产生涡流损耗，拉紧螺杆不宜装在过于靠近铁芯外缘的地方，且必须仔细地加以绝缘。

直流推进电机电枢直径较大时，考虑到转轴加工和锻造的生产难度，同时为了减少重量，在电枢铁芯和轴之间另装电枢支架。电枢支架用钢板焊接而成，设计时还需考虑电机通风冷却的要求。根据推进电机的电枢铁芯长度，可采用轴向通风或轴向、径向混合通风结构。

5. 换向器

换向器是直流推进电机的关键部件，在整个寿命周期内换向器必须保持良好的状态，不得产生有害变形，换向器外圆跳动应小于规定值。在船舶大修期，若需要车换向器外圆，仍要保证足够的片间压力。

直流推进电机的换向器一般采用螺杆紧固式拱形换向器，升高片与换向片间用硬焊方法联结，机械强度高，接触电阻小。换向器可通过螺栓和销钉与电枢支架紧固，升高片不易发生因疲劳折断的事故；电枢绕组可以在套轴前进行嵌线、浸漆工序，双电枢电机更容易实现真空压力浸漆（VPI），对提高电机的性能极其有利。

换向器必须具有很好的防潮性能，换向器端部 V 形环外边缘与套筒、压圈结合处必须密封可靠，并有足够的爬电距离。V 形环和换向片、套筒、压圈之间的空腔可进行灌胶处理。

6. 刷架装置

刷架装置应有可靠的坚固性和足够的刚度，使直流推进电机在各种船用环境条件下不产生有害变形和机械振动，接头不发生松动，保证刷架始终处于中性线处。

刷杆座应可以旋转，且设有复位标记，以便对电刷和刷握进行维护调节和更换；刷杆座应为分半结构，便于拆装。

直流推进电机为可逆转电机，需要采用合理的电刷和刷握形式；为防止维护保养时电刷装反，电刷设计时应考虑设置防错标记。

4.2.2　直流电动机的运行特性

直流电机运行原理的参考书籍较多，此处不再赘述。直流电动机的运行特性主要有两方面：一是工作特性，二是机械特性，即转速—转矩特性。运行性能因励磁方式不同而有很大差异，下面以并励电动机为例加以研究。

图 4-3 所示为并励电动机的接线图。并励电动机的运行特性可用实验法或解析法求得，先讨论工作特性。

1. 工作特性

工作特性是指电动机的端电压 $U=U_N$，励磁电流 $I_f=I_{fN}$ 时，电动机的转速 n、电磁转矩 T 和效率 η 与输出功率 P_2 的关系，即 n，T，η 与 P_2 的关系。由于实际运行中 I_a 较易测得，且 I_a 随 P_2 的增大而增大，故也可把工作特性表示为 n，T，η 与 I_a 的关系。上述条件中，I_{fN} 为额定励磁电流，即输出功率达到额定功率 P_N、转速达到额定转速 n_N 时的励磁电流。

图 4-3　并励电动机的接线图

先看转速特性 $n=f(P_2)$。直流电机的转速公式为

$$n=\frac{E_a}{C_e\phi}=\frac{U}{C_e\phi}-\frac{R_a}{C_e\phi}I_a \qquad (4-1)$$

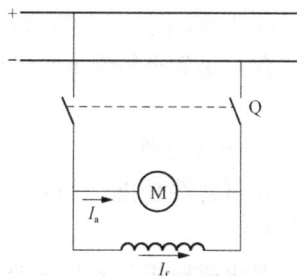

式中 n——电机转速；

    E_a——电机电枢绕组的感应电动势；

    C_e——电动势常数；

    ϕ——电枢绕组中的磁通；

    R_a——电枢绕组电阻；

    I_a——流过电枢绕组的电流。

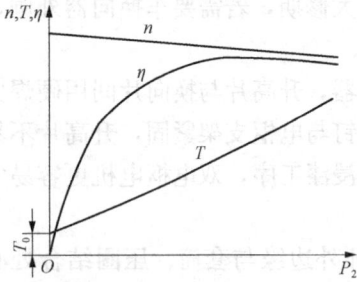

图 4-4 并励（他励）电动机的工作特性

上式表示，在端电压 U、励磁电流 I_f 均为常值的条件下，影响并励电动机转速的因素有两个：①电枢电阻压降；②电枢反应。当电动机的负载增加时，电枢电流增大，$I_a R_a$ 使电动机的转速趋于下降；电枢反应有去磁作用时，则使转速趋于上升；这两个因素对转速的影响部分地互相抵消，使并励电动机的转速变化很小。实用上，为保证并励电动机的稳定运行，常使它具有如图 4-4 所示稍微下降的转速特性。

空载转速 n_0 与额定转速 n_N 之差用额定转速的百分数表示，称为并励电动机的转速调整率 Δn，即

$$\Delta n = \frac{n_0 - n_N}{n_N} \times 100\% \tag{4-2}$$

并励电动机的转速调整率很小，约为 $3\% \sim 8\%$，所以它基本上是一种恒速电动机。

注意，并励（他励）电动机在运行中，励磁绕组绝对不能断开。若励磁绕组断开，$I_f = 0$，主磁通将迅速下降到剩磁磁通，使电枢电流迅速增大。此时若负载为轻载，则电动机的转速将迅速上升，造成"飞车"；若负载为重载，所产生的电磁转矩克服不了负载转矩，则电动机可能停转，使电枢电流增大到启动电流，引起绕组过热而将电机烧毁。这两种情况都是非常危险的。

再看转矩特性 $T = f(P_2)$，根据转矩方程

$$T = T_0 + T_2 = T_0 + \frac{P_2}{\Omega} \tag{4-3}$$

若转速为常值，则 T 与 P_2 之间为一直线关系；实际上，P_2 增大时，转速略有下降，故 $T = f(P_2)$ 将略为向上弯曲，且当 $P_2 = 0$ 时，$T = T_0$，如图 4-4 所示。

最后是效率特性 $\eta = f(P_2)$。并励电动机的效率特性和其他电机相类似，如图 4-4 所示。

2. 机械特性

机械特性是指 $U = U_N$，励磁回路电阻 $R_f = $ 常值时，电动机的转速与电磁转矩的关系 $n = f(P_2)$。

从电磁转矩公式和电动机的电压方程可知

$$T = C_T \phi I_a = C_T \phi \left(\frac{U - C_e n \phi}{R_a} \right) \tag{4-4}$$

由此可以解出

$$n = \frac{U}{C_e \phi} - \frac{R_a}{C_T C_e \phi^2} T \tag{4-5}$$

由于 $U=U_{N}$，$R_{f}=$ 常值，且 $R_{a}\ll C_{T}C_{e}\phi^{2}$，故不计磁饱
和效应时，并励电动机的机械特性曲线为一稍微下降的直
线。如果计及磁饱和，交轴电枢反应呈现去磁作用，曲线
的下降程度减小，甚至可以成为水平或上翘的曲线。总之，
并励电动机的转速随着所需电磁转矩的增加而稍有变化，
如图 4-5 所示，这种特性称为硬特性。

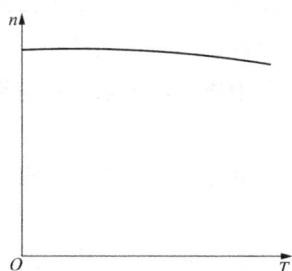

图 4-5　并励电动机的机械特性

4.2.3　直流推进电机的控制

直流推进电机可以由直流发电机供电、交流发电机整流
供电，也可通过蓄电池组供电。目前国内使用的船舶直流电
机推进调速系统单机主要参数范围如表 4-1 所示。

表 4-1　　　　　　　　船舶直流电机推进调速系统单机主要参数范围

输入直流电压 U/V	电机轴功率 P/kW	最高转速 n/(r/min)	调速范围
100～1000	20～5000	200～500	10∶1

1. 直流电机推进调速类型

(1) 蓄电池组—直流电动机电力推进。这种电力推进方式主要用于水下航行的船舶推
进，如潜艇、深潜器等。其优点是：供电电源不依赖空气、无旋转机械，推进系统安静性及
隐蔽性好。缺点是：蓄电池重量大，蓄电池和电机要很好地维护。

在蓄电池组—直流电动机电力推进调速方式中，采用了蓄电池组串并联调速、双电枢串
并联调速、改变电机励磁磁通大小来实现调速、改变电枢输入电压实现调速等方法。也可以
将这些方法配合使用，以实现推进系统高效率、高可靠性和较大的调速区要求。

如在常规潜艇的电力推进系统中，直流推进电机设计为一台双电枢推进电机或两台推进
电机，蓄电池组设置为两组蓄电池，调速控制中设置了电枢斩波器、励磁斩波器和励磁电
阻，如图 4-6 所示。图中 1DCZ、2DCZ 为蓄电池组；R1、R2 为固定励磁电阻；1LCTJ、
2LCTJ 为励磁斩波器；1DSZB 为电枢斩波器；M1、M2 为直流推进电机的两个电枢。
3QFCB、4QFCB 为蓄电池组的串并联开关，3QDS、4QDS 为电枢的串并联开关。

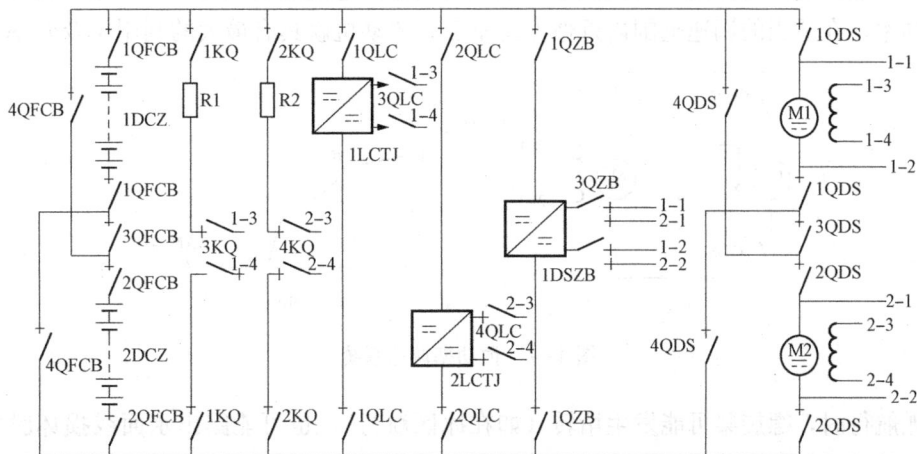

图 4-6　蓄电池组—直流电动机电力推进调速系统

在高速区，由蓄电池串联给双电枢并联的推进电机供电，通过励磁斩波器来实现高速区的连续调速。

在中速区，则采用蓄电池串联给双电枢串联的推进电机供电，同样通过励磁斩波器来实现连续调速。

在低速区，采用蓄电池并联给双电枢串联的推进电机供电，由励磁斩波器来实现连续调速。

在经济航行区，由一组蓄电池或两组蓄电池并联供电，通过电枢斩波器调节电机单电枢输入电压实现调速，励磁斩波器调节固定推进电机对应电枢的励磁电流不变。

固定励磁电阻是在励磁调节器出现故障时，代替其作用。

（2）直流发电机—直流电动机电力推进。直流发电机和直流电动机的主电路之间的连接可以是串联，也可以是并联。大多数情况下，直流发电机与电动机之间采用串联方式，并且直流发电机可以由多台串联组成。串联方式与并联方式相比，具有下列优点：

1）推进电动机在其调速范围内，不必要求驱动发电机的原动机转速恒定或具有复杂的调节装置。可以最大限度地利用每台发电机的功率。

2）可以将低电压的直流发电机串联，给高压直流电动机供电，在不增加电流的情况下，提高电力推进输出功率。

3）当负载不平衡或负载突变时，整个系统仍能较稳定地工作。即使串联的各直流发电机外特性有差别，也不会对系统的稳定工作有很大影响。

直流发电机—直流电动机电力推进，依据所采用的控制方式或发电机的不同，可以得到不同的调速系统。通常有恒功率调速系统和恒电流调速系统。

1）恒功率调速系统。简单的直流发电机—直流电动机电力推进原理图如图 4-7（a）所示。发电机和电动机都采用他励电机。它们的励磁可以采用直流电网供电，也可以采用交流电网供电。采用直流电网供电时，用励磁斩波器或励磁电阻调节励磁电流的大小实现调速；在采用交流电网供电时，可以先将交流电用二极管整流为直流电后使用，也可以用晶闸管直接可控整流调节励磁电流大小实现调速。

恒功率调速系统就是使电动机输出的转速及转矩，在适应螺旋桨的工作特性范围内，保持其积为常数。这就要控制发电机的输出电压与其输出电流之乘积为常数。这样就使原动机的输出功率，在适当的调速范围内近似保持不变，原动机就具有最大的利用率及效率。

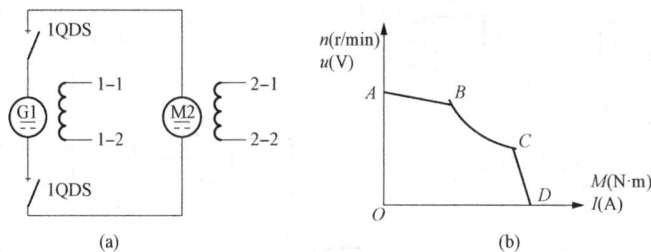

图 4-7　恒功率调速系统

船舶航行时，螺旋桨可能发生堵转（如在冰区航行），也可能露出水面或损坏脱落。如果不对这种情况加以调节，就会发生电动机严重过载（电流）或飞车事故。所以，恒功率调速只要求在螺旋桨正常工作的某个区段，如图 4-7（b）中的 BC 段。超过这个范围就应加以限制，如图 4-7（b）中的 AB、CD 段。

我国的 985Ⅰ型航标工作船和 991Ⅱ型布缆船都采用了这种电力推进系统。日本的"富士号"南极观察船和苏联的"列宁号"原子破冰船也采用了这种恒功率调速电力推进方式。

2）恒电流调速系统。恒电流调速系统如图 4-8 所示，直流发电机与直流电动机的主电路串联在一起。这个电路中，通过控制发电机的励磁电流使得主电路的电流保持不变，通过调节直流电动机的励磁电流实现调速。

采用恒电流调速控制方式的优点是：

a. 可以分别控制各直流电动机投入运行，而且由于所加的励磁大小不同，电动机的输出功率不同。使原动机的功率得到合理的分配。

b. 恒定的主电路电流使得发电机、电动机不会发生电流过载。同时，启动电动机，或者反转都可以较迅速地进行。

缺点是只能在一定的负载下运行，当发生轻载或失载时，会产生电动机飞车事故。为了防止这种情况，最好在电动机上添加速度反馈环节。

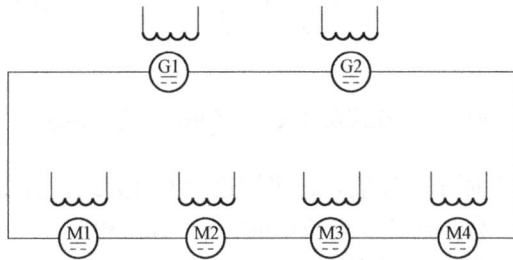

图 4-8　恒电流调速系统

恒电流调速系统在我国制造的轮渡船及耙吸式挖泥船上都有应用。此外，912Ⅳ型消磁船也采用了恒电流调速系统。两台柴油机驱动两台直流发电机，与驱动两个螺旋桨的两台电动机构成串联主电路。主电路中的恒电流控制采用了晶闸管整流技术。在停泊时，进行消磁作业，又可以将主推进发电机的能量用于消磁，有利于综合利用原动机。该船主要数据如下：

原动机，柴油机，1600kW，750r/min，2 台。

直流发电机，1380kW，600V，750r/min，2 台。

直流电动机，1250kW，580V，500r/min，2 台。

法国建造的"凡尔康"号布缆船，采用四台直流发电机与两台直流电动机构成主电路串联恒电流调速系统。主要装置数据为：

直流发电机，1300kW，750r/min，4 台。

直流电动机，2200kW，2 台。

（3）交流发电机—直流电动机电力推进交流发电机与直流发电机相比，具有体积小，重量轻，可靠性高等特点，在 20 世纪 80 年代得到了广泛的应用。交流发电机通常采用电励磁的同步发电机。同步发电机发出的电能，经过电源变换器，供给直流推进电动机，这就构成了交流发电机—直流电动机电力推进，如图 4-9 所示。

图 4-9（a）中，电源变换器采用了二极管不控整流，同步发电机的直流励磁电流由串联在其绕组中的电阻调节，或由发电机励磁调节器调节。当改变同步发电机的励磁电流时，同步发电机的输出电压会发生变化，整流后加在直流电动机上的电压也会随之改变。这样所得到的调速范围，可以与直流发电机—直流电动机推进相媲美。并且，交流同步发电机的功率、转速都可以比直流发电机大得多。世界上有许多国家的大功率电力推进船舶采用了这种方式。

美国建造的 12 万吨油船装有双螺旋桨推进器。每轴上装有：

燃气轮机，29400kW，2 台；交流发电机，34000kVA，4160V，2 台；

直流电动机，3×9800kW，三电枢，2 台。

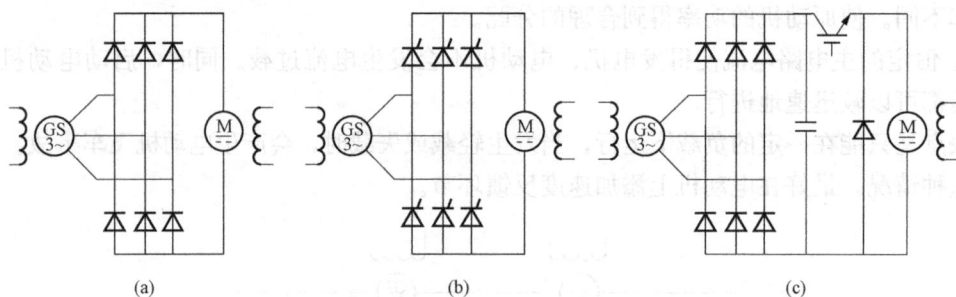

图 4-9　交流发电机—直流电动机电力推进

苏联建造的"北极号"原子破冰船，也采用这种推进方式。其主要数据为：

汽轮机，27500kW，2 台；交流发电机，9000kVA，780V，6 台；

直流电动机，2×8800kW，双电枢，3 台。

电源变换器若采用晶闸管可控整流，如图 4-9（b）所示，就可以保持同步发电机电压不变，通过改变晶闸管的导通角，调节直流输出电压，实现直流电动机调速的目的。同步发电机所发出的电能可以供给船舶电网，有利于节能。

西门子公司建造的 6000 吨"德意志"号火车轮渡，采用了这种电力推进。其主要数据为：柴油机，1800kW，1500r/min，9 台。

交流发电机，2180kVA，1000V，1500r/min，50Hz，9 台。

直流电动机，每台双电枢，2×3500kW，1200V，195r/min，2 台。

英国 GEC 公司为澳大利亚建造的滚装船也采用这种推进方式，装有：

燃气轮机，8800kW，1 台。

交流发电机，10000kVA，3300V，50Hz，1 台。

直流电动机，3900kW，985V，200r/min，2 台。

图 4-9（c）中，电源变换器采用了二极管不控整流加斩波器调速，与可控整流相比，斩波器可以采用高频开关器件设计，开关频率比整流频率高很多，电动机电流脉动小，转矩波动小，对电网产生的谐波干扰小。目前，这种工作方式正逐步取代图 4-9（b）所示的方式。

在图 4-9（b）、（c）中的电励磁同步发电机可以用永磁发电机代替。图 4-9（b）、（c）中的电励磁直流电动机也可以用永磁有刷直流电动机代替，但电源变换器要改为可逆整流电路、可逆斩波器才能实现电动机的正反转调速。

2. 直流推进电机调速装置

在直流推进电机调速系统中，常常需要对电机电枢或励磁电流进行调节，这就需要用到 DC/DC（直流/直流）电源变换装置和 AC/DC（交流/直流）整流变换装置。

DC/DC 电源变换装置包括斩波降压电路、升压变换电路和升降压变换电路三种方式。其中斩波降压电路调速最为常见。

可控整流电路在有关资料中介绍得比较详细，由于本章篇幅有限，不再介绍。

采用现代电力电子器件设计的斩波调速装置，从 80 年代在我国开始推广使用，先后有多种型号的斩波器装置用于船舶电力推进中。

（1）直流推进电机电枢斩波调速。通过调节直流电机电枢电压实现调速，在交流电源供电时可采用可控整流调速系统；但在直流电源供电或二极管整流供电时，则需采用斩波调速系统。为了便于分析电路，将直流推进电机等效为一个电枢电感、一个电枢内电阻和一个直流反电势串联电路。

图 4-10（a）是电枢斩波调速的基本电路，电路的输出电压 U_0 和输出电流 i_0 只能为正值，是一种不可逆调速电路，电机反转只能通过改变电机励磁电流方向来实现。电路中的 VT 采用 IGBT 器件，IGBT 门极控制信号采用了 PWM 调制信号，IGBT 的保护电路给予省略。VD 为续流二极管。通过 PWM 信号的控制，可以获得图 4-10（b）、图 4-10（c）两种可能的电压电流波形。图 4-10（b）的负载电流 i_0 是连续的，在图 4-10（c）中，负载电流 i_0 是不连续的。

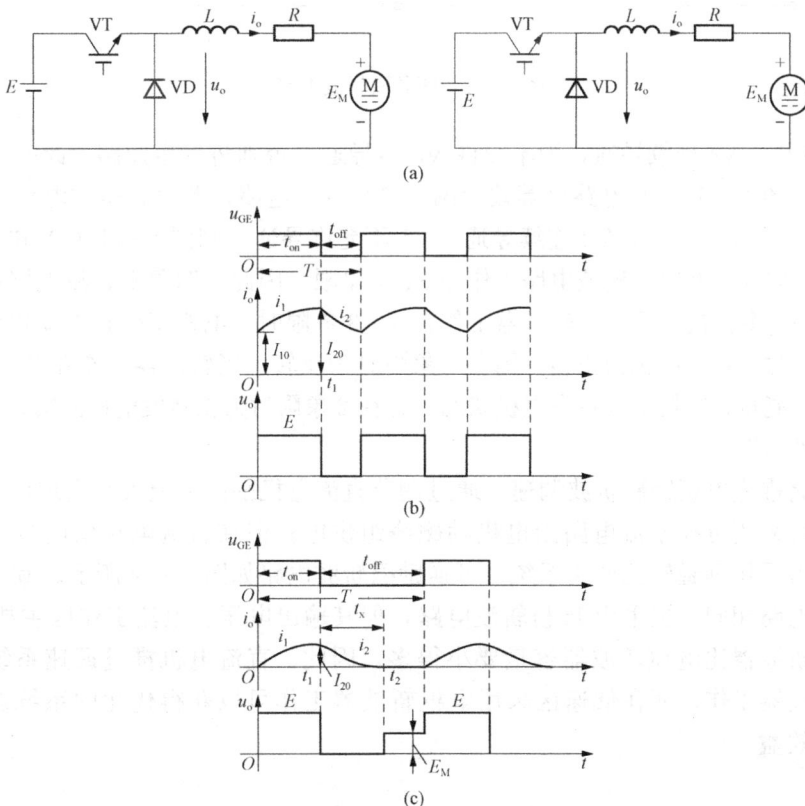

图 4-10　电枢斩波调速的基本电路及其电压、电流波形

图 4 - 10（a）所示电路，只能控制直流推进电机在一个方向转动，且没有制动能力。在许多直流推进电机调速控制中都要求能实现正、反转控制，并要求有快速制动能力，这就要求主电路采用四象限斩波电路，如图 4 - 11 所示。

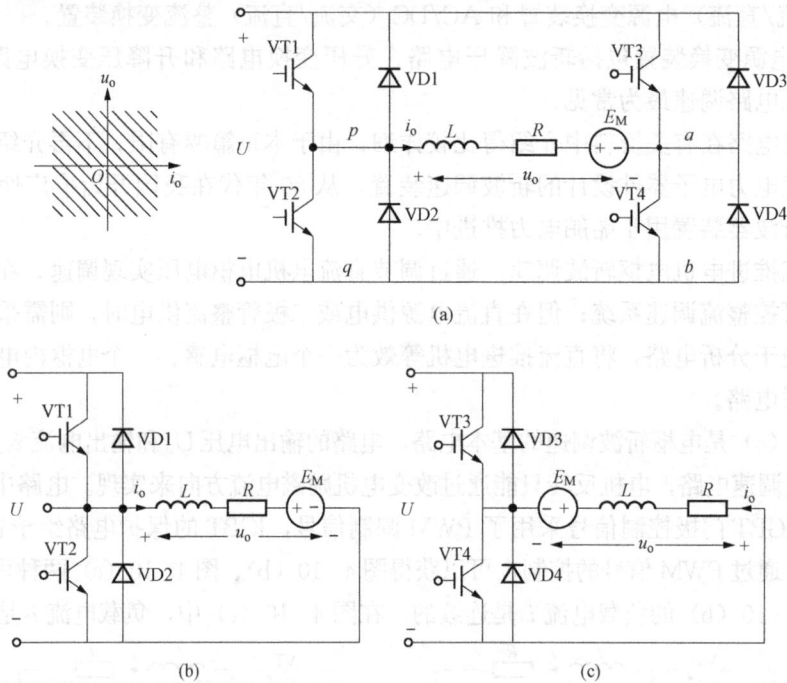

图 4 - 11　四象限斩波电路

图 4 - 11 中，V4 连续导通，则不允许 V3 再导通，否则将发生短路。此时，a、b 两点可视为短接，图 4 - 11（a）电路可等效为图 4 - 11（b）电路，此时，斩波电路工作在 1、2 象限。如果图 4 - 11（a）中 V2 连续导通，V1 不允许导通，则图 4 - 11（a）电路可等效为图 4 - 11（c）电路，此时，斩波电路工作在 3、4 象限。因此，四象限斩波电路可根据不同的控制实现四个象限的运行。当斩波器工作在 1、3 象限时，电机工作在电动机状态。如果在 1 象限工作时，定义电机为正转，则在 3 象限时为反转。当斩波器工作在 2、4 象限时电机向电源回馈能量，电机工作在发电机状态。且在 2 象限时为正转发电机回馈；在 4 象限时为反转发电机回馈。

（2）直流推进电机励磁斩波调速。通过调节直流电机励磁电流大小实现调速，在交流电源供电时可采用可控整流电路给电机励磁绕组供电；但在直流电源供电或二极管整流供电时，则需采用励磁斩波调速系统。可逆励磁斩波电路如图 4 - 12 所示。其工作原理与四象限斩波电路相同，也采用 H 桥斩波电路，但其输出电压、电流工作区主要在第 1、3 象限。励磁斩波器比电枢斩波器容量要小得多，因此，直流电机推进调速系统在高速区采用励磁斩波器工作，而在低速区采用电枢斩波器工作可以获得优化的系统调速性能和很高的经济效益。

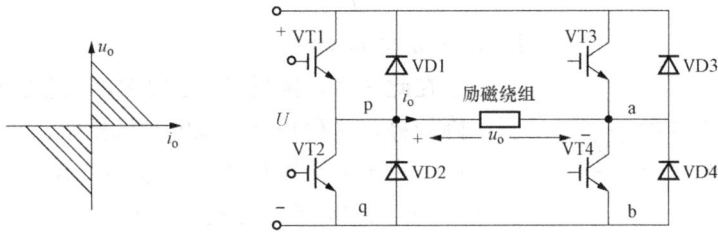

图 4 - 12　可逆励磁斩波调速电路

4.3　船舶交流推进电机及其控制

在变频调速技术成熟以前，由于交流电机调速性能的限制，交流推进电机主要用于机动性要求不高的船舶，或者作为某些船舶的一种辅助推进。例如，作为辅助推进的主动舵电机和用于驱动变螺距推进器的交流推进电机。

随着电力电子技术、数字控制技术、现代控制理论特别是矢量控制技术和直接转矩控制技术的发展，交流推进电机的调速性能已可与直流推进电机的调速性能相媲美。在国外的商用特种水面船舶中交流推进电机的应用已十分广泛，国内电力推进船舶中交流推进电机的应用也正在起步。

交流推进电机与直流推进电机相比，具有以下优点：

（1）交流推进电机的极限容量大。由于交流推进电机没有换向器，因而其极限容量远远大于直流推进电机的极限容量。

（2）降低了电机的总损耗，提高了效率。同功率等级交流推进电机与直流推进电机相比，效率通常高 2%～3%。

（3）可以采用较高的电压。目前，直流电力推进装置采用的最高电压为 1000V，而交流电力推进装置的电压可达 6300V 或 7500V，能够减轻电力推进设备的重量。

（4）交流推进电机的结构比直流推进电机的结构简单，因而，交流推进电机维护方便、成本低廉。

电励磁交流推进电机主要有异步推进电机和同步推进电机两大类，两类电机在船舶推进领域都有应用，并都有其自身的特点。无论是同步推进电机还是异步推进电机，其相数不局限于三相。采用多相绕组的交流推进电机可以使转矩脉动减小，运行更平稳，特别是当一相或几相故障时可以使故障相退出，电机降载运行而不必停机，因此可提高推进系统的可靠性。当然推进电机相数越多变频调速控制系统就越复杂，应权衡考虑采用合适的相数。

4.3.1　异步推进电机

1. 异步电动机的工作特性

异步电动机的工作特性是指在额定电压、额定频率下，异步电动机的转差率 s、效率 η、功率因数 $\cos\varphi_1$、定子电流 I_1 以及输出转矩 T_2 与输出功率 P_2 的关系曲线。对于普通三相异步电机，其工作特性曲线如图 4 - 13 所示。

（1）转差率特性 $s=f(P_2)$。在空载运行时，$P_2=0$，$s\approx0$，$n\approx n_1$。当 s 在 $[0, s_m]$ 区间时，近似有

$$T_2 \approx T \propto s$$

$$P_2 \propto T_2 n \propto sn \propto s(1-s)$$

故在此区间，随着 P_2 的增大，s 随之增大，而转速 n 呈下降趋势，这和并励直流电动机相似。

（2）定子电流特性 $I_1 = f(P_2)$。异步电动机定子电流 $I_1 = I_0 + (-I'_2)$，空载运行时，$I'_2 = 0$，定子电流 $I_1 = I_0$ 是励磁电流。随着 P_2 的增大，转子电流 I'_2 增大，与之平衡的定子电流也增大，故 I_1 随之增大。

（3）效率特性。电动机的效率为

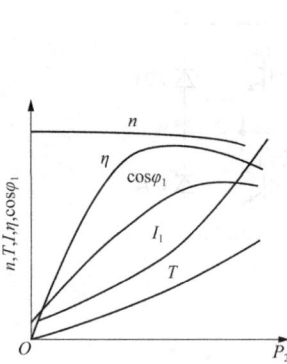

图 4-13　异步电机的工作特性曲线

$$\eta = \frac{P_2}{P_1} = 1 - \frac{\sum p}{P_1} \tag{4-6}$$

式中　　$\sum p$——电动机总损耗，$\sum p = p_{Cu1} + p_{Cu2} + p_{Fe} + p_{mec} + p_{ad}$。

等式右边分别为定子铜损耗、转子铜损耗、定子铁损耗、机械损耗和附加损耗。

在空载运行时，$P_2 = 0$，$\eta = 0$。从空载到额定负载运行，由于主磁通变化很小，故铁损耗认为不变，在此区间转速变化很小，故机械损耗也认为不变。上述两项损耗称为不变损耗。而定、转子铜损耗与各自电流的平方成正比，附加损耗也随负载的增加而增加，这三项损耗称为可变损耗。当 P_2 从零开始增加时，总损耗 $\sum p$ 增加较慢，效率上升很快，在可变损耗与不变损耗相等时（$p_{Cu1} + p_{Cu2} + p_{ad} = p_{Fe} + p_{mec}$），$\eta$ 达到最大值，当 P_2 继续增大，由于定、转子铜损耗增加很快，效率反而下降。对于普通中小型异步电动机，效率约在 $\left(\frac{1}{4} \sim \frac{3}{4}\right) P_n$ 时达到最大。

（4）功率因数特性 $\cos\varphi_1 = f(P_2)$。异步电动机必须从电网吸收滞后的电流来励磁，其功率因数永远小于1。空载运行时，异步电机的定子电流基本上是励磁电流 I_m，因此空载时功率因数很低，通常小于 0.2。随着 P_2 的增大，定子电流的有功分量增加，$\cos\varphi_1$ 增大，在额定负载附近，$\cos\varphi_1$ 达到最大值。当 P_2 继续增大时，转差 s 变大，使转子回路阻抗角 $\varphi_2 = \arctan\dfrac{sX_{2\sigma}}{R_2}$ 变大，$\cos\varphi_2$ 下降，从而使 $\cos\varphi_1$ 下降。

（5）转矩特性 $T = f(P_2)$。异步电动机的轴端输出转矩 $T_2 = \dfrac{P_2}{\Omega}$，其中 $\Omega = \dfrac{2\pi n}{60}$ 为机械角速度。从空载到额定负载，转速 n 变化很小，所以 $T_2 = f(P_2)$ 可以近似地认为是一条过零点的斜线。

2. 异步推进电机的控制

在船舶电力推进系统中，异步推进电机的运行主要有电网直接供电恒速工作和变频器调速控制两种运行方式。其中，变频器调速控制是由变频器给推进电机供电，通过改变变频器输出电压和频率来控制电机的转速，不需要齿轮箱，同时可以采用结构简单、效率更高的定距桨。控制方式主要包括电压—频率协调控制、转差频率控制、矢量控制和直接转矩控制四种。其中前两种控制方式是依据异步电机的稳态数学模型进行控制，因此也称作标量控制，其应用最早，实现也最简单，但是调速的动态性能较差；后两种控制是依据异步电机的动态数学模型进行控制，不仅控制交流电量的幅值，而且还控制交流电量的相位，因此控制效果较好。目前高性能的电力推进调速控制基本上都采用矢量控制或直接转矩控制。

（1）电网直接供电恒速运行方式。即推进电机直接与供电电网连接，电机采用直接启动、星—三角启动、自耦变压器降压启动、软启动等方式启动后保持恒速运行，如图 4 - 14 所示。运行速度由电网频率、电机极对数及负载情况决定。螺旋桨转速的调节由齿轮箱或者调距桨来完成。这种控制方式系统结构简单，在电机启动完之后不需要额外的控制，但是调速不方便，需要增加笨重的齿轮箱或者采用复杂的调距桨；电机在轻载运行的时候工作效率比较低；另外，直接启动方式会产生非常大的电流冲击，对容量有限的电网稳定运行非常不利。采用星—三角、自耦变压器、软启动等降压启动方式虽然可以降低启动电流，但是启动转矩也减小了，只能在轻载情况下启动，而且启动时间比较长。

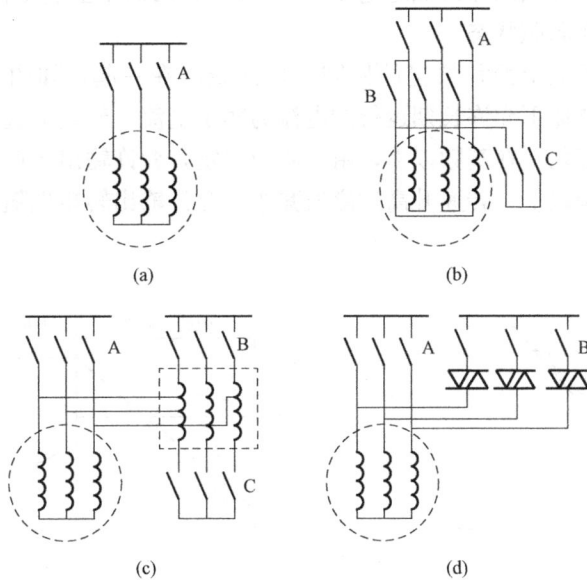

图 4 - 14　异步推进电机启动的几种方式

（a）直接启动；（b）星—三角启动；（c）自耦变压器降压启动；（d）软启动

（2）电压 - 频率协调控制。由异步电动机的机械特性方程式可知

$$T_e = \frac{3n_p U_s^2 R_r' s}{\omega_1 \left[(sR_s + R_r')^2 + s^2 \omega_1^2 (L_{ls} + L_{lr}')^2 \right]} \tag{4-7}$$

能够改变的参数可分为三类：电动机参数、电源电压和电源频率（或角频率）。

1）电压 - 频率协调控制的基本原理。

a. 当异步电动机在基频（额定频率）以下运行时，如果磁通太弱，没有充分利用电机的铁芯，是一种浪费；如果磁通过大，又会使铁芯饱和，从而导致过大的励磁电流，严重时还会因绕组过热而损坏电机。因此，在调速时，要保持每极磁通量不变，当频率从额定值向下调节时，必须使

$$\frac{E_a}{f_1} = 4.44 N_s k_{N_s} \Phi_{mN} = \text{const} \tag{4-8}$$

即基频以下应采用电动势频率比为恒值的控制方式。然而，异步电动机绕组中的电动势

E_a 是难以直接检测与控制的。当供电频率 f_1 较高时，如果电动势值较高，忽略定子电阻和漏感压降，认为定子相电压 $U_s \approx E_a$，则得

$$\frac{U_s}{f_1} = \text{const} \tag{4-9}$$

式（4-9）就是恒压频比控制对应的函数关系表达式。

低频时，U_s 和 E_a 都较小，定子电阻和漏感压降所占的分量比较显著，不能再忽略。若仍然用式（4-9）取代式（4-8）进行控制，必须人为地把定子电压抬高一些，以便近似补偿定子阻抗压降，称作低频补偿。带定子电压补偿的恒压频比控制特性曲线为图 4-15 中的 b 线，无补偿的控制特性曲线则为 a 线。

b. 在基频以上调速时，频率从向上升高，受到电机绝缘耐压和磁路饱和的限制，定子电压不能随之升高，最多只能保持额定电压不变。这将导致磁通与频率升高成反比地降低，使得异步电动机工作在弱磁状态。

把基频以下和基频以上两种情况的控制特性曲线画在一起，如图 4-16 所示。一般认为，异步电机在不同转速下允许长期运行的电流为额定电流，额定电流不变时，电动机允许输出的转矩将随磁通变化。在基频以下，由于磁通恒定，允许输出转矩也恒定，属于"恒转矩调速"方式；在基频以上，转速升高时磁通减小，允许输出转矩也随之降低，属于"近似的恒功率调速"方式。

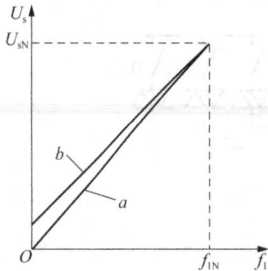

图 4-15　恒压频比控制特性　　　图 4-16　异步电动机变压变频调速的控制特性

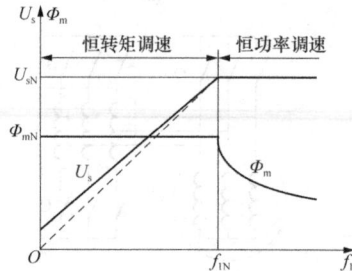

2）机械特性。

a. 基频以下采用恒压频比控制，异步电动机机械特性方程式改写为

$$T_e = 3n_p \left(\frac{U_s}{\omega_1}\right)^2 \frac{s\omega_1 R'_r}{(sR_s + R'_r)^2 + s^2\omega_1^2 (L_{ls} + L'_{lr})^2} \tag{4-10}$$

当 s 很小时，忽略上式分母中含 s 各项，对于同一转矩，转速降落基本不变。

$$\Delta n = s n_1 = \frac{60}{2\pi n_p} s\omega_1 \approx \frac{10 R'_r T_e}{\pi n_p^2} \left(\frac{\omega_1}{U_s}\right)^2 \propto T_e \tag{4-11}$$

可见，在恒压频比的条件下把频率向下调节时，机械特性基本上是平行下移的。

其中

$$T_{em} = \frac{3n_p}{2} \left(\frac{U_s}{\omega_1}\right)^2 \frac{1}{\dfrac{R_s}{\omega_1} + \sqrt{\left(\dfrac{R_s}{\omega_1}\right)^2 + (L_{ls} + L'_{lr})^2}} \tag{4-12}$$

可见，临界转矩随着频率的降低而减小。当频率较低时，电动机带载能力减弱，采用低频定子压降补偿，适当地提高电压，可以增强带载能力。

b. 基频以上电压不能从额定值再向上提高，只能保持不变，机械特性方程式可写成

$$T_e = 3n_p U_{sN}^2 \frac{sR_r'}{\omega_1 \left[(sR_s + R_r')^2 + s^2\omega_1^2 (L_{ls} + L_{lr}')^2 \right]} \tag{4-13}$$

对于相同的电磁转矩，角频率越大，转速降落越大，机械特性越软，与直流电动机弱磁调速相似。

将基频以上和基频以下的机械特性曲线画在一起，异步电动机采用恒压频比调速控制时的机械特性如图 4-17 所示。

3) 转速开环恒压频比控制系统结构。对于风机、水泵等调速性能要求不高的负载，可以根据电动机的稳态模型，采用转速开环电压频率协调控制的方案，控制系统结构如图 4-18 所示。

由于系统本身没有自动限制启制动电流的作用，频率设定必须通过给定积分算法产生平缓的升速或降速信号。

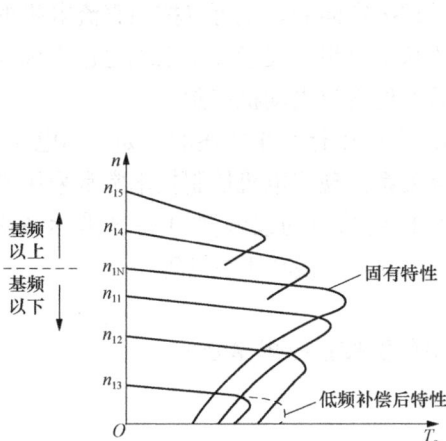

图 4-17　异步电动机变压变频调速机械特性

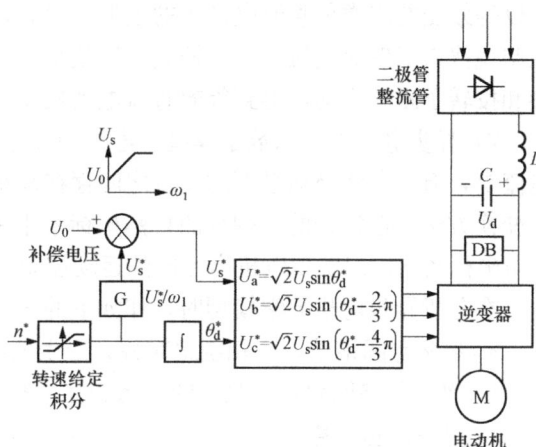

图 4-18　转速开环恒压频比控制调速系统

电压—频率特性为

$$U_s = f(\omega_1) = \begin{cases} U_N & \omega_1 \geqslant \omega_{1N} \\ f'(\omega_1) & \omega_1 < \omega_{1N} \end{cases} \tag{4-14}$$

当实际频率 ω_1 大于或等于额定频率 ω_{1N} 时，只能保持额定电压 U_N 不变。而当实际频率 ω_1 小于额定频率 ω_{1N} 时，$f'(\omega_1)$ 一般是带低压补偿的恒压频比控制。

调速系统的机械特性如图 4-17 所示，在负载扰动下，转速开环恒压频比调速系统存在转速降落，属于有静差调速系统，只能用于调速性能要求不高的场合。

转差频率控制与电压—频率协调控制同属于标量控制的范畴，此处不再赘述。基于稳态数学模型的异步电机调速系统虽然能够在一定范围内实现平滑调速，但是，如果遇到轧钢机、数控机床、机器人、载客电梯等需要高动态性能的调速系统或伺服系统，或者对机动性能要求高的船舶电力推进系统，就不能满足要求了。要获得高动态调速性能，必须从动态模型出发，分析异步电动机的转矩和磁链控制规律，研究高性能异步电动机的调速方案。矢量控制系统和直接转矩控制系统是已经获得成熟应用的基于动态模型的高性能交流电动机调速系统。

（3）矢量控制。

1) 控制思想。直流电动机（磁极对数为 1）的物理模型如图 4-19 所示，F 为励磁绕

组，A 为电枢绕组，C 为补偿绕组。F 和 C 都在定子上，A 在转子上。把 F 的轴线称作直轴或 d 轴，主磁通的方向就是沿着 d 轴的；A 和 C 的轴线则称为交轴或 q 轴。

虽然电枢本身是旋转的，但由于换向器和电刷的作用，闭合的电枢绕组分成两条支路。电刷两侧每条支路中导线的电流方向总是相同的。当电刷位于磁极的中性线上时，电枢磁动势的轴线始终被电刷限定在 q 轴位置上，其效果好像一个在 q 轴上静止的绕组一样。电枢磁动势的作用可以用补偿绕组磁动势抵消，或者由于其作用方向与 d 轴垂直而对主磁通影响甚微。所以，直流电动机的主磁通基本上由励磁绕组的励磁电流决定，励磁电流和电枢电流独立控制，而且二者垂直。这是直流电动机的数学模型及其控制系统比较简单的根本原因。

如果能将交流电动机的物理模型等效地变换成类似直流电动机的模式，分析和控制就可以大大简化，这就是坐标变换的思路。在正交同步旋转坐标系下，交流电动机的物理模型就可以等效变换成类似直流电动机的模型。然后，按转子磁链定向后，就可以按照直流电机的控制规律来实现对交流电机的控制。这就是矢量控制的基本思想：矢量控制系统通过坐标变换和按转子磁场定向，得到等效直流电动机模型，然后模仿直流电动机控制。

2）异步电机的动态数学模型。电机的实际变量是用自然坐标系来描述的，如三相电压、电流等，但是自然坐标系下的变量之间存在复杂的耦合关系。现代电机控制技术常常采用坐标变换方法，把复杂的、耦合的自然坐标系下的模型变换到简单的或解耦的 α-β 坐标系或 d-q 坐标系下，以实现电机高性能的运动控制，如矢量控制、直接转矩控制等。

在分析异步电机数学模型时，作如下的假设：

a. 忽略空间谐波，三相绕组对称，产生的磁动势沿气隙按正弦规律分布。

b. 忽略磁路饱和，各绕组的自感和互感都是恒定的。

c. 忽略铁芯损耗。

d. 不考虑频率变化和温度变化对绕组电阻的影响。

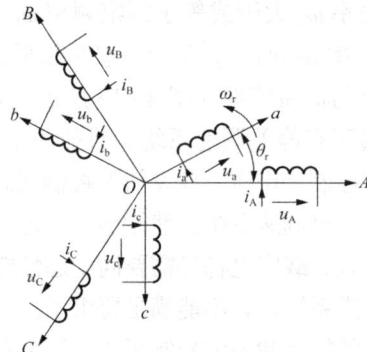

三相异步电动机的物理模型如图 4-20 所示，定子三相绕组轴线 A、B、C 在空间是固定的。转子绕组轴线 a、b、c 以角转速 ω_r 随转子旋转。以 A 轴为参考坐标轴，转子 a 轴和定子 A 轴间的电角度 θ_r 为空间角位移变量，其中，$\theta_r = \int \omega_r \mathrm{d}t$。规定各绕组电压、电流、磁链的正方向符合电动机惯例和右手螺旋定则。

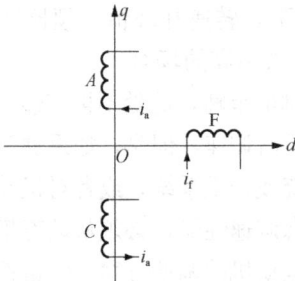

图 4-19　直流电动机的物理模型　　　图 4-20　三相异步电动机的物理模型

a. 异步电机在自然坐标系下的数学模型。由基尔霍夫电压定律以及法拉第电磁定律可得电机绕组在自然坐标系下的电压及磁链平衡方程。

电压方程

$$
\begin{bmatrix} u_A \\ u_B \\ u_C \\ u_a \\ u_b \\ u_c \end{bmatrix} = \begin{bmatrix} R_s & 0 & 0 & 0 & 0 & 0 \\ 0 & R_s & 0 & 0 & 0 & 0 \\ 0 & 0 & R_s & 0 & 0 & 0 \\ 0 & 0 & 0 & R_r & 0 & 0 \\ 0 & 0 & 0 & 0 & R_r & 0 \\ 0 & 0 & 0 & 0 & 0 & R_r \end{bmatrix} \begin{bmatrix} i_A \\ i_B \\ i_C \\ i_a \\ i_b \\ i_c \end{bmatrix} + \frac{\mathrm{d}}{\mathrm{d}t} \begin{bmatrix} \psi_A \\ \psi_B \\ \psi_C \\ \psi_a \\ \psi_b \\ \psi_c \end{bmatrix} \tag{4-15}
$$

电压方程可写成：$\boldsymbol{u} = \boldsymbol{Ri} + \dfrac{\mathrm{d}\boldsymbol{\psi}}{\mathrm{d}t}$

磁链方程

$$
\begin{bmatrix} \psi_A \\ \psi_B \\ \psi_C \\ \psi_a \\ \psi_b \\ \psi_c \end{bmatrix} = \begin{bmatrix} L_{AA} & L_{AB} & L_{AC} & L_{Aa} & L_{Ab} & L_{Ac} \\ L_{BA} & L_{BB} & L_{BC} & L_{Ba} & L_{Bb} & L_{Bc} \\ L_{CA} & L_{CB} & L_{CC} & L_{Ca} & L_{Cb} & L_{Cc} \\ L_{aA} & L_{aB} & L_{aC} & L_{aa} & L_{ab} & L_{ac} \\ L_{bA} & L_{bB} & L_{bC} & L_{ba} & L_{bb} & L_{bc} \\ L_{cA} & L_{cB} & L_{cC} & L_{ca} & L_{cb} & L_{cc} \end{bmatrix} \begin{bmatrix} i_A \\ i_B \\ i_C \\ i_a \\ i_b \\ i_c \end{bmatrix} \tag{4-16}
$$

磁链方程可写成：$\boldsymbol{\psi} = \boldsymbol{Li}$

式中　u_A、u_B、u_C——定子电压；

$\quad\quad$ u_a、u_b、u_c——转子电压；

$\quad\quad$ i_A、i_B、i_C——定子电流；

$\quad\quad$ i_a、i_b、i_c——转子电流；

$\quad\quad$ R_s、R_r——定、转子电阻；

$\quad\quad$ ψ_A、ψ_B、ψ_C——定子绕组磁链；

$\quad\quad$ ψ_a、ψ_b、ψ_c——转子绕组磁链；

$\quad\quad$ $\boldsymbol{L}$——电感矩阵，其中对角元素 L_{AA}、L_{BB}、L_{CC}、L_{aa}、L_{bb}、L_{cc} 是各绕组的自感，其余各项是各绕组间的互感。

转矩方程：

根据机电能量转换原理，在线性电感的条件下，电磁转矩等于磁链不变时磁场储能对机械角位移的偏导数，由于电角位移 θ_r 与机械角位移 θ_m 的关系为：$\theta_r = n_p \theta_m$（n_p 为极对数），因此

$$
T_e = n_p \frac{\partial \boldsymbol{W}_m}{\partial \theta_r} \Big|_{i=\mathrm{const}} \tag{4-17}
$$

其中，$\boldsymbol{W}_m = \dfrac{1}{2} \boldsymbol{i}^T \boldsymbol{\psi} = \dfrac{1}{2} \boldsymbol{i}^T \boldsymbol{Li}$。

将 $\boldsymbol{i} = \begin{bmatrix} i_A & i_B & i_C & i_a & i_b & i_c \end{bmatrix}^T$ 代入上式中，可以得到：

$$
\begin{aligned}
T_e = -n_p L_{ms} [&(i_A i_a + i_B i_b + i_C i_c)\sin\theta_r + (i_A i_b + i_B i_c + i_C i_a) \\
&\sin(\theta_r + 120°) + (i_A i_c + i_B i_a + i_C i_b)\sin(\theta_r - 120°)]
\end{aligned} \tag{4-18}
$$

式中　L_{ms}——定、转子之间互感最大值。

运动方程：

运动控制系统的运动方程为

$$\frac{J}{n_p}\frac{\mathrm{d}\omega_r}{\mathrm{d}t} = T_e - T_L \tag{4-19}$$

式中　J——机组的转动惯量；

　　　T_L——包括摩擦阻转矩的负载转矩。

b. 异步电机在 $\alpha\text{-}\beta$ 坐标系下的数学模型如图 4-21（a）所示，选取 α 轴与定子绕组 A 相轴线重合，β 轴超前 α 轴 90° 电角度，α' 轴与转子绕组 a 相轴线重合，β' 轴超前 α' 轴 90° 电角度。则定、转子变量从自然坐标系到 $\alpha\text{-}\beta$ 坐标系的物理量变换矩阵可定义为（等功率变换）

$$\boldsymbol{C}_{3/2} = \sqrt{\frac{2}{3}}\begin{bmatrix} 1 & -\dfrac{1}{2} & -\dfrac{1}{2} \\[2mm] 0 & \dfrac{\sqrt{3}}{2} & -\dfrac{\sqrt{3}}{2} \end{bmatrix} \tag{4-20}$$

反变换矩阵为

$$\boldsymbol{C}_{2/3} = \sqrt{\frac{2}{3}}\begin{bmatrix} 1 & 0 \\[2mm] -\dfrac{1}{2} & \dfrac{\sqrt{3}}{2} \\[2mm] -\dfrac{1}{2} & -\dfrac{\sqrt{3}}{2} \end{bmatrix} \tag{4-21}$$

采用上述变换矩阵，即得到异步电机在 $\alpha\text{-}\beta$ 坐标系下的数学模型。

电压方程

$$\begin{bmatrix} u_{s\alpha} \\ u_{s\beta} \\ u_{r\alpha} \\ u_{r\beta} \end{bmatrix} = \begin{bmatrix} R_s & 0 & 0 & 0 \\ 0 & R_s & 0 & 0 \\ 0 & 0 & R_r & 0 \\ 0 & 0 & 0 & R_r \end{bmatrix}\begin{bmatrix} i_{s\alpha} \\ i_{s\beta} \\ i_{r\alpha} \\ i_{r\beta} \end{bmatrix} + \frac{\mathrm{d}}{\mathrm{d}t}\begin{bmatrix} \psi_{s\alpha} \\ \psi_{s\beta} \\ \psi_{r\alpha} \\ \psi_{r\beta} \end{bmatrix} + \begin{bmatrix} 0 \\ 0 \\ \omega_r\psi_{r\beta} \\ -\omega_r\psi_{r\alpha} \end{bmatrix} \tag{4-22}$$

磁链方程

$$\begin{bmatrix} \psi_{s\alpha} \\ \psi_{s\beta} \\ \psi_{r\alpha} \\ \psi_{r\beta} \end{bmatrix} = \begin{bmatrix} L_s & 0 & L_m & 0 \\ 0 & L_s & 0 & L_m \\ L_m & 0 & L_r & 0 \\ 0 & L_m & 0 & L_r \end{bmatrix}\begin{bmatrix} i_{s\alpha} \\ i_{s\beta} \\ i_{r\alpha} \\ i_{r\beta} \end{bmatrix} \tag{4-23}$$

式中　L_m——$L_m = \dfrac{3}{2}L_{ms}$。

转矩方程

$$T_e = n_p(\psi_{s\alpha}i_{s\beta} - \psi_{s\beta}i_{s\alpha}) = n_pL_m(i_{s\beta}i_{r\alpha} - i_{s\alpha}i_{r\beta}) \tag{4-24}$$

c. 异步电机在 $d\text{-}q$ 坐标系下的数学模型。采用旋转变换，将静止 $\alpha\text{-}\beta$ 两相正交坐标系中变量变换至旋转正交坐标系 $d\text{-}q$ 中，如图 4-21（b）所示。图中，θ_e 是 α 轴和 d 轴之间的夹角，其中，$\theta_e = \int\omega_1\mathrm{d}t$，$\omega_1$ 为旋转坐标系中同步角速度。

对定子坐标系 $\alpha\text{-}\beta$ 和转子坐标系 $\alpha'\text{-}\beta'$ 同时进行变换，对照上图，定子旋转变换矩阵为

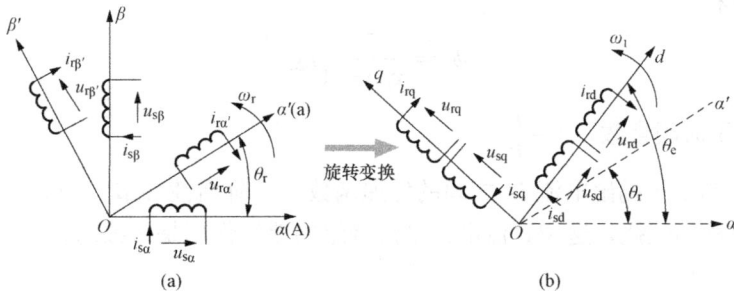

图 4-21　定子、转子坐标系到旋转正交坐标系的变换

（a）定子、转子坐标系；（b）旋转正交坐标系

$$C_{2s/2r}(\theta_e) = \begin{bmatrix} \cos\theta_e & \sin\theta_e \\ -\sin\theta_e & \cos\theta_e \end{bmatrix} \tag{4-25}$$

转子旋转变换矩阵为

$$C_{2r/2r}(\theta_e - \theta_r) = \begin{bmatrix} \cos(\theta_e - \theta_r) & \sin(\theta_e - \theta_r) \\ -\sin(\theta_e - \theta_r) & \cos(\theta_e - \theta_r) \end{bmatrix} \tag{4-26}$$

变换后得到的电压方程

$$\begin{bmatrix} u_{sd} \\ u_{sq} \\ u_{rd} \\ u_{rq} \end{bmatrix} = \begin{bmatrix} R_s & 0 & 0 & 0 \\ 0 & R_s & 0 & 0 \\ 0 & 0 & R_r & 0 \\ 0 & 0 & 0 & R_r \end{bmatrix} \begin{bmatrix} i_{sd} \\ i_{sq} \\ i_{rd} \\ i_{rq} \end{bmatrix} + \frac{d}{dt} \begin{bmatrix} \psi_{sd} \\ \psi_{sq} \\ \psi_{rd} \\ \psi_{rq} \end{bmatrix} + \begin{bmatrix} -\omega_1\psi_{sq} \\ \omega_1\psi_{sd} \\ -(\omega_1-\omega_r)\psi_{rq} \\ (\omega_1-\omega_r)\psi_{rd} \end{bmatrix} \tag{4-27}$$

磁链方程

$$\begin{bmatrix} \psi_{sd} \\ \psi_{sq} \\ \psi_{rd} \\ \psi_{rq} \end{bmatrix} = \begin{bmatrix} L_s & 0 & L_m & 0 \\ 0 & L_s & 0 & L_m \\ L_m & 0 & L_r & 0 \\ 0 & L_m & 0 & L_r \end{bmatrix} \begin{bmatrix} i_{sd} \\ i_{sq} \\ i_{rd} \\ i_{rq} \end{bmatrix} \tag{4-28}$$

转矩方程

$$T_e = n_p(\psi_{sd}i_{sq} - \psi_{sq}i_{sd}) = n_pL_m(i_{sq}i_{rd} - i_{sd}i_{rq}) \tag{4-29}$$

d. 转子磁场定向的矢量控制。令 d 轴与转子磁链矢量重合，称作按转子磁链定向的同步旋转正交坐标系，简称 MT 坐标系，各坐标系之间的关系如图4-22 所示。

采用转子磁场定向后，感应电机的数学模型可以进一步得到简化，异步电机按转子磁场定向矢量控制的基本方程：

电磁转矩方程

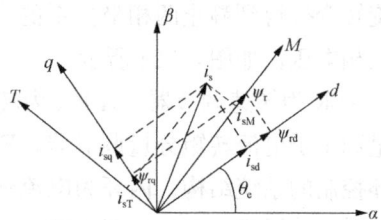

图 4-22　各坐标系之间的关系示意图

$$T_e = n_p\frac{L_m}{L_r}\psi_r i_{sT} \tag{4-30}$$

可见，转子磁链仅由定子电流励磁分量 i_{sM} 产生，与转矩分量 i_{sT} 无关。电磁转矩为两者简单的乘积。励磁 ψ_r 不变，改变 i_{sT} 可以实现转矩调节。

转子磁链方程

$$\psi_r = \frac{L_m}{\tau_r p + 1} i_{sM} \tag{4-31}$$

式中　τ_r——转子时间常数，$\tau_r = \dfrac{L_r}{R_r}$。

转子磁链 ψ_r 与定子励磁电流 i_{sM} 之间的传递函数是一阶惯性环节，当 i_{sM} 突变时，ψ_r 的变化要受到励磁惯性的阻挠，这和直流电机励磁绕组的惯性作用是一致的。

转差角频率方程

$$i_{sT} = \frac{T_r \psi_r}{L_m} \omega_s \tag{4-32}$$

当 ψ_r 恒定时，转差角频率（$\omega_s = \omega_1 - \omega_r$）与转矩电流分量 i_{sT} 成正比。

在三相坐标系上的定子交流电流 i_A、i_B、i_C，通过 3/2 变换可以等效成两相静止正交坐标系上的交流电流 $i_{s\alpha}$ 和 $i_{s\beta}$，再通过与转子磁链同步的旋转变换，可以等效成同步旋转正交坐标系上的直流电流 i_{sM} 和 i_{sT}。以 i_{sM} 和 i_{sT} 为输入的电动机模型就是等效直流电动机模型，如图 4-23 所示。

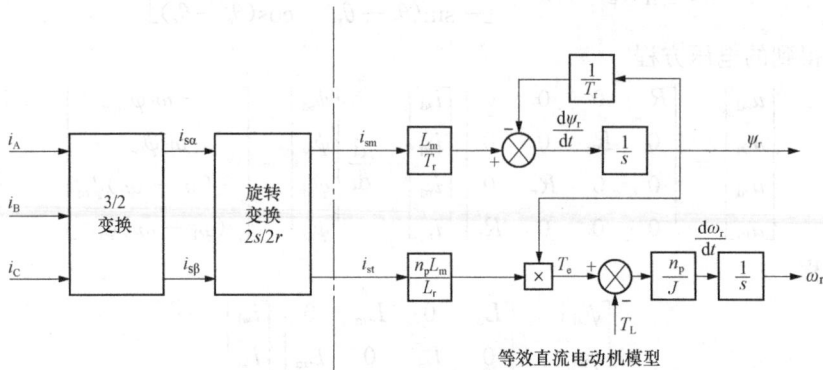

图 4-23　异步电动机矢量变换及等效直流电动机模型

对转子磁链和转子转速采用闭环控制，得到定子励磁电流和转矩电流的参考值 i_{sM}^*、i_{sT}^*。再采用 PI 调节器构成电流闭环控制，电流调节器的输出为定子电压给定值 u_{sM}^* 和 u_{sT}^*，经过反旋转变换得到静止两相坐标系的定子电压给定值 $u_{s\alpha}^*$ 和 $u_{s\beta}^*$，再经 SVPWM 控制逆变器输出三相电压，如图 4-24 所示。

ASR 为转速调节器，AΨR 为转子磁链调节器，ACMR 和 ACTR 分别为定子电力励磁分量和定子电流转矩分量调节器，FBS 为转速传感器。对转子磁链和转速而言，均表现为双闭环控制的系统结构，内环为电流环，外环为转子磁链或转速环。

采用转子磁链定向控制系统，可实现定子电流励磁分量和转矩分量的解耦，其动态性能可以达到或接近直流调速系统的控制效果，在异步电机高性能调速领域得到广泛应用。

（4）直接转矩控制。直接转矩控制系统简称 DTC（Direct Torque Control）系统，其基本思想是根据定子磁链幅值偏差的正负符号和电磁转矩偏差的正负符号，再依据当前定子磁链矢量所在的位置，直接选取合适的电压空间矢量，减小定子磁链幅值的偏差和电磁转矩的偏差，实现电磁转矩与定子磁链的控制。

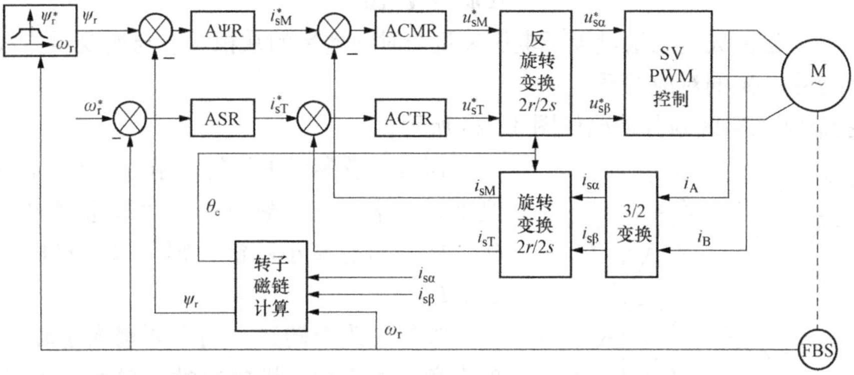

图 4-24　定子电流励磁分量和转矩分量闭环控制的矢量控制系统结构图

考虑到 $\boldsymbol{\psi}_s = \psi_{s\alpha} + j\psi_{s\beta}$，$\boldsymbol{i}_s = i_{s\alpha} + ji_{s\beta}$，式（4-30）可以表示为

$$T_e = n_p\, \boldsymbol{\psi}_s \times \boldsymbol{i}_s \tag{4-33}$$

定子磁链矢量和转子磁链矢量可以表示成

$$\begin{cases} \boldsymbol{\psi}_s = L_s\, \boldsymbol{i}_s + L_m\, \boldsymbol{i}_r \\ \boldsymbol{\psi}_r = L_m\, \boldsymbol{i}_s + L_r\, \boldsymbol{i}_r \end{cases} \tag{4-34}$$

由上式，定子电流表示为

$$\boldsymbol{i}_s = \frac{\boldsymbol{\psi}_s}{L_s'} - \frac{L_m}{L_s'L_r}\, \boldsymbol{\psi}_r \tag{4-35}$$

式中 $L_s' = \sigma L_s = L_s - L_m^2/L_r$，$\sigma = 1 - L_m^2/L_sL_r$。

把 $\boldsymbol{i}_s$ 代入到转矩公式（4-33）中，得到

$$T_e = n_p \frac{L_m}{L_s'L_r} |\boldsymbol{\psi}_r| |\boldsymbol{\psi}_s| \sin\gamma \tag{4-36}$$

其中，γ 为定子磁链和转子磁链之间的夹角。如果转子磁链保持不变，而定子磁链随定子电压 $\boldsymbol{U}_s$ 逐渐增加，对应 γ 角变化量是 $\Delta\gamma$，如图 4-25 所示，那么转矩增量 ΔT_e 的表达式是

$$\Delta T_e = \frac{3}{2} n_p \frac{L_m}{L_s'L_r} |\boldsymbol{\psi}_r| |\boldsymbol{\psi}_s + \Delta\boldsymbol{\psi}_s| \sin\Delta\gamma \tag{4-37}$$

根据上式可见，保持转子和定子磁链不变，通过调节定子磁链和转子磁链之间的夹角就可以直接调节转矩的大小，该调节过程可以通过选择不同的电压矢量来完成。

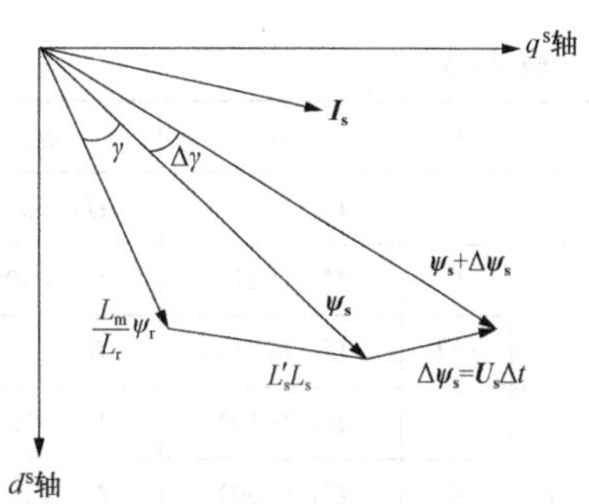

直接转矩控制的关键在于由定子磁链滞环控制器和转矩滞环控制器所决定的电压矢量表的建立。电压矢量表确定了每个扇区中用于对电机转矩和磁链进行控制的电压矢量。下面分析在每个扇区中电压矢量对磁链和转矩的影响。

忽略定子电阻，则电机的电压矢量可以表示为

$$\boldsymbol{U}_s = \frac{\mathrm{d}}{\mathrm{d}t} \boldsymbol{\psi}_s \tag{4-38}$$

由此，磁链的变化可表示为

图 4-25　d-q 平面上的定子磁链、转子磁链以及定子电流矢量

$$\Delta \boldsymbol{\psi}_s = \boldsymbol{U}_s \Delta t \tag{4-39}$$

上式表明，磁链矢量的增量等于电压矢量与时间增量的乘积，它与逆变器的六个非零电压矢量之间存在一定的对应关系。

DTC 控制下的扇区划分情况如图 4-26 所示。

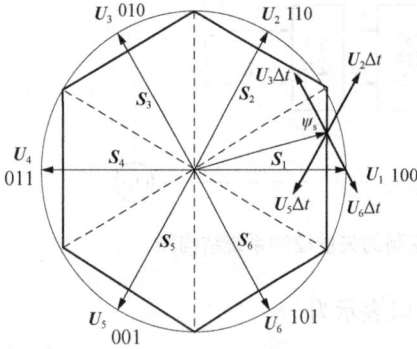

图 4-26　DTC 控制下磁链矢量轨迹

假设磁链参考矢量位于扇区 1（如上图所示 $\boldsymbol{S}_1$），则如果想增大定子磁链，则可以选择电压矢量 $\boldsymbol{U}_2$、$\boldsymbol{U}_6$、$\boldsymbol{U}_1$；若想减小磁链，则可以选择电压矢量 $\boldsymbol{U}_3$、$\boldsymbol{U}_5$、$\boldsymbol{U}_4$。

如果想改变转矩，则需要增大定转子磁链之间的夹角，由于转子机械惯性比较大，可以认为在一个微小的时间 Δt 内，转子磁链的位置基本不变，而定子磁链的位置受电压矢量的影响迅速变化。这样，如果想增大转矩可以选择电压矢量 $\boldsymbol{U}_2$、$\boldsymbol{U}_3$、$\boldsymbol{U}_4$（使 γ 增大）；若想减小转矩，则可以选择电压矢量 $\boldsymbol{U}_5$、$\boldsymbol{U}_6$、$\boldsymbol{U}_1$（使 γ 减小）。

上面电压矢量对磁链和转矩的影响见表 4-2。

表 4-2　　　　　　　磁链参考矢量位于扇区 1 时各电压矢量对磁链和转矩的影响

电压矢量	$\boldsymbol{U}_1$	$\boldsymbol{U}_2$	$\boldsymbol{U}_3$	$\boldsymbol{U}_4$	$\boldsymbol{U}_5$	$\boldsymbol{U}_6$	$\boldsymbol{U}_0$、$\boldsymbol{U}_7$
$\boldsymbol{\psi}_s$	+	+	−	−	−	+	0
T_e	−	+	+	+	−	−	0

需要注意的是，由于矢量 $\boldsymbol{U}_1$ 和 $\boldsymbol{U}_4$ 使 γ 改变得较小，对转矩的调节不明显，因此，一般不采用。另外，在零矢量作用下，定子磁链的增量 $\Delta \boldsymbol{\psi}_s = \boldsymbol{U}_0 \Delta t = 0$，因此，定子磁链的位置和大小保持不变，因此转矩也基本不变，但是转子磁链由于机械惯性继续前进，实际上 γ 稍微减小，导致转矩稍微减小。

因此，如果要同时增大磁链和转矩要选择 $\boldsymbol{U}_2$，同时减小磁链和转矩要选择 $\boldsymbol{U}_5$，要增大磁链而减小转矩要选择 $\boldsymbol{U}_6$，要减小磁链而增大转矩要选择 $\boldsymbol{U}_3$。这样，就可以得到参考矢量位于 $\boldsymbol{S}_1$ 中的开关表。参考矢量位于其他扇区中的开关表可以采用类似的方法得到，总的开关表如表 4-3 所示。

表 4-3　　　　　　　　　　　　直接转矩控制的开关表

H_ϕ	H_{Te}	$\boldsymbol{S}_1$	$\boldsymbol{S}_2$	$\boldsymbol{S}_3$	$\boldsymbol{S}_4$	$\boldsymbol{S}_5$	$\boldsymbol{S}_6$
1	1	$\boldsymbol{U}_2$ (110)	$\boldsymbol{U}_3$ (010)	$\boldsymbol{U}_4$ (100)	$\boldsymbol{U}_5$ (001)	$\boldsymbol{U}_6$ (101)	$\boldsymbol{U}_1$ (100)
	0	$\boldsymbol{U}_7$ (111)	$\boldsymbol{U}_0$ (000)	$\boldsymbol{U}_7$ (111)	$\boldsymbol{U}_0$ (000)	$\boldsymbol{U}_7$ (111)	$\boldsymbol{U}_0$ (000)
	−1	$\boldsymbol{U}_6$ (101)	$\boldsymbol{U}_1$ (100)	$\boldsymbol{U}_2$ (110)	$\boldsymbol{U}_3$ (010)	$\boldsymbol{U}_4$ (100)	$\boldsymbol{U}_5$ (001)
−1	1	$\boldsymbol{U}_3$ (010)	$\boldsymbol{U}_4$ (100)	$\boldsymbol{U}_5$ (001)	$\boldsymbol{U}_6$ (101)	$\boldsymbol{U}_1$ (100)	$\boldsymbol{U}_2$ (110)
	0	$\boldsymbol{U}_0$ (000)	$\boldsymbol{U}_7$ (111)	$\boldsymbol{U}_0$ (000)	$\boldsymbol{U}_7$ (111)	$\boldsymbol{U}_0$ (000)	$\boldsymbol{U}_7$ (111)
	−1	$\boldsymbol{U}_5$ (001)	$\boldsymbol{U}_6$ (101)	$\boldsymbol{U}_1$ (100)	$\boldsymbol{U}_2$ (110)	$\boldsymbol{U}_3$ (010)	$\boldsymbol{U}_4$ (100)

根据上面分析的电压矢量对磁链和转矩的影响，DTC 可以采用图 4-27 的控制策略。磁链滞环控制器采用两级滞环输出，其表达式如下：

a. 当 $E_\psi > +HB_\psi$ 时，$H_\psi = 1$；

b. 当 $E_\psi < -HB_\psi$ 时，$H_\psi = -1$。

$2HB_\psi$ 为磁链控制器的总滞环带宽，给定磁链矢量 ψ_s^* 的圆形轨迹在滞环内沿逆时针方向旋转。

转矩滞环控制器采用三级滞环输出：

a. 当 $E_{Te} > +HB_{Te}$ 时，$H_{Te} = 1$；

b. 当 $E_{Te} < -HB_{Te}$ 时，$H_{Te} = -1$；

c. 当 $-HB_{Te} < E_{Te} < +HB_{Te}$ 时，$H_{Te} = 0$。

系统中的磁链和转矩反馈信号根据电机端电压和电流信号计算得到，为得到电压矢量表，还需要知道磁链矢量 ψ_s 所在的扇区 S_k，该扇区信号同样由磁链观测模块得到。

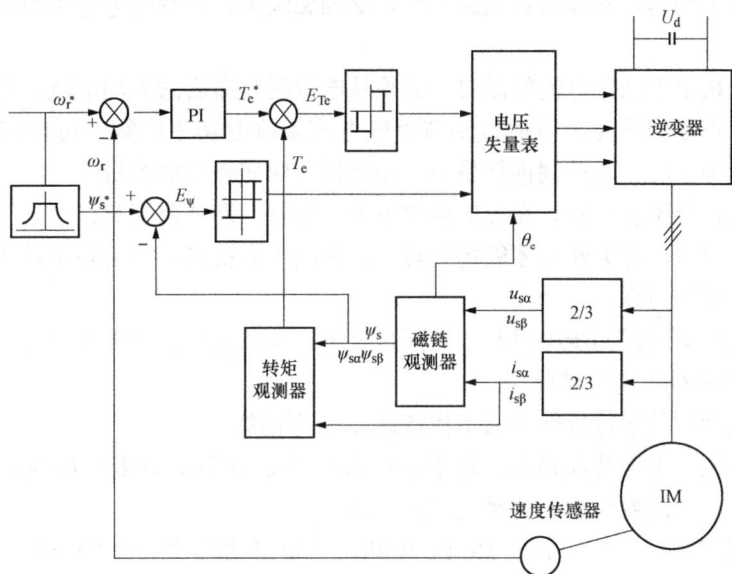

图 4-27 直接转矩控制框图

框图中，磁链观测器为

$$\begin{cases} \psi_{s\alpha} = \int (u_{s\alpha} - i_{s\alpha}R_s)\mathrm{d}t \\ \psi_{s\beta} = \int (u_{s\beta} - i_{s\beta}R_s)\mathrm{d}t \end{cases} \tag{4-40}$$

$$\psi_s = \sqrt{\psi_{s\alpha}^2 + \psi_{s\beta}^2} \tag{4-41}$$

$$\theta_e = \tan^{-1} \frac{\psi_{s\beta}}{\psi_{s\alpha}} \tag{4-42}$$

转矩观测器为

$$T_e = n_p(\psi_{s\alpha}i_{s\beta} - \psi_{s\beta}i_{s\alpha}) \tag{4-43}$$

如图 4-27，定子磁链的给定值 ψ_s^* 在电动机的额定转速以下保持恒定，超过额定转速，则给出弱磁定子磁链值。转速给定值 ω_r^* 与反馈值 ω_r 之差经转速调节器，给出电磁转矩的参

考值 T_e^*，进一步得到定子磁链差值 E_ψ（给定值 ψ_s^* 与计算值 ψ_s）、转矩差值 E_{Te}（给定值 T_e^* 与计算值 T_e）后，分别采用磁链、转矩滞环控制器即可确定下一时刻的电压矢量，从而实现对异步电机的控制。

4.3.2　同步推进电机

同步电机是以转速与电源频率保持严格同步著称的。只要电源频率保持恒定，同步电机的转速就绝对不变。它与异步电机相比，主要具有如下特点：

（1）同步电机在转子侧有独立的直流励磁（或永磁体）。

（2）同步电机和异步电机的定子都有同样的交流绕组，转子则不同，除直流励磁绕组（或永磁体）外，还可能有自身短路的阻尼绕组。当同步电机在恒频下运行时，阻尼绕组有助于抑制重载时容易发生的振荡或失步。当同步电机在闭环下变频调速时，有助于加快动态响应和抑制变频器引起的谐波影响。

（3）异步电机的气隙是均匀的，而同步电机则有隐极式和凸极式之分，隐极式气隙均匀，凸极式气隙不均匀，磁极的直轴磁阻小，交轴磁阻大，两轴的电感系数不等，造成数学模型的复杂性。

（4）异步电机由于励磁电流的需要，必须从电源吸收滞后的无功电流，空载时功率因数低。同步电机有单独的励磁，可通过调节励磁电流来改变功率因数，可以滞后，也可以超前。当功率因数为 1 时，电枢铜损耗最小，还可以节约变频器的容量。

（5）同步电机转子有励磁，在极低频率下也能运行，调速范围宽。

（6）异步电机要靠加大转差才能提高转矩，而同步电机只要加大功角就能增大转矩，同步电机抗转矩扰动能力强。

同步电机包括电励磁同步电机和永磁同步电机，本节主要分析电励磁同步电机。

1. 同步推进电机的工作特性

三相同步电动机的运行特性包括工作特性和 V 形曲线。

（1）工作特性。工作特性是指：定子电压 $U=U_N$、励磁电流 $I_f=I_{fN}$ 时，电磁转矩、电枢电流、效率、功率因数与输出功率之间的关系。

从转矩方程 $T=T_0+T_2=T_0+P_2/\Omega_s$ 可知，当输出功率 $P_2=0$ 时，$T=T_0$，此时电枢电流为很小的空载电流；随着输出功率的增加，电磁转矩将正比增大，电枢电流也随之而增大；因此 $T=f(P_2)$ 是一条直线，$I_M=f(P_2)$ 近似为一直线，如图 4-28 所示。

同步电动机的效率特性与其他电机基本相同。空载时，$\eta=0$；随着输出功率的增加，效率逐步增加，达到某个最大值后开始下降。

图 4-29 表示不同励磁时同步电动机的功率因数特性。图中曲线 1 对应励磁电流较小，空载时 $\cos\varphi_M=1$ 的情况，此时随着负载的增加，功率因数将从 1 逐步下降而变为滞后。曲线 2 对应励磁电流稍大，半载时 $\cos\varphi_M=1$ 的情况，此时轻载时功率因数变成超前，超过半载后功率因数变成滞后。曲线 3 对应励磁电流更大，满载时 $\cos\varphi_M=1$ 的情况。从图可见，改变励磁电流，可使电动机在任一特定负载下的功率因数达到 1，甚至变成超前。

增加电动机的励磁（即增大激磁电动势 E_0），可以提高最大电磁功率 $P_{e\langle max\rangle}$，从而提高过载能力。这亦是同步电动机的特点之一。

（2）V 形曲线。V 形曲线是指定子电压 $U=U_N$，电磁功率 $P_M=$ 常值时，电枢电流与励磁电流的关系 $I_M=f(I_f)$。

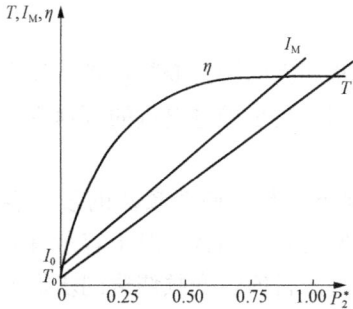

图 4 - 28　同步电动机的工作特性

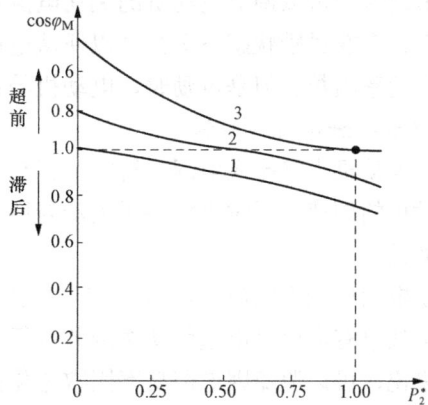

图 4 - 29　不同励磁时同步电动机的功率因数特性

图 4 - 30 表示电磁功率保持不变,改变励磁时隐极同步电动机的相量图(电枢电阻和磁饱和忽略不计)。由于电磁功率为常值,电枢的输入功率亦近似为常值,因而有

$$E_0 \sin\delta_M = \text{const}, \quad I_M \cos\varphi_M = \text{const}$$

式中　δ_M——E_0 与 U 的夹角;

φ_M——电枢电流 I_M 与 U 的夹角。于是改变励磁时,$\dot{E}_0$ 的端点将落在水平线 $\overline{AB}$ 上,$\dot{I}_M$ 的端点将落在铅垂线 $\overline{CD}$ 上。若励磁为“正常励磁”,激磁电动势为 $\dot{E}_0$,则电动机的功率因数 $\cos\varphi_M=1$,电枢电流 $\dot{I}_M$ 全部为有功电流,I_M 为最小。若增大励磁,使激磁电动势增加到 $\dot{E}_0'$,电机便处于“过励”状态;此时电枢电流 $\dot{I}_M'$ 将超前于电压,其值较正常励磁时大,即 $I_M'>I_M$。反之,若减少励磁,使激磁电动势减小到 $\dot{E}_0''$,电机处于“欠励”状态;此时电枢电流 $\dot{I}_M''$,将滞后于电压,其值亦比正常励磁时大,即 $I_M''>I_M$。由此便可画出电磁功率为某一常值时的 V 形曲线 $I_M=f(I_f)$。

图 4 - 31 示出了电磁功率为三个不同的值 P_M、P_M' 和 P_M'' 时的 V 形曲线。V 形曲线的最低点是正常励磁、$\cos\varphi_M=1$ 的工作点;其右侧为“过励”状态,功率因数为超前;左侧为“欠励”状态,功率因数为滞后。对于某一负载,当减小励磁至图中虚线所示数值时,由于过载能力下降,电机将出现不稳定现象,虚线所示即为稳定极限。

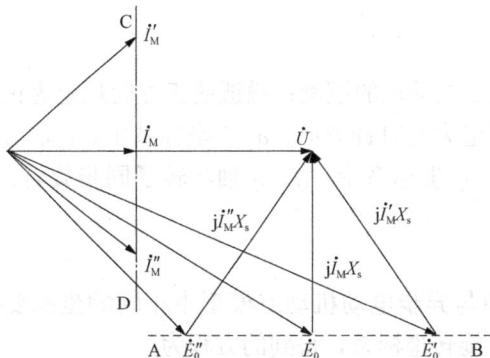

图4 - 30　恒功率、变励磁时隐极同步电动机的相量图

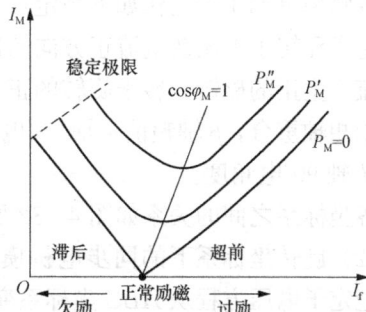

图 4 - 31　同步电动机的 V 形曲线

调节励磁就可以调节电动机的无功电流和功率因数，这是同步电动机的主要优点。通常同步电动机多在过励状态下运行，以便从电网吸收超前电流（即向电网输出滞后电流），改善电网的功率因数。但是过励时，电动机的效率将有所降低。

2. 同步推进电机的控制

同步电动机直接投入电网运行时，存在失步与启动困难两大问题。变频技术不仅实现了同步电动机的调速，同时也解决了失步与启动困难问题。因此同步推进电机的调速方式主要为变频调速。

同步电动机功率因数高，可以在功率因数为1的情况下运行，使变频器的设计容量减小，甚至如果有需要可以超前功率因数运行，能够改善电网的功率因数。对于容量有限的船舶电网来说，可以避免因电网功率因数恶化而带来许多问题。目前，变频调速同步推进电机广泛应用于各类电力推进船舶，单机推进功率大于10MW的船舶推进电机大多采用同步推进电机。

同步电动机的变频调速方法有两种：①用独立的变压变频装置给同步电动机供电的称作他控变频调速系统，比如前面介绍的电压-频率协调控制方式。②根据转子位置来控制变压变频装置的称作自控变频调速系统。自控变频调速系统严格保证电源频率与转速的同步，比如采用转速闭环控制的矢量控制或直接转矩控制。本小节主要以矢量控制系统为例，对同步电动机的动态数学模型和控制系统结构进行分析。

（1）基本假设条件及正方向的选择。

1）电机气隙磁场按正弦分布，忽略空间谐波磁场的影响。

2）忽略电机铁芯的饱和、磁滞及涡流的影响。

3）定子内表面是光滑的，即忽略齿隙和通风槽的影响。

4）电机参数不变，不受电流、温度、转速的影响。

5）电机定子绕组采用集中整距的布线方式，转子上的阻尼回路看成两组等效的短路绕组——直轴阻尼绕组和交轴阻尼绕组。

在数学模型中，对各个物理量的下标作如下的规定：

s 表示定子量；

r 表示转子量；

fd 表示励磁绕组的量；

rd 表示阻尼绕组直轴分量；

rq 表示阻尼绕组交轴分量；

各物理量的正方向作如下规定：

定子和转子电压及电流正方向的选择都按照电动机的惯例；磁链的正方向规定为正的定子电流产生正的磁链；转子旋转的正方向方规定为逆时针方向；α-β坐标系中，α轴与定子第一相相轴重合，β轴超前α轴90°电角度；d-q坐标系中，d、q轴与转子同步旋转，q轴超前d轴90°电角度。

各坐标系之间的关系如图4-32所示。

（2）旋转坐标系下的同步电机模型。采用与异步电动机动态模型中相同的坐标变换方法，把定子电压方程从ABC坐标系变换到dq旋转坐标系，得到的方程为

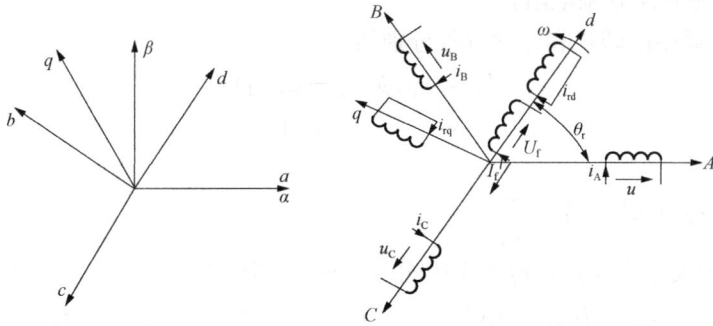

图 4 - 32　各坐标系之间的相位关系

$$
\begin{cases}
u_{sd} = R_s i_{sd} + \dfrac{\mathrm{d}\psi_{sd}}{\mathrm{d}t} - \omega_1 \psi_{sq} \\[2mm]
u_{sq} = R_s i_{sq} + \dfrac{\mathrm{d}\psi_{sq}}{\mathrm{d}t} + \omega_1 \psi_{sd}
\end{cases} \tag{4-44}
$$

$$
\begin{cases}
u_f = \dfrac{\mathrm{d}\psi_f}{\mathrm{d}t} + R_f i_f \\[2mm]
0 = R_{rd} i_{rd} + \dfrac{\mathrm{d}\psi_{rd}}{\mathrm{d}t} \\[2mm]
0 = R_{rq} i_{rq} + \dfrac{\mathrm{d}\psi_{rq}}{\mathrm{d}t}
\end{cases} \tag{4-45}
$$

在 dq 两相旋转坐标系上的磁链方程为

$$
\begin{cases}
\psi_{sd} = L_{sd} i_{sd} + L_{md} i_f + L_{md} i_{rd} \\[1mm]
\psi_{sq} = L_{sq} i_{sq} + L_{mq} i_{rq}
\end{cases} \tag{4-46}
$$

$$
\begin{cases}
\psi_f = L_{md} i_{sd} + L_f i_f + L_{md} i_{rd} \\[1mm]
\psi_{rd} = L_{md} i_{sd} + L_{md} i_f + L_{rd} i_{rd} \\[1mm]
\psi_{rq} = L_{mq} i_{sq} + L_{rq} i_{rq}
\end{cases} \tag{4-47}
$$

式中　L_{sd}——d 轴定子绕组自感，$L_{sd} = L_{ls} + L_{md}$；

L_{sq}——q 轴定子绕组自感，$L_{sq} = L_{ls} + L_{mq}$；

L_{ls}——定子绕组漏感；

L_{md}——d 轴定子绕组与转子绕组间的互感，相当于 d 轴电枢反应电感；

L_{mq}——q 轴定子绕组与转子绕组间的互感，相当于 q 轴电枢反应电感；

L_f——励磁绕组自感，$L_{lf} = L_{lf} + L_{md}$；

L_{lf}——励磁绕组漏感；

L_{rd}——d 轴阻尼绕组自感，$L_{rd} = L_{lrd} + L_{md}$；

L_{lrd}——d 轴阻尼绕组漏感；

L_{rq}——q 轴阻尼绕组自感，$L_{rq} = L_{lrq} + L_{mq}$；

L_{lrq}——q 轴阻尼绕组漏感；

R_s——定子绕组电阻；

R_f——励磁绕组电阻；

R_{rd}——阻尼绕组 d 轴电阻；

R_{rq}——阻尼绕组 q 轴电阻。

在 d-q 坐标系中的转矩和运动方程分别为

$$T_e = n_p(\psi_{sd}i_{sq} - \psi_{sq}i_{sd}) \tag{4-48}$$

$$T_e - T_L = J\frac{d\Omega}{dt} \tag{4-49}$$

式中 Ω 是机械角速度，$\Omega = \dfrac{\omega_1}{n_p}$

把 ψ_{sd} 和 ψ_{sq} 的表达式代入到转矩表达式中并整理后得到

$$T_e = n_p L_{md} I_f i_{sq} + n_p(L_{sd} - L_{sq})i_{sd}i_{sq} + n_p(L_{md}i_{rd}i_{sq} - L_{mq}i_{rq}i_{sd}) \tag{4-50}$$

从该式中可以看出：第一项 $n_p L_{md} I_f i_{sq}$ 是转子励磁磁动势和定子电枢反应磁动势转矩分量相互作用所产生的转矩，是同步电动机主要的电磁转矩。

第二项 $n_p(L_{sd} - L_{sq})i_{sd}i_{sq}$ 是由凸极效应造成的磁阻变化在电枢反应磁动势作用下产生的转矩，称作反应转矩或磁阻转矩。

第三项 $n_p(L_{md}i_{rd}i_{sq} - L_{mq}i_{rq}i_{sd})$ 是电枢反应磁动势与阻尼绕组磁动势相互作用的转矩，如果没有阻尼绕组，或者是稳态运行时阻尼绕组中没有感应电流，该项都是零。只有在动态过程中，产生阻尼电流，才有阻尼转矩，帮助同步电机尽快达到新的稳态。

3. 同步推进电机的矢量控制策略

类似于前面异步电机的矢量控制，为了实现同步电动机的解耦控制，需要采用磁场（或磁链）定向控制。同步电动机的矢量控制可选择不同的磁链矢量作为定向坐标轴，如按气隙磁链定向、按定子磁链定向、按转子磁链定向以及按阻尼磁链定向等。其中，按气隙磁链定向的矢量控制是同步电动机最常用的控制技术。

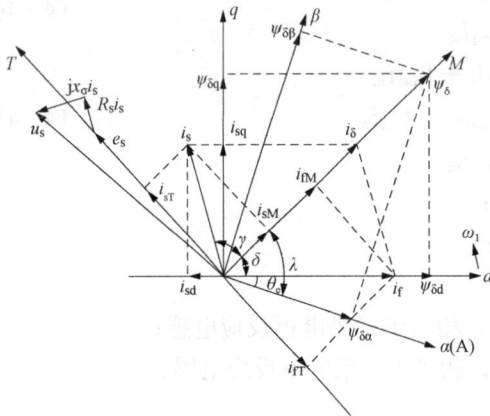

图 4-33　各轴坐标系及电流、磁链分量

同步电动机气隙磁链定向矢量控制采用的各坐标轴系及电流、磁链分量，如图 4-33 所示。图中，定义 MT 坐标系，T 轴与 M 轴正交，M 轴与气隙合成磁链矢量重合。

d-q 坐标系变换至 M-T 坐标系的变换矩阵为

$$T_{MT}^{dq} = \begin{bmatrix} \cos\delta & \sin\delta \\ -\sin\delta & \cos\delta \end{bmatrix} \tag{4-51}$$

其逆变换为

$$T_{dq}^{MT} = \begin{bmatrix} \cos\delta & -\sin\delta \\ \sin\delta & \cos\delta \end{bmatrix} \tag{4-52}$$

同步电机的 d 轴等效电感由漏感和定转子互感组成

$$L_d = L_{ls} + L_{md} \tag{4-53}$$

同样，q 轴等效电感为

$$L_q = L_{ls} + L_{mq} \tag{4-54}$$

L_{md}，L_{mq} 分别是绕组直轴电枢反应电感和交轴电枢反应电感。

同步电动机气隙磁链 ψ_δ 是指定子和转子交链的主磁链，是定子磁链除掉漏磁的那部分，

因此，气隙磁链的 d 轴及 q 轴分量可以表示为

$$\begin{bmatrix} \psi_{\delta d} \\ \psi_{\delta q} \end{bmatrix} = \begin{bmatrix} L_{md} & \\ & L_{mq} \end{bmatrix} \begin{bmatrix} i_{sd} \\ i_{sq} \end{bmatrix} + \begin{bmatrix} L_{md} & L_{md} & 0 \\ 0 & 0 & L_{mq} \end{bmatrix} \begin{bmatrix} i_{fd} \\ i_{rd} \\ i_{rq} \end{bmatrix} \tag{4-55}$$

采用前面的变换矩阵，将上式变换至 $M\text{-}T$ 坐标系中，可得

$$\begin{bmatrix} \psi_{\delta M} \\ \psi_{\delta T} \end{bmatrix} = \begin{bmatrix} L_{md}\cos^2\delta + L_{mq}\sin^2\delta & \dfrac{1}{2}(L_{mq}-L_{md})\sin 2\delta \\ \dfrac{1}{2}(L_{mq}-L_{md})\sin 2\delta & L_{md}\sin^2\delta + L_{mq}\cos^2\delta \end{bmatrix} \begin{bmatrix} i_{sM} \\ i_{sT} \end{bmatrix}$$
$$+ \begin{bmatrix} L_{md}\cos\delta & L_{md}\cos\delta & L_{mq}\sin\delta \\ -L_{md}\sin\delta & -L_{md}\sin\delta & L_{mq}\cos\delta \end{bmatrix} \begin{bmatrix} i_{fd} \\ i_{rd} \\ i_{rq} \end{bmatrix} \tag{4-56}$$

设 $\rho = \dfrac{L_{mq}}{L_{md}}$ 为凸极系数，考虑 $i_{fdM}=i_{fd}\cos\delta$，$i_{fdT}=-i_{fd}\sin\delta$，$i_{rdM}=i_{rd}\cos\delta$，$i_{rdT}=-i_{rd}\sin\delta$，$i_{rqM}=i_{rq}\sin\delta$，$i_{rqT}=i_{fd}\cos\delta$。

$$\begin{cases} \psi_{\delta M} = L_{md}\left[\left(\dfrac{1+\rho}{2}+\dfrac{1-\rho}{2}\cos 2\delta\right)i_{sM}+\left(\dfrac{\rho-1}{2}\sin 2\delta\right)i_{sT}+i_{fdM}+i_{rdM}+\rho i_{rqM}\right] \\ \psi_{\delta T} = L_{md}\left[\left(\dfrac{\rho-1}{2}\sin 2\delta\right)i_{sM}+\left(\dfrac{\rho+1}{2}+\dfrac{\rho-1}{2}\cos 2\delta\right)i_{sT}+i_{fdT}+i_{rdT}+\rho i_{rqT}\right] \end{cases} \tag{4-57}$$

采用前面的变换矩阵，同步电机 $M\text{-}T$ 坐标系下的电压表达式为

$$\begin{cases} u_{sM} = R_s i_{sM} + p\psi_{sM} - \omega_1 \psi_{sT} \\ u_{sT} = R_s i_{sT} + p\psi_{sT} + \omega_1 \psi_{sM} \end{cases} \tag{4-58}$$

将 $\boldsymbol{\psi}_s = \boldsymbol{\psi}_\delta + L_{s\sigma}\boldsymbol{i}_s$，$\boldsymbol{\psi}_\delta = \boldsymbol{\psi}_{\delta M} + \mathrm{j}\,\boldsymbol{\psi}_{\delta T}$，$\boldsymbol{\psi}_s = \boldsymbol{\psi}_{sM} + \mathrm{j}\,\boldsymbol{\psi}_{sT}$，$\boldsymbol{i}_s = i_{sM} + \mathrm{j}i_{sT}$ 代入上式，并分离变量得：

$$\begin{cases} u_{sM} = R_s i_{sM} + p\psi_{\delta M} + pL_{ls}i_{sM} - \omega_1 \psi_{\delta T} - \omega_1 L_{ls} i_{sT} \\ u_{sT} = R_s i_{sT} + p\psi_{\delta T} + pL_{ls}i_{sT} + \omega_1 \psi_{\delta M} + \omega_1 L_{ls} i_{sM} \end{cases} \tag{4-59}$$

电机输出电磁转矩可表示为

$$T_{em} = n_p(\psi_{\delta M} i_{sT} - \psi_{\delta T} i_{sM}) \tag{4-60}$$

实现气隙磁场定向控制的关键，就是关于气隙磁链的计算，通常可以采用定子电流、励磁电流磁链模型和定子电压、电流磁链模型予以计算。

（1）定子电流、励磁电流磁链模型（电流模型）。联立 $d\text{-}q$ 坐标系下的电压方程式（4-44）、式（4-45），阻尼电流的 d、q 轴分量可表示为

$$\begin{cases} i_{rd} = -\dfrac{L_{md}s}{1+T_{rd}s}(i_{sd}+i_f) \\ i_{rq} = -\dfrac{L_{mq}s}{1+T_{rq}s}i_{sq} \end{cases} \tag{4-61}$$

其中，$T_{rd} = \dfrac{L_{rd}}{R_{rd}}$，$T_{rq} = \dfrac{L_{rq}}{R_{rq}}$ 分别为 d、q 轴开路阻尼时间常数。

把 i_{rd}、i_{rq} 代入 d、q 轴气隙磁链的表达式中，得到消去阻尼电流的磁链表达式为

$$\begin{cases} \psi_{\delta d} = L_{md} \dfrac{1 + T_{rd\sigma}s}{1 + T_{rd}s}(i_{sd} + i_f) \\ \\ \psi_{\delta q} = L_{mq} \dfrac{1 + T_{rq\sigma}s}{1 + T_{rq}s}i_{sq} \end{cases} \tag{4-62}$$

其中，$T_{rd\sigma} = \dfrac{L_{lrd}}{R_{rd}}$，$T_{rq\sigma} = \dfrac{L_{lrq}}{R_{rq}}$ 分别为 d、q 轴开路漏感阻尼时间常数。

实际控制过程中，可以忽略阻尼绕组漏电感，则式（4-62）可简化为

$$\begin{cases} \psi_{\delta d} = L_{md} \dfrac{1}{1 + T_{\delta d}s}(i_{sd} + i_f) \\ \\ \psi_{\delta q} = L_{mq} \dfrac{1}{1 + T_{\delta q}s}i_{sq} \end{cases} \tag{4-63}$$

其中，$T_{d\delta} = \dfrac{L_{md}}{R_{rd}}$，$T_{\delta q} = \dfrac{L_{mq}}{R_{rq}}$ 分别为 d、q 轴开路阻尼时间常数。

在计算气隙磁链 d、q 轴分量后，可求出磁链幅值及气隙磁链角，具体表达式如下：

$$\begin{cases} \psi_\delta = \sqrt{\psi_{\delta d}^2 + \psi_{\delta q}^2} \\ \\ \cos\delta = \dfrac{\psi_{\delta d}}{\psi_\delta} \\ \\ \sin\delta = \dfrac{\psi_{\delta q}}{\psi_\delta} \end{cases} \tag{4-64}$$

（2）定子电压、电流磁链模型（电压模型）。

$$\begin{cases} \psi_{\delta\alpha} = \psi_{s\alpha} - L_{ls}i_{s\alpha} = \int(u_{s\alpha} - i_{s\alpha}R_s)\mathrm{d}t - L_{ls}i_{s\alpha} \\ \\ \psi_{\delta\beta} = \psi_{s\beta} - L_{ls}i_{s\beta} = \int(u_{s\beta} - i_{s\beta}R_s)\mathrm{d}t - L_{ls}i_{s\beta} \end{cases} \tag{4-65}$$

则

$$\begin{cases} \psi_\delta = \sqrt{\psi_{\delta\alpha}^2 + \psi_{\delta\beta}^2} \\ \\ \cos\lambda = \dfrac{\psi_{\delta\alpha}}{\psi_\delta} \\ \\ \sin\lambda = \dfrac{\psi_{\delta\beta}}{\psi_\delta} \end{cases} \tag{4-66}$$

（3）混合式气隙磁链模型。定子电流、励磁电流磁链模型法的优点是通过电流求磁链，不受电机转速的影响。所以，电机在低速甚至不转时，模型都能工作；缺点是，受电机参数的影响较大，尤其是受转子时间常数（$T_{\delta d}$ 和 $T_{\delta q}$）的影响更为显著，模型计算精度不高。定子电压、电流磁链模型法特点是：具有较高的计算精度。但是，当电机在低速运行，因电压值变小，电阻压降影响增大，使计算精度降低。当电动机转速为零时，不能使用。

在实际控制过程中，如综合应用上述两种方法的优点，让两种磁链模型配合使用，效果将会更好。即当电动机高速运行时，使定子电压、电流磁链模型起作用；当电机低速运行时，使定子电流、励磁电流磁链模型起作用。但是，在运行过程中，要注意两个模型之间的切换，使电动机工作平稳。这里，解决上述切换问题的方法是采用滤波器。具体做法是：定子电压、电流磁链模型通过高通滤波器，定子电流、励磁电流磁链模型通过低通滤波器，然

后将它们相加起来。令高通滤波器的传递函数为 $T_h p/(1+T_h p)$，低通滤波器的传递函数为 $1/(1+T_l p)$，则电动机气隙磁链为 ψ_δ：

$$\psi_\delta = \frac{T_h p}{1+T_h p}\psi_{\delta U} + \frac{1}{1+T_l p}\psi_{\delta I} \qquad (4-67)$$

式中　$\psi_{\delta U}$——由定子电压、电流磁链模型计算得到的气隙磁链；

　　　$\psi_{\delta I}$——由定子电流、励磁电流磁链模型计算得到的气隙磁链；

　T_h、T_l——分别是高、低通滤波器的时间常数。

在以上分析基础上，给出同步电动机气隙磁场定向矢量控制的典型框图，如图 4-34 所示。

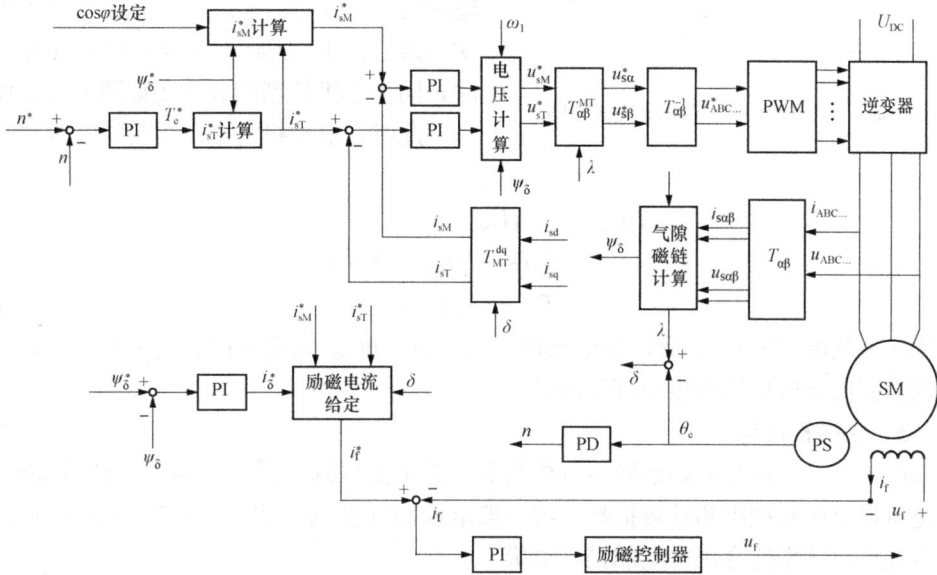

图 4-34　同步电动机的气隙磁场定向矢量控制的框图

可控励磁同步电动机矢量控制系统采用与直流电动机调速系统相仿的闭环控制结构。转速调节器的输出是转矩给定信号 T_e^*，T_e^* 除以气隙磁链 ψ_δ^* 得到定子电流转矩分量的给定信号 i_{sT}^*，i_{sM}^* 计算模块根据设定的功率因数进行计算，即

$$i_{sM}^* \approx \left(\tan\varphi - \frac{L_{ls}}{\psi_\delta}i_{sT}^*\right)i_{sT}^* \qquad (4-68)$$

通过电流模型可以得到励磁控制电流，即

$$\begin{cases} i_{fM}^* = i_\delta^* - i_{sM}^* = \dfrac{\psi_\delta^*}{L_{md}} - i_{sM}^* \\ i_{fT}^* = -i_{sT}^* = i_{fM}^* \cdot \tan\delta \\ i_f^* = \sqrt{i_{fM}^{*2} + i_{fT}^{*2}} \end{cases} \qquad (4-69)$$

框图中的电压计算模块根据 M-T 坐标下的稳态电压方程（4-59）进行计算。i_{sd}、i_{sq} 可以采用反馈值，也可以采用给定值。如果采用给定值，则需要把给定的 i_{sM}^*、i_{sT}^* 经旋转变换 T_{dq}^{MT} 变换为 i_{sd}^*、i_{sq}^*，由于 T_{dq}^{MT} 中直接采用了辨识的结果 δ，因此，需要对磁链调节进行闭环控制以减小参数变化引起的误差。

通过电流调节器对定子电流转矩分量、励磁分量和转子励磁电流进行闭环控制，使实际定子电流和励磁电流跟随其给定值变化，获得良好的动态性能。

如图 4-34 所示，采用气隙磁场定向的矢量控制控制系统中，最简单的方法就是设定 $i_{sM}^* = 0$，其功率因数接近于 1。考虑到气隙磁场定向矢量控制中有 $\psi_{\delta M} = \psi_\delta$，$\psi_{\delta T} = 0$，$p\psi_\delta = 0$（$\psi_\delta$ 保持不变），另外为提高功率因数，可简化控制，保持 $i_{sM} = 0$，$i_{sT} = i_s$（在忽略漏抗的情况下，此时 i_s 与 u_s 相位重合，则功率因数为 1，实际上是内功率因数为 1）。此时，同步电机控制的矢量图如图 4-35 所示。

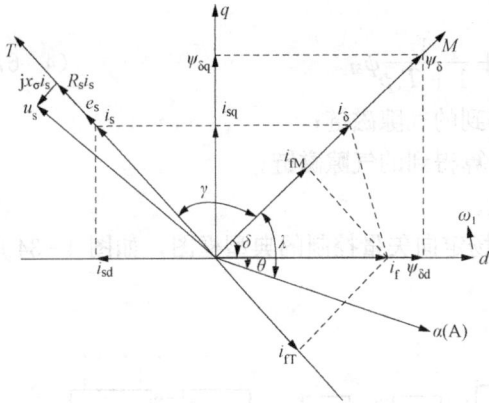

图 4-35　$i_{sM} = 0$ 时的同步电动机矢量图

此时，电动机的电压、转矩方程可进一步转化为

$$\begin{cases} u_{sM} = -\omega_1 L_{s\sigma} i_{sT} \\ u_{sT} = R_s i_{sT} + pL_{1s} i_{sT} + \omega_1 \psi_\delta \end{cases} \tag{4-70}$$

$$T_{em} = n_p \psi_\delta i_{sT} \tag{4-71}$$

如果保持气隙磁链 ψ_δ 不变，则电磁转矩与转矩电流 i_{sT} 成简单的正比关系。此时，气隙磁链定向控制同步电机的转矩与直流电机相似。

4.3.3　永磁推进电机

永磁电机运行原理与电励磁同步电机类似，其主要区别是采用永磁材料代替励磁绕组，因此，电机没有励磁绕组和励磁损耗。与一般电励磁同步电机相比，永磁电机具有效率高、体积小等优点，特别适合用作船舶推进电机。

1. 永磁推进电机的分类

在船舶推进电机上使用的永磁材料主要为钕铁硼和钐钴两种稀土永磁材料。钕铁硼具有较高的磁能积，价格便宜，但温度系数偏大，居里温度低。钐钴具有较高的居里温度，温度系数小，但价格贵，磁能积低。

由于永磁体的结构和布置形式非常灵活，永磁电机具有多种不同的拓扑结构。适用于船舶的永磁推进电机有如下分类方式：

按气隙磁通方向，可以分为径向磁通永磁电机、轴向磁通永磁电机和横向磁通永磁电机，如图 4-36 所示。

按电枢绕组反电势波形，主要分为正弦波永磁电机和方波（梯形波）永磁电机。

自从德国于 20 世纪 80 年代中期开始研制船舶永磁推进电机以来，电机的功率等级有很大的提高，性能也有明显的改善。在较早期的研制中，均采用径向磁通结构，这与常规的交流同步电机相似，因此，在减小电机的重量和体积方面都受到一定的限制。后来，采用轴向磁通结构，使得电机体积更小，重量更轻。此外，又进行了横向磁通结构永磁推进电机的研究工作，这种新型永磁推进电机的性能比轴向磁通永磁推进电机又有进一步的改进，使之更适应大功率低速的船舶推进的需要。

（1）径向磁通永磁推进电机。径向磁通永磁推进电机按永磁体布置方式不同，主要分为表面式磁极结构、切向式磁极结构和混合式磁极结构三种。图 4 - 37 所示为结构示意图。

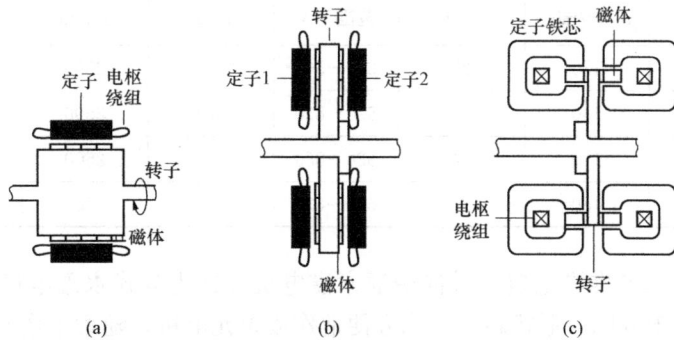

图 4 - 36　永磁推进电机三种基本拓扑结构

(a) 径向磁通；(b) 轴向磁通；(c) 横向磁通

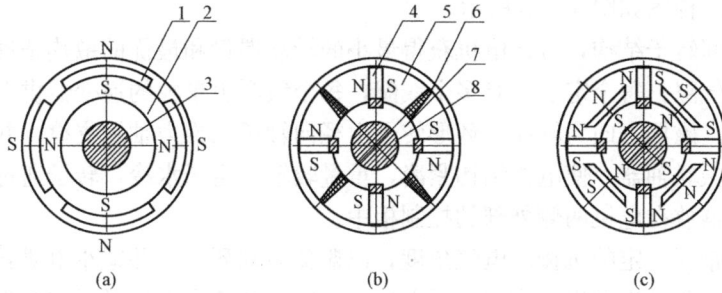

图 4 - 37　径向磁通永磁推进电机结构示意图

(a) 表面式转子磁路结构；(b) 切向式转子磁路结构；(c) 混合式转子磁路结构
1、4—永磁体；2、5—转子铁芯；3、8—转轴；6—填充件；7—转子支架

径向磁通永磁推进电机的代表为德国西门子公司研制的 PERMASYN 永磁推进电机。

PERMASYN 永磁推进电机是专门为新一代潜艇的推进系统而设计的多相永磁同步推进电机，输出功率等级从 1.7MW 到 5MW 不等。

PERMASYN 永磁推进电机主要设计特性如下：

1) 电机、逆变器和监控系统一体化。

2) 淡水一次冷却，海水二次冷却。

3) 结构噪声和空气噪声低。

4) 效率高，特别在部分负载范围。

5) 尺寸小，重量轻。

6) 冗余设计，有效利用率高。

7) 电磁兼容性能好。

PERMASYN 永磁推进电机技术数据见表 4 - 4。

表 4 - 4   **PERMASYN 永磁推进电机技术数据表**

型号	额定输出 P/kW	额定转速 n/ (r/min)	净重 m/t	工作电压 范围 WV	额定电流 I_N/A	上半部半径 r/mm	主体直径 d/mm	主体长度 l/mm
1FR6134 -	1700	120	28	300~560	＜6000	2080	2240	1590
1FR6439 -	3300	150	50	520~830	＜6700	2500	3340	2310
1FR6439 -	3900	150	54	520~830	＜8000	2500	3340	2310
1FR6839 -	5000	150	71	550~830	＜9600	2700	4000	2800

（2）轴向磁通永磁推进电机。轴向磁通永磁电机又称为盘式永磁电机，其拓扑结构如图 4 - 38 所示。由于电机的形状扁平，能方便地作成单元电机，随意地搭配，从而像搭积木似的满足各种船舶不同推进功率的需要，将电机的设计、制造费用降到最低，并大大缩短设计制造周期。

1990 年，美国卡曼公司与纽波特纽斯船厂共同研制 18.39MW（25000 马力）轴向磁通永磁推进电机，其结构图如图 4 - 38 所示。

该电机采用中间转子结构，可使电机获得最小的转动惯量和最优的散热条件。由两个定子和单转子组成双气隙。每个定子上有多个线圈，每个线圈由单独的逆变器供电。转子上安装有钕铁硼永磁体，磁场方向为轴向。环形转子由径向轴承和推力轴承支撑，并在电机转子的中空部分安装减振联轴器，使电机结构紧凑，重量较轻。定子水冷，转子通过轴承润滑油冷却。电机的逆变器放在电机两侧外部的控制柜中。

两个定子相互错开一定的机械和电气角度，以避免启动死区，并减小电磁转矩脉动。

（3）横向磁通永磁推进电机。横向磁通电机，其定子和转子中的磁通方向限定于与旋转方向垂直的平面中（transverse flux motor，TFM）。这种新型电机技术是德国布伦瑞克工业大学的赫尔伯特·韦教授及其合作者于 1986 年提出的，其结构如图 4 - 39 所示。

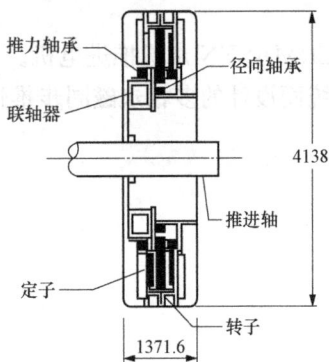

图 4 - 38   18.39MW（25000 马力）轴向磁通永磁推进电机结构图

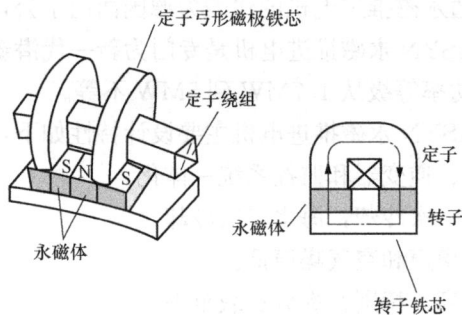

图 4 - 39   横向磁通电机的一种结构型式

从图 4 - 39 可见，永磁体产生的磁通通过定子弓形铁芯与定子绕组相交联。这样，增大铁芯截面可使磁通增加而不占用电枢绕组所需的空间。因而，克服了传统径向磁通和轴向磁通电机结构中绕组和磁路互相争抢有效空间所带来的限制，可大大提高电机功率密度。

横向磁通电机（TFM）的主要特点如下：

1）在一定转速下，TFM 的功率随极对数增加而增加。

2）电机转矩密度更大。在低速时，保持高效率和大转矩。

3）当转矩最大化时，功率因数减小，导致配套的变换器和电网容量需求增加。

4）电机安装复杂，制造困难。

英国正着手开发 20MW 横向磁通永磁推进电机，用于下一代水面战舰的电力推进系统。20MW 横向磁通永磁推进电机技术参数见表 4 - 5，电机结构示意图见图 4 - 40。

表 4 - 5　　　　　　　　　　　　**20MW 横向磁通永磁推进电机技术参数**

额定轴功率	20MW	每盘转子轮缘数	4
额定转速	180r/min	磁性材料	NdFeB
转速范围	−100％/0/100％	气隙剪应力	120Kn/m²
转换器的直流环节电压	5000V	额定效率	＞98％
优选冷却方式	水冷	总直径	2.6m
极数	130	总长	2.6m
频率	195Hz	轴直径	500mm
相数	16	估计总重量	39t
盘数	4		

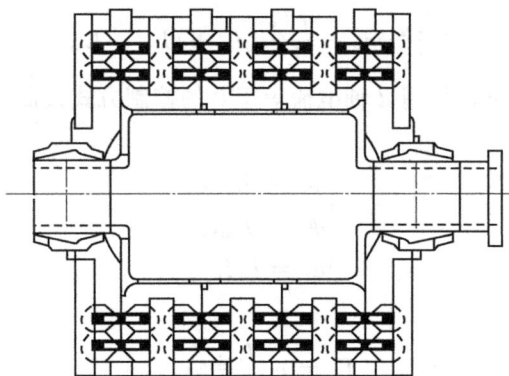

图 4 - 40　20MW 横向磁通永磁推进电机结构示意图

2. 正弦波永磁推进电机的模型与控制

在建立数学模型之前，先做如下假设：

（1）忽略定、转子铁芯磁阻，不计涡流和磁滞损耗。

（2）永磁材料的电导率为零，永磁体内部的磁导率与空气相同。

（3）转子上没有阻尼绕组。

（4）永磁体产生的励磁磁场和三相绕组产生的电枢反应磁场在气隙中均为正弦分布。

（5）稳态运行时，相绕组中感应电动势波形为正弦波。

假想转子由一般导磁材料构成，带有一个虚拟的励磁绕组，该绕组在通以虚拟的励磁电流 I_f 时，产生的转子磁动势与永磁同步电动机的转子磁动势 F_r 相等，L_f 为虚拟励磁绕组的等效电感。因此，永磁电动机可以与一般的电励磁同步电动机等效，唯一的差别是虚拟励磁

电流 I_f 恒定，即 I_f＝常数，且 dI_f/dt＝0，相当于虚拟励磁绕组由恒定的电流源供电。

正弦波永磁电动机的定子电压 d-q 模型为

$$\begin{cases} u_{sd} = R_s i_{sd} + \dfrac{d\psi_{sd}}{dt} - \omega_1 \psi_{sq} \\ u_{sq} = R_s i_{sq} + \dfrac{d\psi_{sq}}{dt} + \omega_1 \psi_{sd} \end{cases} \tag{4-72}$$

考虑凸极效应时，磁链方程为

$$\begin{cases} \psi_{sd} = L_{sd} i_{sd} + L_{md} I_f \\ \psi_{sq} = L_{sq} i_{sq} \\ \psi_f = L_{md} i_{sd} + L_f I_f \end{cases} \tag{4-73}$$

转矩方程为

$$T_e = n_p(\psi_{sd} i_{sq} - \psi_{sq} i_{sd}) = n_p[L_{md} I_f i_{sq} + (L_{sd} - L_{sq}) i_{sd} i_{sq}] \tag{4-74}$$

将磁链方程代入到电压方程，并考虑到 dI_f/dt＝0，可得

$$\begin{bmatrix} u_{sd} \\ u_{sq} \end{bmatrix} = \begin{bmatrix} R_s & -\omega L_{sq} \\ \omega L_{sd} & R_s \end{bmatrix} \begin{bmatrix} i_{sd} \\ i_{sq} \end{bmatrix} + \begin{bmatrix} L_{sd} & 0 \\ 0 & L_{sq} \end{bmatrix} \frac{d}{dt} \begin{bmatrix} i_{sd} \\ i_{sq} \end{bmatrix} + \begin{bmatrix} 0 \\ \omega L_{md} \end{bmatrix} I_f \tag{4-75}$$

永磁同步电动机一般采用转子磁场定向控制，由式（4-69）可得转子虚拟电流为

$$I_f = \frac{\psi_f - L_{md} i_{sd}}{L_f}$$

代入式（4-75）中，可得转矩方程为

$$T_e = n_p \left[\frac{L_{md}}{L_f} \psi_f i_{sq} - \frac{L_{md}^2}{L_f} i_{sd} i_{sq} + (L_{sd} - L_{sq}) i_{sd} i_{sq} \right] \tag{4-76}$$

在转子磁场定向控制下，采用 d 轴电流等于 0 的控制方式最简易有效，即 $i_{sd} = 0$，$i_{sq} = i_s$，此时，磁链方程变为

$$\begin{cases} \psi_{sd} = L_{md} I_f \\ \psi_{sq} = L_{sq} i_s \\ \psi_f = L_f I_f \end{cases} \tag{4-77}$$

电磁转矩方程变为

$$T_e = n_p \frac{L_{md}}{L_f} \psi_f i_s \tag{4-78}$$

可见，由于磁通 ψ_f 恒定，电磁转矩 T_e 与定子电流的幅值 i_s 成正比关系，只要控制电流幅值就能很好地像直流电动机一样控制电磁转矩。

采用 $i_{sd}=0$ 方式的永磁同步电动机矢量控制系统框图如图 4-41 所示。

图中采用了速度和转矩两个闭环控制，速度信号由位置传感器输出的位置信号经过微分得到，该信号与转速指令信号 ω_1^* 进行比较，经速度控制器调节后得到转矩给定信号 T_e^*，转矩的实际值可以由给定的永磁磁链和经旋转变换后实际的 d、q 电流值求出。实际转矩信号与转矩指令差值经转矩控制器后得到 q 轴电流参考值 i_{sq}^*，然后结合 d 轴电流给定值 i_{sd}^* 经变换后得到电动机三相电流的指令值，再由电流可控 PWM 逆变器实现电动机的控制，具体的实施方法可参考附录。

3. 方波永磁推进电机的模型与控制

方波永磁电动机的转子磁极采用瓦形磁钢，经专门的磁路设计，可获得梯形波的气隙磁

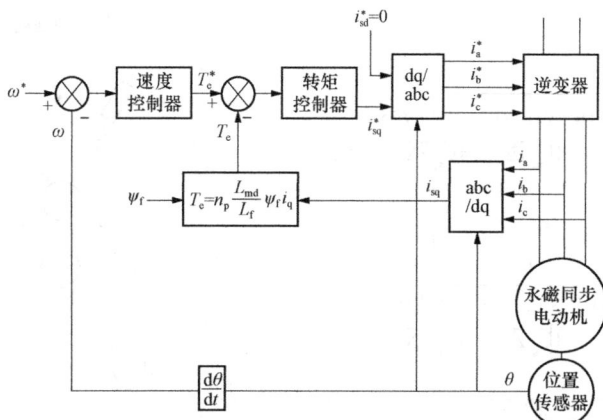

图 4-41　永磁同步电动机矢量控制系统原理框图

场，感应的电动势也是梯形波的，由逆变器提供与电动势严格同相的120°方波电流，同一相的电机电动势和电流波形如图 4-42 所示。

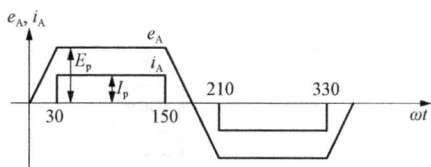

图 4-42　方波永磁电动机的电动势波形与电流波形图

方波永磁电动机的电压方程一般采用如下形式表示

$$
\begin{bmatrix} u_A \\ u_B \\ u_C \end{bmatrix} = \begin{bmatrix} R_s & 0 & 0 \\ 0 & R_s & 0 \\ 0 & 0 & R_s \end{bmatrix} \begin{bmatrix} i_A \\ i_B \\ i_C \end{bmatrix} + \begin{bmatrix} L_{ls} & 0 & 0 \\ 0 & L_{ls} & 0 \\ 0 & 0 & L_{ls} \end{bmatrix} \frac{d}{dt} \begin{bmatrix} i_A \\ i_B \\ i_C \end{bmatrix} + \begin{bmatrix} e_A \\ e_B \\ e_C \end{bmatrix} \tag{4-79}
$$

式中　e_A、e_B、e_C——三相电动势；

　　　　L_{ls}——定子绕组漏电感；

　　　　R_s——定子绕组电阻。

图 4-42 中方波电流的峰值为 I_p，电动势的峰值为 E_p，在非换相情况下，同时只有两相导通，从逆变器直流侧看进去，为两相绕组串联，则电磁功率 $P_m = 2E_p I_p$，电磁转矩为

$$
T_e = \frac{P_m}{\omega_m} = \frac{P_m}{\omega_1/n_p} = \frac{2n_p E_p I_p}{\omega_1} = 2n_p \psi_p I_p \tag{4-80}
$$

式中　ψ_p——方波励磁磁链的峰值。

由此可见，方波永磁电动机的转矩与电流 I_p 成正比，与一般的直流电动机类似。

方波永磁电动机的等效电路及逆变器主电路原理图如图 4-43 所示。方波永磁电动机在进行控制的时候，也需要检测出转子位置，并根据转子位置发出换相信号，使逆变器输出与电动势严格同相的120°方波电压，通过对方波电压的调制控制方波电流的幅值，从而控制电动机的电磁转矩。方波永磁电动机调速系统原理图如图 4-44 所示，其中 ASR 和 ACR 均为带有积分和输出限幅的 PI 调节器。

这里，需要说明的是，对于方波永磁电动机的控制也可以采用前面正弦永磁电动机的控

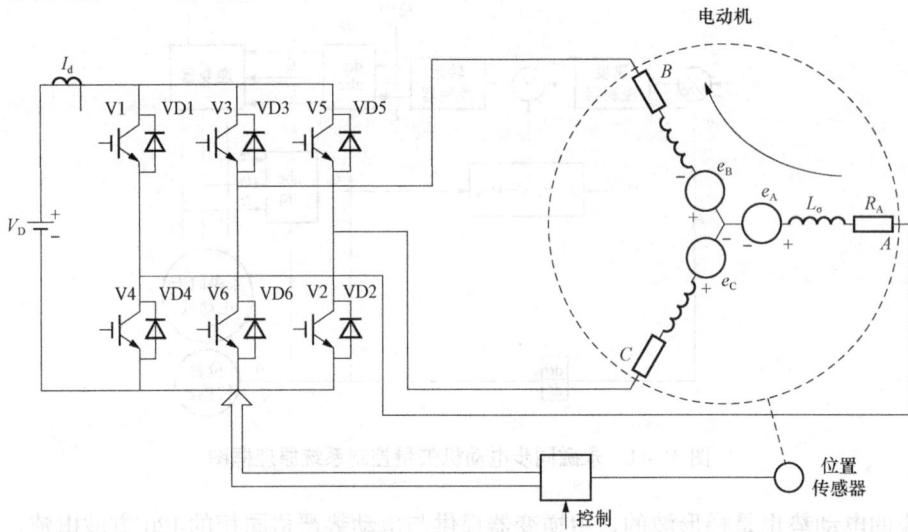

图 4 - 43　方波永磁电动机的等效电路及逆变器主电路原理图

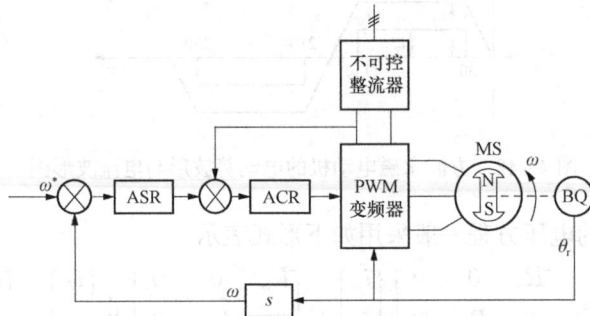

图 4 - 44　方波永磁电动机调速系统原理图

制方式，如矢量控制等。

4.4　1RN57127 - 6 型推进电机及其应用

4.4.1　1RN57127 - 6 型推进电机概况

1RN57127 - 6 型推进电机广泛应用于船舶推进领域。它是一种闭路冷却的鼠笼式三相异步电动机，采用滚珠轴承和三绕组系统，具有内部封闭的空冷系统。电动机内部的热量由外壳上部的空气—冷却水交换器向外排出。电动机内部配备了两台由电动机驱动的强制冷却风机。推进电机的外形结构如图 4 - 45 所示。其基本参数如下：

额定功率/转速：　　　　　　3500kW/961r/min
额定电压/频率：　　　　　　三相 635V/48.3Hz
额定电流：　　　　　　　　　3770A
功率因数：　　　　　　　　　~0.87
额定功率的效率：　　　　　　~97.0%

转速范围：   0～1150r/min

恒定功率的最大转速：   996r/min

起始转矩：   0.7Nm

极限转矩：   2.1Nm

起始电流： $5.3I_N$

转动惯量： $347kgm^2$

启动方式：   变频启动

电机重量：   12000kg（1±5%）

噪声等级：   85±3dB（空载）

超载能力：   每12h内允许10%超载1h

工作制：   S1

绝缘等级/温升等级：   F

防护等级：   IP54

绕组连接方式：   星形

机械结构：   IMB3 卧式安装

进线方式：   顶部进线

冷却方式：   淡水—空气

冷却器：   双管形

冷却水温度：   36℃

绕组温度监测器：   每相2个Pt100＋两个KTY 84-130

轴承温度监测器：   每轴2个Pt100

速度传感器：   HOG11 D1024 I

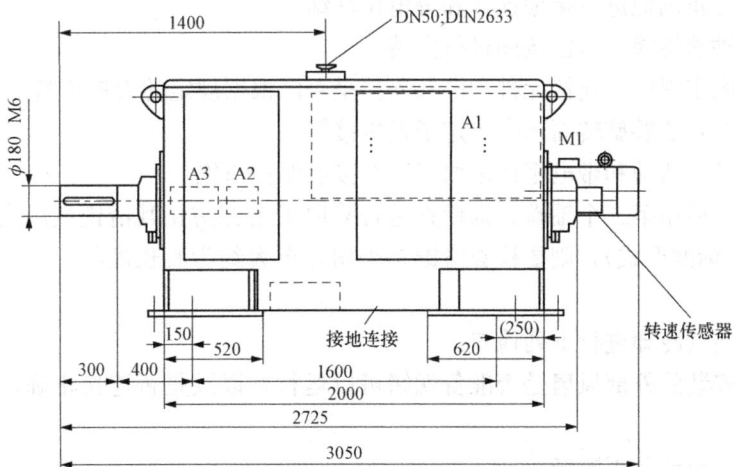

图 4-45 1RN57127-6 型推进电机结构

在推进电动机与主推进装置输入轴之间设有传动轴系，配备了机械锁轴装置、中间轴、轴承及弹性联轴节等装置。推进装置由回转机构/顶部伞齿轮、推进器单元和润滑系统组成。

在推进电动机中配备了测速编码器，把电动机转子的实际位置信号和速度信号反馈给变频器，以实际变频器对推进电动机的高精度转矩控制，特别在接近 0r/min 的低转速范围。变频器根据接收推进电动机转子的位置信号，采用矢量控制技术实现在低转速区域的高精度控制。在船舶的制动过程中，采用相同的控制原理，可有效控制电动机的转矩和速度，控制电动机旋转方向。

4.4.2　推进电机的使用

1. 使用前的检查

在电机使用前要进行以下各项检查：

（1）电机是否已正确安装和对中。

（2）电机是否按规定的旋转方向进行连接。

（3）运行条件是否符合铭牌上规定的数据。

（4）滚动接触轴承是否已进行重新润滑（视具体型号而定）。存放时间超过两年的滚动接触轴承电机必须重新进行润滑。

（5）所有电机的辅助监控装置和设备是否已正确连接，并且能否完全正常运行。

（6）如果已安装轴承温度计，则在电机开始运行时检查轴承温度，并在监视装置上设置报警及停机数值。

（7）适当配置的控制与转速监控功能可确保电机不会超出铭牌规定的允许转速。

（8）输出单是否已正确设置，如：

1）联轴器是否已对中且平衡。

2）皮带驱动器上的皮带是否已拉紧。

3）在齿轮元件处，齿轮齿侧面和顶部是否有空隙。

4）是否存在径向间隙。

（9）是否满足最低绝缘电阻值和最小空隙值要求。

（10）是否已正确地进行接地连接和等电位联结。

（11）所有轴承绝缘是否已按图进行安装。

（12）所有固定螺栓、连接元件和电气连接是否已根据规定的力矩拧紧。

（13）转子是否能够旋转而不会与定子发生接触。

（14）是否已对活动和带电零件采取了所有接触保护措施。

（15）如果未使用第二个轴端，则检查是否采取了措施防止其滑键被甩出，如果转子平衡形式为 - H - （标准形式），则要检查滑键是否切短至大约为其长度的一半。打开的轴端是否已盖上。

（16）对于空气冷却进行下列检查：

1）所有已安装的外部风扇是否准备就绪可以运行，以及是否连接正确，并可按指定方向旋转。

2）冷却空气流动是否顺畅。

（17）所有制动装置是否能够正常运行。

（18）在变频器上运行时，电机不能超过规定的速度上限 n_{max}，或者低于规定的速度下限 n_{min}。

2. 操作

（1）防冷凝加热器的启动。在启动电机前，应关闭防冷凝加热装置。只有电机关闭时才可以运行防冷凝加热器，电机运行时运行防冷凝加热器可能导致电机温度增高。设计电气系统时必须包括带电机主开关的相应联锁电路。启动电机之前应始终检查并保证防冷凝加热器没在运行。

（2）旁路轴承绝缘层。推进电机在驱动端或非驱动端安装有电绝缘轴承。为了保证转子与机座同电位，通常通过导线连接跳过驱动侧的绝缘轴承。

注意：不要断开轴承绝缘电桥。如果去除绝缘驱动轴承中厂家安装的旁路设施，将导致转子和接地电机之间出现电位差。这样会产生火花，尤其在易爆炸环境中容易引爆周围的气体。另外还会有触电的危险。

（3）开启电源。

1）如果可能，不带负载运行电机，并检查它是否平稳运行。

2）如果电机平稳地运行，则可连接负载。

3）如果能够使用测量设备，则可检查轴承和定子绕组的温度。

（4）停机。在停机时间超过一个月的情况下，必须定期（至少一个月一次）运行机器一分钟左右。或者，至少要转动转子。

（5）运行期间的安全注意事项。

1）电机运行时请勿拆除盖板。旋转零件或带电零件都存在危险，如果拆除所需盖板，可能导致人员死亡、重伤或财产损失。用于防止接触带电或旋转零件、确保符合特殊防护等级或确保正确的空气引入以及高效冷却的所有盖板在运行期间都严禁打开。

2）运行期间的故障。所有与正常运行特性发生偏离的情况（例如，功率消耗增加、温度升高或振动加剧、噪声或气味异常、监视装置跳闸等），都是电机发生故障的征兆。这些可以导致故障，这些故障可能导致人员最终死亡或立即死亡、重伤或财产损失，应立即通知维护人员。如果不能确定，则应立即关闭电机，同时要确保遵循系统特定的安全条件！

3）烧伤危险。电机某些零件的温度可达 50℃ 以上。触摸这些零件可能导致灼伤。触摸这些零件前应检查零件的温度并在必要时采取适当的保护措施。

4）冷凝引起的腐蚀危险。在电机运行过程中，潮湿的空气会在机器内部凝结。凝露可能在电机内部聚集，这可能导致腐蚀等损坏。根据环境和运行条件，拆下冷凝水塞或螺旋塞以排出水，完成之后，重新扣上冷凝水塞或螺旋塞。如果电机配有冷凝排水孔和排泄塞，水可自动排净。

4.4.3　检测及维护

1. 滚动接触轴承的检查及维护

滚动轴承如果出现故障或出现指示电气或机械过载（例如，过载和短路）的异常运行情况时，应立即进行检查。检查滚动接触轴承时，通常无须拆卸机器，只有在需要更换轴承时才需要拆开电机。

维修检查时要注意遵守滚动接触轴承的重新润滑时间间隔。滚动接触轴承的重新润滑时间间隔与检查的时间间隔不同。如果未在规定的时间间隔内重新润滑滚动接触轴承，则可能导致轴承受损。在机器的润滑铭牌上一般标注了滚动接触轴承运行小时数对应的重新润滑时间间隔以及润滑脂类型。无论实际到达的运行小时数为何，机器一年必须至少重新润滑一次。对于标准范围内的应用，滚动接触轴承的最初润滑通常采用适合最低温度−20℃的润滑脂。

滚动接触轴承的废弃润滑脂室的空间只能存储有限的废弃润滑脂。废弃润滑脂室装满后，必须在重新润滑前清除废弃润滑脂，否则它会溢入机器内部。如果轴承上油脂外溢或在再润滑期间油脂外溢，即表示废弃润滑脂积攒过多。

滚动轴承在进行润滑时需要注意以下问题：

（1）基于不同类型的肥皂或油混合的润滑脂和润滑油会降低其润滑性。

（2）将低温润滑脂和常温润滑脂混合会导致滑润剂中形成块状物，并可能导致滚动接触轴承热损坏。

（3）禁止混合具有不同增稠剂和不同基油的润滑脂。

（4）重新润滑前要清洁滑脂嘴，然后按照润滑铭牌上的信息逐渐挤入合适类型和量的润滑脂。必须使轴转动，以便新注入的润滑脂能够均匀分布在整个滚动接触轴承内。开始时滚动接触轴承温度会急剧升高，从轴承中排出多余的润滑脂后会下降至正常值。废弃润滑脂室设计为针对至少10次重新润滑操作。

（5）要清除废弃的润滑脂，先要松开轴承外盖。如果轴承出现油外溢或在重新润滑期间出现油外溢，则表示废弃润滑脂室已满。

2. 检修风—水热交换器

风—水热交换器的检修过程如下：

（1）每次检查时，查看外壳的上部是否漏水。

（2）取下外壳上部相应的塞子。

（3）如果水从开孔流出，则查明原因并加以处理。

（4）更换外壳上部的塞子。

3. 清洁冷却系统

为确保机器冷却系统正常运行，严禁污染冷却回路（例如，格栅、风管、散热片和管道）。需进行的维护保养如下：

（1）定期清洁冷却回路并清除所有污物。

（2）清洁格栅和冷却片以清除所有灰尘或污物。

需要注意的是：在机器运行过程中，潮湿的空气会在机器内部凝结，可能在机器内部形成凝露，这会导致腐蚀等损坏。因此要根据环境和运行条件，拆下冷凝水塞或螺旋塞以排出水，完毕之后，重新装回冷凝水塞或螺旋塞。

4. 电机的定期检修

电机在运行500h左右或1年后（无论哪一个先到），需进行以下检查：

（1）在电机运行时，检查：

1）是否符合规定的电气特性。

2）是否超出允许的轴承温度。

3）平稳运行特性和电机运行噪声有没有恶化。

（2）机器停止后，检查其基座有没有凹陷或裂缝。

电机在运行16000h左右或2年后（无论哪一个先到），需进行以下检查。

（1）在电机运行时，检查：

1）是否符合规定的电气特性。

2）是否超出允许的轴承温度。

3）平稳运行特性和电机运行噪声有没有恶化。

（2）机器停止后，检查：

1）电机基座有没有凹陷或裂缝。

2）电机是否在允许公差范围内对中。

3）是否牢固地拧紧了用于机械及电气连接的所有固定螺栓/螺丝。

4）绕组绝缘阻抗是否足够高。

5）所有轴承绝缘是否已如铭牌和标牌所示那样安装。

6）电缆和绝缘件及组件是否状态良好且没有变色现象。

如果在检查时检测到任何缺陷或故障，则必须立即对其进行矫正。否则它们会导致电机损坏。

小　结

直流推进电机具有良好的运行和控制特性，但是结构复杂，体积重量大，一般用于水下潜艇电力推进以及早期的水面舰船电力推进。为了提高推进的可靠性和功率，直流推进电机一般采用多电枢多换向器的结构形式。直流推进系统一般有蓄电池组—直流电动机电力推进、直流发电机—直流电动机电力推进、交流发电机—直流电动机电力推进三种形式。直流推进电机的调速控制方法通常采用调压调速和调励磁调速相结合的控制方法。

异步（感应）推进电机具有结构简单、易于维护的特点，它在船舶电力推进中的应用分为调速和不调速两种。不调速异步推进电机主要应用于侧推。变频调速是异步推进电机的主流调速方式，目前，变频调速异步推进电机已应用于各型电力推进船舶，其调速控制策略包括电压-频率协调控制、转差频率控制、矢量控制和直接转矩控制四种。目前高性能的电力推进调速控制基本上都采用矢量控制或直接转矩控制。

同步推进电机具有功率因数可调、效率高、功率大的优点，在大功率船舶推进系统中得到了广泛应用。同步推进电机在推进中的应用也分为调速和不调速两种。不调速同步推进电机以恒频恒压供电，用于驱动变距螺旋桨。调速同步推进电机主要采用自控变频调速技术，基于气隙磁链定向的矢量控制是其最有效的控制方式。

永磁电机具有效率高、功率密度高的显著优点，是船舶推进的理想推进电机。永磁电机具有多种类型，按气隙磁通方向分为径向磁通永磁电机、轴向磁通永磁电机和横向磁通永磁电机；按电枢绕组反电势波形分为正弦波永磁电机和方波（梯形波）永磁电机。目前已经取得成功应用的是径向磁通永磁同步电动机，通常采用转子磁场定向矢量控制。轴向磁通永磁电机和横向磁通永磁电机具有更高的功率密度，可望在今后的电力推进系统中取得更广泛的应用。

思考题与习题

1. 简述推进电机的主要特点及要求。

2. 直流推进电机采用双电枢双换向器的优点是什么？

3. 分析蓄电池组—直流电动机电力推进系统的结构及工作原理。

4. 分析直流推进电机有哪些控制方式？特点是什么？

5. 直流发电机—直流电动机电力推进系统依据主电路之间的连接关系有哪几种类型？

各有什么特点？

6. 简述直流发电机—直流电动机电力推进系统的恒功率调速和恒电流调速的原理及特点。

7. 试分析直流推进电机电枢斩波调速的原理。

8. 交流推进电机有哪些类型？各自有什么特点？

9. 试分析异步推进电机变压变频调速基本原理。

10. 与异步电机相比，电励磁同步电机调速有何特点？它更适合用在什么场合？

11. 以异步推进电机为例，分析矢量控制的基本思想和原理。

12. 以异步推进电机为例，分析直接转矩控制的基本思想和原理。

13. 电励磁同步电机的 V 形曲线指的是什么？

14. 永磁推进电机与其他交流电机相比有什么特点？

15. 要控制同步推进电机的功率因数为 1，应该采取何种控制方法？

16. 推进电机在使用前需要进行哪些检查？

17. 推进电机在运行 2 年后需进行哪些检查？

18. 推进电机在运行过程中需要注意哪些安全事项？

第5章 船舶推进变频器及其调制技术

船舶推进电机一般采用交流电动机，它由变频器直接驱动。本章主要介绍船舶推进变频器的主要类型、调制控制技术以及与推进相关的主要问题，并以某型救生船为实例介绍了推进变频器在电力推进船上的应用。

5.1 船舶变频器的主要类型及特点

船舶交流电力推进系统基本都是由变频器驱动交流推进电机运行的。变频器按照组成结构可以分为直接变频（交—交变频器）和间接变频（交—直—交变频器）两大类。交—交变频器又称循环变频器（Cycloconverters），其主要器件采用晶闸管，主要用于驱动同步推进电机，多用于转速不太高的大功率民船推进，比如著名的超级游轮"玛丽女王2号"就是采用的交—交变频器。

交—直—交变频器按照中间直流电源的类型又分为电流源型和电压源型两类。电流源型变频器的直流侧通常串联大电感，流过电感的电流可视为不变的，表现为恒流特性。其整流侧和逆变侧采用的器件通常都是大功率晶闸管；电压源型变频器的直流侧通常并联大电容，电容两端的电压可视为不变的，表现为恒压特性。其整流侧通常采用二极管作为主开关器件，根据需要也可以采用可控器件，主要有6脉波整流形式、12脉波整流形式和24脉波整流形式；逆变侧采用全控型器件，如IGBT、IGCT、GTO等，主要有H桥结构、两电平结构及多电平结构等。

5.1.1 交—交变频器

交—交变频器（又称循环变频器），是一种不经过中间直流环节，直接将一种频率的交流电变换为另一种频率交流电的变频器。交—交变频器是由一定方式连接起来的可控硅整流电路构成的，当以一定规律控制各整流电路的输出时，变频器输出端便可以得到由多相整流电压包络线组成的符合规定频率要求的交流电。

单相输出的交—交变频器电路及电压电流如图5-1所示。它实质上是一套三相桥式无环流反并联的可逆整流装置，装置中工作的晶闸管的关断通过电源交流电压的自然换相实现。单相交—交变频器的工作原理可以由图5-1（c）说明，电路由P组和N组反并联的晶闸管变流电路构成，变频器P和N都是相控整流电路。P组工作时，负载电流 i_o 为正。N组工作时，i_o 为负。两组变频器按一定的频率交替工作，负载就得到该频率的交流电。改变两组变频器的切换频率，就可改变输出频率。改变变流电路的控制角 α_P、α_N，就可以改变交流输出电压的幅值。

为使 u_o 波形接近正弦波，可按正弦规律对 α_P、α_N 角进行调制。在半个周期内让P组 α_P 角按正弦规律从90°减到0°或某个值，再增加到90°，每个控制间隔内的平均输出电压就按正弦规律从零增至最高，再减到零。另外半个周期可对N组进行同样的控制。u_o 由若干段电源电压拼接而成，在 u_o 的一个周期内，包含的电源电压段数越多，其波形就越接近正弦波。

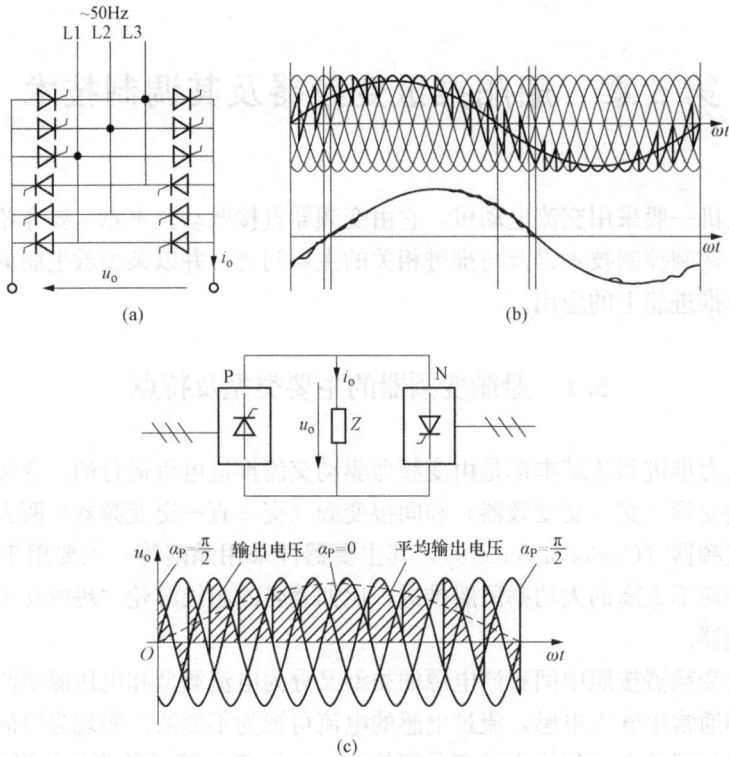

图 5-1　单相交—交变频器电路及电压电流波形
(a) 电路；(b) 波形；(c) 原理说明

三相交—交变频电路由三组输出电压相位各差 120°的单相交—交变频电路组成。三相交—交变频电路主要有两种接线方式，即公共交流母线进线方式和输出星形联结方式。

公共交流母线进线方式由三组彼此独立的、输出电压相位相互错开 120°的单相交—交变频电路构成（见图 5-2），它们的电源进线通过进线电抗器接在公共的交流母线上。因为电源进线端公用，所以三组单相交—交变频电路的输出端必须隔离。为此，交流电动机的三个绕组必须拆开，共引出六根线。

输出星形联结方式的三相交—交变频器的电路原理如图 5-3 所示。三组单相交—交变频电路的输出端是星形联结，电动机的三个绕组也是星形联结，电动机中性点不和变频器中性点接在一起，电动机只引出三根线即可。因为三组单相交—交变频电路的输出连接在一起，其电源进线就必须隔离，因此，三组单相交—交变频器分别用三个变压器供电。由于变频器输出端中点不和负载中点相连接，所以在构成三相变频电路的六组桥式电路中，至少要有不同输出相的两组桥中的四个晶闸管同时导通才能构成回路，形成电流。和整流电路一样，同一组桥内的两个晶闸管靠双触发脉冲保证同时导通。而两组桥之间则因为各自的触发脉冲有足够的宽度，保证了同时导通。

交—交变频器的优点在于其利用电源电压换相，无需专门的换流电路，可以使用容量较大、相对可靠且价格低廉的晶闸管作为功率器件；没有直流环节、一次换能、效率高；过载能力强；流过电动机的电流在低频时近似于三相正弦电流，附加损耗小，脉动转矩小。但交—交变频调速系统的缺点也很明显，主要在于变频范围小，最大输出频率仅为输入频率的

1/3；功率因数低，输出频率高时谐波污染严重。

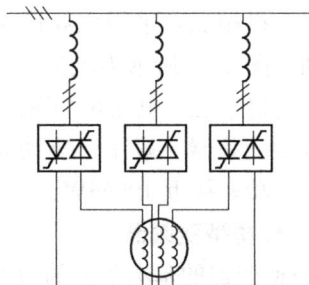

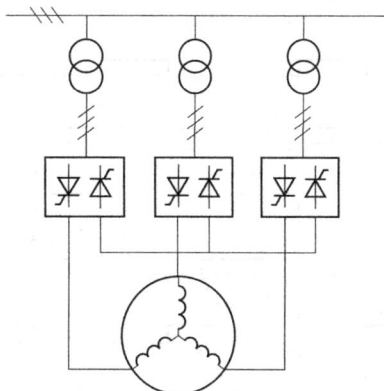

图 5 - 2　三相交—交变频器公共交流母线进线方式　　图 5 - 3　三相交—交变频器输出星形联结方式

鉴于上述特点，交—交变频器比较适合低速运行的电力推进船舶，比如破冰船舶以及动力定位船舶和客轮等。

5.1.2　交—直—交电流源型变频器（同步变频器）

基于交—直—交电流型变频器（又称同步变频器）调速系统的基本结构如图 5 - 4 所示。电流型变频器在直流电源上串联了大电感滤波，这表征了它为电流源变频器（CSI），有时也称为负载整流换向变频器（LCI）。由于大电感的限流作用，逆变器提供的直流电流波形平直、脉动很小，具有电流源特性。这使逆变器输出的交流电流为矩形波，与负载性质无关，而输出的交流电压波形及相位随负载变化。对电力推进调速系统而言，这个大电感同时又是缓冲负载无功功率能量的储能元件。

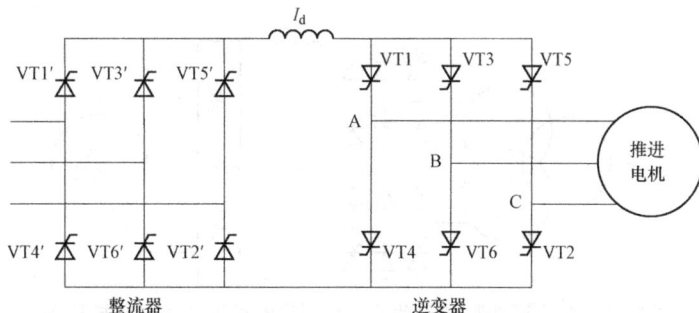

图 5 - 4　基于交—直—交电流型变频器的调速系统

电流源型逆变器通常采用 120°工作方式。开关管的驱动信号宽度为 120°，彼此依序相差 60°。各开关器件驱动信号波形如图 5 - 5 所示，每个周期导通 120°，任何时刻只有两只开关管同时导通，在 $0 \leqslant \omega t \leqslant \pi/3$ 期间，VT6、VT1 导通，此后按 1，2—2，3—3，4—4，5—5，6—6，1 顺序依次导通，则能获得图 5 - 5 所示输出电流波形，该电流是 120°方波，幅值为 I_d，彼此相差 120°。

电流源变频器需要从电动机获得一个特定的相反感应电压（EMF）来完成换向。低速时，典型的是在低于额定转速的 5%～10%时，EMF 太低而不能完成正常的换向，会造成

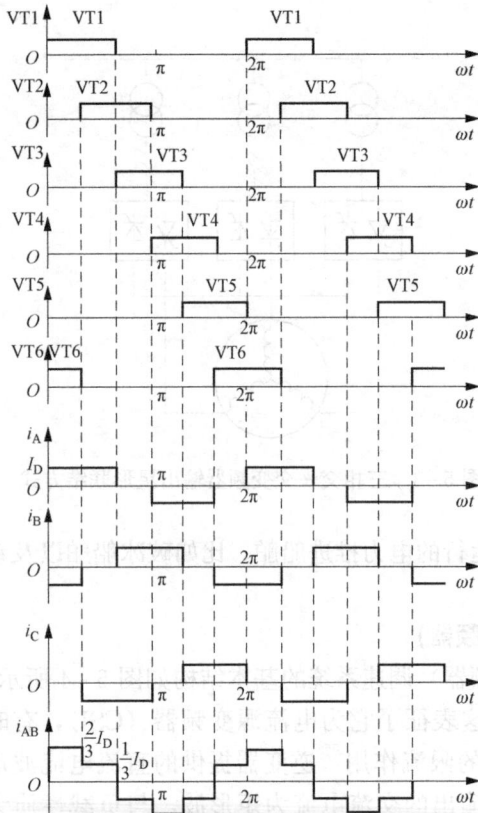

图 5-5　交—直—交电流型变频器的
驱动信号及输出电流波形

电动机转矩脉动过大。因此，在推进系统设计中必须仔细考虑转矩脉动和转轴振动，以减少振动和噪声。

同步变频器通常驱动同步推进电动机，与三相同步电动机相比，采用六相同步电机可减少转矩脉动。图 5-6 所示为电流型变频器驱动的六相同步电机系统主电路拓扑图。

电流源型变频器一般用于驱动大功率同步电动机，最大功率接近 100MW。

5.1.3　H 桥型变频器

"H" 桥逆变器的基本单元的结构如图 5-7（a）所示，它共有 4 个桥臂，每个桥臂由一个可控器件（VT1～VT4）和一个反并联二极管（VD1～VD4）组成。逆变器采用方波模式运行时，即把桥臂 1 和 4 作为一对，桥臂 2 和 3 作为另一对，成对的两个桥臂同时导通，两对交替各导通 180°，则输出电压 u_o 的波形是矩形波，幅值 $U_m = U_d$。输出的交流电流波形及相位随负载变化，如图 5-7（b）所示。

把输出电压 u_o 矩形波展开成傅里叶级数得

$$u_o = \frac{4U_d}{\pi}\left(\sin\omega t + \frac{1}{3}\sin3\omega t + \frac{1}{5}\sin5\omega t + \cdots\right)$$

(5-1)

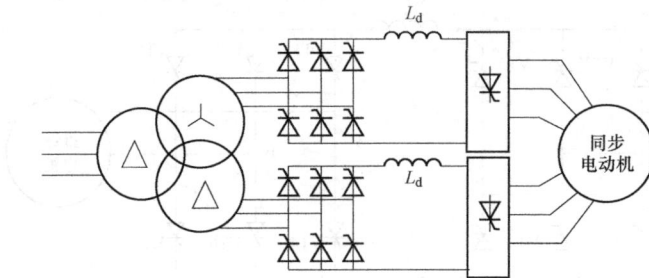

图 5-6　电流型变频器驱动的六相同步电机系统主电路拓扑图

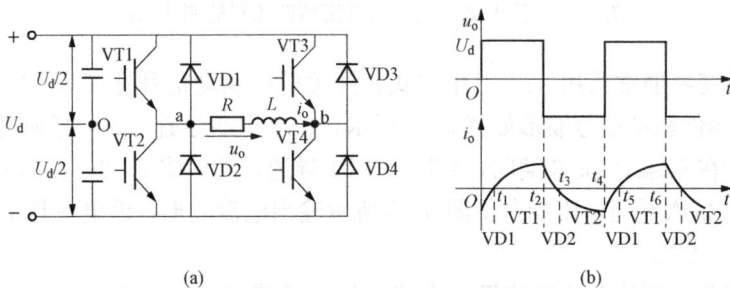

（a）　　　　　（b）

图 5-7　H 桥基本单元的结构原理图及其工作波形

（a）结构原理图；（b）方波模式运行时的工作波形

其中基波的幅值 U_{olm} 和基波有效值 U_{ol} 分别为

$$U_{\text{olm}} = \frac{4U_{\text{d}}}{\pi} = 1.27U_{\text{d}}$$

$$U_{\text{ol}} = \frac{2\sqrt{2}U_{\text{d}}}{\pi} = 0.9U_{\text{d}}$$

H 桥电路在上面的工作方式中，输出电压 u_{o} 只能得到两种电平：$+U_{\text{d}}$、$-U_{\text{d}}$。除此之外，还可以以三电平方式工作。如图 5-8 所示，在 $0 \sim t_1$ 区间，VT1 和 VT4 导通，VT2 和 VT3 关断，$u_{\text{o}} = u_{\text{ab}} = +U_{\text{d}}$；在 $t_1 \sim t_2$ 区间，VT1 和 VT3 导通，VT2 和 VT4 关断，$u_{\text{o}} = u_{\text{ab}} = 0$；在 $t_2 \sim t_3$ 区间，VT2 和 VT3 导通，VT1 和 VT4 关断，$u_{\text{o}} = u_{\text{ab}} = -U_{\text{d}}$；在 $t_3 \sim t_4$ 区间，VT2 和 VT4 导通，VT1 和 VT3 关断，$u_{\text{o}} = u_{\text{ab}} = 0$。这样，输出电压 u_{o} 就能得到 $+U_{\text{d}}$、0、$-U_{\text{d}}$ 三种电平。三电平工作方式可以减小器件两端的 $\text{d}u/\text{d}t$，并降低输出电压谐波。

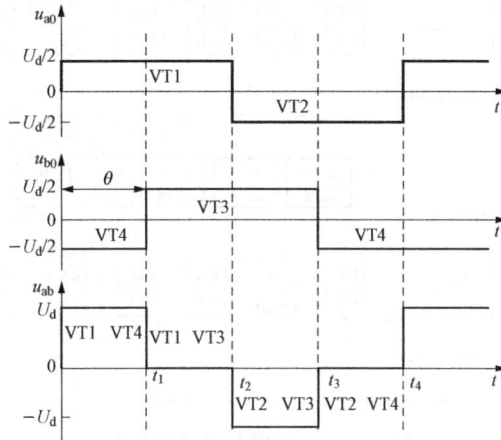

图 5-8　H 桥基本单元三电平工作模式下的电压输出波形

实际的推进变频器为配合推进电机都是采用多相 H 桥结构，电机的各相绕组分别由一个相对独立的单相全桥逆变器进行控制，它的特点是电机各个绕组之间没有连接，因此在结构和控制上相互独立。它的主要优点有：①控制简单，易于实现多相化控制，各相控制相对独立。②每个 H 桥控制一相绕组，使得功率器件承受的电压是星形连接的 $\frac{\sqrt{3}}{3}$。③当电机的一相绕组或单个逆变器单元出现故障时，故障部分对其他单元不产生影响，功率损失小。

H 桥型逆变器的独立性与多相推进电机结构相结合，可以有效提高系统冗余性和容错性，俄罗斯和法国的一些电力推进方案采用的就是这种多相 H 桥逆变器结构，图 5-9 所示是阿尔斯通公司推荐的一种用于船舶电力推进的多相 H 桥推进系统。系统中，逆变器共有 15 个 H 桥，用于驱动 15 相先进感应电动机，每 5 个桥构成一组，在控制和电路上相对独立，因此即使一组出现问题，系统仍然可以降功率正常运行。目前该结构的变频器已经在英国最新的 45 型驱逐舰上得到应用，变频器输出功率为 21.8MVA（最高达 25MVA），输入电压为 AC4160V，输出电压为 AC0～3700V，输出频率为 2～20Hz。

5.1.4　两电平逆变器

1. 三相两电平逆变电路

两电平逆变器在中小功率的电力推进船舶中具有较广泛的应用，其中最常见的是电压型

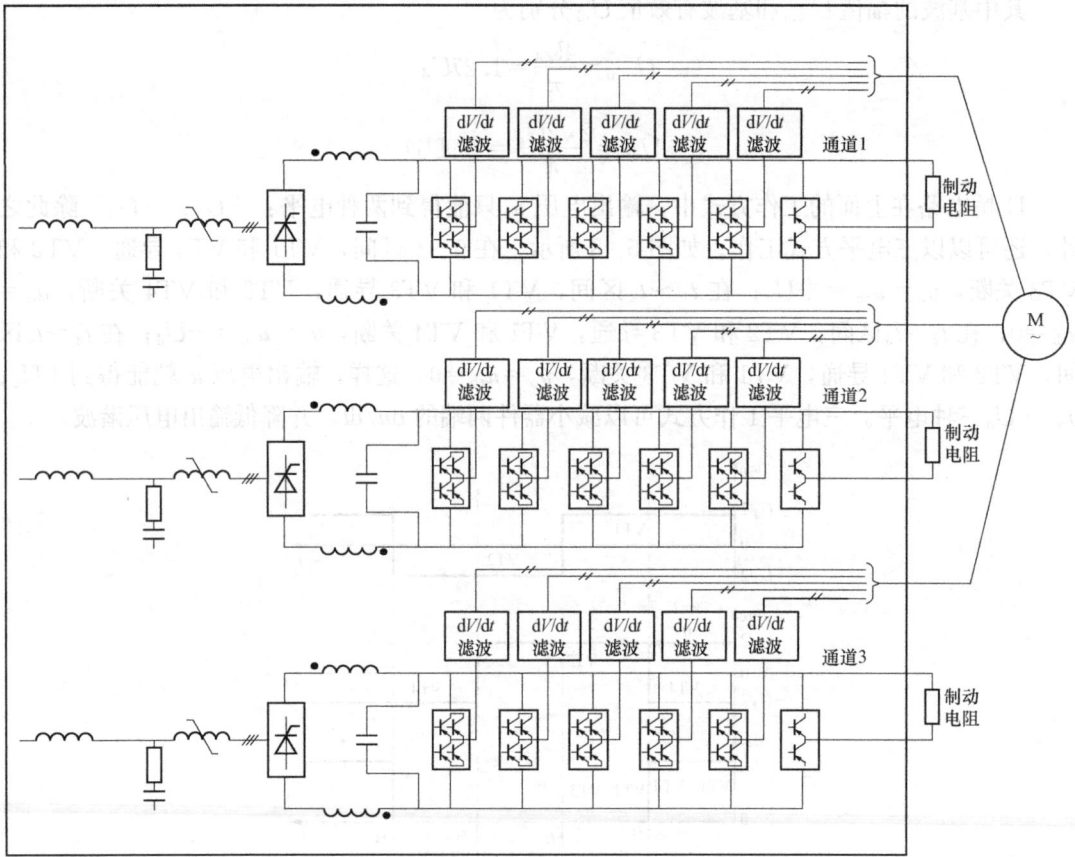

图 5-9　十五相 H 桥推进系统

三相桥式逆变电路，如图 5-10 所示。

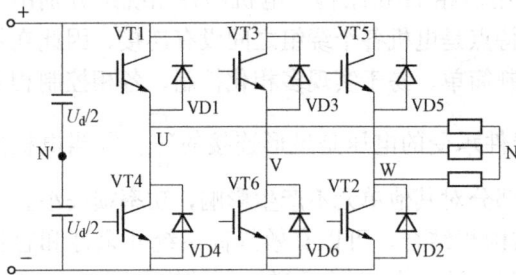

图 5-10　三相桥式逆变电路

图 5-10 所示电路的直流侧通常只有一个电容器就可以了，但为了分析方便，画作串联的两个电容器并标出假想中性点 N′。电压型三相桥式逆变电路的基本工作方式是 180°导电方式，即每个桥臂的导电角度为 180°，同一相（即同一半桥）上下两个开关器件交替导电，各相开始导电的角度依次相差 120°。这样，在任一时刻，将有三个开关器件同时导通。可能是上面一个开关器件下面两个开关器件，也可能是上面两个开关器件下面一个开关器件同时导通。因为每次换流都是在同一相上下两个开关器件之间进行的，因此也被称为纵向换流。

根据图 5-10 的器件编号，在 180°导电方式下，三相桥式逆变电路的六个主开关器件按照 VT1—VT2—VT3—VT4—VT5—VT6 的顺序依次触发，每隔 60°换相一次，在一个周期内共有六个工作状态，每一个状态有三个器件同时导通，每个器件持续导通 180°，这六个工作状态依次是 VT1VT2VT3—VT2VT3VT4—VT3VT4VT5—VT4VT5VT6—

VT5VT6VT1— VT6VT1VT2。

　　下面来分析电压型三相桥式逆变电路的工作波形。对于 U 相输出来说，当开关器件 V1 导通时，$u_{\text{UN}'} = U_d/2$，当桥臂开关器件 V4 导通时，$u_{\text{UN}'} = -U_d/2$。$u_{\text{UN}'}$ 的波形是幅值为 $U_d/2$ 的矩形波。V、W 两相的情况和 U 相类似，$u_{\text{VN}'}$、$u_{\text{WN}'}$ 的波形形状和 $u_{\text{UN}'}$ 相同，只是相位依次差 $120°$，$u_{\text{UN}'}$、$u_{\text{VN}'}$、$u_{\text{WN}'}$ 的波形如图 5 - 11 的 （a）、（b）、（c）所示。

　　负载线电压可由下式求出

$$\begin{cases} u_{\text{UV}} = u_{\text{UN}'} - u_{\text{VN}'} \\ u_{\text{VW}} = u_{\text{VN}'} - u_{\text{WN}'} \\ u_{\text{WU}} = u_{\text{WN}'} - u_{\text{UN}'} \end{cases} \quad (5 - 2)$$

　　其中 u_{UV} 的波形如图 5 - 11 （d）所示。

　　设负载中点 N 与直流电源假想中点 N′之间的电压为 $u_{\text{NN}'}$，则负载各相的相电压分别为

$$\begin{cases} u_{\text{UN}} = u_{\text{UN}'} - u_{\text{NN}'} \\ u_{\text{VN}} = u_{\text{VN}'} - u_{\text{NN}'} \\ u_{\text{WN}} = u_{\text{WN}'} - u_{\text{NN}'} \end{cases} \quad (5 - 3)$$

　　把上面各式相加并整理可求得

$$u_{\text{NN}'} = \frac{1}{3}(u_{\text{UN}'} + u_{\text{VN}'} + u_{\text{WN}'}) - \frac{1}{3}(u_{\text{UN}} + u_{\text{VN}} + u_{\text{WN}})$$

$$(5 - 4)$$

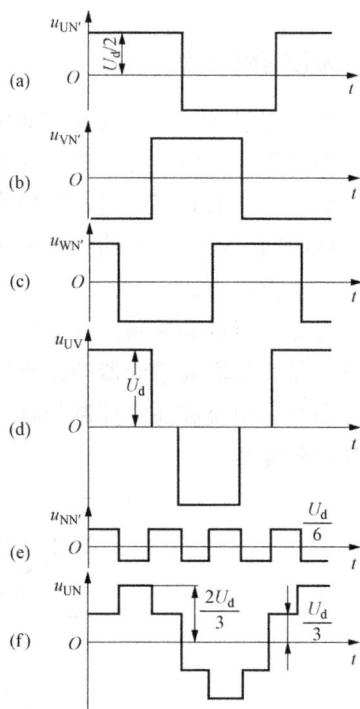

图 5 - 11　电压型三相桥式
逆变电路的工作波形

　　设负载为三相对称负载，则有 $u_{\text{UN}} + u_{\text{VN}} + u_{\text{WN}} = 0$
　　故可得

$$u_{\text{NN}'} = \frac{1}{3}(u_{\text{UN}'} + u_{\text{VN}'} + u_{\text{WN}'}) \quad (5 - 5)$$

$u_{\text{NN}'}$ 的波形如图 5 - 11 （e）所示，它也是矩形波，但频率为 $u_{\text{UN}'}$ 频率的三倍，幅值为其 $1/3$，即 $U_d/6$。

u_{UN} 的波形如图 5 - 11 （f）所示，其他两相相电压的波形和 u_{UN} 相同，只是相位上依次相差 $120°$。

　　三相桥式逆变电路输出线电压的傅里叶级数为

$$u_{\text{UV}} = \frac{2\sqrt{3}U_d}{\pi}\left(\sin\omega t - \frac{1}{5}\sin5\omega t - \frac{1}{7}\sin7\omega t + \frac{1}{11}\sin11\omega t + \frac{1}{13}\sin13\omega t - \cdots\right) \quad (5 - 6)$$

　　其中基波幅值为 $\qquad u_{\text{UV1m}} = \dfrac{2\sqrt{3}U_d}{\pi} = 1.1U_d$

　　基波有效值为 $\qquad u_{\text{UV1}} = \dfrac{2\sqrt{3}U_d}{\pi\sqrt{2}} = 0.78U_d$

　　输出相电压的傅里叶级数为：

$$u_{\text{UN}} = \frac{2U_d}{\pi}\left(\sin\omega t + \frac{1}{5}\sin5\omega t + \frac{1}{7}\sin7\omega t + \frac{1}{11}\sin11\omega t + \frac{1}{13}\sin13\omega t + \cdots\right) \quad (5 - 7)$$

其中基波幅值为　　　　　　　　$u_{\mathrm{UN1m}} = \dfrac{2U_d}{\pi} = 0.637U_d$

基波有效值为　　　　　　　　　$u_{\mathrm{UN1}} = \dfrac{\sqrt{2}U_d}{\pi} = 0.45U_d$

在上述180°导电方式逆变器中，为了防止同一相上下两桥臂的开关器件同时导通而引起直流侧电源的短路，要采取"先断后通"的方法。也就是先给应关断的器件关断信号，待其关断后留一定的时间裕量，然后再给应导通的器件发出开通信号，即在两者之间留一个短暂的死区时间。死区时间的长短要视器件的开关速度而定，器件的开关速度越快，所留的死区时间就可以越短。

受器件容量的限制，普通的三相两电平电路的输出功率一般不大，适用于小功率的电力推进船舶。要增大逆变器的输出功率，最直接的方法就是采用多逆变器并联，但是多个逆变器并联存在均流和环流抑制问题，需要增加平衡电抗器，如图5-12所示，逆变器结构和控制都比较复杂。

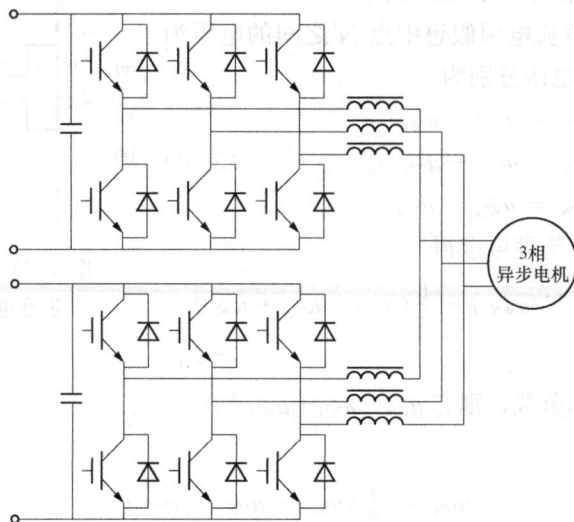

图5-12　逆变器并联结构

2. 多相两电平逆变电路

增大逆变器输出功率的另一种方法是采用多相电动机，可采用多个三相逆变器驱动多相推进电机，如6相双星形移30°电机、9相三星形移20°电机、12相四星形移15°电机等，每个星形绕组对应一组三相逆变器，这样不存在逆变器之间的均流和环流问题，同时形成的电机合成磁势谐波也随电机相数的增多而减小，可以有效降低电机转矩脉动，容错性能也好。因此，它是船舶电力推进的一个重要发展方向。

采用多星形多相两电平逆变器结构的一个实际例子如图5-13所示。该推进逆变器用于驱动9相异步推进电机，与之配合的是三组两电平逆变器，图中同时也给出了作为一个完整推进逆变器所需要的整流环节和制动环节。整流环节采用的是12脉波二极管整流器，其两路三相输入电源由3/6相推进变压器提供，整流变压器的一次侧接成三角形接法，二次侧的两个绕组分别接成星形接法和三角形接法，其线电压相同，容量相等，但相位相差30°角。整流输出电源通过平衡电抗器并联。Rz1、Rz2和Cz1、Cz2分别为整流电路的吸收电阻和电容，Lz1、Lz2 为平衡电抗器。

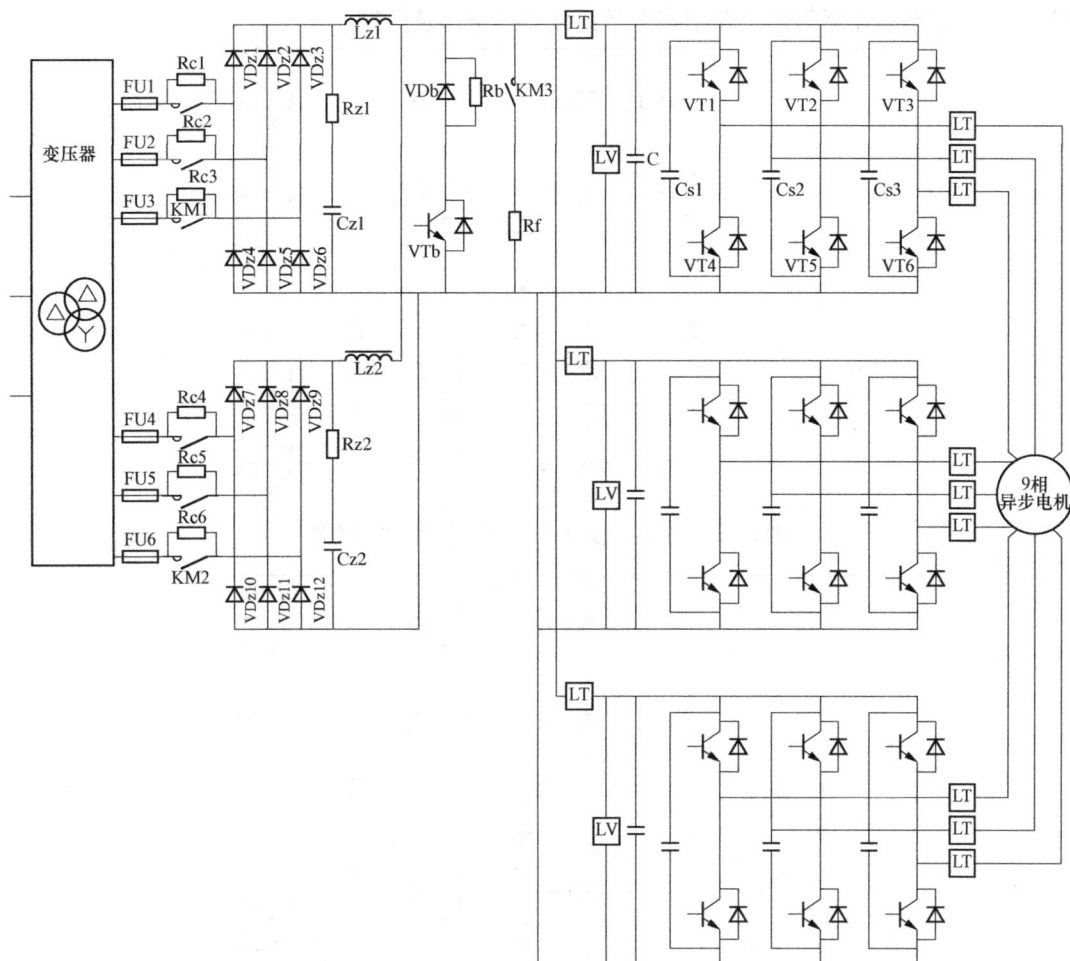

图 5 - 13　三 Y9 相逆变推进系统

　　制动环节包括制动电路和放电电路。推进电机制动时会引起逆变器直流母线电压的泵升，当电压传感器检测到直流母线电压高于设定值时，VTb 导通，支撑电容通过制动电阻 Rb 放电，当直流母线电压降到正常值时，VTb 关断。当设备不工作时，由于支撑电容上电荷在短时间内不能放完，很难保证设备操作人员的人身安全，因此需要在电路停止工作且断开电网后，闭合接触器 KM3，支撑电容通过放电电阻 Rf 放电。

　　逆变环节共有三个单元，每个逆变单元输出三相交流电，逆变器三个单元的电路结构相同，输出电压依次错开 20°电角度。

5.1.5　多电平逆变器

　　多电平逆变器是 20 世纪 80 年代初提出的一种逆变器结构，采用这种结构可以在提高逆变器输出电压的同时降低输出电压的谐波，因此在高压、大功率传动领域得到了广泛应用。多电平逆变器有多种结构形式，如二极管中点钳位式（见图 5 - 14）、飞跨电容式（见图 5 - 15）和级联式（见图 5 - 16）多电平逆变器。其中以二极管中点钳位式应用最广泛，例如 ABB 公司开发的 ACS 1000 系列、ACS 6000 系列，以及阿尔斯通公司开发的 MV7000 系列等船用中压变频器，都采用了二极管中点钳位式三电平结构。因此，本节主要以二极管中点钳位式三电平逆变器为例来介绍多电平逆变器的结构及原理。

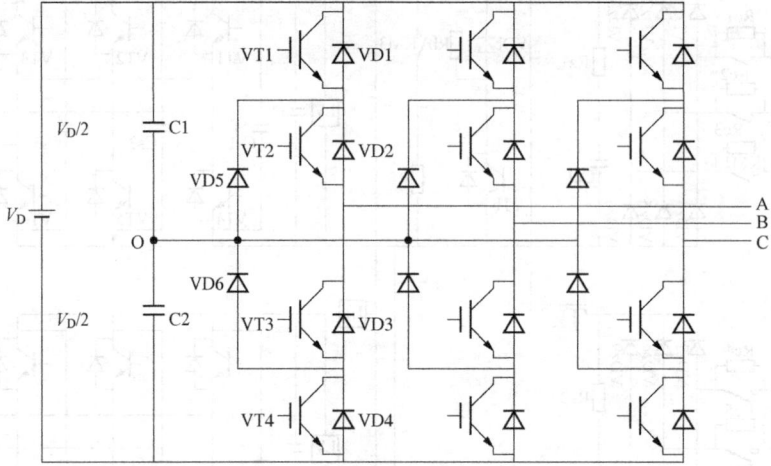

图 5-14　三相二极管中点钳位式三电平逆变器

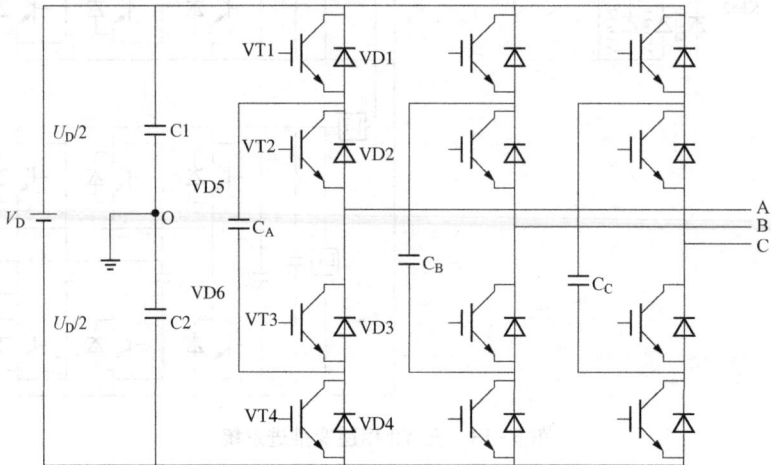

图 5-15　三相飞跨电容式三电平逆变器

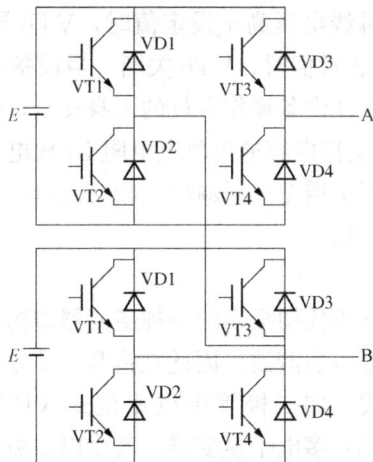

图 5-16　级联式多电平逆变器

　　三相三电平中点钳位式逆变器的电路结构如图 5 - 14 所示。逆变器每相桥臂有 4 个半导体电力开关管 VT1～VT4，4 个续流二极管 VD1～VD4 和 2 个钳位二极管 VD5、VD6。三相桥两电平逆变器每个桥臂只有两个开关器件，每个桥臂只有两种状态：例如 A 相桥臂，上管导通、下管截止时称为 1 态，这时 A 桥臂的开关变量 $S_a=1$；下管导通、上管截止称为 0 态，$S_a=0$。图 5 - 14 所示的三电平逆变器每桥臂有 4 个开关器件，每个桥臂可以安排三种开关状态，若用 S_a、S_b、S_c 表示 A、B、C 各桥臂的开关状态，则 S_a、S_b、S_c 应是三态开关变量，即每个桥臂的开关组合三种状态分别称为 0 态、1 态和 2 态。

　　用变量 S_a 表示 A 相桥臂开关状态：

　　若 VT1、VT2 关断，VT3、VT4 导通，图 5 - 14 电路变为图 5 - 17（a）所示电路，定义这种状态为 0 态，$S_a=0$；

　　若 VT1、VT4 关断，VT2、VT3 导通，图 5 - 14 电路变为图 5 - 17（b）所示电路，定义这种状态为 1 态，$S_a=1$；

　　若 VT3、VT4 关断，VT1、VT2 导通，图 5 - 14 电路变为图 5 - 17（c）所示电路，定义这种状态为 2 态，$S_a=2$。

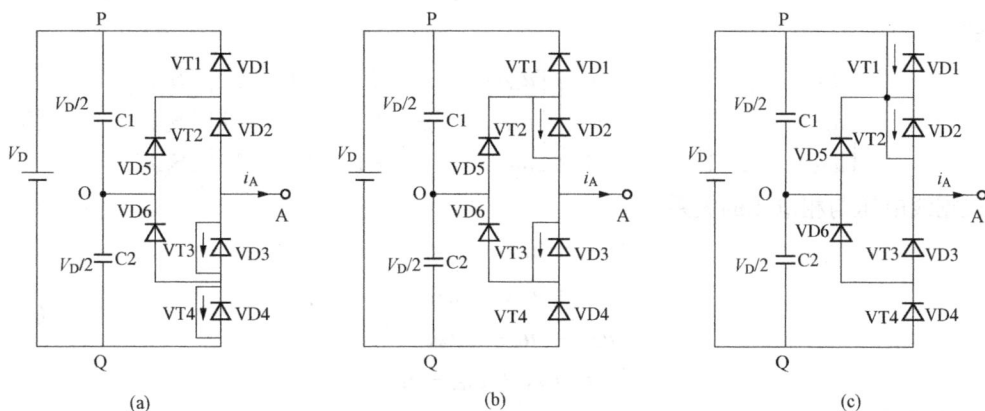

图 5 - 17　中点钳位三相三电平逆变器

　　（1）0 态，$S_a=0$ 说明：图 5 - 17（a）中，当 i_A 为正值时，电流 i_A 从电源负端 Q 经 VD4、VD3 流入负载 A 点；当电流 i_A 为负值时，电流 i_A 从 A 端经 VT3、VT4 流至 Q 端，因此，无论 i_A 为何值，A 端都接到 Q 点，故 $v_{AO}=v_{QO}=-V_D/2$，这时 VT4（VD4）虽导通，但 VD6 防止了（阻断）电容 C2 被开关器件 VT4（VD4）短接。

　　（2）1 态，$S_a=1$ 说明：图 5 - 17（b）中，当 i_A 为正值时，电流 i_A 从 O 点经 VD5、VT2 流至负载 A 点；当 i_A 为负值时，电流 i_A 从 A 端经 VT3、VD6 流至 O 点，因此，无论 i_A 为何值，A 点都接至 O 点，故 $v_{AO}=0$。

　　（3）2 态，$S_a=2$ 说明：图 5 - 17（c）中，当 i_A 为正值时，电流 i_A 从电源 P 点经 VT1、VT2 流入负载 A 点；当电流 i_A 为负值时，电流 i_A 从 A 端经 VD2、VD1 流至 P 端，因此，无论 i_A 为何值，A 端都接到 P 点，故 $v_{AO}=v_{PO}=+V_D/2$，这时 VT1（VD1）虽导通，但 VD5 防止了（阻断）电容 C1 被开关器件 VT1（VD1）短接。

　　由图 5 - 17（a）、（b）、（c）的说明可知，A 相输出端 A 对电源中点 O 的电压 v_{AO} 可以用 A 相开关变量 S_a 结合输入直流电压 V_D 来表示

$$v_{AO} = \frac{S_a - 1}{2} V_D \qquad (5-8)$$

$S_a = 0$，1，2 时：$V_{AO} = -V_D/2$，0，$+V_D/2$。

同理，逆变器输出 B 相对电源中点 O 的电压为

$$v_{BO} = \frac{S_b - 1}{2} V_D \qquad (5-9)$$

逆变器输出 C 相对电源中点 O 的电压为

$$v_{CO} = \frac{S_c - 1}{2} V_D \qquad (5-10)$$

输出线电压可表示为

$$\begin{cases} u_{AB} = u_{AO} - u_{BO} = \frac{1}{2}(S_a - S_b)V_D \\ u_{BC} = u_{BO} - u_{CO} = \frac{1}{2}(S_b - S_c)V_D \\ u_{CA} = u_{CO} - u_{AO} = \frac{1}{2}(S_c - S_a)V_D \end{cases} \qquad (5-11)$$

即

$$\begin{bmatrix} u_{AB} \\ u_{BC} \\ u_{CA} \end{bmatrix} = \begin{bmatrix} 1 & -1 & 0 \\ 0 & 1 & -1 \\ -1 & 0 & 1 \end{bmatrix} \begin{bmatrix} u_{AO} \\ u_{BO} \\ u_{CO} \end{bmatrix} = \frac{V_D}{2} \begin{bmatrix} 1 & -1 & 0 \\ 0 & 1 & -1 \\ -1 & 0 & 1 \end{bmatrix} \begin{bmatrix} S_a \\ S_b \\ S_c \end{bmatrix} \qquad (5-12)$$

根据线电压与相电压的关系

$$\begin{cases} u_{AB} = u_{AN} - u_{BN} \\ u_{BC} = u_{BN} - u_{CN} \\ u_{CA} = u_{CN} - u_{AN} \\ 0 = u_{AN} + u_{BN} + u_{CN} \end{cases} \qquad (5-13)$$

可以得到

$$\begin{bmatrix} u_{AN} \\ u_{BN} \\ u_{CN} \end{bmatrix} = \frac{1}{3} \begin{bmatrix} 1 & 0 & -1 \\ -1 & 1 & 0 \\ 0 & -1 & 1 \end{bmatrix} \begin{bmatrix} u_{AB} \\ u_{BC} \\ u_{CA} \end{bmatrix} = \frac{1}{6} V_D \begin{bmatrix} 2 & -1 & -1 \\ -1 & 2 & -1 \\ -1 & -1 & 2 \end{bmatrix} \begin{bmatrix} S_a \\ S_b \\ S_c \end{bmatrix} \qquad (5-14)$$

每个桥臂有三种开关状态，三个桥臂共有 $3^3 = 27$ 种开关状态。定义三相三电平逆变器的开关状态为 $(S_a\ S_b\ S_c)$。逆变器的每一种开关状态 $(S_a\ S_b\ S_c)$ 都对应一组确定的 v_{AO}、v_{BO}、v_{CO}，从而对应于一个确定的电压空间矢量 $\boldsymbol{V}$，因此三相三电平逆变器共有 27 个空间电压矢量 $\boldsymbol{V}_0 \sim \boldsymbol{V}_{26}$。其中 $\boldsymbol{V}_0$ 对应的开关状态为 (000)，$\boldsymbol{V}_1$ 对应的开关状态为 (001)，依次类推，得到的开关状态表如表 5-1 所示：

表 5-1 　　　　　　　　　　三电平逆变器的电压矢量及其开关状态

$\boldsymbol{V}_0$	$\boldsymbol{V}_1$	$\boldsymbol{V}_2$	$\boldsymbol{V}_3$	$\boldsymbol{V}_4$	$\boldsymbol{V}_5$	$\boldsymbol{V}_6$	$\boldsymbol{V}_7$	$\boldsymbol{V}_8$
(000)	(001)	(002)	(010)	(011)	(012)	(020)	(021)	(022)
$\boldsymbol{V}_9$	$\boldsymbol{V}_{10}$	$\boldsymbol{V}_{11}$	$\boldsymbol{V}_{12}$	$\boldsymbol{V}_{13}$	$\boldsymbol{V}_{14}$	$\boldsymbol{V}_{15}$	$\boldsymbol{V}_{16}$	$\boldsymbol{V}_{17}$
(100)	(101)	(102)	(110)	(111)	(112)	(120)	(121)	(122)

V_{18}	V_{19}	V_{20}	V_{21}	V_{22}	V_{23}	V_{24}	V_{25}	V_{26}
(200)	(201)	(202)	(210)	(211)	(212)	(220)	(221)	(222)

矢量 V_0（000）对应的逆变器三相输出端 A、B、C 对电源中点 O 的电压为 $v_{AO}=v_{BO}=v_{CO}=-V_D/2$。

同理，V_{13}（111）矢量的开关状态对应的电压 $v_{AO}=v_{BO}=v_{CO}=0$。

同理，V_{26}（222）矢量的开关状态对应的电压 $v_{AO}=v_{BO}=v_{CO}=V_D/2$。

因此在 V_0（000）、V_{13}（111）、V_{26}（222）这三种开关状态时，逆变器输出电压均为 0，故 V_0、V_{13}、V_{26} 为 3 个零矢量，其他 24 个矢量为非零矢量。以 V_{20}（202）为例，这时 $S_a=2$，表示 A 相桥 VT1、VT2 导通，使 A 点接到正端 P 点，$v_{AO}=+V_D/2$；$S_b=0$，表示 B 相桥 VT3、VT4 导通，使 B 点接到负端 Q 点，$v_{BO}=-V_D/2$；$S_c=2$，表示 C 相桥 VT1、VT2 导通，使 C 点接到正端 P 点，$v_{CO}=+V_D/2$。由此得到 V_{20}（202）开关状态时的三相电路图 图5-18（b），这时由图 5-18（b）可得到：$v_{AB}=+V_D$；$v_{BC}=-V_D$；$v_{CA}=0$。此时：

$$u_{AN}=\frac{V_D}{3}=\frac{2}{3}V_D\cos(-60°)=V\cos\omega t\mid_{\omega t=-60°}$$

$$u_{BN}=-\frac{2}{3}V_D=\frac{2}{3}V_D\cos(-180°)=V\cos(\omega t-120°)\mid_{\omega t=-60°}$$

$$u_{CN}=\frac{1}{3}V_D=\frac{2}{3}V_D\cos(-300°)=V\cos(\omega t-240°)\mid_{\omega t=-60°}$$

这时负载的相电压瞬时值可以看作是幅值为 $2V_D/3$，相角为 $\omega t=60°$ 的矢量在 A、B、C 轴上的投影，如图 5-18（a）所示。

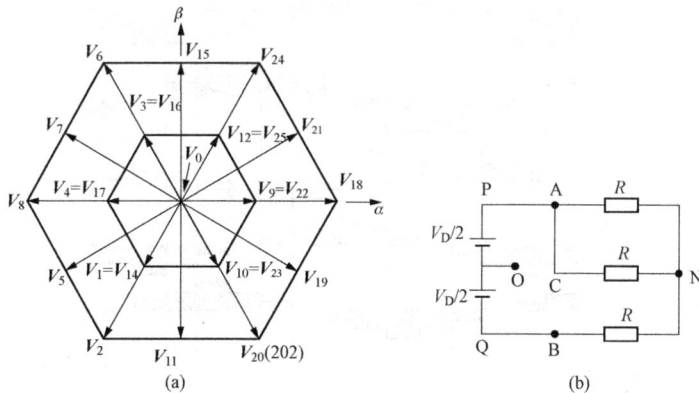

图 5-18　中点钳位三电平逆变器电压空间矢量

(a) 矢量图；(b) V_{20}（202）开关状态对应的等效电话

类似地，由不同的（S_a、S_b、S_c）组合值可以求出其他开关状态所对应的电压空间矢量 $V_1 \sim V_{25}$，以及相对应的相电压、线电压。图 5-19 给出了三相三电平逆变器按状态 V_{11}（102）$\rightarrow V_{20}$（202）$\rightarrow V_{19}$（201）$\rightarrow V_{18}$（200）$\rightarrow V_{21}$（210）$\rightarrow V_{24}$（220）$\rightarrow V_{15}$（120）$\rightarrow V_6$（020）$\rightarrow V_7$（021）$\rightarrow V_8$（022）$\rightarrow V_5$（012）$\rightarrow V_2$（002）$\rightarrow V_{11}$（102）顺序周期运行，且每一状态持续时间为 1/12 周期（30°）时的开关变量及输出电压波形。这里只选用了 12 个开

关状态，对其他的开关状态以及每个开关状态持续时间不是 30°时可类似地分析得到相应的电压波形。

对图 5-19 中线电压阶梯波进行傅里叶分析得知：三电平逆变器线电压最大的基波幅值与直流电压 V_D 之比值为 $V_{lm\,max}/V_D = 1.065$，稍低于二电平逆变器的比值 $2\sqrt{3}/\pi = 1.1$，但是三电平逆变器输出电压的波形质量明显要好些。对三电平逆变器采用 PWM 技术还可以进一步提高波形质量。此外在三电平逆变器中直流电压 V_D 由两个开关器件分担，分压电容 C1、C2 的电压各为 $V_D/2$，钳位二极管 VD5、VD6 把开关器件的端电压限制到不超过 $V_D/2$，所以相对于二电平逆变器而言，三电平逆变器开关器件的额定电压值可以低 1/2，或者同样额定电压值的开关器件用于三电平逆变器时直流电压可以高一倍，因而输出功率也可大一倍。所以多电平逆变器尤其适合大功率、高电压场合。当然三电平逆变器所用半导体开关器件较多是一个缺点，例如三相三电平逆变器要用到 30 个开关器件（包括 18 个二极管）而三相两电平逆变器只需 12 个开关器件（包括 6 个二极管）。此外三电平逆变器的控制也比较困难。

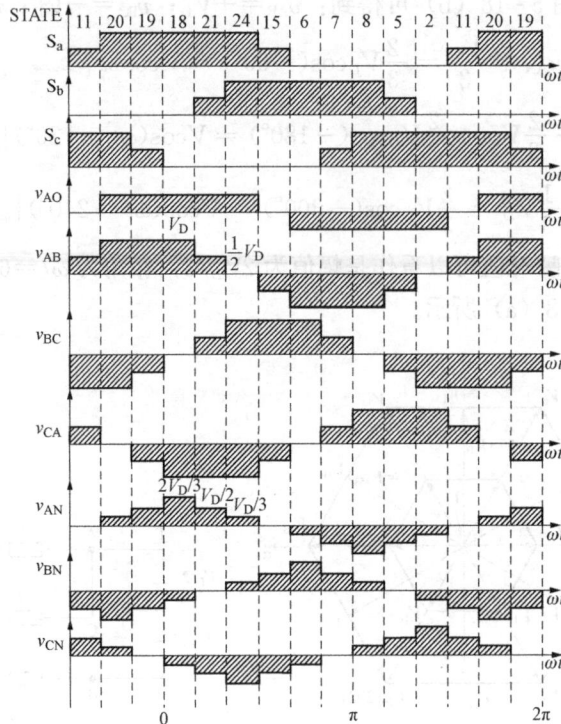

图 5-19 中点钳位三电平逆变器输出电压波形图

5.2 逆变器调制技术

脉宽调制（Pulse Width Modulation，PWM）是用脉冲宽度不等的一系列矩形脉冲去逼近一个所需要的电压或电流信号。当采用 PWM 方法控制逆变器功率开关的通、断时，即可获得一组等幅而不等宽的矩形脉冲，改变矩形脉冲的宽度可以改变输出电压幅值，改变调制周期可以改变输出频率。这样，调压和调频同在逆变器内部完成，二者始终配合一致，而且与中间直流环节无关，因而可加快调节速度，改善动态性能；由于输出等幅脉冲只需恒定直流电源供电，可用不控整流取代相控整流，这使电网侧的功率因数大为改善；采用 PWM 逆变器，能够抑制或消除低次谐波，加上使用自关断器件，开关频率大幅度提高，输出波形可以非常逼近所需的波形。本节主要介绍船舶电力推进变频器常用的几种脉宽调制技术：正弦 PWM（SPWM）控制技术、空间矢量 PWM（SVPWM）控制技术、特定谐波消除 PWM（SHEPWM）控制技术和滞环 PWM 控制技术。

5.2.1　正弦 PWM（SPWM）控制技术

1. 基本原理

正弦 PWM 技术在实际工业变频器中的应用非常普遍，其基本工作原理如图 5 - 20 所示。采用频率为 f_c 的等腰三角载波与频率为 f 的正弦调制波相比较，两者的交点确定电力电子器件的开关时刻。这样得到的极电压（逆变器输出点对电源中点电压）脉冲波形及凹口宽度按正弦变化，从而使基波成分的频率等于 f，且幅值正比于给定的调制电压。三相可以共用一个载波信号。图 5 - 21 是负载无中线连接的典型线电压和相电压波形。

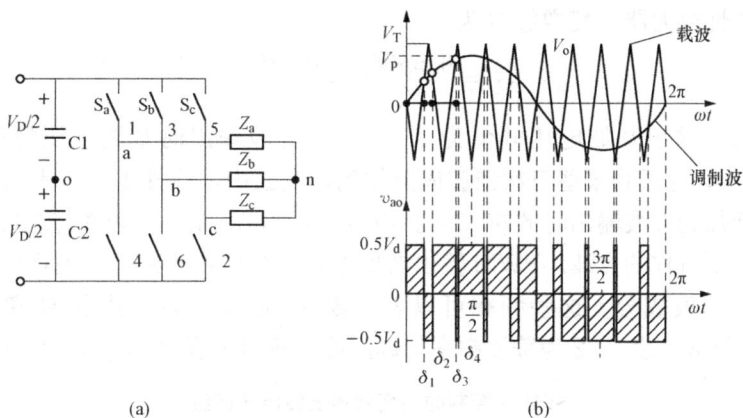

图 5 - 20　正弦 PWM 的基本工作原理

（a）电路；（b）电压波形

逆变器输出极电压 v_{ao} 可以表示为

$$v_{ao} = 0.5mU_d\sin(\omega t + \varphi) + (M\omega_c \pm N\omega) \tag{5-15}$$

式中　$M\omega_c \pm N\omega$——高频成分；

　　　　m——调制指数；

　　　　ω——基波角速度；

　　　　ω_c——载波的角速度；

　　　　φ——输出相位移，取决于调制波的实际位置。

调制指数 m 定义为　　　　　　　$m = \dfrac{V_p}{V_T}$

式中　V_p——调制波的峰值；

　　　　V_T——载波的峰值。

理想情况下，m 的变化范围为 0~1，并且调制波与输出波之间保持线性关系，逆变

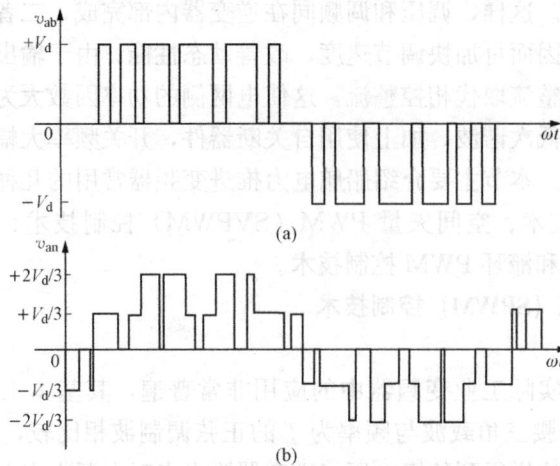

图 5-21 PWM 逆变器的线电压和相电压波形
(a) 线电压；(b) 相电压

可以看作一个线性放大器，其增益 G 为

$$G = \frac{0.5mV_d}{V_p} = \frac{0.5V_d}{V_T} \tag{5-16}$$

当 $m=1$ 时，输出基波电压峰值为 $0.5V_d$，占方波输出时基波电压峰值（$4V_d/2\pi$）的 78.54%。实际上，通过将某些三次谐波成分加到调制波中，线性工作范围的最大输出基波电压峰值可以增加到方波输出时的 90.7%。当 $m=0$ 时，v_{ao} 是一个频率与载波频率相同、脉冲的凹口宽度上下对称的方波。PWM 输出波形中，含有与载波频率相关且边（频）带与调制波频率相关的谐波成分。这些频率可以表示成 $(M\omega_c \pm N\omega)$，其中 M 和 N 均为整数，$M+N$ 是一个奇整数。表 5-2 为载波频率与调制波频率的比值 $P = \omega_c/\omega = 15$ 时的谐波情况。

表 5-2　　　　　　　　　　SPWM 控制的逆变器输出线电压谐波

M	谐波成分
1	15ω
	$15\omega \pm 2\omega$
	$15\omega \pm 4\omega$
	$\cdots$
2	30ω
	$30\omega \pm 3\omega$
	$30\omega \pm 5\omega$
	$\cdots$
3	45ω
	$45\omega \pm 2\omega$
	$45\omega \pm 4\omega$
	$\cdots$
$\cdots$	$\cdots$

可见，输出谐波的幅值与载波比 P 无关，但随着 M 和 N 的增大而减小。随着载波比 P

的增大，逆变器输出线电流谐波将通过电机漏感得到很好的滤波，并接近于正弦波。选择载波频率需要折中考虑逆变器损耗和电机损耗。高的载波频率（与开关频率相同）将使逆变器的开关损耗增加，但会减少电机的谐波损耗。最优的载波频率选择应使系统的总损耗最小。PWM 开关频率的一个重要的影响是当逆变器向电机提供功率时由于磁滞效应而产生的噪声（也称为磁噪声）。这种噪声可以通过随机地改变 PWM 开关频率而减轻（随机 SPWM），通过把开关频率增加到高于音频范围，也可以把这种噪声完全地消除。现代高速 IGBT 可以很容易地实现这种无音频噪声的变频传动。在逆变器输出端采用低通滤波器也可以消除这种噪声。

2. 过调制操作

当调制指数 m 接近于 1 时，输出 PWM 波正负半周期中间位置附近的凹口和脉冲将趋于消失，这时接近准 PWM 区域。当 m 的数值增加到大于 1 时，进入 PWM 过调制区域，如图 5-22（a）所示。图中，v_{ao} 在正半周期中间附近脉冲向下的凹口不见了，从而给出了一个具有较高基波成分的准方波输出，在过调制区，传递特性是非线性的，波形中重新出现了 5 次和 7 次谐波成分。随着 m 数值的增加，即调制信号的增大，最终逆变器将给出一个方波输出，器件在方波的上升沿开关一次，在下降沿开关一次。在这种情况下，输出基波相电压峰值达到 $(2/\pi)V_d$，即达到 100% 的输出，如图 5-22（b）所示。

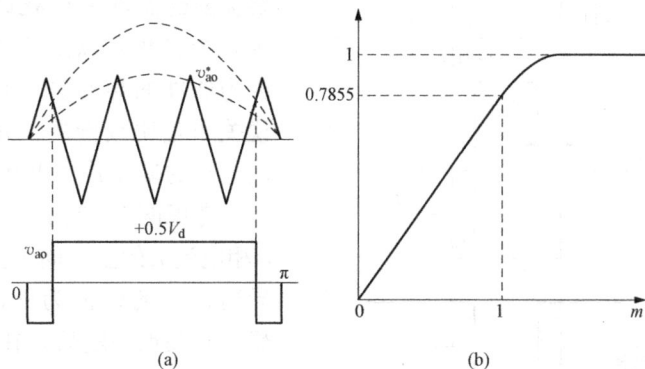

图 5-22　SPWM 过调制区的波形及输出特性
（a）过调制区的电压波形；（b）SPWM 调制输出传递特性

3. 载波与调制波频率的关系

对于变速传动，通常希望逆变器工作时载波 f_c 与调制波频率 f 比 P 为一整数，即在整个工作范围内调制波与载波保持同步。但当 P 保持为一定值，在基波频率下降时，会使载波频率也随之变得很低。就电机的谐波损耗而言，这通常是不希望看到的。图 5-23 给出了一个 GTO 逆变器实际的载波与基波频率关系。当基波频率很低时，载波频率保持恒定。逆变器以自由运行方式或称异步模式工作。在这个区域，载波比 P 可以是一个非整数，相位可能连

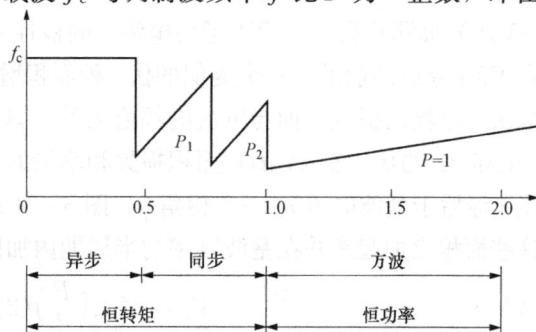

图 5-23　载波频率与 f/f_b 的关系

续地移动，这将会产生谐波问题以及变化的直流偏移（差拍效应）。随着 f_c/f 数值的下降，这个问题会变得越发严重。在这里应该提及的是，与基波频率变化范围相比，现代 IGBT 器件的开关频率是非常高的，这使得 PWM 逆变器可以在整个异步范围内得到满意的结果。如图 5-23 所示，在异步运行区后面是同步区，在这个区，P 以一种阶梯的方式变化，这使得最大和最小载波频率保持在设定边界值内的一个特定区域。P 的数值总是保持为三的倍数，这是因为对无中线连接的负载，三的倍数次谐波是不需要考虑的。当调制波频率 f 接近于额定频率 f_o（$f/f_b=1$）时，逆变器转换到方波模式工作，这里假设此时载波频率与基波频率相等。在整个工作范围，控制策略应该仔细地设计，使载波频率发生跳变的时刻，不产生电压的跳变，并且为了避免相邻 P 值之间的抖动，在跳变点应设置一个窄的滞环带。

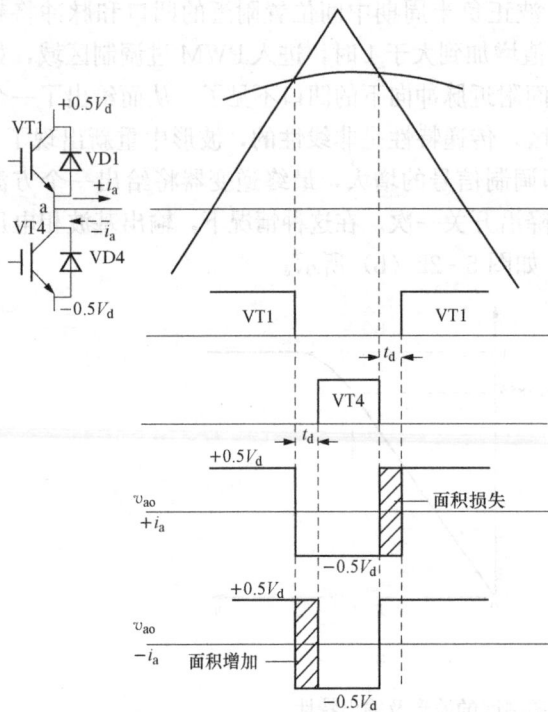

图 5-24　半桥逆变器的死区效应的波形

4. 死区效应及补偿

由于死区（或封锁）效应，实际的 PWM 逆变器相电压（v_{ao}）波形会在某种程度上偏离图 5-20 所示的理想波形。这种效应可以用图 5-24 中三相逆变桥中的 a 相桥臂来解释。电压源型逆变器的一个基本控制原则是要导通的器件应滞后于要关断的器件一个死区时间 t_d（典型值为几个微秒）以防止桥臂的直通。这是因为器件的导通是非常快的，而相对来说关断是比较慢的，死区效应会导致输出电压的畸变并减小其幅值。

考虑图 5-24 所示正弦 PWM 操作，a 相电流 i_a 的正方向为正。初始状态 VT1 导通，v_{ao} 的幅值为 $+0.5V_d$。VT1 在理想的开关点关断后，在 VT4 导通前有一个时间间隔 t_d，在这个间隔中，VT1 和 VT4 都处于关断状态，但 $+i_a$ 的流通使得 v_{ao} 在理想开关点自然地切换到 -0.5 V_d。现在考虑理想开关点从 VT4 到 VT1 的带有延迟时间 t_d 的开关转换。当 VT4VT1 两个器件都关断时，$+i_a$ 继续流过 VD4 续流，从而形成了如图 5-24 所示的阴影面积的脉冲伏-秒（$V_d t_d$）面积损失。下面再考虑电流 i_a 的极性为负时的情况。仔细地观察图示波形可以看到在 VT4 导通的前沿有一个类似的伏-秒面积增加。注意，上述伏-秒面积的损失或增加仅仅取决于电流的极性，而与电流的幅值无关。图 5-24 给出了在每一个载波周期 T_c 分别对应于 $+i_a$ 和 $-i_a$ 的伏-秒（$V_d t_d$）面积损失和增加的累计效应对基波电压波形的影响。图中基波电流 i_a 滞后于基波电压 v_{ao} 一个相角 φ，图 5-24 最下面的图解释了死区效应。把由 $V_d t_d$ 构成的这些面积累加起来并在基波频率的半周期内加以平均可得出方波偏移电压为

$$V_{\varepsilon} = V_d t_d \left(\frac{P}{2}\right)(2f) = f_c t_d V_d \qquad (5-17)$$

式中：$P=f_c/f$，f 为基波频率。图 5-25 中最上端的波形给出了 V_{ε} 波对理想 v_{ao} 波的

影响。在较低的基波频率下，这种基波电压的损失以及低频谐波畸变会变得很严重。死区效应可以很容易地通过电流反馈或电压反馈方法进行补偿。对于前一种方法，通过对相电流极性的检测，将一个固定量的补偿偏移电压加到调制波上；对于后一种方法，将检测的输出相电压与 PWM 电压参数信号相比较，然后把偏差用于补偿 PWM 参考调制波。

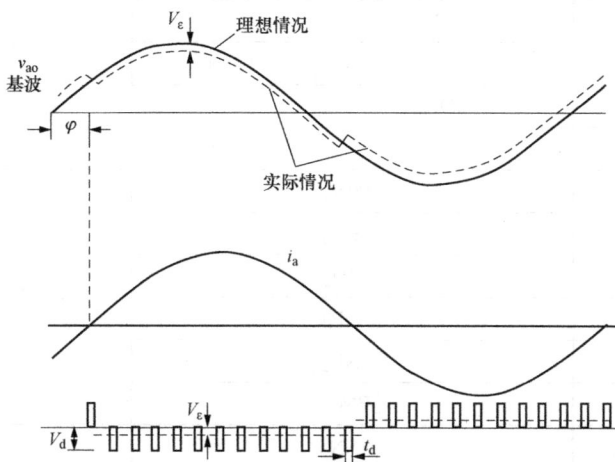

图 5 - 25　输出相电压波形的死区效应

5.2.2　空间矢量 PWM（SVPWM）控制技术

考虑到船舶电力推进在采用电压源型变频器时，为提高电压及功率，经常采用多电平结构，为此，本节主要以中点钳位型（NPC）三电平逆变器为例来介绍 SVPWM 的控制原理。两电平变频器的 SVPWM 控制思想与三电平 SVPWM 相同，实现起来更简单，读者可参考相关教材学习。

1. 静止空间矢量

在本节，把逆变器每相桥臂的运行状态用三个开关状态 P、0 和 N 表示，它们分别对应于 5.1.5 节中的状态 2、1 和 0。考虑到有三相桥臂，则逆变器有共 27 种可能的开关状态组合。这些开关状态可用方括号中分别代表逆变器 A、B 和 C 三相的三个字母表示，如表 5 - 3 所示。

表 5 - 3　　　　　　　　　　　　　　电压矢量和开关状态

空间矢量		开关状态		矢量分类	矢量幅值
V_0		[PPP]，[000]，[NNN]		零矢量	0
		P 型	N 型		
V_1	V_{1P}	[P00]		小矢量	$\frac{1}{3}V_d$
	V_{1N}		[0NN]		
V_2	V_{2P}	[PP0]			
	V_{2N}		[00N]		
V_3	V_{3P}	[0P0]			
	V_{3N}		[N0N]		

续表

空间矢量		开关状态		矢量分类	矢量幅值
V_4	V_{4P}	[0PP]		小矢量	$\dfrac{1}{3}V_d$
	V_{4N}		[N00]		
V_5	V_{5P}	[00P]			
	V_{5N}		[NN0]		
V_6	V_{6P}	[P0P]			
	V_{6N}		[0N0]		
V_7		[P0N]		中矢量	$\dfrac{\sqrt{3}}{3}V_d$
V_8		[0PN]			
V_9		[NP0]			
V_{10}		[N0P]			
V_{11}		[0NP]			
V_{12}		[PN0]			
V_{13}		[PNN]		大矢量	$\dfrac{2}{3}V_d$
V_{14}		[PPN]			
V_{15}		[NPN]			
V_{16}		[NPP]			
V_{17}		[NNP]			
V_{18}		[PNP]			

表 5-3 中列出的 27 个开关状态对应 19 种电压矢量（注意：本节中的矢量下标是根据矢量性质按序排列，与 5.1.5 节中的表示方法不同），图 5-26 给出了这些电压矢量的空间矢量图。根据电压矢量幅值（长度）的不同，可以分为四组：

（1）零矢量（V_0），幅值为零，有 [PPP]，[000] 和 [NNN] 三种开关状态。

（2）小矢量（$V_1 \sim V_6$），幅值为 $V_d/3$。每个小矢量包括两种开关状态，一种为开关状态 [P]，另外一种为 [N]，因此可以进一步分为 P 型和 N 型小矢量。

（3）中矢量（$V_7 \sim V_{12}$），幅值为 $\sqrt{3}V_d/3$。

（4）大矢量（$V_{13} \sim V_{18}$），幅值为 $2V_d/3$。

2. 矢量作用时间计算

为了便于计算空间矢量的作用时间，可将图 5-26 所示空间矢量图分为六个三角形扇区（Ⅰ~Ⅵ），如图 5-27 所示。每个扇区又可以进一步分为如图 5-27 给出的四个三角区域（1~4）。在图 5-27 中，同时给出了所有矢量的开关状态。

与两电平逆变器类似，三电平逆变器的 SVPWM 算法也基于伏秒平衡原理，即：给定矢量 V_{ref} 与采样周期 T_s 的乘积，等于所选定空间矢量与其作用时间乘积的累加和。在三电平逆变器中，给定矢量 V_{ref} 可由最近的三个静态矢量合成。例如，在图 5-28，当 V_{ref} 落入扇区 Ⅰ 的 2 区时，最近的三个静态矢量为 V_1、V_2 和 V_7，则有：

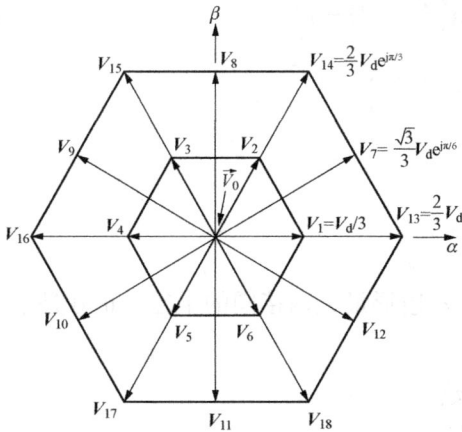

图 5-26　三电平 NPC 逆变器的空间矢量图

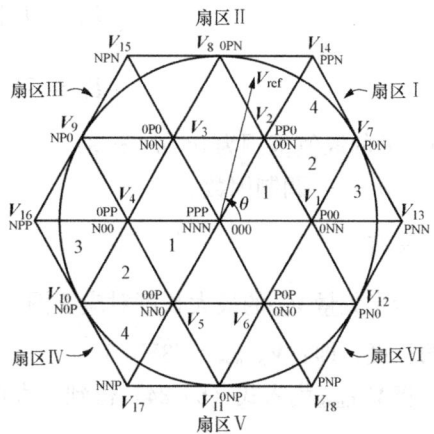

图 5-27　扇区和区域的划分

$$\begin{cases} \boldsymbol{V}_1 T_a + \boldsymbol{V}_7 T_b + \boldsymbol{V}_2 T_c = \boldsymbol{V}_{\text{ref}} T_s \\ T_a + T_b + T_c = T_s \end{cases} \quad (5\text{-}18)$$

式中　T_a、T_b 和 T_c——静态矢量 $\boldsymbol{V}_1$、$\boldsymbol{V}_7$ 和 $\boldsymbol{V}_2$ 的作用时间。

需要注意的是，除了最近的三个矢量外，$\boldsymbol{V}_{\text{ref}}$ 也可以用其他空间矢量来合成。不过，这样会使逆变器输出电压产生较高的谐波畸变。

图 5-28 中的电压矢量 $\boldsymbol{V}_1$、$\boldsymbol{V}_2$、$\boldsymbol{V}_7$ 和 $\boldsymbol{V}_{\text{ref}}$ 可表示为

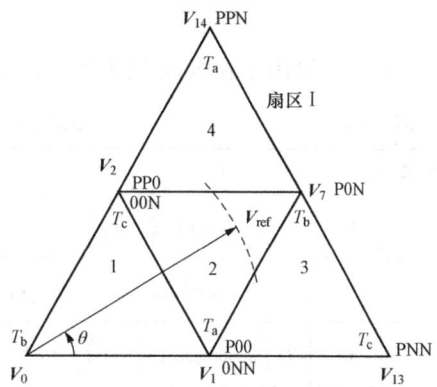

图 5-28　电压矢量及作用时间

$$\left. \begin{array}{l} \boldsymbol{V}_1 = \dfrac{1}{3} V_d, \boldsymbol{V}_2 = \dfrac{1}{3} V_d e^{j\frac{\pi}{3}}, \\[2mm] \boldsymbol{V}_7 = \dfrac{\sqrt{3}}{3} V_d e^{j\frac{\pi}{6}}, \boldsymbol{V}_{\text{ref}} = V_{\text{ref}} e^{j\theta} \end{array} \right\} \quad (5\text{-}19)$$

将式（5-19）代入式（5-18）中，得到

$$\frac{1}{3} V_d T_a + \frac{\sqrt{3}}{3} V_d e^{j\frac{\pi}{6}} T_b + \frac{1}{3} V_d e^{j\frac{\pi}{3}} T_c = V_{\text{ref}} e^{j\theta} T_a \quad (5\text{-}20)$$

由式（5-20）可得

$$\frac{1}{3} V_d T_a + \frac{\sqrt{3}}{3} V_d \left(\cos\frac{\pi}{6} + j\sin\frac{\pi}{6} \right) T_b + \frac{1}{3} V_d \left(\cos\frac{\pi}{3} + j\sin\frac{\pi}{3} \right) T_c = V_{\text{ref}} (\cos\theta + j\sin\theta) T_a \quad (5\text{-}21)$$

将式（5-21）分离实部（R_e）和虚部（I_m），得到

$$\begin{cases} 实部: T_a + \dfrac{3}{2} T_b + \dfrac{1}{2} T_c = 3 \dfrac{V_{\text{ref}}}{V_d} (\cos\theta) T_s \\[3mm] 虚部: \dfrac{3}{2} T_b + \dfrac{\sqrt{3}}{2} T_c = 3 \dfrac{V_{\text{ref}}}{V_d} (\sin\theta) T_s \end{cases} \quad (5\text{-}22)$$

在 $T_s = T_a + T_b + T_c$ 的条件下求解式（5-21），得到作用时间为

$$\begin{cases} T_a = T_s\left[1-2m_a\sin\theta\right] \\ T_b = T_s\left[2m_a\sin\left(\dfrac{\pi}{3}+\theta\right)-1\right] \\ T_c = T_s\left[1-2m_a\sin\left(\dfrac{\pi}{3}-\theta\right)\right] \end{cases} \tag{5-23}$$

式中 θ 的取值范围为 $0\leqslant\theta<\pi/3$;

m_a——调制因数。

又有

$$m_a = \sqrt{3}\frac{V_{ref}}{V_d} \tag{5-24}$$

给定矢量 $\boldsymbol{V}_{ref}$ 的最大长度对应于图 5-27 中六边形最大内接圆的半径,正好是中电压矢量的长度,即:$\boldsymbol{V}_{ref,max}=\sqrt{3}V_d/3$

将 $\boldsymbol{V}_{ref,max}$ 代入式(5-24)得到最大调制因数

$$m_{a,max} = \sqrt{3}\frac{V_{ref,max}}{V_d} = 1 \tag{5-25}$$

则 m_a 的大小范围为

$$0\leqslant m_a\leqslant 1 \tag{5-26}$$

表 5-4 给出了在扇区 I 四个区中 $\boldsymbol{V}_{ref}$ 作用时间的计算公式。

表 5-4   扇区 I 中 $\boldsymbol{V}_{ref}$ 作用时间的计算公式

区域		T_a		T_b		T_c
1	$\boldsymbol{V}_1$	$T_s\left[2m_a\sin\left(\dfrac{\pi}{3}-\theta\right)\right]$	$\boldsymbol{V}_0$	$T_s\left[1-2m_a\sin\left(\dfrac{\pi}{3}+\theta\right)\right]$	$\boldsymbol{V}_2$	$T_s\left(2m_a\sin\theta\right)$
2	$\boldsymbol{V}_1$	$T_s\left(1-2m_a\sin\theta\right)$	$\boldsymbol{V}_7$	$T_s\left[2m_a\sin\left(\dfrac{\pi}{3}+\theta\right)-1\right]$	$\boldsymbol{V}_2$	$T_s\left[1-2m_a\sin\left(\dfrac{\pi}{3}-\theta\right)\right]$
3	$\boldsymbol{V}_1$	$T_s\left[2-2m_a\sin\left(\dfrac{\pi}{3}+\theta\right)\right]$	$\boldsymbol{V}_7$	$T_s\left(2m_a\sin\theta\right)$	$\boldsymbol{V}_{13}$	$T_s\left[2m_a\sin\left(\dfrac{\pi}{3}-\theta\right)-1\right]$
4	$\boldsymbol{V}_{14}$	$T_s\left(2m_a\sin\theta-1\right)$	$\boldsymbol{V}_7$	$T_s\left[2m_a\sin\left(\dfrac{\pi}{3}-\theta\right)\right]$	$\boldsymbol{V}_2$	$T_s\left[2-2m_a\sin\left(\dfrac{\pi}{3}+\theta\right)\right]$

表 5-4 中的公式也可用于 $\boldsymbol{V}_{ref}$ 在其他扇区（II～VI）时作用时间的计算。此时,需要从实际位移角 θ 中减去一个 $\pi/3$ 的倍数,使得结果在 $0\sim\pi/3$ 之间,以便计算。

3. $\boldsymbol{V}_{ref}$ 位置与作用时间之间的关系

图 5-29 中的例子演示了 $\boldsymbol{V}_{ref}$ 位置和作用时间之间的关系。假设 $\boldsymbol{V}_{ref}$ 指向区域 4 的中点 Q,考虑到 Q 和最近三个矢量 $\boldsymbol{V}_2$、$\boldsymbol{V}_7$ 和 $\boldsymbol{V}_{14}$ 之间的距离是一样的,因此三个矢量的作用时间相同。为验证这一点,可将 $m_a=0.882$ 和 $\theta=49.1$ 代入表 5-4 的计算公式中,得到作用时间 $T_a=T_b=T_c=0.333T_s$。

当 $\boldsymbol{V}_{ref}$ 沿着虚线从 Q 向 $\boldsymbol{V}_2$ 移动时,$\boldsymbol{V}_2$ 对 $\boldsymbol{V}_{ref}$ 的影响增强,使得 $\boldsymbol{V}_2$ 的保持时间变长。当 $\boldsymbol{V}_{ref}$ 和 $\boldsymbol{V}_2$ 完全重合时,$\boldsymbol{V}_2$ 的作用时间 T_c 达到最大值（$T_c=T_s$）,此时 $\boldsymbol{V}_{14}$ 和 $\boldsymbol{V}_7$ 的作用时间 T_a 与 T_b 均减小到零。

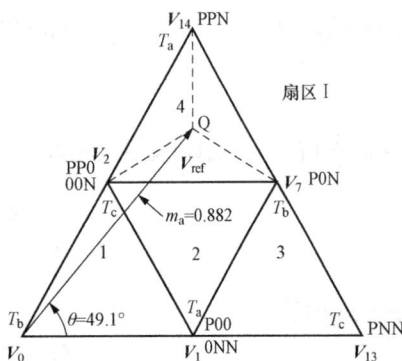

图 5-29 $\boldsymbol{V}_{ref}$ 位置与保持时间的关系

4. 开关顺序设计

定义中点电压 v_Z 为中点 Z 相对于负直流母线的电压。这个电压通常随着三电平 NPC 逆变器开关状态而变化。因此，在设计开关顺序时，需使开关状态对中点电压偏移的影响最小化。对三电平 NPC 逆变器开关顺序设计要求如下：

（1）从一种开关状态切换到另一种开关状态的过程中，仅影响同一桥臂上的两个开关器件：一个导通，另一个关断。

（2）$\mathbf{V}_{\text{ref}}$ 从一个扇区（或区域）转移到另一个扇区（或区域）时，无需开关器件动作或只需最少的开关动作。

（3）开关状态对中点电压偏移的影响最小。

下面分析开关状态对中点电压相关问题的影响。

（1）开关状态对中点电压偏移的影响。图 5-30 给出了开关状态对中点电压偏移的影响。其中，图 5-30（a）所示为逆变器工作在零矢量 $\mathbf{V}_0$ 状态，其开关状态为 [PPP]。此时，每个桥臂的上部各个开关导通，将逆变器 A、B 和 C 三相输出端连接到正直流母线上。由于中性点 Z 悬空，这个开关状态并不会影响 v_Z。类似地，其他两个零开关状态 [000] 和 [NNN] 也不会造成 v_Z 的偏移。

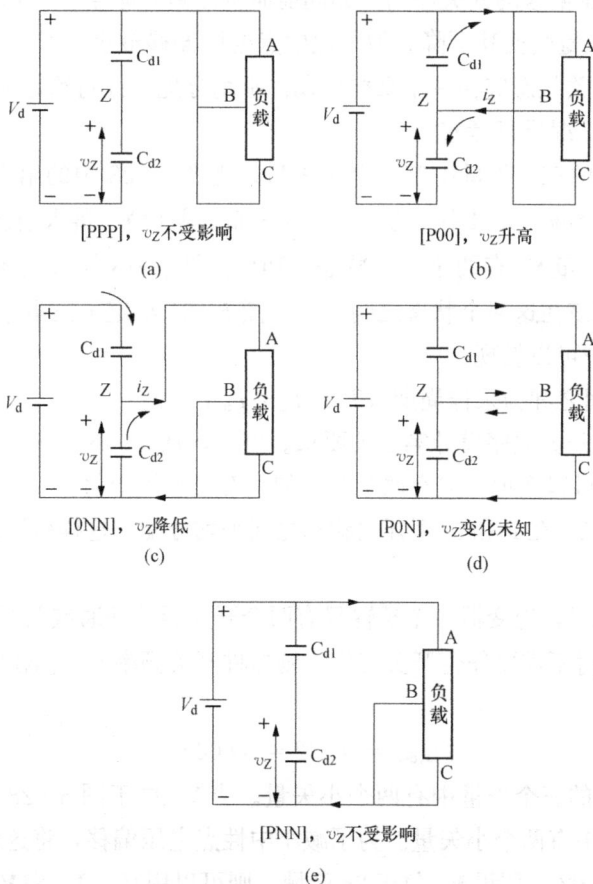

图 5-30　开关状态对中点电压偏移的影响
（a）零矢量；（b）P 型小矢量；（c）N 型小矢量；（d）中矢量；（e）大矢量

图 5-30（b）为逆变器工作于 P 型小矢量开关状态［P00］时的拓扑结构。因为三相负载连接在正直流母线和中点 Z 之间，流入中点 Z 的中点电流 i_Z 使得 v_Z 上升。与此相反，图 5-30（c）中，V_1 的 N 型开关状态［0NN］使 v_Z 减小。

中矢量同样也会影响中点电压。图 5-30（d）所示为工作于开关状态［P0N］的中矢量 V_7，此时，负载端子 A、B 和 C 分别连接到正母线、中点和负母线上。在逆变器不同运行条件下，中点电压 v_Z 可能上升也可能下降。

图 5-30（e）所示为工作于开关状态［PNN］的大矢量 V_{13}，负载端连接在正负直流母线之间，此时中点 Z 悬空，因此中点电压不受影响。

对上面分析可以总结为：

1）零矢量 V_0 不会影响中点电压 v_Z。

2）小矢量 $V_1 \sim V_6$ 对 v_Z 有明显的影响。P 型小矢量会使得 v_Z 升高，而 N 型小矢量会导致 v_Z 降低。

3）中矢量 $V_7 \sim V_{12}$ 也会影响 v_Z，但电压偏移的方向不定。

4）大矢量 $V_{13} \sim V_{18}$ 对中点电压偏移没有影响。

（2）最小中点电压偏移的开关序列。如同前面所提到的那样，P 型小矢量将使得中点电压 v_Z 上升，而 N 小矢量则使其下降。为了使中点电压偏移最小，对于一个给定的小矢量而言，其 P 型和 N 型开关状态应在一个采样周期内平均分配。针对给定矢量 V_{ref} 所在的三角形区域，应对下面两种工况进行考察。

1）工况 1：选定的三个矢量中有一个小矢量。当图 5-28 中的给定矢量 V_{ref} 位于扇区 I 的 3 或 4 区域时，三个静态矢量中只有一个是小矢量。假设 V_{ref} 落入扇区 4，则它可以用 V_2、V_7 和 V_{14} 来合成。小矢量 V_2 有两个开关状态［PP0］和［00N］，为了使中点电压偏移最小化，V_2 的维持时间应该在这两个状态之间平分。图 5-31 给定了三电平 NPC 逆变器典型的 7 段式开关顺序，从中可以发现：

a. 7 段的作用时间之和为采样周期（$T_s = T_a + T_b + T_c$）。

b. 满足了前述的开关顺序设计第 1 项要求。例如，从［00N］～［P0N］的跳变，通过开通 S1 和关断 S3 就可以实现，只有两个开关的状态发生了变化。

c. V_2 的作用时间 T_c 在 P 和 N 型开关状态之间平均分配，这样就满足了开关顺序设计的第 3）项要求。

d. 每个采样周期里，逆变器一个桥臂只有两个开关器件开通或关断。假设 V_{ref} 从一个扇区移动到下一个扇区时不需要任何开关工作，则器件开关频率 $V_{sw,dev}$ 刚好等于采样频率 f_{sp} 的一半。

$$f_{sw,dev} = f_{sp}/2 = 1/(2T_s) \qquad (5-27)$$

2）工况 2：选定的三个矢量中有两个小矢量。当 V_{ref} 位于图 5-28 扇区 I 的区域 1 或 2 时，所选的三个矢量中有两个小矢量。为了减小中性点电压偏移，将这两个区域进一步分割成如图 5-32 所示的子区。假设 V_{ref} 位于 2a 区域，则可以用 V_1、V_2 和 V_7 近似合成。因为 V_1 比 V_2 更接近 V_{ref}，因此 V_1 的作用时间 T_a 比 V_2 的作用时间 T_c 长。称 V_1 为主要小矢量，它的作用时间平均分为 V_{1P} 和 V_{1N}，如表 5-5 所示。

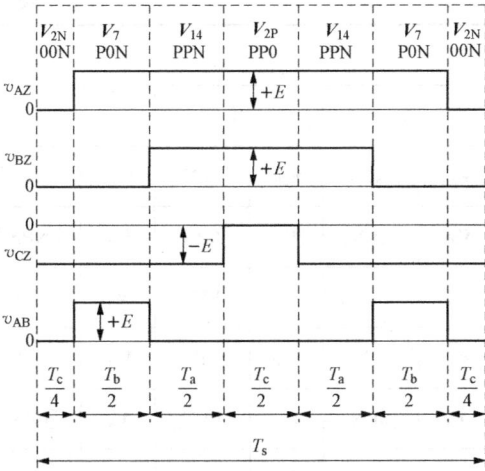

图 5-31　V_{ref} 在扇区 Ⅰ-4 时的 7 段开关顺序

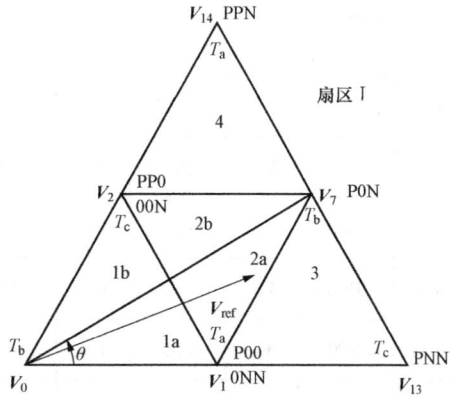

图 5-32　扇区 Ⅰ 各矢量分布及扇区 Ⅰ 划分

表 5-5　　　　　　　　　　　　　　V_{ref} 在扇区 Ⅰ-2a 时的 7 段开关顺序

段	1	2	3	4	5	6	7
电压矢量	V_{1N}	V_{2N}	V_7	V_{1P}	V_7	V_{2N}	V_{1N}
开关状态	[0NN]	[00N]	[P0N]	[P00]	[P0N]	[00N]	[0NN]
作用时间	$\dfrac{T_a}{4}$	$\dfrac{T_c}{2}$	$\dfrac{T_b}{2}$	$\dfrac{T_a}{2}$	$\dfrac{T_b}{2}$	$\dfrac{T_c}{2}$	$\dfrac{T_a}{4}$

在上面讨论的基础上，表 5-6 对于扇区 Ⅰ 和 Ⅱ 的全部开关顺序进行了总结。可以看到：

a. V_{ref} 穿越扇区 Ⅰ 和 Ⅱ 边界的跳变，不会产生任何额外的开关动作。

b. 当 V_{ref} 从一个扇区里的 a 区域移动到 b 区域时，会产生一个额外的开关动作。

表 5-6　　　　　　　　　　　　　　7 段开关序列

扇区 Ⅰ											
段	1a		1b		2a		2b		3		4	
1	V_{1N}	[0NN]	V_{2N}	[00N]	V_{1N}	[0NN]	V_{2N}	[00N]	V_{1N}	[0NN]	V_{2N}	[00N]
2	V_{2N}	[00N]	V_0	[000]	V_{2N}	[00N]	V_7	[P0N]	V_{13}	[PNN]	V_7	[P0N]
3	V_0	[000]	V_{1P}	[P00]	V_7	[P0N]	V_{1P}	[P00]	V_7	[P0N]	V_{17}	[PPN]
4	V_{1P}	[P00]	V_{2P}	[PP0]	V_{1P}	[P00]	V_{2P}	[PP0]	V_{1P}	[P00]	V_{2P}	[PP0]
5	V_0	[000]	V_{1P}	[P00]	V_7	[P0N]	V_{1P}	[P00]	V_7	[P0N]	V_{17}	[PPN]
6	V_{2N}	[00N]	V_0	[000]	V_{2N}	[00N]	V_7	[P0N]	V_{13}	[PNN]	V_7	[P0N]
7	V_{1N}	[0NN]	V_{2N}	[00N]	V_{1N}	[0NN]	V_{2N}	[00N]	V_{1N}	[0NN]	V_{2N}	[00N]

续表

段	1a		1b		2a		2b		3		4	
						扇区Ⅱ						
1	V_{2N}	[00N]	V_{3N}	[N0N]	V_{2N}	[00N]	V_{3N}	[N0N]	V_{2N}	[00N]	V_{3N}	[N0N]
2	V_0	[000]	V_{2N}	[00N]	V_8	[0PN]	V_{2N}	[00N]	V_8	[0PN]	V_{15}	[NPN]
3	V_{3P}	[0P0]	V_0	[000]	V_{3P}	[0P0]	V_8	[0PN]	V_{14}	[PPN]	V_8	[0PN]
4	V_{2P}	[PP0]	V_{3P}	[0P0]	V_{2P}	[PP0]	V_{3P}	[0P0]	V_{2P}	[PP0]	V_{3P}	[0P0]
5	V_{3P}	[0P0]	V_0	[000]	V_{3P}	[0P0]	V_8	[0PN]	V_{14}	[PPN]	V_8	[0PN]
6	V_0	[000]	V_{2N}	[00N]	V_8	[0PN]	V_{2N}	[00N]	V_8	[0PN]	V_{15}	[NPN]
7	V_{2N}	[00N]	V_{3N}	[N0N]	V_{2N}	[00N]	V_{3N}	[N0N]	V_{2N}	[00N]	V_{3N}	[N0N]

图 5-33 给出了图形描述，其中虚线所示的大、小圆周为 V_{ref} 的稳态轨迹，而黑点则表示有额外开关动作发生。由于每个额外开关动作包括（12 个中的）2 个器件，并且每个基波周期只有 6 次额外开关动作，因此器件的平均开关频率增加到

$$f_{sw,dev} = f_{sp}/2 + f_1/2 \tag{5-28}$$

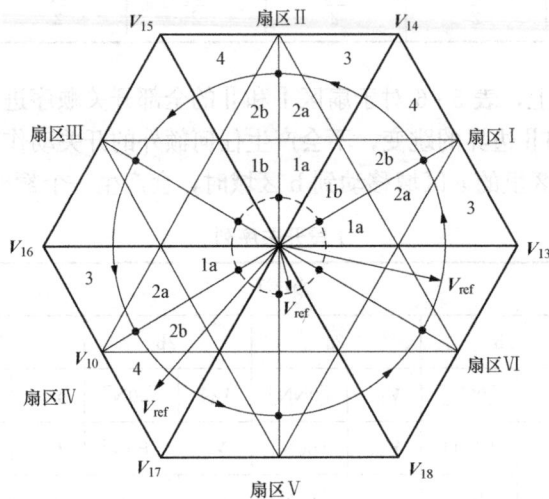

图 5-33　当 V_{ref} 从 a 区域移动到 b 区域时产生的额外开关动作

5.2.3　特定谐波消除 PWM（SHEPWM）控制技术

特定谐波消除 PWM（SHEPWM）可以将逆变器输出方波中不希望出现的低次谐波消除掉，同时控制输出基波电压的大小。其基本原理如图 5-34 所示。

在这种方法中，需要在方波中开出一些预先确定好角度的凹槽。例如图 5-34 所示为四分之一波对称的正半周波形，可以通过控制四个凹槽角 α_1、α_2、α_3、α_4 来消除三个特定的谐波成分，同时控制输出基波电压。如果图示波形中有更多的凹槽角，则可以消除更多的谐波

成分。

任何波形都可以展开成如下的傅里叶级数形式

$$v(t) = \sum_{n=1}^{\infty} (a_n \cos n\omega t + b_n \sin n\omega t)$$

$$(5-29)$$

$$a_n = \frac{1}{\pi} \int_0^{2\pi} v(t) \cos(n\omega t) \mathrm{d}\omega t$$

$$b_n = \frac{1}{\pi} \int_0^{2\pi} v(t) \sin(n\omega t) \mathrm{d}\omega t$$

$$(5-30)$$

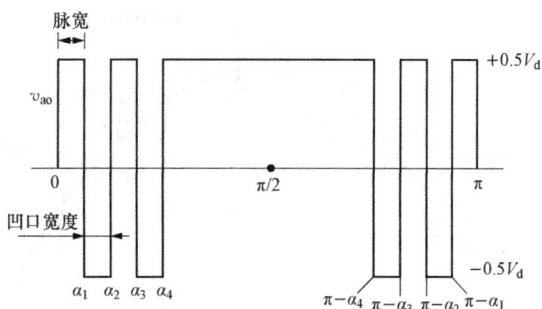

图 5-34 特定谐波消除 PWM 的相电压波形

由于波形四分之一周期对称，因此波形中只含有正弦项且只包含奇次谐波，即

$$a_n = 0$$

$$b_n = \frac{4}{\pi} \int_0^{\frac{\pi}{2}} v(t) \sin(n\omega t) \mathrm{d}\omega t$$

$$v(t) = \sum_{n=1}^{\infty} b_n \sin n\omega t$$

假设图中的波形幅值为 1，即 $v(t) = \pm 1$，那么，可求出 b_n 为

$$b_n = \frac{\pi}{4} \left[\int_0^{\alpha_1} (+1) \sin n\omega t \, \mathrm{d}\omega t + \int_{\alpha_1}^{\alpha_2} (-1) \sin n\omega t \, \mathrm{d}\omega t + \cdots + \int_{\alpha_{k-1}}^{\alpha_k} (-1)^{k-1} \sin n\omega t \, \mathrm{d}\omega t + \int_{\alpha_k}^{\frac{\pi}{2}} (+1) \sin n\omega t \, \mathrm{d}\omega t \right]$$

$$= \frac{4}{n\pi} \left[1 + 2(-\cos n\alpha_1 + \cos n\alpha_2 - \cdots + \cos n\alpha_k) \right]$$

$$= \frac{4}{n\pi} \left[1 + 2 \sum_{i=1}^{k} (-1)^i \cos n\alpha_i \right]$$

$$(5-31)$$

这样，根据谐波及基波要求，可以得到 k 个方程，求解出 k 个 α 角度。

以消除 5 次、7 次谐波，同时控制基波电压为例，可以得到下列方程，即

$$b_1 = \frac{4}{\pi} (1 - 2\cos\alpha_1 + 2\cos\alpha_2 - 2\cos\alpha_3)$$

$$b_5 = \frac{4}{5\pi} (1 - 2\cos 5\alpha_1 + 2\cos 5\alpha_2 - 2\cos 5\alpha_3) = 0$$

$$b_7 = \frac{4}{7\pi} (1 - 2\cos 7\alpha_1 + 2\cos 7\alpha_2 - 2\cos 7\alpha_3) = 0 \qquad (5-32)$$

对于给定的基波电压幅值 b_1，即可求出 α_1、α_2、α_3。

例如 $b_1 = 0.5$ 时，$\alpha_1 = 20.9°$，$\alpha_2 = 35.8°$，$\alpha_3 = 51.2°$。

5.2.4 滞环 PWM 控制技术

滞环 PWM 本质上是一种瞬时电流反馈 PWM 控制方法，在这种方法中，实际电流在一个滞环带内连续地跟踪指令电流。图 5-35 给出了一个半桥逆变器采用滞环 PWM 的工作原理。控制电路产生具有希望幅值和频率的正弦参考电流波，然后这个正弦参考电流波与实际相电流波相比较，当实际相电流超过预先确定的滞环带时，半桥逆变器的上部开关关断，下部开关导通，使输出电压从 $+0.5V_d$ 转换到 $-0.5V_d$，使实际相电流下降。当实际相电流达

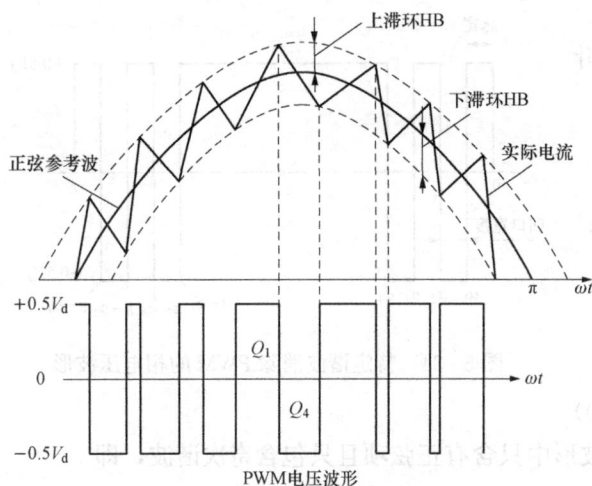

图 5-35　滞环电流控制原理

到滞环带下限时，下部开关关断，上部开关导通，使实际电流上升。在每一次转换中应有一个死区时间（t_d）以防止桥臂直通。这样通过上部和下部开关器件的轮流开关（或称砰—砰控制）强迫实际电流波在一个滞环带内跟踪正弦指令波，因此，逆变器本质上成为了一个带有一定峰—峰值纹波的电流源。电流被控制在一个滞环带内而与电压 V_d 的波动无关。当上部开关导通时，电流以一个正的斜率变化，这时有

$$\frac{\mathrm{d}i}{\mathrm{d}t} = \frac{0.5V_d - V_{cm}\sin(\omega_e t)}{L}$$

$$(5-33)$$

式中　　　　　　　$0.5V_d$——施加的直流电压；

$V_{cm}\sin(\omega_e t)$——负载反电动势的瞬时值；

L——负载的有效电感。

当下桥臂开关导通时，电流以负斜率变化

$$\frac{\mathrm{d}i}{\mathrm{d}t} = -\frac{0.5V_d + V_{cm}\sin(\omega_e t)}{L}$$

$$(5-34)$$

纹波的峰—峰值以及开关频率都与滞环带的宽度有关，例如，一个较窄的滞环带会使开关频率增加并减小纹波。通常希望能够设置一个综合考虑谐波成分以及逆变器开关损耗的最优带宽。滞环 PWM 可以平稳地穿过准 PWM 区进入方波电压工作模式。在电机的低速工作区，反电动势较小，电流控制器的跟踪是没有任何困难的。但是在高速工作区，由于较高的反电动势，在某些周期电流控制器中会饱和，因此会出现一些基波频率倍数的谐波。在这种情况下，基波电流幅值会减小，相位会滞后于指令电流。

图 5-36 是实现滞环 PWM 的控制框图，电流控制环的误差加到滞环比较器的输入端，滞环带的宽度由下式给出

$$\mathrm{HB} = V\frac{R_2}{R_1 + R_2}$$

$$(5-35)$$

式中　V——比较器供电电压。

器件的开关条件为：

上桥臂器件导通：$(i - i* < -\mathrm{HB})$。

下桥臂器件导通：$(i - i* > \mathrm{HB})$。

滞环 PWM 的优点是实现简单，动态响应快，可以直接限制器件的峰值电流。另外对直流侧电压的波动不敏感，可以减小直流侧的滤波电容。

缺点是 PWM 的频率不固定，使得电机电流中的谐波得不到优化处理，为解决这个问题，需要采用自适应滞环带。另外，这种方法中基波电流在相位上滞后于指令电流，且随频率的提高而加大，会影响电机的控制性能。

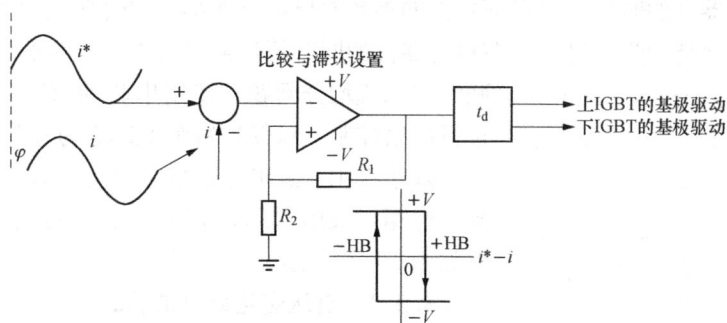

图 5-36　滞环 PWM 控制框图

5.3　推进变频器工程应用的相关技术问题

5.3.1　开关频率和开关损耗

对船舶电力推进变频器功率器件而言，提高开关频率和降低开关损耗是一对矛盾。功率器件的开关频率越高，供给负载的电压和电流波形质量越好，这对降低振动噪声以及降低变频器输出滤波的要求有利，船舶电力推动系统设计者希望能使用开关的最高频率。但是，由于每个开关周期中都伴有能量的损耗，开关频率越高损耗越大。当前船舶电力电子变频器的开关频率限制值远远低于其理论能力，提高功率器件的开关频率同时降低开关损耗是目前变频器发展的目标之一。

谐振变频器可有效降低开关损耗，具有很大的优势，它的概念是在主开关器件旁边加辅助电路来产生一个共振电流，在换向期间内使开关的电流或电压接近于零，这样电压和电流的乘积（功率）也接近为零，开关损耗大大降低。若换向期间保持开关电流接近零，称为电流谐振，类似地，若换向期间保持开关电压接近零，称为电压谐振。

一旦开关损耗大大减少，设计者就有几种选择，可以提高变频器的效率，可以提高变频器的开关频率，也可以提高变频器的输出电流（此时传输损耗会代替开关损耗），还可以将三者结合起来。但是，船舶推进用谐振变频器还存在一个问题：船舶推进系统长时间处于部分负荷工况，因此变频器的开关损耗也会随之大幅度降低，但是谐振电路产生的附加损耗却和变频器满负荷工作时的损耗基本相同。这样，在低负荷工况时采用谐振变频器，不仅不能降低损耗，反而会增加整体损耗。解决这个问题的办法是设计一个可以断开的谐振电路，当谐振电路引起的损耗大于它节省的损耗时，就将谐振电路断开，但是这种方法只能用于电流谐振变频器，而且这种谐振变频器的体积较大、造价较高。

5.3.2　功率器件串、并联

大功率船舶电力推进系统存在的问题是电力电子器件有时不足以提供所需的功率等级。而增加变频器容量的一个最直接的方法就是对功率器件进行串并联。在理想情况下，两个特性完全相同的器件串联或者并联后的容量是原来单个器件容量的两倍，由其构成的变频器的容量也会增加一倍。但在实际情况下，由于器件本身参数的分散性，一些器件不得不降额使用，这样使得串并联后变频器的总功率要小于理想情况，具体大小要根据器件的匹配程度而定。因此在选择器件的时候，要保证器件的参数差异尽可能小，同时在控制的时候要使器件的驱动信号尽量保持同步。另外，在精选器件的同时仍然需要解决串联时的电压均分以及并联时的电流均分问题。使用串联的 IGBT 时必须对温度进行严格控制，以保护每个 IGBT 的开关性能。

基于 IGBT 的串并联技术已经在船舶电力推进上得到了应用，采用 IGBT 串联"H"桥结构变频器的主电路如图 5 - 37 所示。

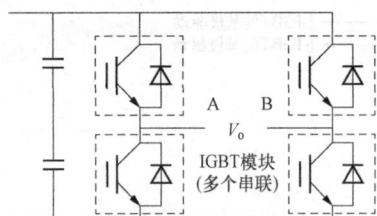

图 5 - 37　采用 IGBT 串联"H"桥结构变频器的主电路

5.3.3　电压变化率（dV/dt）

变频器用于驱动推动电机，由变频器产生的 PWM 波形对电机绝缘性能的影响很大，电机的绕组绝缘必须能够承受正弦波调制过程中产生的边沿陡峭的脉冲电压冲击。由于对电机绝缘影响的主要因素是电压变化率，而 PWM 变频器可以产生极高的电压变化率，所以这个因素引起的绝缘能力的下降以及潜在的绝缘故障常常是超乎人们想象的，需要在设计时首先考虑。在欧洲及美国进行的紧凑式推进电机开发过程中，绝缘故障是几个开发失败项目最常见的原因。由于这种绝缘方面的问题对 PWM 变频器直流环节的电压也形成了限制，因此中压标准对船舶系统设计人员就显得比较重要。

由于变频器输出端的电压变化率是电机绝缘能力下降的主要原因，所以许多变频器使用输出滤波器来降低电压的变化率。有时候，这些输出滤波器也被设计成可以消除主要的输出谐波分量，它们被称作正弦滤波器。但是，更多的情况下，输出滤波器往往设计成只是将电压变换率限制在一定水平上，这些滤波器被称作电压变化率滤波器。电压变化率滤波器比正弦滤波器要小很多，实际的尺寸、费用、节省的全系统的效率都是系统设计时要考虑的关键问题。

5.3.4　保护技术

1. 过电流保护

电力电子变换及控制系统运行不正常或发生故障时，可能会发生过电流，造成开关器件的永久性损坏，过电流在过载和短路两种情况下发生。通常电力电子变换器系统均同时采用几种过电流保护措施以确保保护的可靠性和合理性。所选择的几种过电流保护措施应相互协调配合。通常选用电子保护作为延时最短但动作阈值最高的一级保护，当电流传感器检测到过电流值超过动作电流整定值时，电子保护电路输出过流信号、封锁驱动信号、关断变换器中的开关器件、切断过电流故障。快速熔断器是电力电子变换器系统中常用的一种过电流保护措施。快速熔断器的熔断时间与过电流的大小有关（与发热量 $I^2 - t$ 有关），快速熔断器对开关器件的保护有全保护（不论过载还是短路均由快速熔断器保护开关器件不因过电流而损坏）和仅作短路保护两种保护类型，可由设计者选定。

桥式电路变换器中，一个特殊的短路潜在危险是上、下两个开关管直通。为避免这种直通，一个开关管开通信号的时间应滞后于另一个开关管关断信号的时间。

2. 过电压保护

电力推进变频器中可能发生的过电压有：

（1）操作过电压。由电路开关分闸、合闸操作所引起的过电压。电路合闸接通电源的瞬间，高压电源电压通过降压变压器一次、二次绕组之间的分布电容直接传至次级电力电子变换器的开关器件。电路分闸断开变压器时，变压器一次励磁电流突然被切断所引起的过电压感应到二次侧，使电力电子变换器开关器件承受操作过电压。

（2）换相过电压。换相过程中，与开关器件并联的二极管在导电结束时，不能立即恢复反向阻断能力，如果有反向电压作用，则会有较大的反向电流流过二极管使内部残存的载流子恢复，当其恢复了阻断能力时，反向电流急剧减小，这时线路中杂散电感产生很大的反电势，这个反电势与电源电压相加作用在与二极管并联的开关器件上，可能使开关器件过电压而损坏。

（3）关断过电压。开关器件关断时，其电流迅速减小，而在线路电感上产生很高的感应电压加在正在关断的开关器件上，可能使其过电压损坏。

5.3.5　变频器散热

船舶推进电力电子器件通以电流后，要消耗大量的功率，这部分耗散功率转变成热量则使管芯发热、结温升高，管芯发热后，就要通过周围环境散热。冷却方式主要为液体冷却和沸腾冷却。

通常船舶电力推进变频器采用水冷散热器。水冷散热器的冷却效率极高，其对流换热系数等于空气自然换流系数的 150 倍以上。由于普通水在高压下发生电离而成为导电体，会给设备和人身带来很大的威胁，因此内循环水应采用去离子水，在船上装备一套去离子水设备。

液冷的另一种方式为油冷，油冷散热器的散热效率在水冷散热器与风冷散热器之间，冷却介质多用变压器油。

沸腾冷却也受到重视，沸腾冷却是将冷却媒质（如氟利昂）放在密闭容器中，通过媒质的相变来进行冷却的技术。这种冷却方式具有极高的冷却效率，比油冷和水冷高若干倍，比风冷高十多倍，因此，沸腾冷却装置的体积比同容量油冷和自冷装置小得多。

5.3.6　推进电机回能与吸收

如前面章节所述的螺旋桨反转特性，从推进电机正转速到反转的过程中，螺旋桨产生负转转矩，推进电动机运行在发电机状态，向变频器供电，这是电力推进中的回能现象。回能吸收对于电力推进变流装置的设计是十分重要的，通常需要设置专门的动态制动电阻和控制器，如图 5-9 中采用了制动电阻的方法来及时吸收回能，以防止巨大的回能影响上游电力系统的稳定性。

5.3.7　谐波畸变与抑制

变频器的供电电压和负荷电流的非基频分量被称为谐波，由此产生的畸变被称为谐波畸变。畸变的电流和电源电压波形可能导致：①加速绝缘材料的老化，连接于网络的设备，如发电机、电动机、变压器、电缆等，由于谐波电流而增加的功率损耗可能会引起绝缘过热和老化，减少设备的运行寿命。②电子设备的过载，增加了设计上由正弦电源电压供电的电子设备的负载电流，设备可能产生过热或失灵。③畸变波形可能产生过大的电磁干扰，导致电子设备误动作。

谐波畸变水平在电力推进系统中尤为显著，因为主要负载通常是由变频器驱动的推进电机。因此，有必要预测谐波畸变、评估其影响，并且采用正确的手段来控制电压畸变，以满足标准和规范对船舶网络谐波畸变的要求，使装置在整个使用寿命内没有功能缺陷。因而，对变频器谐波性能的设计是关键问题。

124

5.3.8　电磁兼容

船舶电力推进变频器要达到电磁兼容性的要求，它的电磁辐射既不能影响其他设备的运行，也不能使变频器受到其他设备产生的电磁辐射的影响。只有综合考虑电磁兼容设计方案，才能实现电磁兼容，确保变频器即使在极端的电磁干扰情况下，也可正常运行。

电磁兼容性问题在标准规范中有相应的规定，变频器这种特殊设备也应该满足相关的技术标准规范。但是，大尺寸的电力推进变频器的电磁兼容性设计在许多方面取决于设计者的经验。大量电磁干扰检测设备对这个设计工程也起到了很大作用。

由推进电机和变频器构成的电力推进系统不论采用哪一种形式，电磁信号都主要由以下几种互相影响的因素决定：①额定推进功率；②变频器到推进电机的电流；③电缆种类；④电缆长度；⑤变频器与电机之间的阻抗匹配特性；⑥变频器输出滤波器特性；⑦推进电机的设计和较小漏磁的能力；⑧推进电机和变频器的相数；⑨变频器的调速策略；⑩接地方法。

变频器输出滤波器一般可以降低电磁干扰，增强电磁兼容性。其作用主要是：①减小PWM的电压变化率（dV/dt）；②减小传输线效应；③减小电机接地电流、准方波电压/电流、定子齿槽效应引起的电磁干扰。输出滤波器通常有以下三种形式：

（1）正弦波滤波器。可以改善电机的输入波形，这样就可以使用现有的电机作为变频调速电动机使用，也可以使电机安装在距离变频器较远的地方（避免传输线效应——电缆传输准方波式PWM波形时具有的特性）。尽管PWM变频器的dV/dt比较大，采用正弦波滤波器后可以采用工业标准电机，不必过多地考虑其绝缘问题。标准的三相鼠笼式异步电机和带有正弦波输出滤波器的PWM变频器在已是商用的标准上配置。

（2）dV/dt滤波器。为了降低PWM变频器较大的dV/dt和电磁干扰的影响，新设计的电机一般都采用dV/dt滤波器，如果不加dV/dt滤波器，电机的绝缘和电磁兼容性就会恶化，变频调速电动机必须降额使用。dV/dt滤波器也可用来减小共模电压引起的接地电流。

（3）有源滤波器。有源滤波器可以用来调节各种变频器与电机之间的波形，也可用于调节中压母线的波形。

5.3.9　变频器的特征噪声信号与抑制

在船舶电力推进中，针对不同形式的变频器的特征噪声信号，应采取相应的抑制技术。下面简要介绍几种常用的变频器特征噪声信号及抑制技术的适用性。

1. 循环变频器的特征噪声与抑制

循环变频器采用的是调相控制原理，对供电波形进行调制得到输出波形。晶闸管桥电流大幅度变化，以及电机的脉动转矩，使变频器成为较大的振动噪声源。6脉冲和12脉冲的定子齿槽效应对电磁泄漏也有影响。对于电力推进中的循环变频器，转速变化使输出频率发生变化，供电谐波频率也会相应变化，要滤除这些与负载相关的谐波很困难，推进电网上的时变谐波是重要的电磁发射源，所以一般把船舶的日用电网发电机组和被"污染"的推进电网隔离开。

2. 同步变频器的特征噪声与抑制

由于同步变频器采用负载换向，当变频调速电机的转速低于10%时电机的转矩脉动将大幅度增加。这是因为低速运行时，电机的反向电动势不足以使晶闸管变频器自然换向。在低速工况，通过供电侧晶闸管桥的适当开关来影响逆变侧晶闸管桥，实现强迫换向，造成中间直流电压的较大波动，从而增大了脉动转矩。这种脉动转矩和推进电机一起产生了船舶绝大部分的噪声信号。有源滤波器技术在减少转矩脉动和电压电流畸变率方面取得了很好的效果。

3. PWM 变频器的特征噪声与抑制

为了降低特征噪声信号，同时获得较高的效费比，需要对一些参数进行优化。PWM 变频调速系统的减振降噪技术主要有：①控制策略；②输出滤波器特性；③减小共模电压引起的环流；④接地方式；⑤从变频器到电动机的电缆设计。采用上述的任何一种特征信号抑制技术，都需要根据全船的特征信号对各参数进行优化调整。

5.4　船舶电力推进变频器的选择

考虑到推进功率、可维护性及经济性等各方面因素，目前船舶电力推进的主流是采用交流电机推进，因此对应的变频器为交—交循环变频器或者交—直—交变频器。循环变频器主要用于速度极低扭矩极高的场合，例如破冰船等，另外这种变频器的功率密度较低，输出谐波大，易导致较大的振动和噪声。同步变频器和 PWM 变频器是目前的主流变频调速技术。同步变频器主要用于同步电动机变频调速控制，其技术发展已经十分成熟，由于它主要采用晶闸管作为主开关器件，因此在电压、功率等级和经济性方面具有优势，所以很多采用电力推进的大型民船如油轮和客轮等都采用这种结构的变频器，它的主要缺点是功率密度不高，同样存在噪声和振动大的问题。

因此对于隐身性、机动性要求较高的船舶来说，同步变频器可能无法满足需要。主要选择性能更加优越的 PWM 变频器，它在功率密度、输出谐波、控制性能等方面比其他几种类型的变频器具有更多的优势，另外，它的控制对象也更加灵活，可以是异步电机、同步电机或者是永磁电机，这为电力推进的研发提供了更多的选择。

5.5　SIMOVERT MASTERDRIVE 变频器及其应用

SIMOVERT MASTERDRIVE 变频器广泛应用于船舶电力推进，下文结合某型救生船来介绍该型变频器的组成、功能、使用及维护保养。其主电路拓扑结构如图 5 - 38 所示，变频器柜体布置如图 5 - 39 所示。救生船采用的是中压配电，发电机电压是 6600V，输入到中压主配电板，通过配电开关给推进变压器供电，推进变压器副边输出 710V/50Hz，输入到推进变频器，推进变频器输出 690V 交流电压到推进电动机。

5.5.1　推进变压器

推进变压器的容量为 4200kVA，原边接成三角形，可防止 3 的倍数次谐波注入到电网，输入电压为 6600V。副边有两套绕组，均接成三角形，但相位相差 30 度，连接方式为 Dd0.25d11.25，两套绕组的容量相等，输出线电压均为 710V，这样在每个副边连接三相二极管整流电路后可以得到 12 脉波的整流输出电压，同时耦合到原边的最低次谐波为 24 脉波，有利于降低谐波含量。

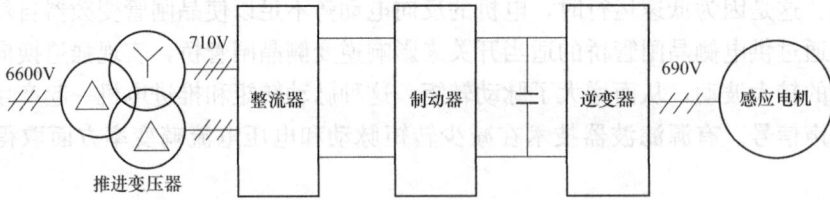

图 5-38　某型救生船推进变频器主电路拓扑结构

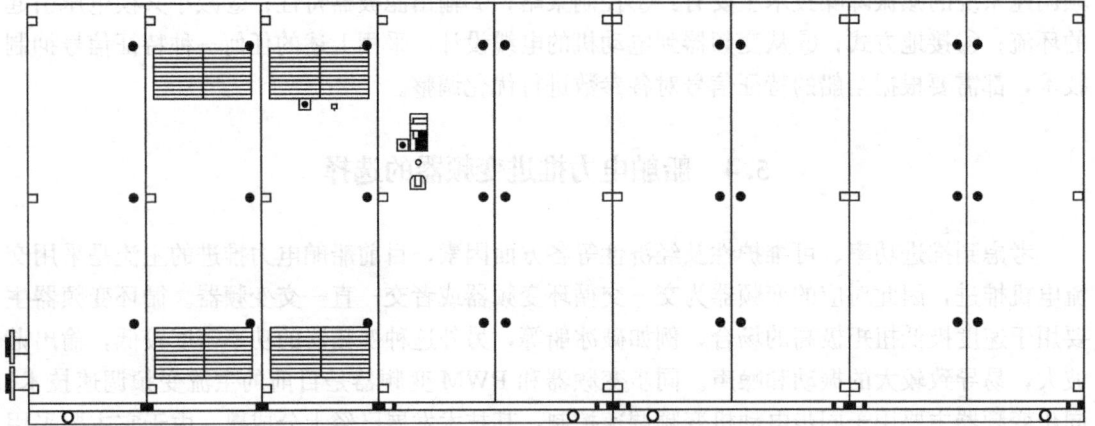

图 5-39　变频器柜体布置

　　推进变压器采用水冷散热，同时配置 2 台强制通风电动机，从低压 390 V 配电板供电，风机电动机的启动/停止控制由变频器提供。如果冷却水发生故障，在打开变压器箱盖，保持空气通畅的情况下，变压器可提供 50% 左右额定功率。其外形结构及实物如图 5-40 所示。

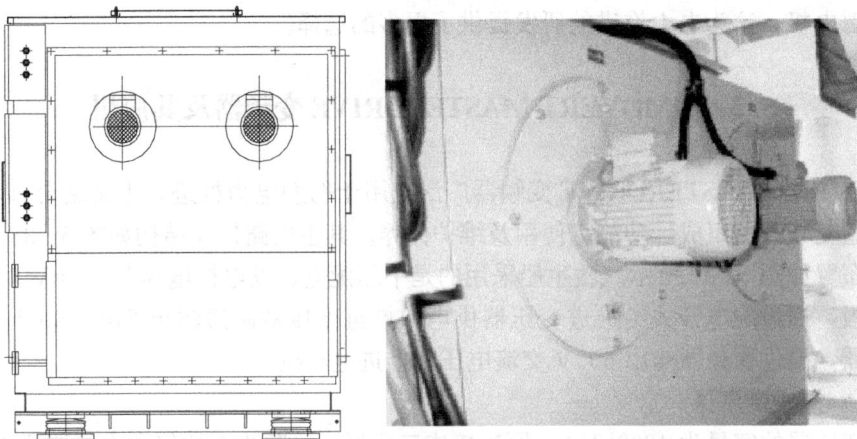

图 5-40　推进变压器的外形结构图及实物照片

5.5.2　整流单元

　　每台变频器的整流器由两套三相全波整流二极管桥式电路组成，其输入来自推进变压器的两套副边三相绕组，由于推进变压器两套副边绕组输出电压在相位上相差 30°电角度，因此两套二极管三相全波整流输出经并联后得到 12 脉波的输出电压。该整流器单元为水冷方式，冷却水流过铝合金散热片把整流器的热量传递出去。每个二极管都配置了半导体保险丝，该保险丝由并联接入的微动开关和控制系统监控。同时整流器的温度由温度传感器监控。

　　整流单元的原理框图如图 5-41 所示。

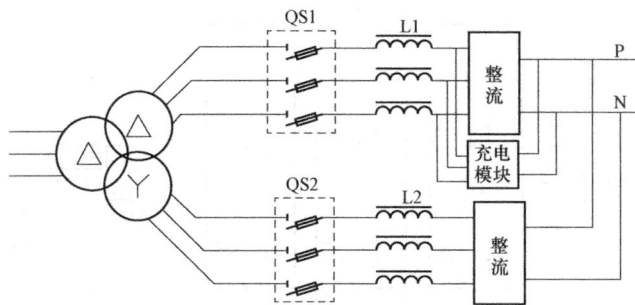

图 5-41　整流电路

　　为了防止初始上电时直流母线电容充电电流过大，在整流单元启动时，通过充电电阻给电容充电。当电容电压上升到一定值后，充电模块被短路，整流桥开始工作。

5.5.3　逆变单元

　　逆变单元采用西门子标准水冷 SIMOVERT MASTERDRIVE 模块，由于单个模块的容量达不到推进系统的功率要求，因此整个变频器采用了四个模块并联的方式，每个模块都配置了单独的直流滤波电容，该电容同时作为该逆变器的能量储存装置。逆变器四个单元的电路结构相同，每个逆变单元的三个桥臂中点接输出电抗器，而且 4 个电抗器之间没有电磁耦合。出线电抗器作用是阻止各支路电流的变化，减小电流的差异，实现负载电流平衡。逆变单元的原理图如图 5-42 所示。

　　功率损耗产生的热能通过闭式水冷回路冷却。安装在 A3 柜内的泵通过在整流器和逆变器内的铝质冷却槽向系统提供冷却水，并流回到冷却水热交换器。

5.5.4　制动单元

　　当电机减速时，电能将馈送到 SIMOVERT MASTERDRIVE。为了防止直流过电压跳闸，可以用制动单元来将电能转化为热能。制动单元包含一个制动断路器以及一个外部的制动电阻。制动单元接入到直流母排端子。当直流母排电压达到设定的上限电压，即 DC1070V，制动单元自动启动，来遏制直流母排电压的增长。制动单元是完全自动控制的，其系统的电源也集成在该单元的内部，其结构如图 5-43 所示。

5.5.5　变频器的控制

　　电机控制采用转子磁场定向的矢量控制，其控制结构如图 5-44 所示。由速度环和电机定子电流闭环经过 PI 调节器得到逆变器的电压公共基准信号。如果直接将这个电压公共基准信号作为给定送给逆变器，会导致由于开关管开关时间、输出阻抗不同等原因造成的环流。所以，通过每个逆变器的输出电流同计算得到的给定电流相比较，减小/增加输出电压瞬时值的方式来减小/增加自身的输出电流，可实现负载电流的均衡控制。

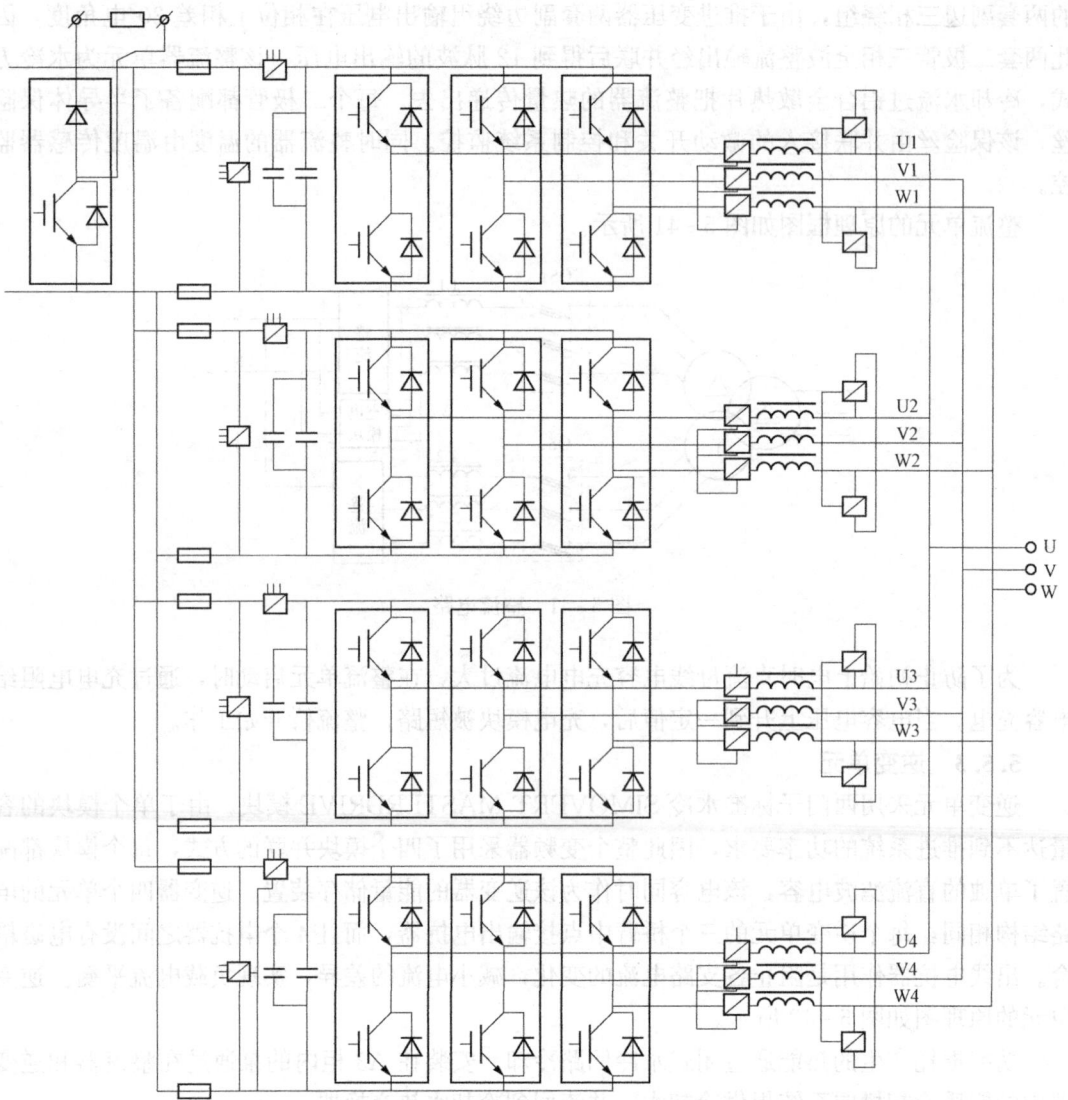

图 5-42　逆变电路

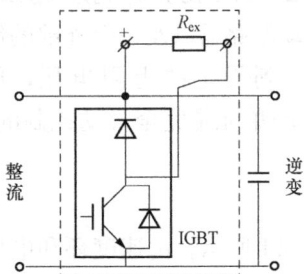

图 5-43　制动单元

在控制回路中加入均流环节后，四个逆变器的控制信号脉冲宽度可能不同，也正因为这样，每个开关周期内的环流得到明显减小。

整个系统的基本控制流程如图 5-45 所示。

从系统流程图可见，控制方案选择转子磁场定向的矢量控制，通过坐标旋转变换，实现了励磁电流和转矩电流的解耦。4 个逆变单元输出电流分别与给定电流比较，作为均流控制环节调节矢量控制的输出电压，消除了由于开关管差异等原因引起的环流，实现了负载电流的均衡控制。

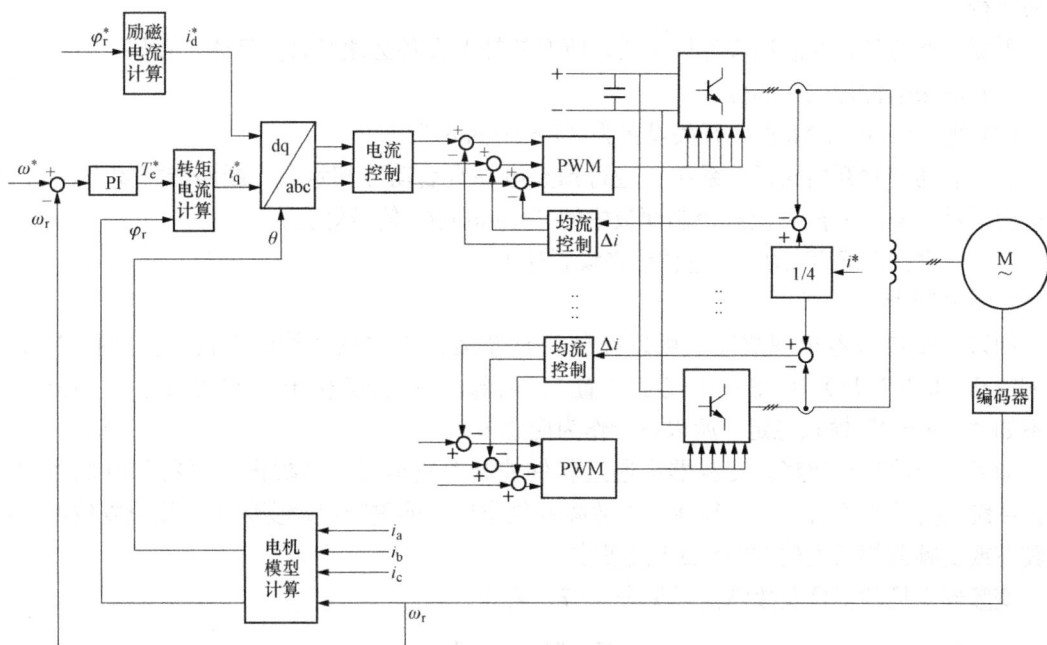

图 5-44　逆变器并联的感应电机矢量控制框图

5.5.6　变频器的操作使用

1. 启动

在系统启动前，要确保辅助电源已开启，应急控制面板上的控制开关在"正常"位置。如果没有出现错误，变频器会发出"READY"信号。如果出现"On"信号，变频器会被预充电并且水泵会运行。变频器发送"Close"信号给断路器并接收返回的"Closed"信号。然后变频器会发出"Running"信号。当所有辅助工作完成后，变频器被激活并且可以进行速度设置。如果"On"信号执行但控制杆不在零位时，变频器不能被激活，除非控制杆恢复到零位。

具体的启动操作步骤如下：

（1）开启辅助电源。

（2）开启 24V 直流电源。

（3）按下驾驶室面板中的"On"按钮。

（4）执行完预充电后，风扇和冷却水泵开始运转。当"Ready"信号亮起，变频器预备运行。

（5）移动推进控制杆使其离开零位，启动变频器。

2. 应急控制

如果发生面板或总线通信错误，可以控制变频器运行在"Emergency"模式。根据变频器的装配，应急控制可以从"外部应急控制面板"或变频器控制柜前面板的内部应急控

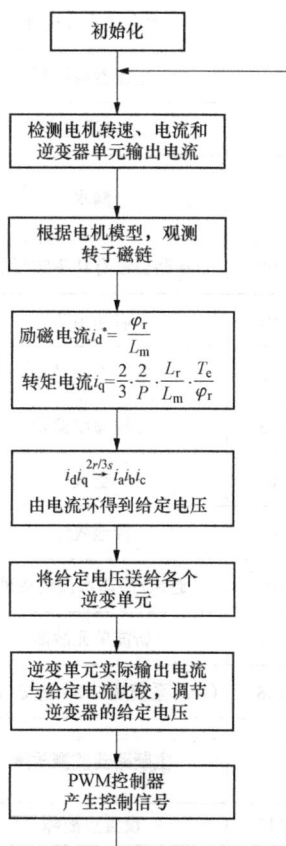

图 5-45　控制系统流程图

制来执行。

需要注意的是，在启用应急模式前，所有的辅助设备必须开启。具体步骤如下：

（1）确保电位计位于零位。

（2）把"Control Mode"开关设置为"Emergency"。

（3）启动步骤开始执行。系统会进行预充电并且启动冷却水泵。断路器将闭合，OP1S面板会显示"Running"，应急控制面板中的"Running"信号灯亮。

（4）调整"SPEED REF"电位计来设置速度。

3. 故障及报警处理

如果速度传感器出现故障，可以控制变频器运行于"频率控制"模式。即把"RPM Feedback Mode"开关（-S6）设定到位置1：内部。-S6开关位于+A1柜中。这种调节模式不如"Normal"模式稳定，所以只能作为应急模式。

如果变频器出现故障，变频器会通过软件控制停止运行，以防止变频器和电机受到损害。系统因为故障停机后，必须在排除故障并复位后才能重新启动变频器。故障复位可以在驾驶室或变频器柜门上的OP1S面板上操作。

变频器常见的报警及故障信号见表5-7、表5-8。

表 5-7　　　　　　　　　　　　　报　警　信　号

故障代码	问题描述	处理方法
A015	紧急停车线监测	检查紧急停车回路接线。ESC继电器指示被检查线路
A97	整流器温度高	检查水冷系统（泄漏，压力，等），检查负载，检查热水箱的温度传感器
A23	电机温度高	检查电机冷却系统。检查温度传感器KTY
A99	漏水	如果在变频器底部的集水箱中看到水，检查系统是否漏水；检查漏水监测电路；每个柜子有一个开关，检查该开关和海绵
A100	断路器没有功率实际值	检查电路
A101	启动预防	检查所有的辅助设备运行情况；检查电路
A102	电机 I^2/t 监测	超过了电机的 I^2/t 监测极限值
A103	母排频率偏差	检查母排频率；检查发电机
A104	空置	
A105	接地故障	检查系统接地故障
A106	通风/冷却水流动故障	检查风扇的机械磨损（轴承等）；检查泵的水流
A107	斩波单元故障	检查斩波器
A108	GPA系统超过20毫安/分离	检查GPA的信号
A109	主断路器监测故障	检查信号电路；检查在母排中的MCB信号接触情况；检查MCB和母排的插头连接情况
A110	设置点故障	信号小于4mA；检查电路

表 5-8　　　　　　　　　　　故　障　信　号

故障代码	问题描述	处理方法
A015	紧急停车线监测	检查紧急停车回路接线。ESC 继电器指示被检查线路
F116	整流器温度高	检查水冷系统（泄漏，压力等），检查负载，检查热水箱的温度传感器
F117	整流器熔断器故障	检查断开的熔断器
F118	电机温度高	检查电机冷却系统；检查温度传感器 KTY
F119	空置	
F120	主断路器监测故障	检查信号回路；检查在母排里的断路器信号接触情况
F121	预充磁故障	检查逆变器直流熔断器；检查断路器 Q2，Q4 是否断开或者错误
F122	空置	
F123	紧急停车	检查在驾驶室或者在变频器柜的门里的紧急停车按钮
F124	通信故障	检查 profibus 连接和接线
F125	外部停车	检查外部的信号回路

5.5.7　变频器的维护保养

1. 变频器清洁

变频器在恶劣的空气环境中会被灰尘污染，这样就降低了绝缘强度和冷却能力。因此需要定期清洁（比如每年一次）以提高设备的可靠性。清洁时，变频器进口处的过滤器可以用肥皂水清洗或者直接更换。

拆开主配电板中的主开关和预充电保险丝（这时应当注意：由于直流母线的电容器，变频器断电 5 分钟内母线上仍然会存在危险电压）。用刷子或吸尘器除去柜子内外的灰尘，如果使用压缩空气，要注意压力最大不能超过 1bar（0.1MPa）。

2. 冷却管路的维护

软管：软管使用 12 年后必须更换。

软管夹：必须每 12 个月检查和拧紧一次软管夹。

重新填充冷却水：如果冷却系统发生泄漏，必须在修理后重新填充冷却水。新的冷却水要加到膨胀水箱里。在冷却水中要按照 20% 的比例添加防冻介质。

泄放：重新对冷却管路进行填充后，系统必须要泄放，步骤如下：

(1) 松开变频器的泄放阀。

(2) 将冷却风扇放置于变频器单元的顶部。

(3) 拧掉膨胀水箱的螺帽。

(4) 运行水泵直到空气泄放完。

(5) 拧紧变频器的泄放阀。

(6) 让水泵离开膨胀水箱的螺帽后继续运行一段时间，直到空气被泄放完。

(7) 添加冷却水维持液位。

(8) 当空气被排出后，检查螺丝和阀是否适当关紧。

泄放必须在系统不带电的情况下进行。泄放过程可能需要重复。

3. 冷却水泵和热交换器的维护

冷却水泵和电机的维护间隔是相同的。电机的维护间隔决定了水泵的维护间隔。

热交换器的污垢会导致容量的下降并影响压力下降的程度。如果使用清水喷射清洁不够充分，需要更换热交换器。

4. 风扇的维护

逆变器的风扇单元（安装在顶部的两个风扇）设计使用寿命为 40 ℃ 环境下 35000h。

整流器的风扇安装在柜子的门上，设计使用寿命为 10000h，更换风扇时要卸掉门前的塑料框架并松开 4 个螺丝。更换风扇之后要检查是否有风从柜子里吹出。

此外，建议更换或清洗整流器柜子的空气进口过滤器（位于门的下方）。更换或清洗的时间间隔视环境空气的恶劣程度而定。过滤器的垫子可以在揭去门前方的塑料框架后更换。

小 结

船舶推进变频器有多种类型，主要包括交—交变频器、同步变频器；交—直—交电压型变频器等。交—交变频器和同步变频器采用晶闸管作为主开关器件，功率比较大，一般应用于推进功率比较大、性能要求不高的低速运行的电力推进船舶。交—直—交电压型变频器又包括 H 桥型结构、两电平结构和多电平结构等几种形式，其中多电平结构变频器由于输出电压高、功率大、波形好而具有广阔的应用前景。

推进变频器的调制技术对推进性能具有重要影响，因此在变频调速控制中具有非常重要的作用。常用的 PWM 调制技术包括正弦 PWM（SPWM）、空间矢量 PWM（SVPWM）、电流滞环 PWM（CFPWM）和特定谐波消除 PWM（SHEPWM）控制技术几种。其中 SVPWM 以圆形磁场为控制目标，非常适合于电机调速控制，应用最广泛。

推进变频器在工程应用中有开关损耗、器件串并联方法、散热、保护、电磁兼容等实际问题，在选择船用推进变频器时不仅要考虑推进功率、可维护性及经济性等各方面因素，还要考虑船舶机动性和操纵性等方面的要求。

思考题与习题

1. 简述推进变频器的主要类型及其要求。
2. 交—交变频器适用于什么类型的船舶推进？其主要工作方式有哪几种？
3. 简述同步变频器的结构及其基本工作原理。
4. 简述两电平逆变器的基本工作原理。
5. 两电平逆变器要应用于电力推进，如何满足大容量推进功率要求？
6. 简述多电平逆变器的基本工作原理，分析多电平逆变器相较于两电平逆变器有哪些特点？
7. 逆变器的调制技术有哪些？简述其主要特点。
8. 分析正弦 PWM 控制技术的基本思想和原理。
9. 分析空间矢量 PWM 控制技术的基本思想和原理。

10. 简述特定谐波消除 PWM 控制技术的基本原理。
11. 简述滞环 PWM 控制技术的基本原理。
12. 推进变频器的开关频率和开关损耗有什么关系？如何减少开关损耗？
13. 推进变频器的谐波会带来哪些问题？如何抑制谐波？
14. 3 相/6 相与 3 相/3 相推进变压器相比具有哪些优点？为什么？
15. 如何根据推进对象的特点选择推进变频器？
16. 简述救生船推进系统的组成及工作原理。
17. 救生船变频器的启动步骤是什么？
18. 如果推进电机的速度传感器出现故障，推进变频器的控制模型应当如何转换？
19. 变频器的维修保养需要做哪些工作？

第6章 船舶主推进装置

船舶推进的方式多样,有螺旋桨推进、喷水推进、直翼推进等。本章主要介绍螺旋桨方式的四种常用的电力推进装置,即直接轴系推进装置、间接轴系推进装置、全回转舵桨推进器和吊舱推进器。

6.1 直接轴系推进装置

直接轴系推进是推进电机动力直接通过轴系传给螺旋桨的传动方式。在这种传动方式中,主机和螺旋桨之间除了传动轴系外,没有减速和离合设备,运转中螺旋桨和推进电机始终具有相同的转向和转速。它的主要优点是:①结构简单,维护管理方便。只要安装时定位正确,平时管理中注意润滑冷却,一般不会出现大问题。②经济性好,传动损失少,传动效率高。③工作可靠,寿命长。因此普遍应用于大、中功率的船上。

图6-1所示为采用直接轴系传动的液化天然气运输船。该船的推进电机为3300V的双三相感应电机,采用双轴配置形式,单轴推进功率为16MW。

6.1.1 传动轴系的组成、作用和工作条件

从输出端法兰到螺旋桨间的轴及其轴承称为传动轴系,简称轴系。

1. 轴系的组成

(1) 传动轴:包括推力轴、弹性联轴节、中间轴和尾轴。

(2) 轴承:推力轴承、中间轴承和尾轴承。

(3) 传递设备:主要有联轴器、减速器、离合器等。

(4) 轴系附件:主要是润滑、冷却、密封设备等。

2. 轴系的作用

轴系的作用是把推进电机的动力矩传给螺旋桨,以克服螺旋桨在水中转动的阻力矩,同时又把螺旋桨产生的推力传给推力轴承,以克服船舶航行中的阻力。轴系所传递的扭矩可从它传递的功率和轴的转速算出。轴上的扭矩 M 为

$$M = 9.55 \frac{P}{n} \times 10^3 (\text{N} \cdot \text{m}) \qquad (6\text{-}1)$$

式中　P——轴传递的功率,kW;

　　　n——轴的转速,r/min。

轴系所传递的推力,可以根据螺旋桨所吸收的功率、螺旋桨的效率和船舶航速算出,轴系所传递的推力 T 为

$$T = 1.94 \frac{P_{\text{p}}}{v} \eta_{\text{p}} (\text{kN}) \qquad (6\text{-}2)$$

式中　P_{p}——螺旋桨吸收的功率,kW;

　　　v——船舶航速,Kn;

η_p——螺旋桨的效率。

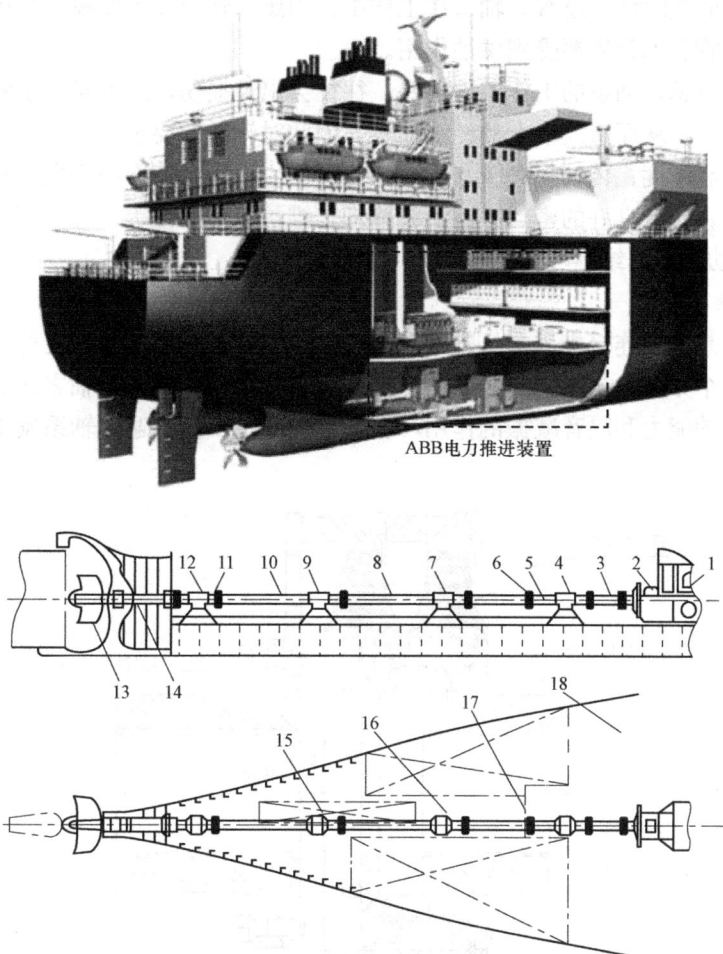

图 6-1　采用直接轴系传动的液化天然气运输船

1—推进电机；2—推力轴承；3—弹性联轴节；4、7、9、12—中间轴承；5、8、10—中间轴；
6—隔舱填料箱；11—尾轴；13—螺旋桨；14—尾轴管；15—窗口；16—轴隧；17—水密门；18—机舱

3. 轴系的工作条件

从轴系的作用可知，轴系承受着很大的扭矩和推力。例如，在大型低速机直接传动的情况下，不考虑轴系摩擦损失，若主机的有效功率为 10000kW，转速为 100r/min，由式（6-1）可算得轴系所受到的扭矩为 $9.55×10^5$ N·m。在航速为 15kn，螺旋桨效率为 0.5 时，可由式（6-2）算得受到的推力为 646.7kN。

由式（6-2）还可看出，螺旋桨的推力与它吸收的功率和效率成正比，与船的航速成反比。如果柴油机发出的功率不变，螺旋桨的效率不变，而船舶的航速降低，螺旋桨推力则增大。因此，船舶在重载、逆风、污底、斜水流航行时，轴系会受到较大的推力。轴系承受的扭矩在轴中产生扭应力，而推力将会产生压变力。除此之外，轴系和螺旋桨本身的重量以及其他附件的作用，使轴系产生弯曲应力；安装误差、船体变形、轴的扭转振动、横向振动、纵向振动以及螺旋桨的不均匀水动力作用等都会在轴系中产生附加应力。风浪天螺旋桨上下运动的惯性力，使尾轴产生额外的弯曲应力。上述诸力和力矩往往还是周期变化的，这就更增加了它们的危险性。还有，轴系在工作中，轴颈与轴承发生摩擦，当用海水做尾轴承润滑剂时，尾轴管和轴颈还要受到腐蚀作用。

由上述分析可见，轴系的工作条件很差，往往会出现损伤，严重时甚至断裂，修理时又往往要使船舶进坞，从而造成较大的经济损失，因此对轴系的要求也相当严格，其主要要求有：足够的强度和刚度；传动损失少；对船体变形适应性好；工作中不发生轴的扭转共振和横向、纵向共振；具有良好的密封、润滑和冷却；维护管理方便等。

6.1.2　传动轴系的结构

1. 弹性联轴节

弹性联轴节是用于连接推进电机的转轴和轴系的中间轴，借助能承受剪切力的弹性元件来传递正、反两个方向的扭矩；同时，用弹性变形来补偿被连接两段轴之间的相对位移，具有承受较大扭矩的能力和隔音减振的作用，在工作转速范围内能避免轴系发生共振。其结构如图 6-2 所示。

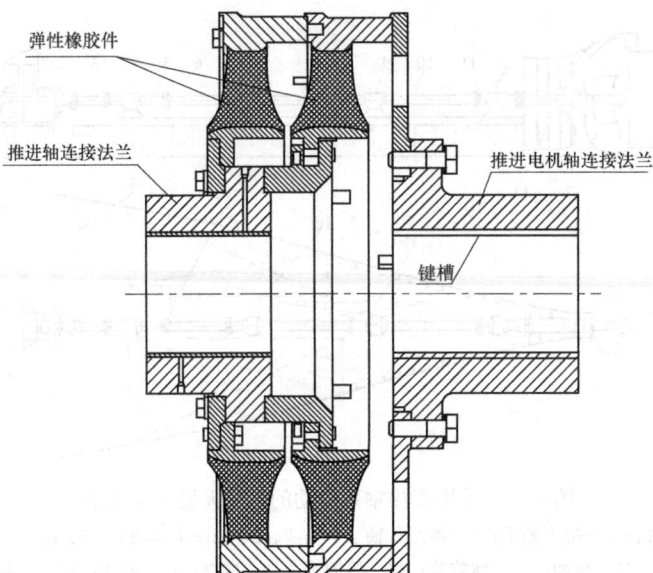

图 6-2　弹性联轴节

2. 中间轴、推力轴、中间轴承和推力轴承

（1）中间轴和推力轴。中间轴和推力轴的两端都是整锻法兰，法兰之间为轴干，都由径向轴承支撑，轴的支撑处为轴颈，轴颈的位置和长度由径向轴承的位置和宽度确定（轴颈长度稍大于轴承宽度），轴颈的直径比轴干大些，一般大 5~20mm，以便磨损后有足够的光车裕量。轴上不同直径断面的连接处都是圆滑过渡，以减少应力集中。法兰的连接螺栓受到固紧时产生的拉应力和传递扭矩时产生的剪应力的联合作用。船舶倒航时由于螺栓受拉，致使拉应力大大增加，安装不正和轴系扭振等还可使螺栓受到较大的附加应力。所以对连接螺栓的加工、安装都有较严格要求。为了使连接螺栓在螺栓孔中不致松动，连接螺栓中应有50%以上是紧配螺栓，中小型船舶也不少于四只，并要求紧配螺栓和其他螺栓相间排列。推力环两侧面与推力块相配，两侧面应平行且都与轴线垂直。推力轴上有推力环和甩油环，而

中间轴上没有。

（2）中间轴承。中间轴承是为了减少轴系挠度而设置的支撑点，它承受着中间轴的重量以及因轴系变形和各种形式的运动造成的附加径向负荷。

中间轴承的结构形式很多，按摩擦形式不同可分为滚动式和滑动式两大类，商船上多采用滑动式。

（3）推力轴承。螺旋桨产生的推力（或拉力）通过尾轴、中间轴和推力轴作用到推力轴承上，并通过推力轴承传给船体。因此推力轴承的作用是：传递推（拉）力，为传动轴系轴向定位。

3. 尾轴

尾轴是穿过尾轴管伸出船尾的轴。在单轴系船上它是轴系中最末一段轴，首端与最后一个中间轴法兰相连，尾端锥体部分安装螺旋桨，这种尾轴也称为螺旋桨轴。在用海水润滑的铁梨木轴承中，为了防止轴被腐蚀和减少轴与轴承的摩擦损失，在尾轴管中的轴段上装有铜套。因为铸造长的轴套有困难，铜套由几段合成，在接缝处采用密封性好的搭叠形式，套合后经滚压辗平，以防止海水漏入配合间隙使轴遭到腐蚀。尾轴轴干裸露在海水中的部分，一般包有玻璃钢保护层。

螺旋桨与尾轴间采用锥面结合、键连接和螺母紧固，螺柱上螺母的旋紧方向与螺旋桨的正转方向相反，以便螺旋桨在正转时螺母能自动锁紧。至于倒车，因使用的时间短，功率也比正车小，所以采用了止动片防松。螺母外面还装有流线型的导流罩，且为水密，既可减少水力损失，又可防止螺纹锈蚀。近年来，液压无键连接也越来越多地用在螺旋桨和尾轴的连接上。

4. 尾轴管装置

尾轴管装置由尾轴管（也称尾管）、尾轴承、密封装置、润滑和冷却系统组成。由于尾轴管装置工作条件差、发生故障后果往往很严重、进行修理需要进船坞等特点，从设计、制造到管理各部门对它都特别注意。

（1）尾轴管。尾轴管将船舶的尾尖舱和尾轴分开，内部装设尾轴承以支撑尾轴和螺旋桨，还装设尾轴密封装置，为尾轴运转提供了必要的条件。尾轴管的结构有整体式和连接式两种，单轴系船舶多用整体式，连接式尾轴管是分成几段加工后由螺栓连为一个整体，多用于双轴系船舶。

（2）尾轴承。尾轴承是尾轴管装置中最重要的部分，它分水润滑和油润滑两大类型。水润滑的尾轴承材料有铁梨木、桦木层压板、橡胶等。油润滑的尾轴承有白合金滑动轴承和滚动轴承。海船上应用最广泛的是铁梨木轴承和白合金轴承。

1）铁梨木轴承。铁梨木是一种价格昂贵的木材，组织细密，质地坚硬，抗腐蚀性好，密度大于水（约为水的 1.2 倍），它浸在水中能分泌出一种黏液可作为润滑剂。当铁梨木和青铜组成摩擦副时，经过黏液润滑，摩擦系数约为 0.003～0.007 几乎不伤害青铜。但当水温超过 60℃时摩擦系数将显著增加，水中含有泥沙时磨损加快。铁梨木立纹比顺纹耐压、耐磨。一根树干截制顺纹板条比立纹板条利用率高，为了降低费用往往尾轴承下半部板条采用立纹，而上半部用顺纹，这样还可以使轴承的上、下两部分得到均匀的磨损。铁梨木在干燥时容易开裂和弯曲，且在水中工作时会被泡涨，故在加工与安装前，首先应将其置于水中浸泡，并应在轴承端部留有一定的轴向间隙（约为 2～8mm），使铁梨木有膨胀余地。

铁梨木轴承的优点是：结构简单、工作可靠、管理方便、不污染海区。其缺点是价格昂贵。

为防止铁梨木的干裂与变形，对铁梨木的养护特别重要。在加工时应每小时浇水两次，加工完后应同样进行湿润养护。在镶入衬套前应在水中浸泡2～3周，镶入后应在衬套内孔灌水保护或用湿木屑塞满内孔。船舶进坞时，若尾轴未抽出，应每天在尾轴管内灌水2～3次，若已抽出尾轴，则应在尾轴孔内灌满水或塞满湿木屑。在修理过程中，不拆除的板条应涂上润滑脂、拆出的板条尚需继续使用的应浸泡在水中保存。

2) 白合金轴承。白合金浇铸在纵向与横向都开有燕尾槽的轴承衬套（相当于瓦背）上，轴承衬套的外面与尾轴管紧密配合，在接合面的端面攻丝，用螺钉固定，以防衬套随轴一块转动。轴承内表面沿纵向在水平位置开有两道布油槽，外表面在轴向和周向开有输油槽，内、外油槽钻孔相通。滑油由设置在满载吃水线以上的重力油柜供应，以防海水浸入轴承。

白合金轴承的优点是：抗压强度高，耐磨性好，散热快，摩擦损失少。缺点是：结构复杂，管理工作多，如果漏油会污染海区，制造与修理要求都比较严格。

不论是铁梨木轴承还是白合金轴承，按规范规定轴承数量一般为两个。但当尾轴管较短时，设后轴承者可不设前轴承，此时在尾轴的法兰端，一般要设一道中间轴承。铁梨木轴承的长度应不小于所要求的尾轴直径的四倍，白合金轴承不小于两倍。

（3）尾轴密封装置。尾轴和尾轴承之间按规定要留有一定的间隙，尾轴又处于水面以下，工作时需要润滑和冷却，因此为了防止舷外水沿尾轴流入船内及润滑油漏泄，在尾轴管中必须设置密封装置。密封装置按所处的位置不同，可分为首密封装置和尾密封装置两种。对于油润滑尾轴承，其首密封装置用来阻止滑油漏入机舱内，而尾密封装置既阻油外漏，又阻水内漏。对于水润滑尾轴承，仅设首密封装置，用来控制尾轴承的冷却水量。对密封装置的主要要求是：工作可靠，耐磨性能好，消耗的摩擦功小，散热性好。另外，还要求密封元件有很好的跟踪性，使其能在尾轴下沉、跳动、轴向窜动及偏心转动时仍保持较好的密封性能。尾轴密封装置的类型很多，应用较广的有填料函型密封装置和辛泼莱克司（Simplex）型密封装置。填料函型密封装置多用于水润滑的尾轴承密封，用滑油润滑的白合金尾轴承密封装置，不论是首密封还是尾密封，多采用辛泼莱克司型。

（4）尾轴管装置的润滑和冷却。当船舶航行时，尾轴承及密封装置是容易发热的部件，必须进行润滑和冷却。尾轴管装置的形式虽比较多，但就其润滑剂来说却只有水和油两种，不同的润滑剂有不同的润滑和冷却方法，下面分别加以介绍。

1) 水润滑尾轴管。在水润滑的尾轴管中（如铁梨木），由于尾轴管位于水面之下，尾轴承中留有轴承间隙并开有纵向槽道，且这种尾轴管又不设尾密封装置，因此尾轴和尾轴承之间总是充满舷外水，而水是这些轴承材料很好的润滑剂和冷却剂。尾轴管一般穿过尾尖舱，尾尖舱在船上常用作淡水舱或压载舱。运转中尾轴承的摩擦热，一部分由船尾金属直接传给舷外水，一部分传给了尾尖舱中的淡水或海水，另外的部分则由自由流经尾轴纵向槽道和间隙进入机舱的舷外水带走。在一般情况下，只要首密封装置的填料压盖压得不太紧，是能够可靠运转的。但由于在首部的尾轴承和首密封装置处容易淤积泥砂，使冷却效果变差甚至形成死水，因此水润滑尾轴管（特别是在大型船舶上）一般在首部轴承处或填料函附近，仍设置冷却水进出水管，以达到冲洗泥砂污物及加强首部冷却的目的。

2) 油润滑尾轴管。在油润滑尾轴管上都要装设润滑系统。中、小型船上用的润滑系统比较简单，由一个重力油柜、一台手摇泵和进回油管组成。在大型船舶上相应要复杂一些，图6-3所示的润滑系统在大型船舶上应用较广。用手摇泵或电动泵将润滑油注入重力油柜，由观察镜监视油柜是否注满。重力油柜内设有低油位报警。正常情况下尾轴管内始终充满润滑油，消耗后由重力油柜自动补给。尾轴管中的润滑油可经截止阀流至回油柜，截止阀也起调节回油快慢的作用。图示系统的首、尾密封装置都采用辛泼莱克司型。尾密封（图中未示出）采用封闭在密封空间的油自行润滑，摩擦热直接传给舷外水。在这个系统中，尾轴管穿过作为水舱用的尾尖舱，尾轴承的摩擦热除可通过尾轴、尾轴管传给舷外水，还可通过尾轴管传给尾尖舱中的水，不用再单独采取冷却措施。但首密封

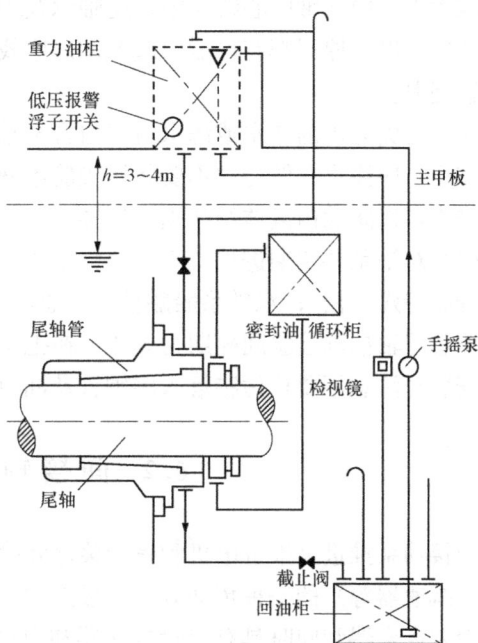

图6-3 尾轴润滑系统

冷却条件差，因此图示系统专门设了密封油循环柜（低位循环油柜），并在首密封空间内设置循环器。

6.1.3 传动轴系的管理

传动轴系的管理工作对于保证其安全可靠地运转，延长其使用寿命相当重要。因此应注意做好以下工作：

（1）要确保中间轴承和尾轴管冷却海水的供应。由于这些海水管离泵远，管的内径小，容易被泥沙堵塞，特别是弯管处易堵，应注意疏通。

（2）注意检查中间轴承的温度、油位、油环的工作和两端轴封的密封情况。中间轴承不是强力循环润滑，每个轴承的底座都是一个油池，特别要注意最后一道中间轴承的工作温度，因为它离螺旋桨近，负荷要大一些，最容易发热。由于船体变形也可能引起某个轴承发热，在巡回检查时要注意触摸。

（3）对于铁梨木轴承尾轴管，要让少量水漏入机舱内，以冷却尾轴和填料函。填料紧度要合适，过紧漏水少，易积泥沙使填料函发热。漏水太多也不合适，应把填料压盖再拧紧一些，必要时换新填料。当温度超过60℃时，铁梨木尾轴承摩擦部件的摩擦系数将显著增加。

（4）对于白合金尾轴管要确保其滑油系统正常工作。注意观察重力油箱油位，要注意油质和油温，注意尾轴密封装置是否漏油。特别是尾密封装置更为重要，它若漏油不仅是润滑油浪费问题，还要污染海水。在港内一定要注意观察船尾是否有油花。在一些国家港内漏油要受到处罚。

（5）运转中要注意观察轴的跳动情况，各轴承是否有异常的振动，个别部位是否发热甚至颜色变蓝（该处为扭转振动的节点）。在异常振动时应减速或停车，查明原因，予以排除。一般情况下振动除和柴油机工作有关外，还和轴系及螺旋桨工作状况有关。桨叶碰到漂流物（如浮木、浮冰）发生了变形，桨毂松脱，桨叶或船尾轴外部缠绕了钢索、麻绳等物，尾轴

承间隙太大，中间轴中心线失中，尾轴承及中间轴承损坏以及新换的铁梨木轴承间隙未留足膨胀裕度，以上原因都有可能引起振动。应找出振动的原因给予消除。尾轴振动还会引起密封装置漏泄。

（6）尾尖舱内的淡水或海水对于白合金轴承中滑油黏度和水冷轴承尾轴管冷却都起着一定的作用，应注意在航行中不要将尾尖舱中液体排干，在寒冷结冰地区停泊时要将尾尖舱中液体排出，以防舱内液体结冰损坏尾轴管。

（7）对轴系要定期进坞检查。单轴系船舶抽轴检验间隔期为 3 年（开有普通键槽）至 4 年（开有特殊键槽）；双轴系船舶抽轴检验间隔期为 4 年（普通键槽）至 5 年（特殊键槽）；无键槽者尾轴抽轴检验间隔期为 5 年。在把尾轴抽出时，若发现轴表面有细痕，可用油石磨去。安装时注意不要让污物落入尾轴管及油封。

6.2　间接轴系推进装置

间接轴系推进是推进电机和螺旋桨之间除经过轴系外，还经过某些特设的中间环节（离合器、减速器等）的一种传动方式。根据中间传动设备的不同，又可分为只带齿轮减速器，只带滑差离合器和同时具有齿轮减速器和离合器三种。图 6-4 所示为一种典型的采用齿轮减速器的间接轴系推进装置。

它的主要优点是：

（1）推进电机转速可以不受螺旋桨要求低转速的限制。只要适当选择减速比，就可使推进电机的转速适应螺旋桨的转速要求。

（2）轴系布置比较自由。推进电机轴和螺旋桨轴可以同心布置也可以不同心布置，以改善螺旋桨的工作条件。

（3）在带有倒顺车离合器的装置中，主机不用换向，使推进电机结构简单，工作可靠，管理方便，机动性提高。

（4）有利于多机并车运行及设置轴带发电机。

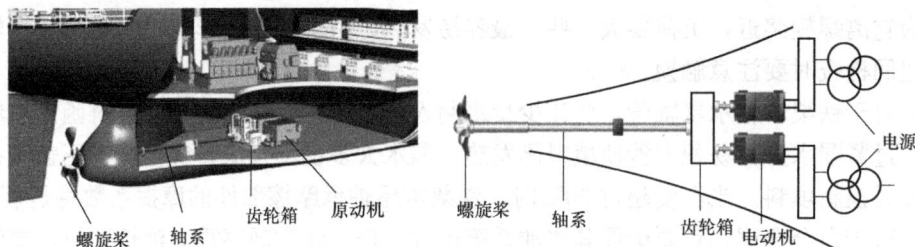

图 6-4　间接轴系推进装置

间接传动的主要缺点是轴系结构复杂，传动效率较低。

间接轴系推进与直接轴系推进相比，在结构上只是在轴系上添加了齿轮箱等中间设备，其余部分类似，在此不再赘述。

6.3　全回转舵桨推进器

全回转舵桨推进器也称方位推进器（AZIMUTH THRUSTER），它是通过 Z 形或 L 形轴系将主机发出的转矩传递到螺旋桨，螺旋桨可绕竖向立轴轴线作360°回转，从而产生全方位的推力。图 6-5 所示为 Z 形轴系结构，图 6-6 所示为 L 形轴系结构，两种类型的主要区别在于主机的安装位置与轴系的布置不同，其中 L 形由于只需要采用一套锥齿轮传递功率，因此具有更高的传动效率和可靠性，但是主机需要立式安装。具体采用 L 形或 Z 形需要综合考虑主机采用何种型式，若采用柴油机作为主机，则需采用 Z 形轴系，若采用电机作为主机，则两种方式均可采用。

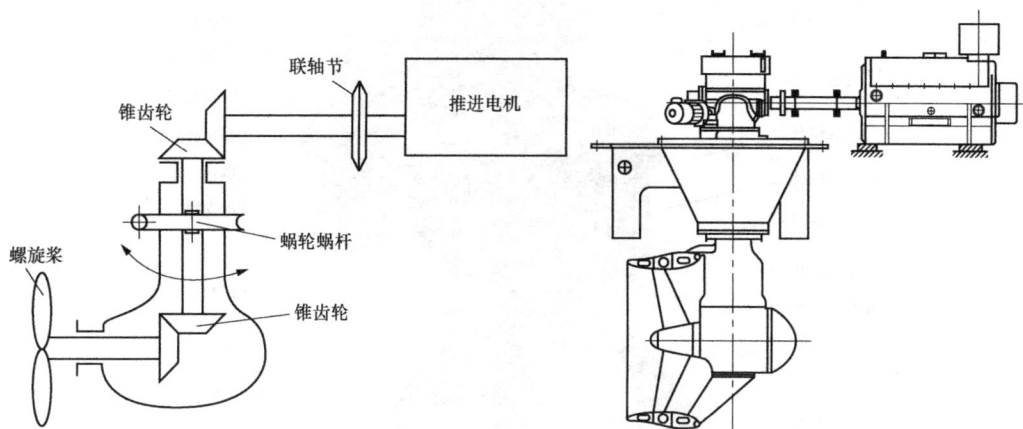

图 6-5　Z 形轴系全回转舵桨推进

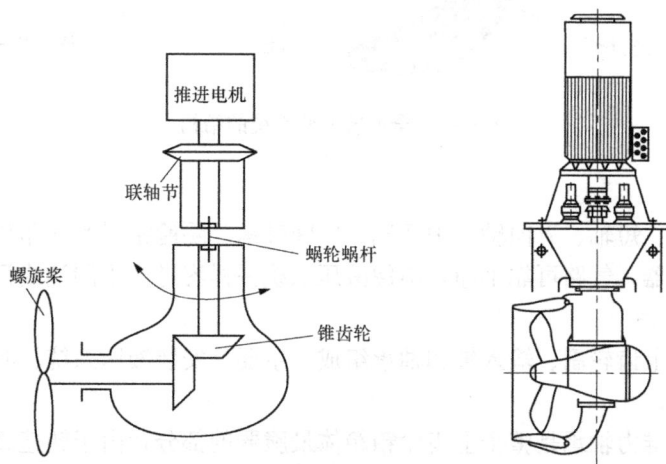

图 6-6　L 形轴系全回转舵桨推进

全回转推进器可以在任何方向获得最大推力，它可以使船舶原地回转、横向移动、急速后退和在微速范围内做操舵等特殊驾驶操作。船舶装备了全回转推进器后可以省去尾柱尾轴管，使艇部形状简化，减少船舶阻力，并且在推进器发生故障时可以将整机从机舱吊出而不需要进坞，使维修工作大大简化。该型推进器特别适用于机动性能要求高或具有动力定位要求的各种工程船舶，如港作拖轮、海底布缆作业船、浮动式起重船、海洋平台及平台供应船等。全回转推进器与吊舱电力全回转推进器构造不同，但水动力性能相近，两种推进型式具有类似的优缺点。但采用 L 形或 Z 形的传动轴系，单个推进器传递的功率有一定的限制，轴系效率略低于吊舱推进，且对密封工艺要求较高。

6.3.1　结构及组成

以汉力士舵桨系统为例分析全回转舵桨系统的结构。舵桨一般由轴系、上齿轮箱、转舵机构、下齿轮箱、润滑系统、液压系统、电控系统组成。具体结构如图 6-7 所示。

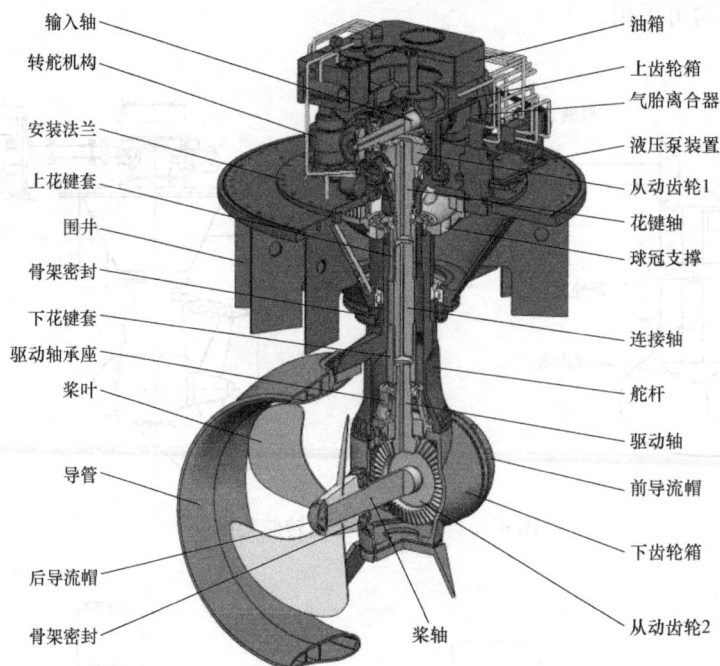

图 6-7　全回转舵桨系统的结构

1. 轴系

轴系包括高弹、短轴、万向轴、中间轴、中间轴承、隔舱密封和气胎离合器组成。

采用气胎离合器，气路可靠干净，不像液压系统一样容易产生漏油或污染环境。

2. 上齿轮箱组件

由上安装板、上齿轮副、输入轴和轴承组成，主要是安装液压系统、润滑系统，支撑气胎离合器和输入轴。

舵桨输入轴的推力轴承是整个上齿轮箱箱体最脆弱的部分，由于转速高、负荷大，而安装空间小、散热困难，因此往往最容易发生轴承烧坏的问题。

3. 转舵机构

由转舵齿轮箱、回转轴承、回转支撑和转舵管、中间轴组成，起到连接上下齿轮箱和转动下齿轮箱与螺旋桨的作用。

转舵机构承受重力、转舵力矩和推力，是舵桨受力最大的部件，因此安全系数非常重要。荷兰某公司在巴西的拖轮上，就曾经发生过由于回转支撑断裂导致舵桨掉进水里的事故。

4. 润滑系统

润滑系统采用强制润滑方式，润滑油由滑油泵和涡轮提供动力，流经舵桨的各齿轮和轴承，起到润滑和冷却的作用。

图 6-8 所示为转舵杆结构，转舵杆内的中间轴内有通孔，外部有泵油用的涡轮，中间轴带动涡轮，将上齿轮箱的滑油泵到下齿轮箱，经与海水接触的下轮齿轮箱冷却后，通过中间轴内的通孔流回上齿轮箱，冷却上齿轮副。

5. 下齿轮箱体

下齿轮箱箱体内有齿轮，安装在螺旋桨轴上，驱动螺旋桨，外部有导管的接口，支撑导管并承受推力。下齿轮箱箱体可在转舵管的带动下进行 360°回转。

6. 液压系统

液压系统由机带皮带轮带动的变量泵提供高压油，高压油通过与变量泵集成为一体的比例阀，输送至转舵液压马达。通过调节流量和流向，来控制液压马达的转速和转向，从而控制转舵的方向和速度。

7. 电控系统

采用基于 PLC 的闭式全随动控制系统，采用面膜式面板，接线简单，功能齐全，可靠性高。

控制手柄可以实现转舵、主机调速和自动接脱排等功能。手柄后半段具有限位装置，限制了误操作。

6.3.2 回转控制

当全回转进入工作状态后，需能实现 360°范围内的回转动作。系统采取两种方案实现回转控制：主控和备用控制。

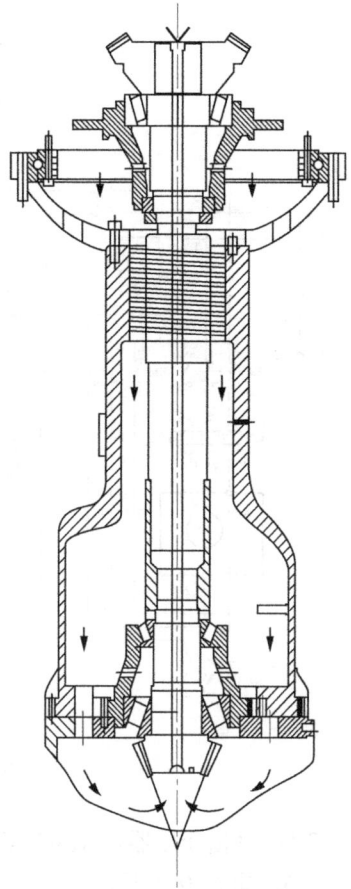

图 6-8 转舵杆结构

如下所述：

主控部分为电液比例随动控制，其控制流程如图 6-9所示。

备用控制为非随动控制，当进行左舵和右舵操作时，直接用控制指令控制电磁阀进行操作。此时舵角反馈将不参与控制过程。

6.3.3 回转液压泵站工作原理

回转液压泵站有两套转舵液压马达驱动系统，正常情况下仅有一套转舵液压马达工作，另外一套处于待机状态，当液压压力不足时，待机的马达自动启动，此时两套液压马达同时工作。图 6-10 所示为回转液压泵站电气原理图。

1. 主要器件

三相异步电动机 M：启动方式为星形—三角形，电压为 AC690V；

KR1：热继电器，作过载保护用；

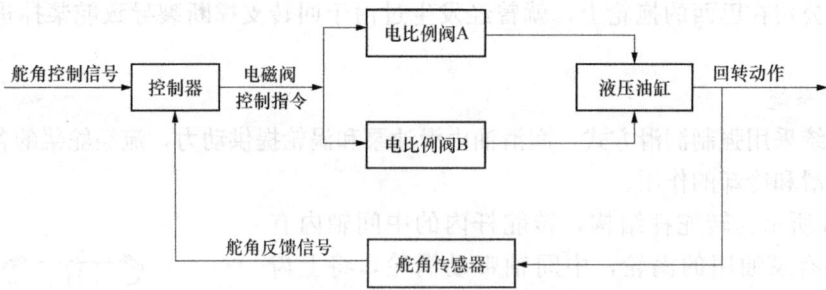

图 6-9　主控部分舵角控制框图

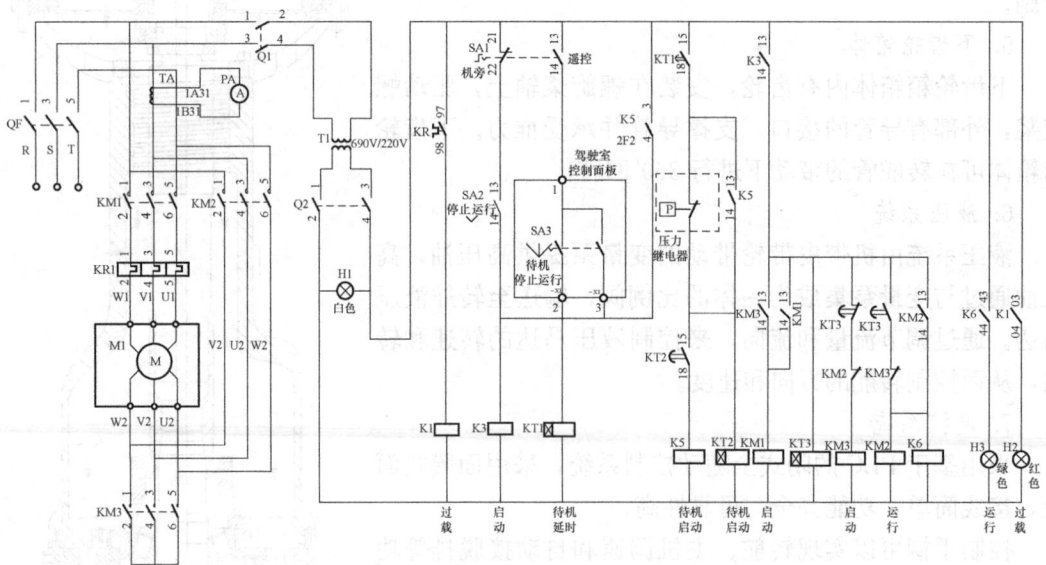

图 6-10　回转液压泵站电气原理图

T1：单相变压器，AC690V/AC220V；

TA：电流互感器；

KT1、KT2、KT3：通电延时继电器；

K1、K3、K5、K6：中间继电器；

KM1、KM2、KM3：电机启动控制继电器；

PS2：液压继电器，压力正常时，4-5 触点断开，压力低时闭合；

QF、Q2：自动开关；

SA1、SA2、SA3：选择开关；

2. 启动原理

（1）机旁控制。SA1 置于"机旁"位置，21-22 接通，13-14 断开；合开关 QF、Q1、Q2，控制回路通电，指示灯 H1（白色）灯亮；SA2 置于"运行"位置，13-14 动合触点接通，电机星形—三角形启动，具体过程如下：

K3继电器线圈通电 ⟶ K3的动合触点13-14闭合 ⟶ KT3继电器线圈触电延时（不动作）
　　　　　　　　　　　　　　　　　　　　　　　KT3动断触点25-26（闭合）⟶

KM3动合触点1-2、3-4、5-6闭合
（电机星形联接） ◀— KM3线圈通电动作 ◀— KM2动断触点21-22（闭合）◀—
　　　KM3动合触点13-14闭合 ◀—

KM1继电器线圈通电 ⟶ KM1动合触点13-14闭合自锁
　　　　　　　　　　⟶ KM1动合触点1-2、3-4、5-6闭合 ⟶ 电机星形启动，升速

KT3通电延时结束，动作 ⟶ KM3动断触点25-26断开 ⟶ KM3线圈失电动作

KM3动断触点21-22闭合 ◀— KT3动合触点15-18闭合　　　KM3动合触点1-2、3-4、5-6断开
　　　　　　　　　　　　　　　　　　　　　　　　　电机星形连接断开

KM2继电器线圈通电动作 ⟶ KM2动合触点1-2、3-4、5-6闭合 ⟶ 电机为三角形连接

K6动合触点43-44闭合 ◀— K6继电器线圈通电动作 ◀— KM2动合触点13-14闭合

运行指示灯（H3，绿色）亮 ⟶ 电机启动完毕

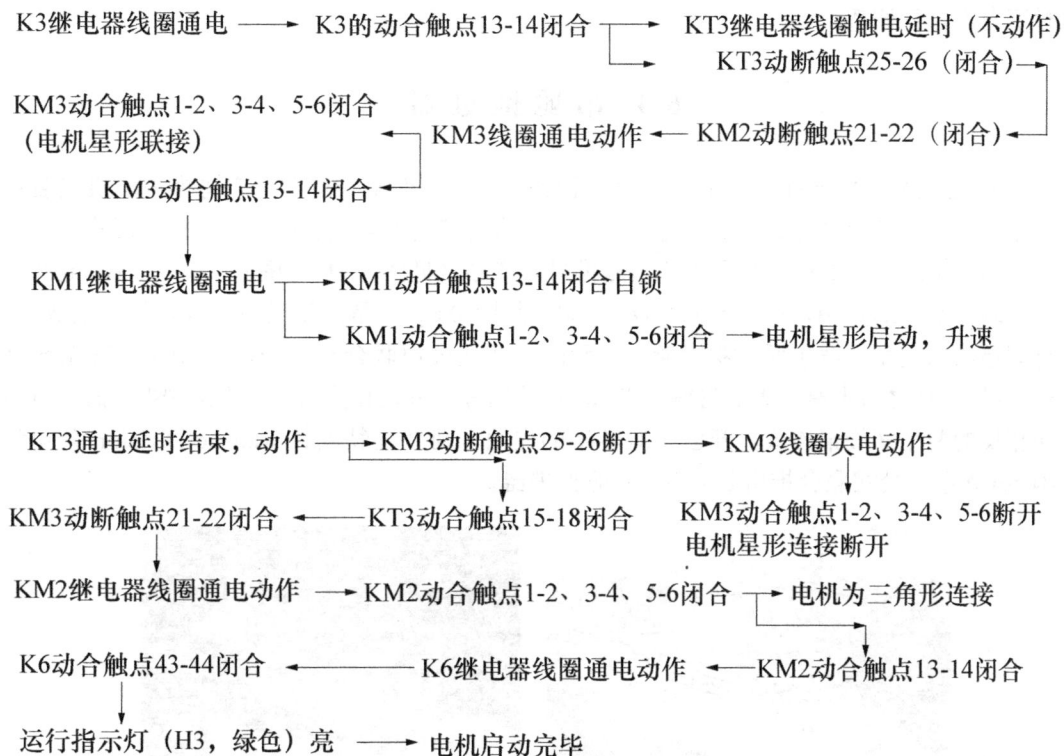

(2) 遥控控制。SA1 置于"遥控"位置，21-22 断开，13-14 接通；合开关 QF、Q2，控制回路通电，指示灯 H1（白色）灯亮；SA3 置于"运行"位置，动合触点 1-3 接通，K3 继电器线圈通电，电机星形—三角形启动，具体过程同机旁控制。

(3) 待机模式。处于待机模式时，电机不工作，当液压不足时，电机自动启动运行，具体过程如下：SA1 置于"遥控"位置，21-22 断开，13-14 接通；合开关 QF、Q2，控制回路通电，指示灯 H1（白色）灯亮；SA3 置于"待机"位置，动合触点 1-2 接通，KT1 通电延时继电器线圈通电—延时后，KT1 动合触点 15-18 闭合—压力继电器 PS2 接入电路，当压力正常时，4-5 触点断开，电机不工作；当压力低于正常值时，4-5 触点闭合—KT2 通电延时继电器线圈通电—延时后，KT2 动合触点 15-18 闭合—K5 继电器线圈通电—K5 动合触点 13-14 闭合自保，动合触点 3-4 闭合—K3 继电器线圈通电—电机星形—三角形启动，具体过程同机旁控制。

当压力恢复正常时，此系统的电机不能自动退出运行，需人工控制，过程如下：将 SA3 置于"停止"位置，动合触点 1-2、1-3 均断开，电机停止工作。

(4) 过载。当电机过载时，FR1 热继电器动作—FR1 动合触点 97-98 闭合—K1 继电器线圈通电—K1 的动合触点 3-4 闭合—报警灯 H2（红色）亮，报警。

过载时，电机不会自动停止运行，只是给予报警提示。

KT1、KT2、KT3 三个通电延时继电器的作用各不相同，KT1 用于待机延时，延时的目的是防止压力继电器由于系统刚开机，油压未建立时产生误动作；KT2 用于防止系统在运行过程中油压瞬时跌入或短时波动产生的误动作；KT3 的延时时间是电机启动过程中，电机星形连接时运行的时间。三个通电延时继电器的延时时间在设备调试时设定好，用户使

用时不允许自行调整。

6.4　吊舱推进器

　　吊舱推进器（Podded Propulsor）是一种特殊全回转舵桨推进器，它将推进电机安装在水下箱体内，直接驱动螺旋桨的推进器，是一种将传统的舵与桨合而为一的推进形式。

　　目前，全球主要有四家公司生产吊舱推进器产品（见图 6-11～图 6-14）。ABB 的产品有 Azipod、Compact Azipod、CRP Azi-pod，其中 Azipod 是该领域最早也是技术最成熟、占有率最高的类型。罗尔斯·罗伊斯公司和阿尔斯通公司联合开发制造了 Mermaid 吊舱推进器，继 ABB 之后占有较大的份额。Siemens 公司和 Schotell 公司联合推出 SSP。该吊舱由转向相反的两个螺旋桨构成，开创了对转桨的先河。荷兰瓦特西拉 Marine Division 公司和德国 SAM 电子公司联合推出 Dolphin 吊舱推进器。

图 6-11　Elation 号及其装备 Azipod 吊舱推进器

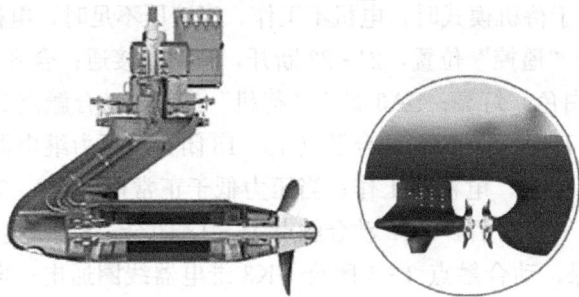

图 6-12　ABB 公司的 Compact Azipod（左）和 CRP Azipod（右）

图 6-13　"玛丽女王 II"号及其装备 Mermaid 推进器

图 6-14 "泰安口"号及其装备 SSP 推进器

6.4.1 吊舱推进器结构组成

吊舱式推进器主要由推进模块、回转装置、回转控制模块、冷却模块、滑环装置和回转电机等设备组成。推进模块是其主要部分，它是流线型的水下吊舱，悬挂在船下。图 6-15 所示为 ABB 公司的 Azipod，该吊舱由船用钢和铸钢制造而成，通过法兰盘与船体相接，舱内安装一台电动机，直接驱动螺旋桨。发电机位于船舱内，发电机的电力和相关的控制数据经电缆和滑环装置传送给电动机，滑环装置由两台或四台电动或液压回转电机来带动，回转电机由回转控制模块驱动，能使吊舱 360°回转，从而起到舵的作用。

从水动力学角度看，吊舱式电力推进器由吊舱和螺旋桨构成，其中吊舱又可分为回转体形状的舱体和流线形的支架，舱体或支架上还可安装鳍，舱体内置电机直接驱动舱体前端或后端的螺旋桨。根据桨的数目及位置可分为拖式（牵引式）、推式、串列式等。另外还可以考虑使用对转桨、导管整流支架等，总之形式多样。

吊舱式推进器除了包含推进电动机和螺旋桨外还安装有如下部件：带防水油封的螺旋桨轴和气动压力安全装置、寿命大于 200000h 的轴承、螺旋桨的制动闸、舱底系统、电机轴承和密封系统的报警监视器、可以 360°旋转或以任意角旋转的电缆管、电动或液压操舵系统、机旁指示器、舱底排漏泵等。

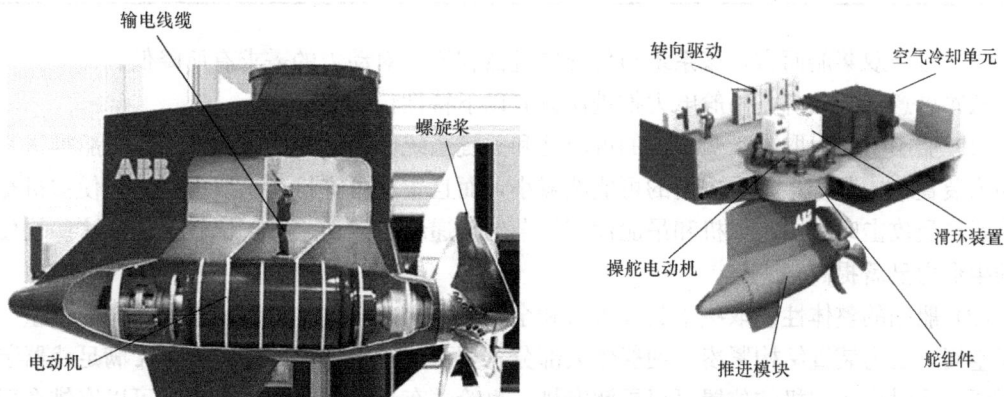

图 6-15 吊舱式推进装置结构

6.4.2 吊舱推进器性能特点

和常规推进器相比，吊舱推进器有很多优点：

（1）推进吊舱悬挂在船下，通过一个滑环装置与船体连接，能使吊舱360°转动，起到舵的作用，省去了舵机和舵，而机舱可在船舶的任意位置布置，且发电机组可置于机舱任一合适的位置，有利于提高机舱的空间利用率，使布局更合理。

（2）重新设计的船尾结构改进了推进器的水流，具有很好的水动力特性；吊舱式推进装置采用了牵引式螺旋桨，使推进效率提高10%以上；该装置的螺旋桨比常规系统的螺旋桨要小，使产生空泡的临界速度提高，有利于提高船速。

（3）推进电机本身噪声小，且吊舱置于船外，避免了传统船舶机舱内的巨大噪声，提高了旅客的舒适度，这对豪华游船特别重要。

（4）船舶自动化的发展在于它的集成化、微型化、数字化等方面。吊舱推进系统中所有的动力装置均可以独立进行安装、组合、检测，一些部件能较为方便地拆卸维修，也可事先将动力装置准备好，在需要的时候进行更换。在制造工艺方面，由于动力装置和其他部分相分离，显著降低了工人的劳动量，同时，吊舱可作为一个整体安装到船上，这些特点使船舶的制造工艺更加简单，适应船舶模块化设计和制造的需要。

（5）由于推进电机置于海水中，可以省去冷却系统或冷却空气管道和冷却风扇，从而节省空间，方便安装。

（6）提高了船舶的安全性，操作简便。将停车、回转时间等船舶的操纵性能提升至最优，具体情况可参看表6-1。

表6-1　　　　　　　　　　　　不同推进方式船舶的操纵性能比较

项目	机械推进	常规电力推进	吊舱推进
回转直径	120%	100%	75%
零航速回转180°所需时间	118%	100%	41%
全速回转180°所需时间	145%	100%	42%
全速至停止所需时间	280%	100%	42%
零航速至全速所需时间	210%	100%	90%

（7）对于双桨船而言，该系统与传统推进器相比，对动力的需求有所降低。

从军事意义上来讲，吊舱电力推进还具有以下特性：

（1）船舶生命力取决于受攻击的可能性和关键系统保持运行的能力。由于吊舱推进系统的动力装置结构紧凑，其受攻击的可能性减小，而且主机可安排在水线面以上，使主机舱不会在船舶受攻击时进水，主机和吊舱没有复杂的传递装置，加之布置比较灵活，这些均使船舶的生命力显著提高。

（2）船舶的整体性能取决于其攻击力和全船设备的兼容性。由于减小了船的重量，节省了空间，动力装置结构紧凑，使船体大部分容积可以用于增加其装载能力，满足武器装载的需要；同时由于主机的位置可以灵活安排，也给总布置带来灵活性。主机可以安排在船舶后部的上层，排出的烟远离武器装备，使传感器等装置免受干扰，对温度敏感的天线也免受影响，这些均使船舶的整体性能得到显著提高。

（3）船舶的隐身性能也取决于其噪声大小。使用吊舱推进器后，机器的振动和噪声可远离人员和舰载武器系统，各种机械装置可以方便地进入，便于维修保养，部件的拆卸可以通过入口、机器舱口或卸下整个吊舱来进行。主机和吊舱用电缆连接,没有直接力的相互作用,便于对主机采用减振降噪措施,如主机可以采用液体基座,周围用弹簧加固,这样可以显著降低主机振动对船舶的影响,使船舶的振动和噪声性能得到很大提高。

作为吊舱电力推进系统动力核心的推进电机一般采用同步电动机(SSP 推进器系统采用永磁式同步电动机),这是因为同步电动机有以下特点:

(1) 电机的转速和电源的基波频率之间保持着同步关系。只要精确地控制变频器的输出频率就能精确地控制电机的转速,也就能精确地控制螺旋桨的转速,无须设立转速反馈回路。

(2) 同步电动机较异步电动机对转矩的扰动具有较强的承受能力,能出现较快的响应。在同步电机中,只要电动机的功角做适当变化,而转速始终维持在原来同步转速不变,转动部分的惯性不会影响同步电动机对转矩的快速响应。这样,可以对海上风浪造成的负载转矩的变化做出快速响应。

(3) 从转速调节范围来看,同步电动机转子有励磁,即使在很低的频率下也能运行,调速范围比较宽;而异步电动机的转子电流靠电磁感应产生,频率很低时,转子中就难以产生必要的电流,调速范围比较小。

(4) 从节能方面和成本上考虑,同步电动机也优于异步电动机。

6.5　AZP120/M‐300 主推进装置

某型救生船采用 Roll‐Royce 公司的 AZP120/M‐300 主推进装置。该船的舵桨推进系统配备了两个拉式定距桨的 360°全回转推进器,如图 6‐16 所示。拉式螺旋桨使进入桨盘的水流不受干扰,结合了流线型壳体和导流鳍使水流更直线而提高了效率,减少了振动和噪声。

AZP 舵桨推进系统通常有两种运行模式:港口(机动)模式和长航模式。港口模式时,推进器可无限制地 360°回转,但船速应低于 10Kn。长航模式时,舵角被限制在±35°之间(像常用的舵一样)。遥控系统会根据计程仪

图 6‐16　AZP 舵桨推进系统

(或 GPS) 的信号对舵角进行限制。装有 AZP 舵桨推进系统的船显著地提高了港口的机动性,并保留了常规推进系统所具有的航向稳定性、系统效率等优点。

下面结合救生船介绍 AZP120/M‐300 主推进装置的结构与使用情况。

6.5.1　推进装置技术数据

1. 推进电机(西门子供)

功率(MCR):3500kW;

转向,左单元(面向轴端看):顺时针;

转向,右单元(面向轴端看):逆时针。

2. 转舵及推进传动机构(上部件)

传递功率:3500kW;

输入转速:0～1000r/min;

速比（上部）：1∶1.65；

输出转速：0～605r/min；

回转速度（两台转舵电机）：

港口模式：2r/min；

长航模式：从+35°到-35°需8s；

重量：23000kg。

3. 推进单元（下部件）

输入转速：0～605r/min；

速比（下部）：1∶2.64；

桨转速：0～229r/min；

桨直径：3000mm；

桨叶数：5；

重量：21 500kg；

转向，左单元（C9678，从后向前看）：顺时针；

转向，右单元（C9679，从后向前看）：逆时针。

6.5.2　组成、功能及接口

舵桨推进系统包含四个部分，如图6-17所示，推进器及转舵机构总成、滑油系统、推进轴系统和电气及遥控系统。

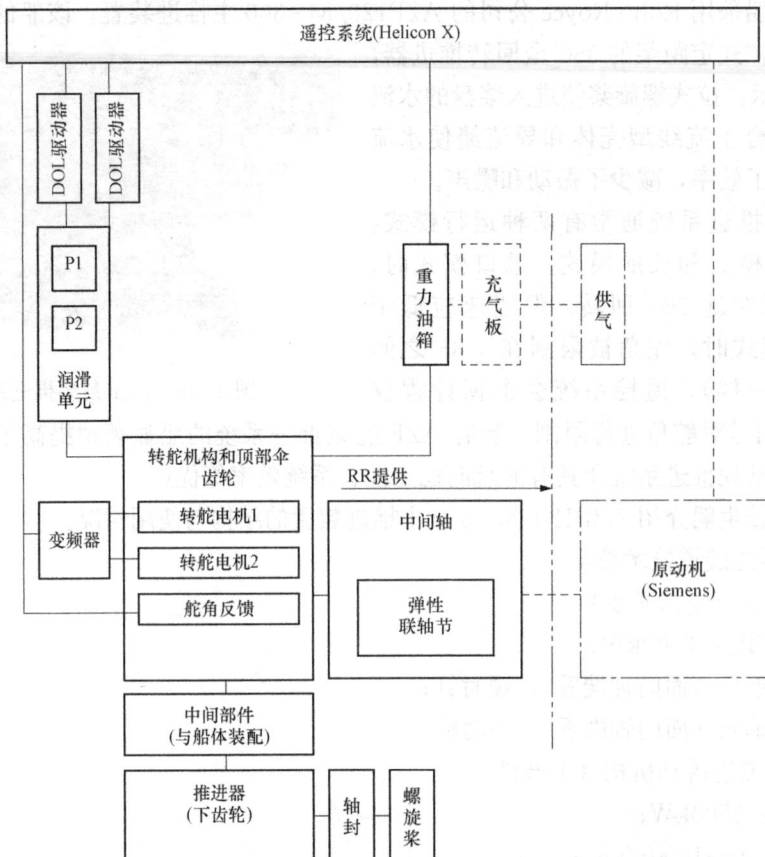

图6-17　舵桨推进系统结构图

1. 推进器及转舵机构总成

推进器及转舵机构总成由下、中、上三个部件组成，如图 6-18 所示。

下部件有：下齿轮箱（推进器输入轴、下部伞齿轮、螺旋桨轴）、桨毂和桨叶。

中部件有：上部件垂向输出轴、联轴节、安装围井和舵管。

上部件有：上齿轮箱（横向输入轴、上部伞齿轮、转舵行星齿轮）、2 个转舵电机、2 套转舵行星齿轮驱动轴系、舵角指示机构和滑油分配模块。

推进器可在提供推进动力（螺旋桨旋转）的同时进行回转运动，改变螺旋桨推力的方向。

推进功率 Z 形传递路径：横向输入轴→上部伞齿轮→竖向传动轴→下部伞齿轮→螺旋桨轴→螺旋桨。

转舵（推进器回转）驱动：转舵电机→转舵行星齿轮驱动轴系→转舵行星齿轮→舵管→推进器。

上部件和中部件的内腔也作为舵桨滑油系统的储油箱。

（1）推进单元（下部件）。螺旋桨布置在推进单元的前部，如图 6-19 所示。水被推向流线型壳体和导流鳍。推进单元可围绕其竖向传动轴中心线旋转，以改变推力方向。

下齿轮箱中的下部伞齿轮将推进器输入轴竖向传递的功率转为横向传递，驱动螺旋桨轴和螺旋桨。

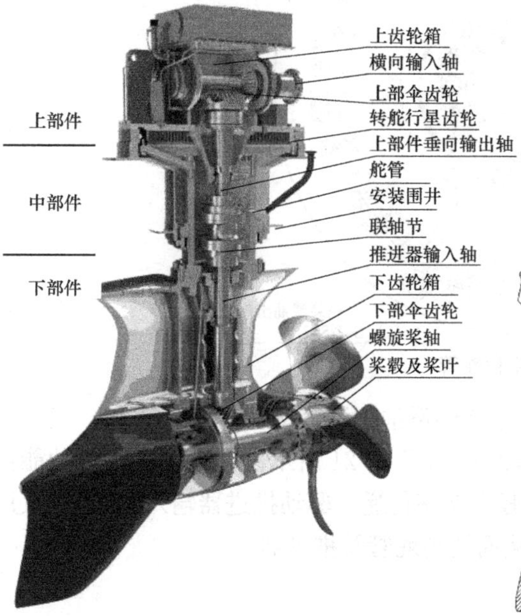

图 6-18 推进器及转舵机构总成

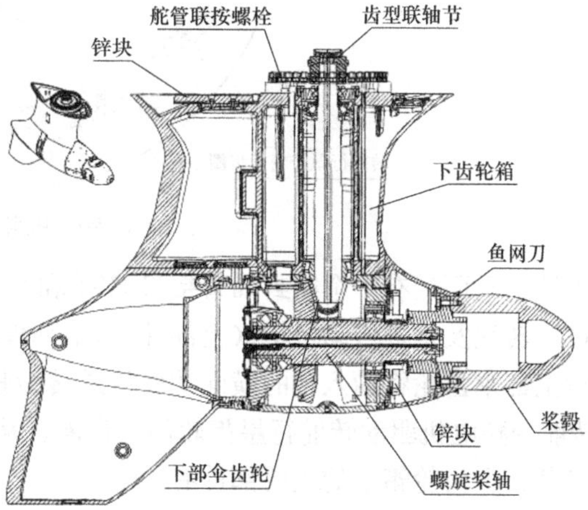

图 6-19 推进单元

（2）安装围井和舵管（中部件）。安装围井是舵桨与船体的连接件，如图 6-20 所示，其将舵桨的重量和推进器产生的推力传递到船体上。其上法兰与舵桨上部件的下法兰连接。舵管上与转舵行星齿轮的大齿圈连接，下与推进单元法兰连接。回转环支撑推进单元和舵管的重量，并将该重量传递到围井上法兰。转舵行星齿轮的大齿圈转动时带动舵管和推进单元转动。舵管中的齿型联轴节连接上部件的输出轴和推进器的输入轴，并与舵管作同轴线转动（但不同速，也不一定同向）。

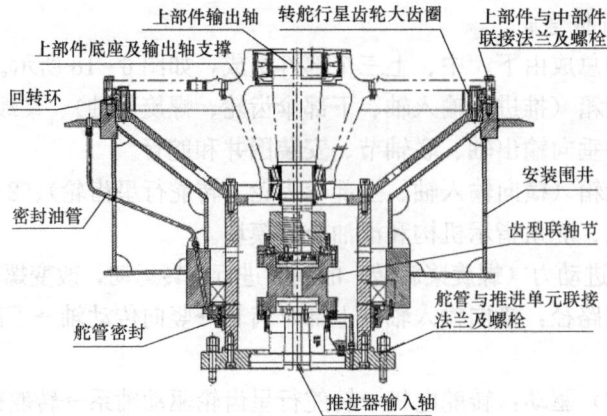

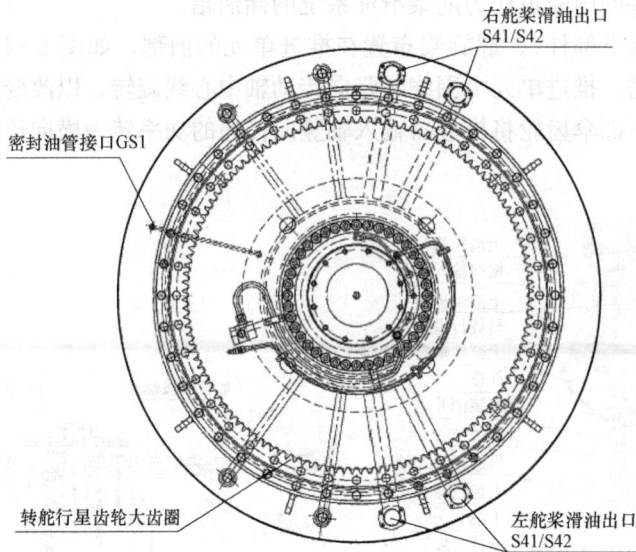

图 6-20 围井和舵管

上法兰平面处有 1 个密封油管接口 GS1 和 2 个舵桨滑油出油管接口 S41/S41。

（3）转舵及推进传动机构（上部件）。上部件结构如图 6-21 所示。它主要有两个功能：
①通过上部伞齿轮将输入轴的横向功率传递转为竖向功率传递，驱动推进器输入轴；②通过
2 个转舵变频电机驱动转舵行星齿轮的大齿圈，从而转动舵管及推进器。

安装在上齿轮箱上的主要部件有：

2 个转舵变频电机；

2 个转舵行星齿轮驱动轴系（带有过载保护离合器）；

1 个滑油分配模块；

1 个油标尺；

1 个透气帽；

1 个舵角指示和反馈装置；

1 个输入轴（推进电机）转速传感器；

1 个滑油压力表 MP47（舵桨进口）；

1 个滑油温度表 MT200；

1 个滑油温度传感器 BT200；

1 个滑油液位传感器（开关）SL200；

1 个 X2 接线盒（舵角和转速信号）；

1 个 X3 接线盒（滑油压力和温度信号）；

滑油管路及接口。

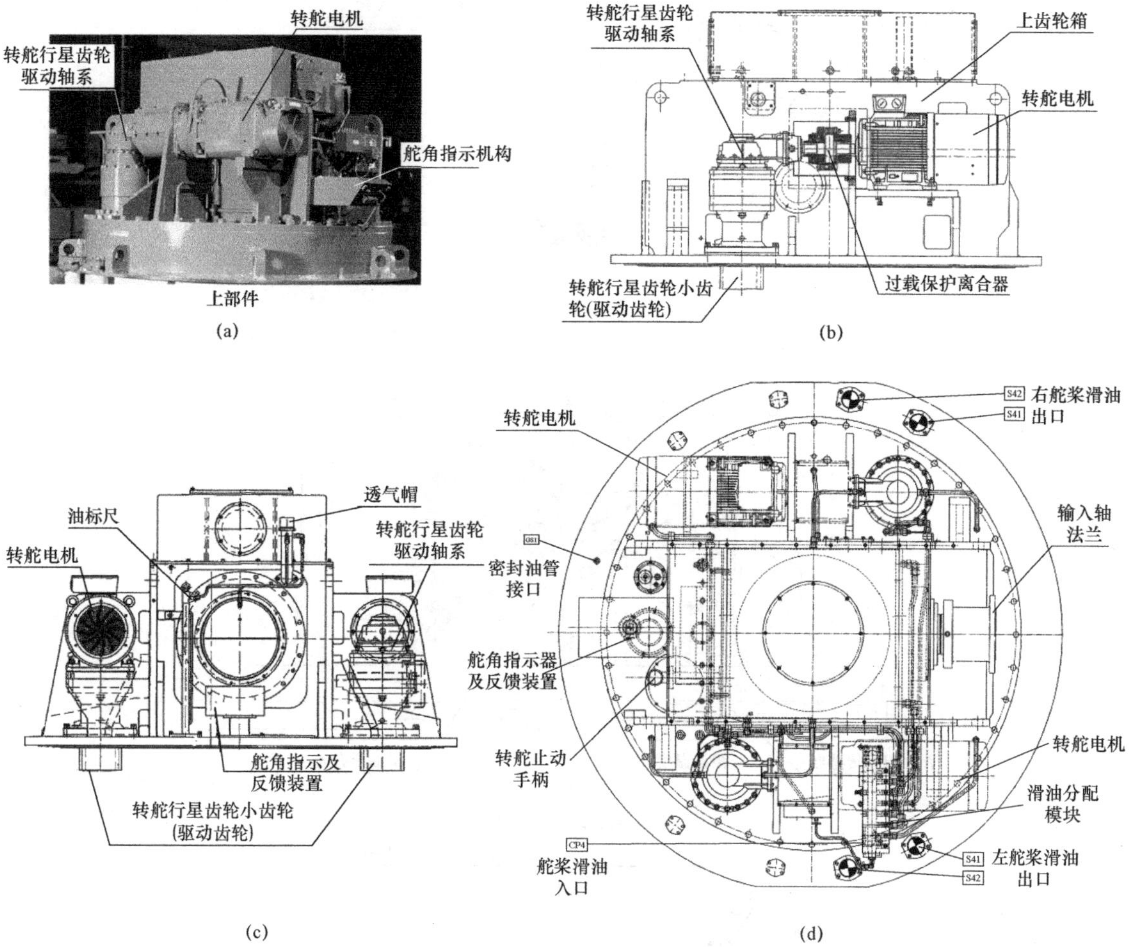

图 6 - 21　转舵及推进传动机构

（a）转舵及推进传动机构外形；（b）正视图；（c）右视图；（d）顶视图

（4）显示仪表和传感器。上部件装有下列显示仪表和传感器（见图 6 - 22）：

舵角指示和反馈装置（其中的 2 个电位计分别向舵角指示系统和控制系统提供舵角位置信号）；

输入轴（推进电机）转速传感器；

滑油压力表 MP47（舵桨进口）；

滑油温度表 MT200；

滑油温度传感器 BT200；

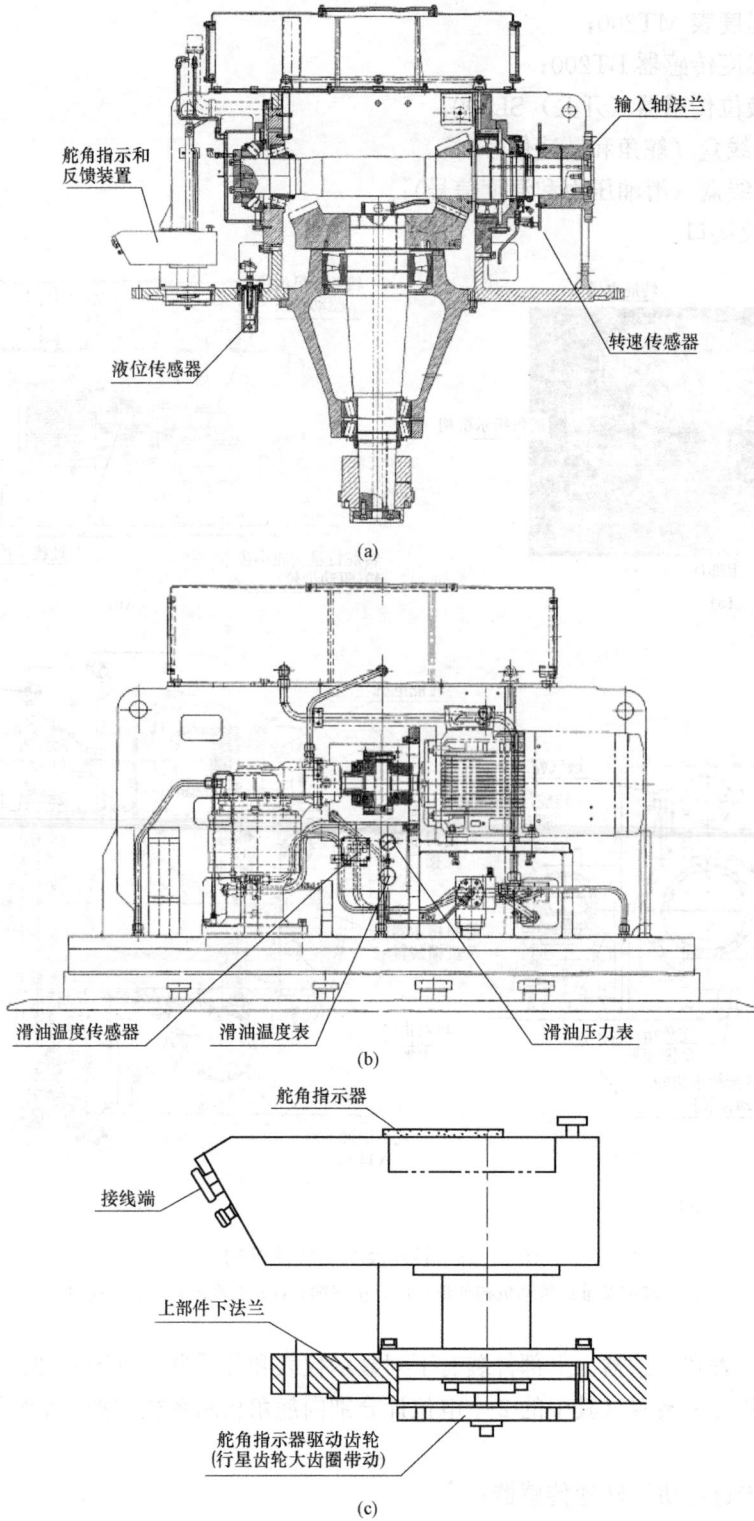

输入轴法兰

舵角指示和
反馈装置

转速传感器

液位传感器

(a)

滑油温度传感器　　　　滑油温度表　　　　　滑油压力表

(b)

舵角指示器

接线端

上部件下法兰

舵角指示器驱动齿轮
(行星齿轮大齿圈带动)

(c)

图 6-22　显示仪表和传感器

(a) 正视图；(b) 右视图；(c) 舵角指示和反馈装置

滑油液位传感器（开关）SL200。

2. 滑油系统设备

滑油系统主要设备包括：滑油模块、重力油箱和重力油箱充气板。

（1）滑油模块。滑油模块如图6-23所示。主要包括下列部件：

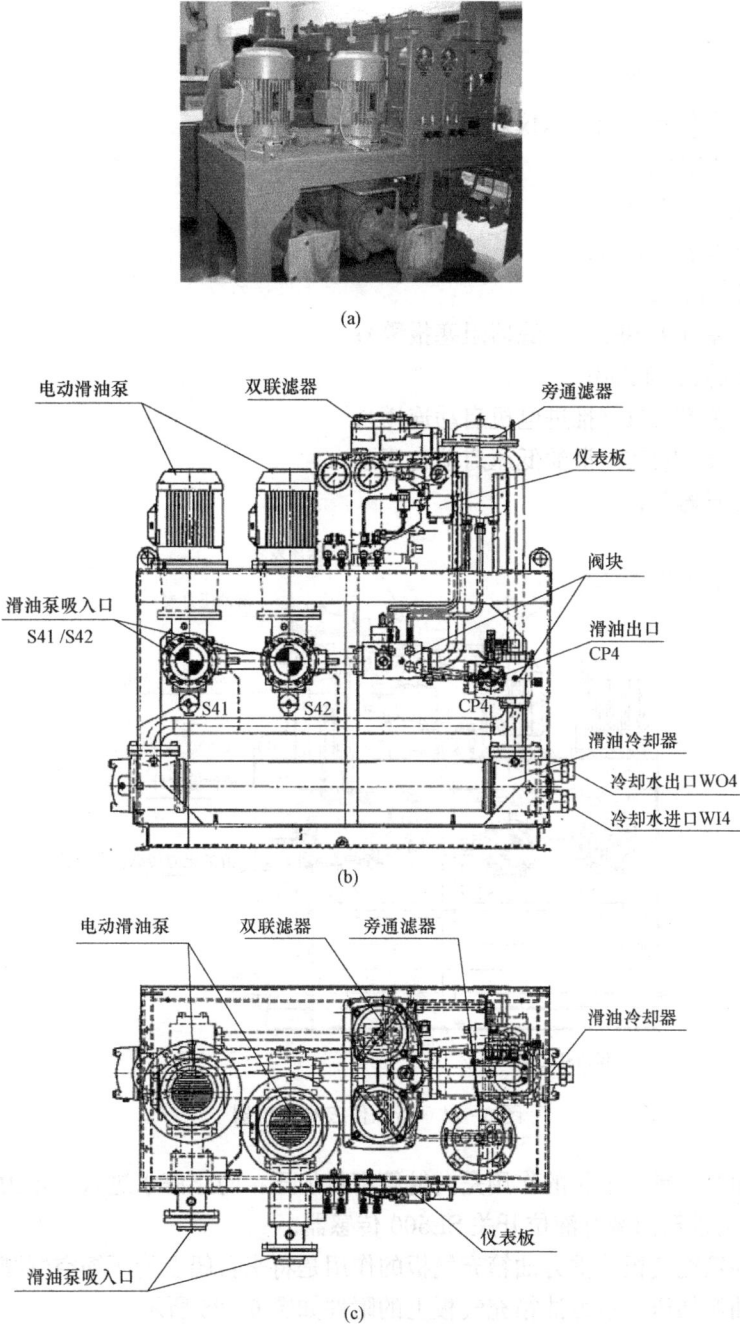

(a)

(b)

(c)

图6-23 滑油模块

(a) 实物外形；(b) 正视图；(c) 顶视图

2个电动滑油泵（1个运行、另1个备用）；

1个双联滤器；

1个旁通滤器；

1个滑油冷却器；

1个仪表板；

1个X9接线盒；

若干阀块、阀和管路。

滑油模块上安装有下列指示仪表和传感器（见图6-24）：

滑油压力表MP250；

双联滤器压差表MP230；

旁通滤器压差表MP231；

滑油温度计MT201；

双联滤器压差开关SP230（滤器阻塞报警）；

滑油压力传感器BP250；

滑油压力开关SP251（推进电机启动连锁）；

滑油压力开关SP252（滑油低压启动备用泵）；

滑油温度传感器BT250。

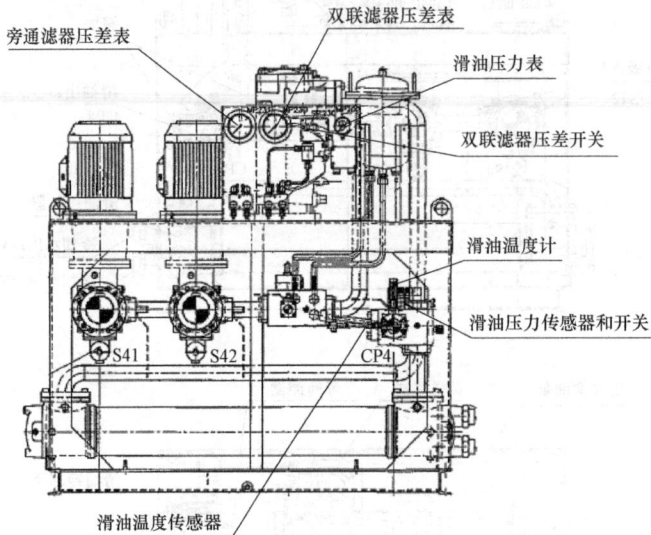

图6-24 指示仪表和传感器

（2）重力油箱。重力油箱的作用是向舵管密封加压，防止海水进入。重力油箱上的附件见图6-25。重力油箱内装有液位开关SL500传感器。

（3）重力油箱充气板。重力油箱充气板的作用是将来自船上的压缩空气减压到合适的压力后，向重力油箱加压。重力油箱充气板上的附件如图6-26所示。

船上压缩空气压力：1.5±0.3bar（0.03MPa）。

重力油箱供气压力：>0.2bar（0.02MPa）。

重力油箱充气板装配的传感器如下：

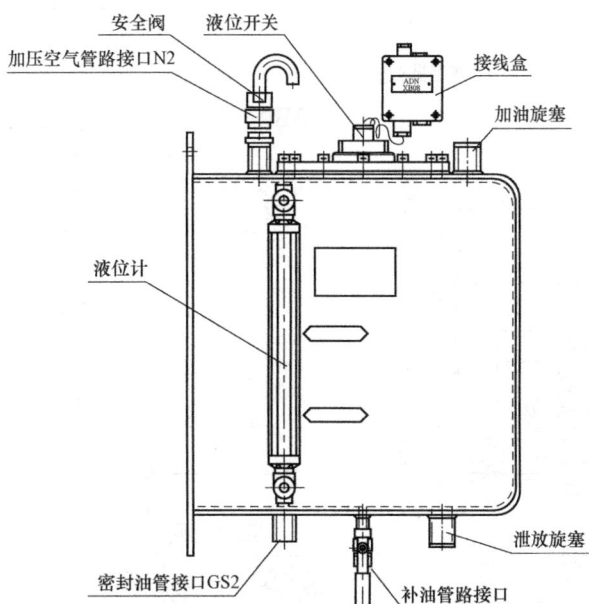

图 6-25 重力油箱

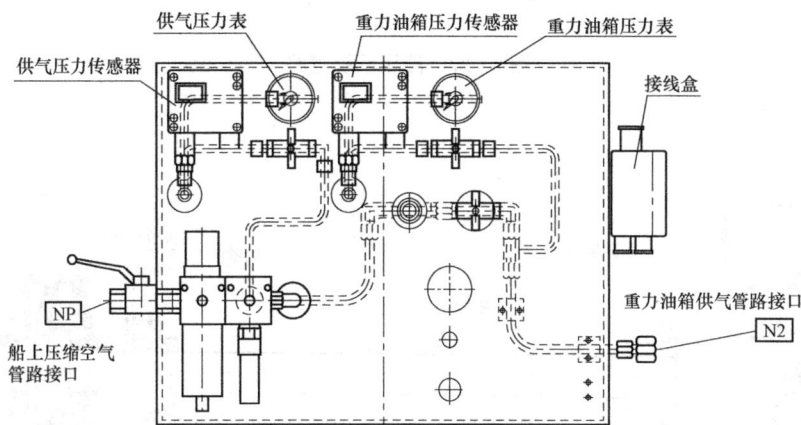

图 6-26 重力油箱充气板

供气压力传感器 SP600；

重力油箱压力传感器 SP601。

（4）液压系统管路。舵桨的内腔是液压系统的储油箱。滑油模块上的电动滑油泵通过接口 S41 或 S42 将油吸出，泵出的压力油经双联滤器和滑油冷却器，由接口 CP4 进入舵桨上部件的滑油分配模块。滑油分配模块再将滑油分别供到各润滑点。滑油模块上的两个滑油泵为一用一备。当一台滑油压力降低于 1.9bar（0.19MPa）时备用泵自动启动。系统运行时，有少量的油经过旁通滤器后与主油路回合。旁通滤器的精度非常高，用于去除油中细微的杂质。其结构如图 6-27 所示。

3. 推进轴系

推进轴系包括：推进轴、中间轴承、弹性联轴节和锁轴机构，其结构如图 6-28 所示。

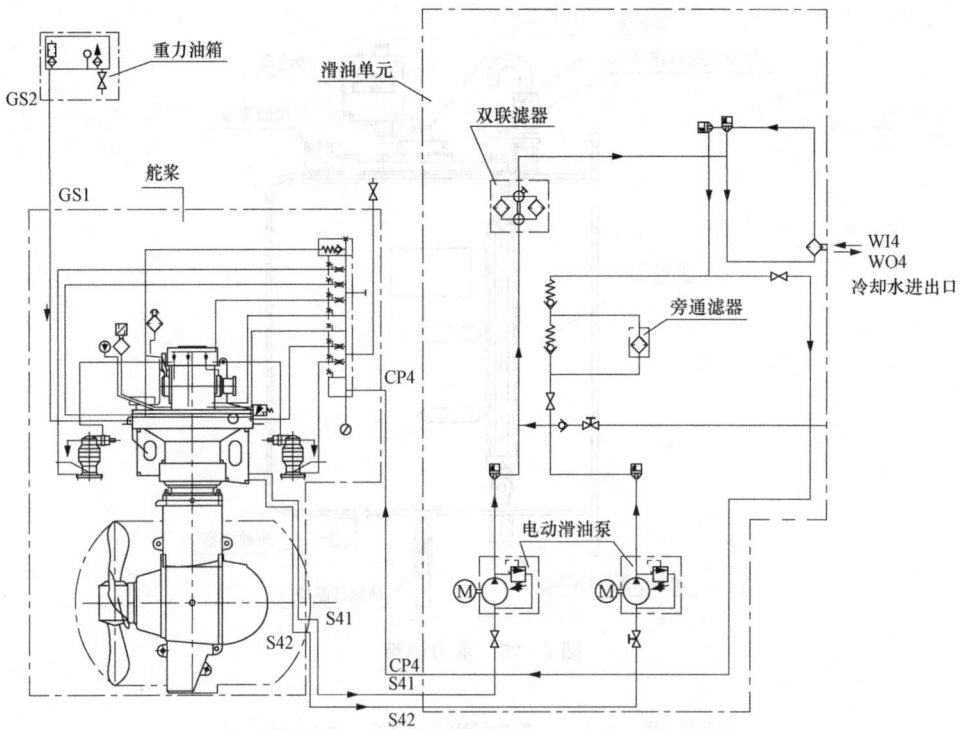

图 6-27 液压系统管路

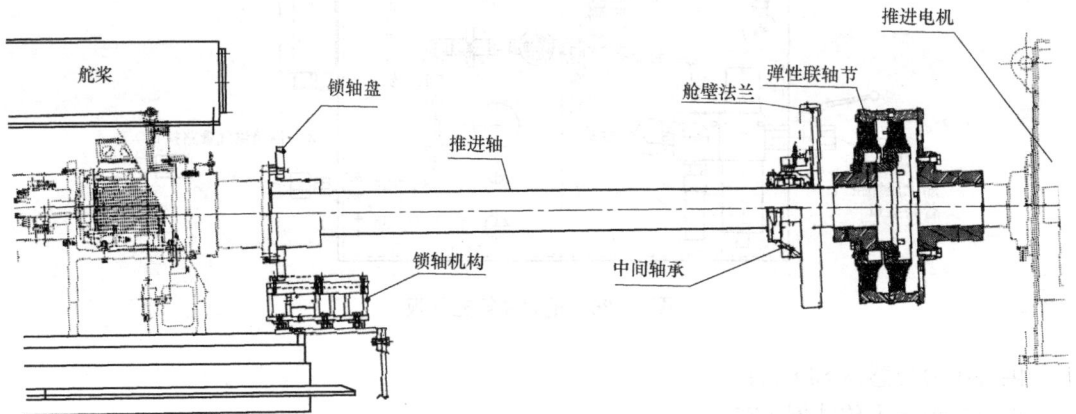

图 6-28 推进轴系统

(1) 推进轴。推进轴输出端为热套法兰与舵桨输入法兰连接。输入端为液压连接的弹性联轴节输出法兰。

(2) 中间轴承。中间轴承为自位式滚柱轴承，如图 6-29 所示，轴承两端有轴向密封装置。轴承安装在舱壁法兰上。轴向密封起到隔舱密封作用。轴承下部装有一个温度传感器。

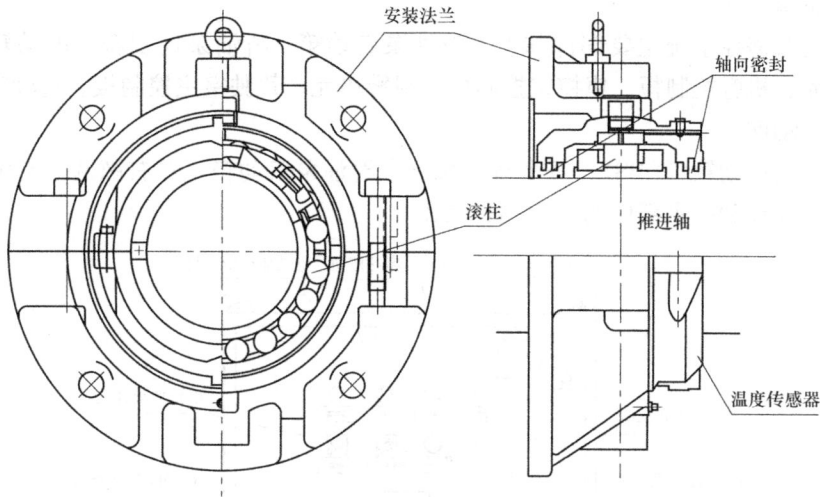

图 6-29 中间轴承

（3）弹性联轴节。弹性联轴节输出端与推进轴液压连接。输入端与推进电机键连接，如图 6-2 所示。

（4）锁轴机构。锁轴机构用于将推进轴锁住，不能转动，其结构如图 6-30 所示。锁轴盘为中分式，安装在推进轴输出端法兰上，其外圆有齿槽，并随推进轴一起转动。锁轴机构的底座固定在舵桨上部件的下法兰上。锁轴键可在锁轴机构上的滑槽中滑动，通常用螺栓固定在两个位置，锁轴位置和非锁轴位置。

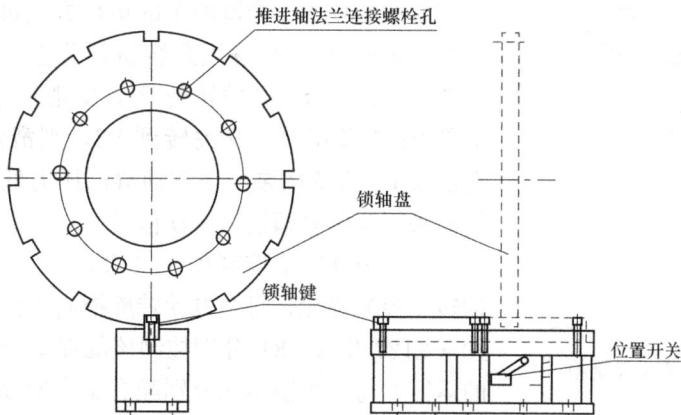

图 6-30 锁轴机构

将推进轴锁住时，转动推进轴使锁轴盘外边缘上的任何一个齿槽对准锁轴机构上的滑槽，然后将锁轴键推到锁轴位置，并用螺栓固定，此时，锁轴键同时滑入到锁轴盘外圆上的齿槽中，将推进轴锁住。脱开锁轴时，反方向推锁轴键到非锁轴位置，使锁轴键离开锁轴盘外圆上的齿槽位置，并用螺栓固定。此时，推进轴可以自由转动。

锁轴机构下部的位置传感器（开关），将锁轴键是否在锁轴位置的信号送到监测系统，以防止锁轴时启动推进电机。

4. 电气及遥控系统

舵桨电气及遥控系统主要部件如下：滑油泵启动箱、滑油泵控制箱、电动转舵控制单元、电子单元、机旁控制板、集控室控制板、报警单元、驾驶室主控制板、驾驶室左和右翼控制板以及自动舵。

（1）滑油泵启动箱（LPS）。每个滑油泵一个滑油泵启动箱，左右舷两个滑油模块共有四个启动箱。操作和指示部件如图 6 - 31 所示。

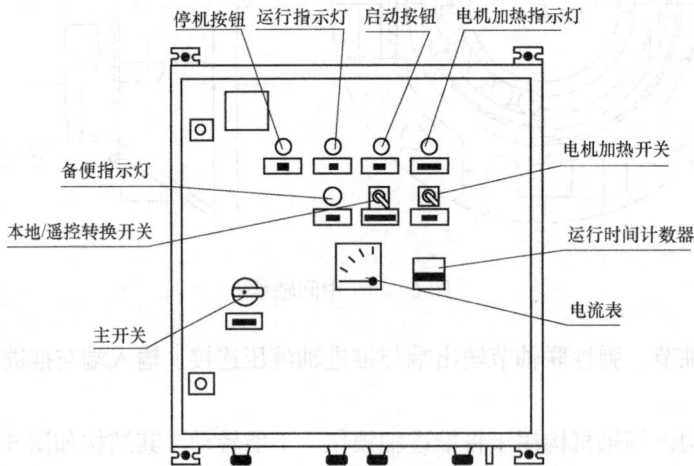

　　　　　　　　　　停机按钮　运行指示灯　启动按钮　电机加热指示灯

备便指示灯　　　　　　　　　　　　　　　　　　　　　　电机加热开关

本地/遥控转换开关　　　　　　　　　　　　　　　　　　运行时间计数器

主开关　　　　　　　　　　　　　　　　　　　　　　　　电流表

图 6 - 31　滑油泵启动箱

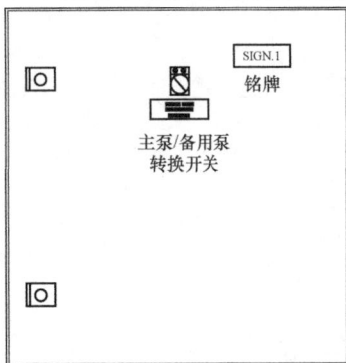

SIGN.1
铭牌

主泵/备用泵
转换开关

图 6 - 32　滑油泵控制箱

（2）滑油泵控制箱。左右舷各有 1 个滑油泵控制箱，对该滑油模块的 2 个滑油泵的运行方式进行控制。运行方式的设定通过主泵/备用泵转换开关进行。滑油泵控制箱如图 6 - 32 所示，开关转到 P1，则滑油泵 P1 为主泵，滑油泵 P2 为备用泵。开关转到 P2，则滑油泵 P2 为主泵，滑油泵 P1 为备用泵。当收到滑油压力低信号时，该控制箱向备用泵启动箱发出启动信号。

（3）电动转舵控制单元（ESU）。左右舷各有 1 个电动转舵控制单元，每个电动转舵控制单元中有 2 个控制单元（X127 和 X128）分别控制该舷舵桨上的 2 个转舵电机的运行。每个控制单元分别配有 1 个制动电阻，故两舷共有 4 个制动电阻。

（4）电子单元。每个舵桨有一个电子单元，内部有 CPU 板、备用系统电子线路、监视和报警电路、输入和输出信号处理板以及带保险丝的电源分配部件。面板无操作按钮和指示灯。

（5）机旁控制板。每个舵桨有一个机旁控制板，如图 6 - 33 所示，可单独对该舷的舵桨运行进行控制。机旁控制板上有：

1 个舵角表；

1 个推进电机功率表；

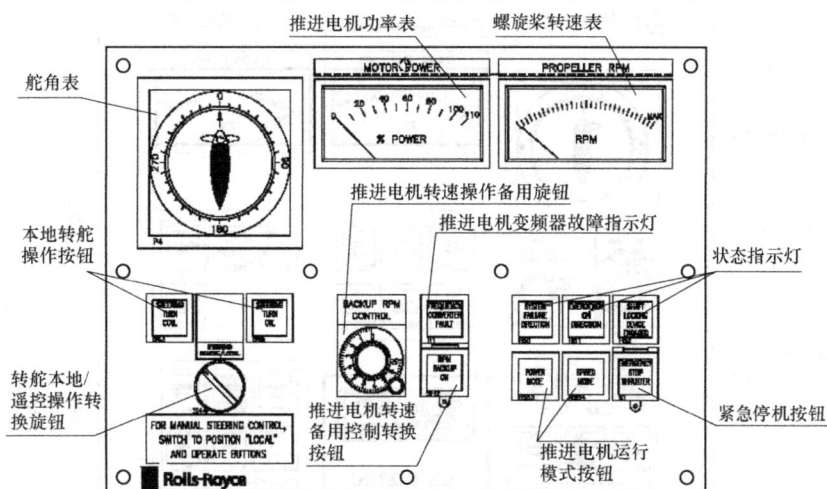

图 6-33　机旁控制板

1个螺旋桨转速表；

1个转舵操作的本地/遥控转换旋钮；

2个本地转舵操作按钮（1个顺时针转舵，另1个逆时针转舵）；

1个推进电机本控制板备用操作启用按钮；

1个推进电机变频器故障指示灯；

1个推进电机转速操作旋钮；

1个推进电机紧急停机按钮；

2个推进电机运行模式按钮（功率模式和转速模式）；

3个状态指示灯（转舵控制故障、转舵备用控制和锁轴装置结合）。

本地转舵备用控制：

S44：转舵操作的本地/遥控转换旋钮（左为遥控，右为本地控制）。

S43：逆时针转舵按钮。

S45：顺时针转舵按钮。

本地推进电机转速备用控制：

R3：本地推进电机转速控制旋钮。

H1：推进电机故障指示灯。

SH2：推进电机转速备用控制转换按钮。

推进电机运行模式切换及状态指示：

H50：转舵控制系统故障指示灯。

H51：转舵备用控制指示灯。

H52：锁轴装置结合指示灯。

HS53：推进电机功率模式运行切换按钮。

HS54：推进电机转速模式运行切换按钮。

S1：推进电机紧急停机按钮。

（6）集控室控制板。左右舵桨各有集控室控制板一块，对称布置，如图6-34所示。

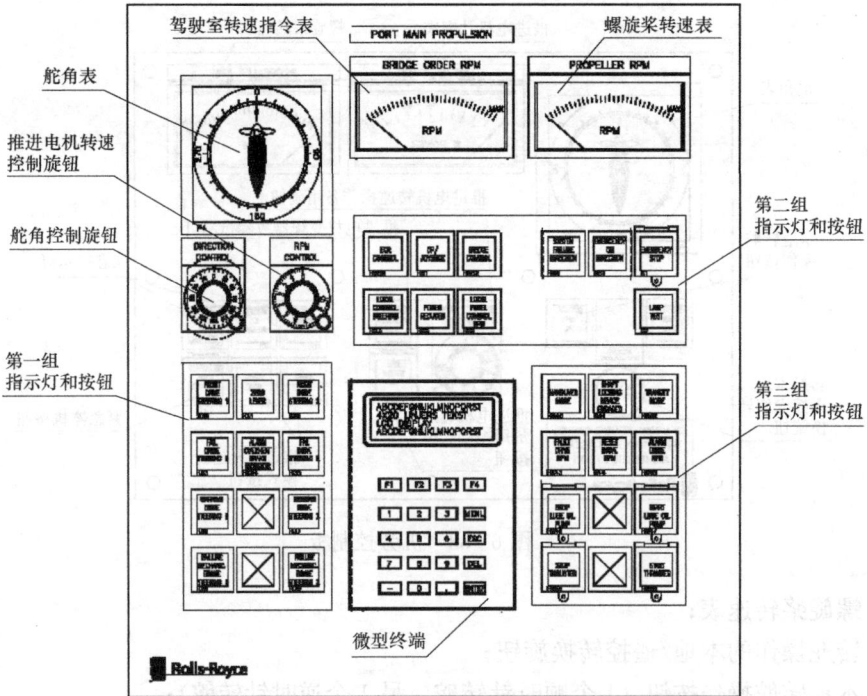

(a)

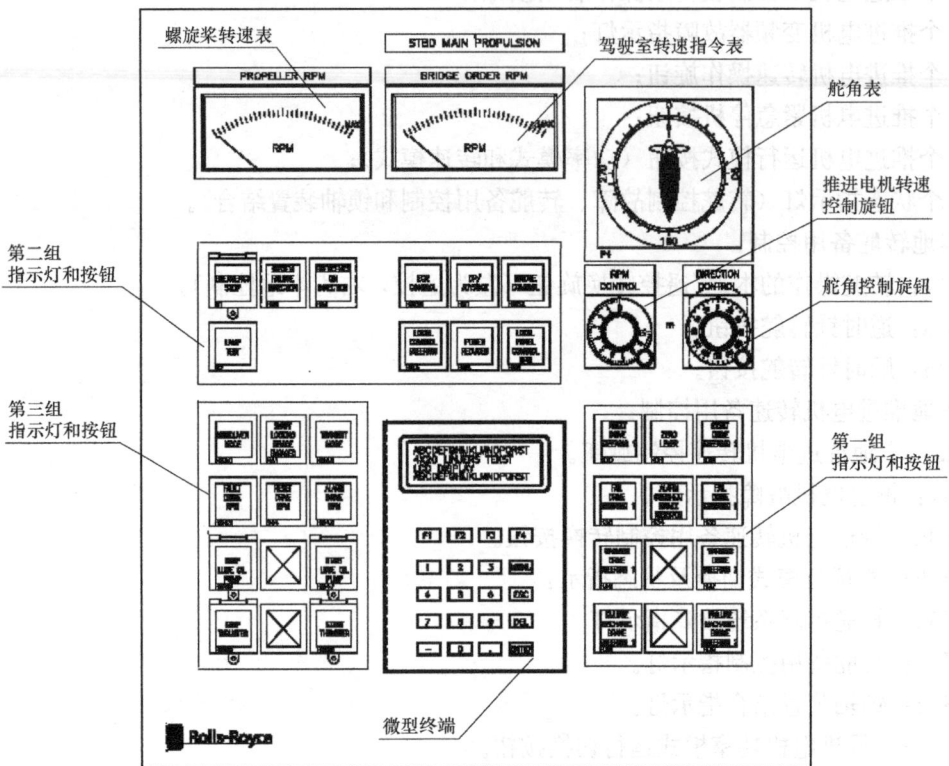

(b)

图 6-34　舵桨控制板

(a) 左舷舵桨控制板；(b) 右舷舵桨控制板

每个舵桨的控制板有部件如下：

　　舵角表；

　　螺旋桨转速表；

　　驾驶室转速指令表；

　　微处理单元；

　　螺旋桨转速控制旋钮；

　　舵角控制旋钮；

　　3组指示灯和按钮。

（7）报警单元。左右舵桨公用一个报警单元，如图6-35所示。该报警单元可对监测点进行报警和延伸报警，共有24个报警指示灯对应于左右舵桨各12个监测点。报警指示灯1到12为左舵桨，报警指示灯13到24为右舵桨。通过该报警单元面板上的显示屏和按钮可对报警点进行编辑和对报警值进行调整。

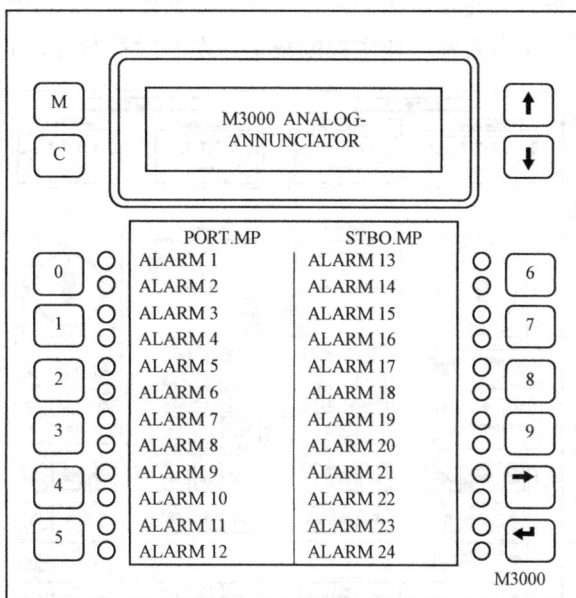

图6-35　报警单元

　　每个舵桨在报警单元上监测的12个报警点如下（该报警点在综合报警系统中也有延伸报警）：

　　转舵机构1故障；

　　转舵机构2故障；

　　转舵机构1或2警告；

　　制动电阻过热；

　　转舵机构1机械制动故障；

　　转舵机构2机械制动故障；

　　通信故障；

　　滑油压力低；

滤器阻塞；

滑油模块滑油温度高；

重力油箱液位低；

舵桨滑油液位低。

注意！每个舵桨系统另有如下监测点直接在综合报警系统中报警：

舵桨滑油温度高；

重力油箱气压低；

中间轴承温度高；

充气板供气压力高；

滑油泵1过载；

滑油泵2过载；

备用泵启动。

（8）驾驶室主控制板。驾驶室主控制板是在驾驶室对舵桨进行操作的主要部位。左右舷舵桨的指示和操作面板集中布置在一块主控制板上，左右对称布置，如图6-36所示。

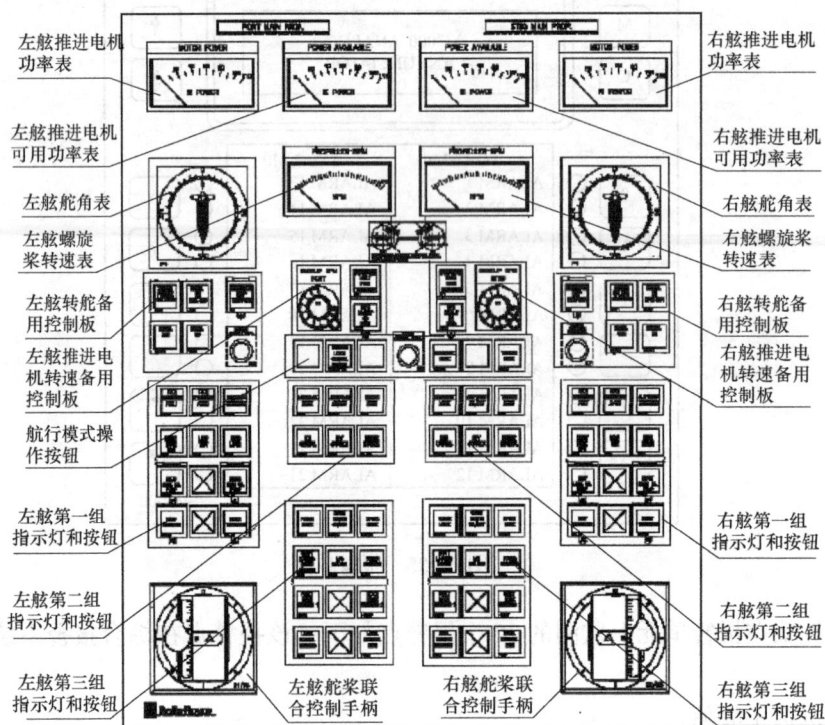

图6-36 驾驶室主控制板

面板上有部件如下：

推进电机功率表，左右各一块；

推进电机可用功率表，左右各一块；

舵角表，左右各一块；

螺旋桨转速表，左右各一块；

转舵备用控制板，左右各一块；

推进电机转速备用控制板，左右各一块；

舵桨联合控制手柄，左右各一只；

第一组指示灯和按钮，左右各一组；

第二组指示灯和按钮，左右各一组；

第三组指示灯和按钮，左右各一组；

航行模式操作按钮组。

1）转舵备用控制板的细节说明：转舵备用控制板通过按钮改变舵角，旁边布置有推进电机紧急停机按钮和报警板的调光器。

2）推进电机转速备用控制板的细节说明：推进电机转速备用控制板通过旋钮改变推进电机的转速，左右推进电机分别有一个转速备用控制板。

3）舵桨联合控制手柄说明：左右舵桨各有一个舵桨联合控制手柄，既可通过推拉手柄改变舵桨的推力，也可通过旋转手柄改变舵角。在公共手柄操作模式时，左舷手柄为公共手柄，同时改变左右舷舵桨的舵角和推力。此时右舷手柄不起作用。

4）航行模式操作按钮组说明：航行模式操作按钮组用于切换公共手柄操作、机动（港口）模式和长航模式。

（9）驾驶室左翼和右翼控制板。驾驶室左翼和右翼各有一块控制板，均有完全相同的面板布置，如图 6-37 所示。每块控制板对称布置有左右舵桨的指示仪表、指示灯和操作按钮：

推进电机功率表，左右各一块；

螺旋桨转速表，左右各一块；

舵角表，左右各一块；

调光器一个；

舵桨指示灯组，左右各一组。

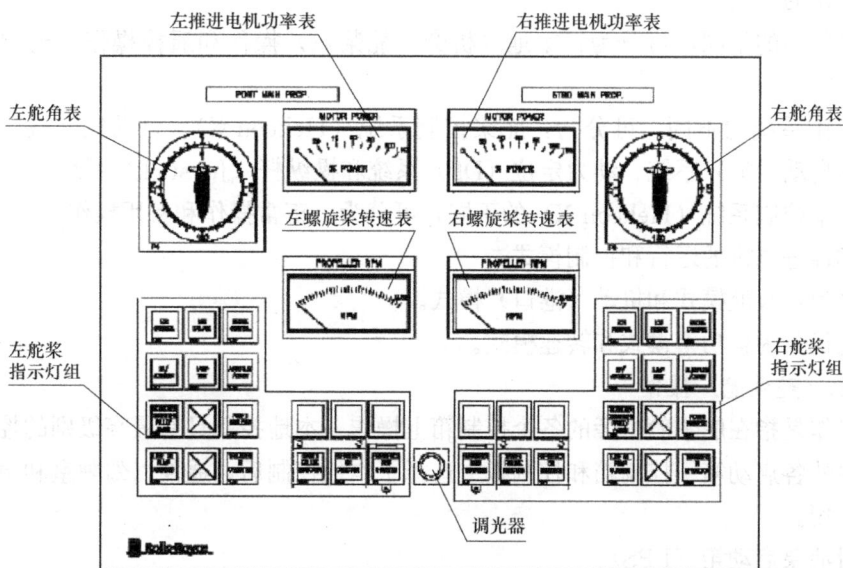

图 6-37　左翼和右翼控制板

（10）自动舵。自动舵通过控制舵角以便保持船按设定航向航行。罗经探测船的实际航向并输出信号给探测器，探测器检测船舶是否偏离设定航向，偏左还是偏右。探测器放大偏差信号进一步驱动舵机系统使舵相应移动。

舵角系统的反馈单元输出舵角反馈信号。当反馈信号和罗经信号平衡时，舵停止移动。若船舶转向，罗经探测到船的新航向，偏差与反馈信号之间产生一个新的不平衡，再次驱动舵开始反向移动直到返回到原先的舵角。这时 2 个信号再次平衡，舵停止移动。

自动舵设备如图 6-38 所示，包括：AP9 MK3 控制单元，CD109 磁航线探测器和 D9X 分配单元。

1）AP9 MK3 控制单元由三块电子板组成：面板、显示板和接口板。面板包括了微处理器、航向选择器电路和报警电路。

2）CD 109 是磁罗经传感器，装在船上的磁罗经上，向自动舵的控制单元传输船的航向。罗经的磁场和自动舵激磁线圈的磁场所合成的磁场产生了罗经方向信号。（本船自动舵的主航向信号来自平台罗经，CD109 的磁罗经航向信号用于监测）

3）D9X 分配单元是一个主中间连接单元，舵桨转舵的指令信号由这里发送到舵桨控制系统进行舵角控制，舵桨的舵角反馈信号被送到这里。

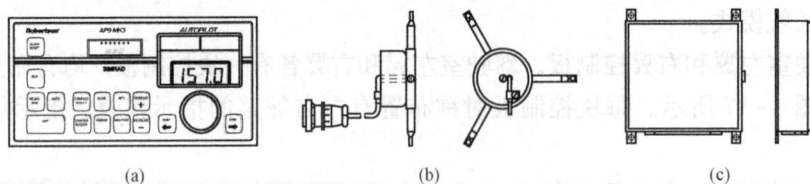

图 6-38　自动舵设备

(a) AP9 MK3 控制单元；(b) CD109 磁航线探测器；(c) D9X 分配单元

6.5.3　操作

舵桨操作的分类：

根据操作站的不同，可分为：本地（机旁，舵桨舱）操作和遥控操作（驾驶室和集控室）。

根据操作系统的不同，可分为：舵桨控制系统（Helicon X）、自动舵（航向保持）系统、海图（自动导航）系统、动力定位（DP）系统和操纵杆（Joystick）系统。

根据舵桨控制系统（Helicon X）的不同，可分为：正常操作和备用操作。

舵桨和推进电机的运行和控制模式：

舵桨分为：长航模式和机动（港口）模式。

推进电机分为：功率模式和转速模式。

1. 本地（舵桨舱）操作

本地操作是指在舵桨舱机旁的各个控制箱上操作。本地控制具有最高级别的控制权。当在舵桨舱内的各启动箱、控制箱和控制板上选择了本地控制后，遥控（驾驶室和集控室）操作将不起作用。

（1）滑油泵启动箱（LPS）。

打开主开关。

本地/遥控转换旋钮置于本地位置。

用启动按钮和停机按钮，启动和停止滑油泵。

（2）滑油泵控制箱。

将主/备用滑油泵转换旋钮转到 P1 或 P2。旋钮转到 P1 时，P1 为主泵运行，P2 为备用泵，反之亦然。

（3）电动转舵控制单元（ESU）。

打开主开关。

（4）机旁控制板。

转舵（舵角）操作：将本地/遥控转换旋钮（S44）置于本地后，通过操作逆时针转舵按钮（S43）和顺时针转舵按钮（S45），改变舵角。

推进电机（螺旋桨）转速操作：按下推进电机备用转速控制按钮（SH2），通过操作转速控制旋钮（R3），改变推进电机（螺旋桨）转速。

推进电机运行控制模式选择：通过按下按钮 HS53 或 HS54，选择推进电机运行于功率控制模式或转速控制模式。

推进电机紧急停机：按下按钮 S1，紧急停止推进电机。

2. 遥控（集控室）操作

集控室的两个遥控面板分别对两个舵桨进行遥控，此时应将舵桨舱内各启动箱、控制箱和控制板上的本地/遥控转换旋钮转到遥控位置。

（1）驾驶室与集控室的控制部相互转换。

1）驾驶室转到集控室。

按下集控室面板的集控室控制转换按钮（HS80），驾驶室和集控室面板的集控室控制转换按钮（SH83 和 HS80）均闪烁。

按下驾驶室面板的集控室控制按钮（SH83），驾驶室和集控室面板的集控室控制转换按钮（SH83 和 HS80）均转为平光。

转换完成。

2）集控室转到驾驶室。

按下驾驶室面板的驾驶室控制转换按钮（HS85），驾驶室和集控室面板的驾驶室控制转换按钮（SH85 和 HS82）均闪烁。

按下集控室面板的驾驶室控制按钮（SH82），驾驶室和集控室面板的驾驶室控制转换按钮（SH85 和 HS82）均转为平光。

转换完成。

（2）舵桨滑油泵启动和停机。

通过面板的滑油泵启动和停机带灯按钮（HS47 和 HS46）进行启动和停机。

（3）推进电机启动和停机。

通过面板的停机电机启动和停机带灯按钮（HS49 和 HS48）进行启动和停机。

（4）推进电机紧急停机。

通过面板的推进电机紧急停机按钮（S1）进行紧急停机。

（5）舵桨运行模式转换。

港口模式时，推进器可无限制地 360°回转，但船速应低于 10 节。

长航模式时，舵角被限制在±35°之间。遥控系统会根据计程仪的信号对舵角进行限制。

1）长航模式转到机动（港口）模式。

将船速降低到10节以下。

按下面板的机动（港口）模式按钮（HS40），该按钮灯亮。

面板的长航模式按钮灯（HS42）熄灭，转换完成。

2）机动（港口）模式转到长航模式。

按下面板的长航模式按钮（HS42），该按钮灯亮。

面板的机动（港口）模式按钮（HS40）灯熄灭，转换完成。

（6）转舵（舵角）操作。

通过操作旋转舵角控制旋钮，改变舵角。

（7）推进电机（螺旋桨）转速控制。

通过操作旋转停机电机转速控制旋钮，改变推进电机（螺旋桨）转速。

3. 遥控（驾驶室）操作

驾驶室操作时应将舵桨舱内各启动箱、控制箱和控制板上的本地/遥控转换旋钮转到遥控位置。

（1）驾驶室主控制板操作。驾驶室与集控室的控制部相互转换：与集控室控制板描述相同，见前述。

1）舵桨滑油泵启动和停机。

通过面板的滑油泵启动和停机带灯按钮（HS37和HS36）进行启动和停机。

2）推进电机启动和停机。

通过面板的停机电机启动和停机带灯按钮（HS39和HS38）进行启动和停机。

3）推进电机紧急停机。

通过面板的推进电机紧急停机按钮（S1）进行紧急停机。

4）推进电机运行控制模式转换。

通过按下按钮HS40或HS42，选择推进电机运行于功率控制模式或转速控制模式。

5）舵桨运行模式转换。港口模式时，推进器可无限制地360°回转，但船速应低于10Kn。长航模式时，舵角被限制在±35°之间。遥控系统会根据计程仪的信号对舵角进行限制。

长航模式转到机动（港口）模式：

将船速降低到10Kn以下。

按下面板的机动（港口）模式按钮（S105），此时机动（港口）模式指示灯（H80）灯亮。

面板的长航模式指示灯（H82）熄灭，转换完成。

机动（港口）模式转到长航模式：

按下面板的长航模式按钮（S106），此时长航模式指示灯亮。

面板的机动（港口）模式按钮（H82）灯熄灭，转换完成。

6）双联合控制手柄操作。采用控制面板的左右两个舵桨联合控制手柄分别改变左右舵桨的舵角和推力。旋转该手柄改变舵角。推拉该手柄改变推进电机转速（即推进器推力）。

当船速大于10Kn时，舵角的变化被限制在±35°以内。当船速小于10Kn时，舵角的变化可为 360°。

手柄在直立位置时，推力为零（推进电机的转速为零）。将手柄置于水平位置时，推力最大（推进电机最大转速）。

7）公共手柄（单手柄）操作。采用左边舵桨联合控制手柄同时控制左右舵桨的舵角和推力。

双手柄转单手柄操作：

将两个手柄置于相同的位置（舵角和推力）。按下面板上公共手柄操作转换按钮（S15，H15），该按钮（S15，H15）灯亮，左手柄同时操作两个舵桨，右手柄不起作用。

单手柄转双手柄操作：

将右手柄置于与左手柄相同的位置。

按下面板上公共手柄操作转换按钮（S15，H15），该按钮（S15，H15）熄灭，两个手柄分别操作两个舵桨。

8）备用控制操作。当联合控制手柄故障时，使用备用操作按钮和旋钮分别改变各舵桨的舵角和推力。

转舵备用控制：

按下转舵备用控制转换按钮（HS61），该按钮灯亮。

采用顺时针转舵按钮（HS63）或逆时针转舵按钮（HS62）改变舵角。

推进电机转速备用控制：

按下推进电机转速备用控制转换按钮（SH2），该按钮灯亮。

采用备用转速控制旋钮改变推进电机转速（推力大小）。

9）转换到自动舵操作。

按下自动舵操作转换按钮（HS81），该按钮灯亮。舵角转为自动舵控制。自动舵保持船按设定的航向航行。联合控制手柄的转舵功能不起作用。

再次按下自动舵操作转换按钮（HS81），该按钮灯熄灭，转为联合控制手柄控制舵角。

10）转换到海图（自动导航）系统操作。

按下自动导航模式按钮（HS41），该按钮灯亮。舵角转为海图系统控制。海图（自动导航）系统使船按设定的航线航行。联合控制手柄的转舵功能不起作用。

再次按下自动导航模式按钮（HS41），该按钮灯熄灭，转为联合控制手柄控制舵角。

11）转换到动力定位或操纵杆系统操作。

当选择开关转到动力定位或操纵杆系统控制时，动力定位/操作杆控制指示灯（H84）亮，舵角改由动力定位或操纵杆系统控制。联合控制手柄的转舵功能不起作用。

当选择开关转到舵桨控制系统控制时，动力定位/操作杆控制指示灯（H84）熄灭，联合控制手柄的转舵功能恢复。

（2）驾驶室左和右翼控制板操作。驾驶室舷翼控制板的主要功能是显示舵桨的运行状态，操作仅限于紧急停止推进电机。

（3）自动舵操作。面板上有三个液晶显示器，左边一个是信息显示，右上是光标显示，右下是航向显示。在面板上还有一个蜂鸣器和一个报警复位键。只要按几次键或转动航向选择旋钮即可完成自动舵一般操作。所有其他操作自动舵所需的指令和数据已在交货时储存在自动舵中。

面板由三个功能块组成：模式选择、参数设定和航向选择。

1）模式选择。这部分有三个模式键（HELMSMAN、AUTO 和 NAV）和 OFF（关）键，还有报警蜂鸣器和 ALARM RESET（报警复位）键。

HELMSMAN（人工操舵）。HELMSMAN 键有两个用途：开机和选定人工操舵模式。在此模式下，航向显示器显示罗经的读数。此时可用舵桨联合控制手柄操作。

AUTO（自动舵）。在船舶按预定的航向正常航行时，用自动舵模式自动操舵。当按下 AUTOPILOT（自动舵）键后，自动舵选定即时的航向作为要保持的航向。任何船舶的实际航向与所需舵角的偏差都会显示在光标显示器上，一段光标等于一度舵角。

NAV（导航模式）。该键对本船不起作用，本船的自动导航模式不在此实现。

OFF（关机）。按 OFF（关机）键 2s，自动舵就关机。在这期间，自动舵会有声响报警。关机后，声响停。如果按键不到 2s 就恢复，报警声消失。自动舵像往常一样工作并且报警信号自动复位。只要按下 OFF 键，自动舵就会停止输出舵角指令。在自动舵关机期间所有的预设参数都会被自动储存。

报警。当蜂鸣器发出报警声时，信息指示器显示报警种类，按 ALARMRESET（报警复位）键消音。报警的描述和处理见自动舵使用说明书。

2）参数设定。AP9 MK3 控制单元的中间部分有八个键和一个信息显示器。显示器显示选定的模式、航向偏差、参数设定和其他用户信息。

参数设定已由服务工程师在试航时设定完毕。通常不需要调整。必要时，应由受过专门培训的人员进行操作。参数设定的操作见自动舵使用说明书。

3）航向选择。自动舵的航向选择部分由一个光标显示器、一个数字式航向显示器、一个航向选择旋钮和 PORT（向左）、STBD（向右）二个航向调整键组成。

光标显示器在自动舵模式下显示设定航向和实际航向之差，显示的每个光段等于1°，显示范围是±20°。

数字式航向显示器在人工操舵（HELMSMAN）模式时显示船的实际航向，而在自动舵模式时显示的是要保持的航向。

用航向选择旋钮在自动舵模式下可较快地改变航向。按一下旋钮使其被激活。如果激活后 10s 内没有使用，需再次激活。旋钮顺时针转使航向向右，反之向左。旋钮转 1 圈等于航向转 60°。

PORT（向左）和 STBD（向右）键用于航向微调。每按一次航向改变1°。

旋钮和这两个键只在自动舵模式下起作用。

6.5.4 维护保养

1. 每日

为确保设备正常运行和避免从小的故障发展到严重的损坏，应进行下列检查：

（1）检查转舵机构是否有漏油，主要检查驱动端的输入轴轴封。

（2）检查滑油模块和设备之间的管系是否有漏油。

（3）检查设备的表面温度（转舵机构顶部、轴封区域、泵、轴制动器等）。

（4）检查是否有异常振动（轴系、滑油阀、泵、管系等）。

（5）检查设备是否有异常噪声。

（6）检查重力油箱的液位和气压。

（7）检查所有滤器指示器（备用滤芯与密封应储存在船上）。

（8）从滑油系统中放出少量滑油，并放置一会。检查油中是否有水的迹象（每周进行一次）。

（9）检查各系统的各种压力是否在正常范围内。

如果因检修打开了设备，重新装复的管系必须在设备运行几天后再次拧紧。

2. 每 3 个月

（1）检测油的状态。为避免设备的非正常运行及其导致的严重损坏，油量、油的清洁度和油的含水量必须保持在罗尔斯-罗伊斯要求的限制内。设备只能使用罗尔斯-罗伊斯认可的油品。

油的清洁度为 ISO 4406 的 19/16（NAS 1638 的 10 级）。含水量小于 0.03%。

必须定期对各系统取油样，检查油以确保没有变质和含水量较少。另外，每周按上述方法对油进行目测。

以下项目检查必须最少间隔 3 个月进行一次。

1）从滑油系统中取出油样送实验室检测。实验室应给出油的检测报告和使用建议，如：过滤、分离或更换。

检测内容包括：水分、颗粒物和微生物。

重要的是取出具有代表性的油样，应从循环油中取，并放掉取样口的死油。同样重要的是每次应在同样的地方取油。这样可使前后油样有较好的可比性。

取样只能使用干净的、新的瓶子。

2）从舵桨下齿轮箱底部取油（在坞内时，打开底壳外部的泄放塞，将油放出。在水中时，将舵桨转到与中间轴平行的位置，用上法兰面上的止动手柄检查是否到位。打开上法兰面上的泄油口盖板，降低液位，露出抽油管接头，接上抽油工具，将油抽出），并目测油样。主要是观察油中是否含水，这是由于水是沉淀在齿轮箱底部的。在取油时，放掉至少 10L 油。这样做是放掉管路中的存油，从而得到来自齿轮箱底的具有代表性的油样。

（2）冷却器装有小锌块，应检查锌块，并根据情况更换。

（3）更换所有滤器的滤芯。若推进器仅进行了短时间运行，间隔时间可减半。使用正确的滤芯是极端重要的，因为，粗滤芯不满足过滤要求，细滤芯会增加滤芯上的压降，导致旁通阀打开，油将被过滤。在滤芯安装前必须进行新旧比较。

（4）对报警系统、电机加热元件和泵自动启动设备进行功能测试。

（5）对转舵机构和液压设备进行外部清洁。

3. 每年（除每 3 个月的保养以外）

（1）检查弹性联轴节的磨损情况，根据情况更换损坏的弹性元件。

（2）检查中间轴的滚动轴承。更换油脂，用量和牌号应正确。

（3）检查、清洁冷却器，并做压力试验。更新密封和锌块。

（4）调整泵与泵电机之间的柔性联轴节。

（5）检查舵角反馈装置中的联轴节。用油或薄油脂润滑轴承衬套。

（6）对所有的压力开关、探头和温度传感器以及微动开关进行检查和功能试验。

（7）检查转舵机构上部和外部液压系统中的所有软管是否磨损、损坏和老化。

（8）检查外部接地电刷的磨损情况。

（9）逐项检查各紧急处理程序（转舵、制动等），确认各程序具备使用条件。

4.进坞期间（若船的坞期间隔正常，每5年）

（1）从下齿轮箱底部放油，检查含水量和杂质。

（2）最好通过检查盖检查一下大齿轮。若有可能，拍些照片供以后参考。进坞检查每次均要更换密封圈。

（3）最好拆除防缆罩，放出桨轴腔中的油，换新油。注意！舵桨的桨轴密封是与一个独立的重力油箱相连的。对于这个系统，从密封处放些油，确保无水注进了桨轴腔内。必要时换油。

（4）检查桨轴密封处的锌块（Simplex型）。同样检查在桨毂和桨导管处的锌块。

（5）若需要进行焊接工作，在连接接地线时必须放置警告。这是防止焊接时电流的通过损伤轴承和齿轮。

（6）桨轴装有陶瓷衬套，无论是操作、维修或保养均不能破坏衬套的绝缘。

（7）检查水下部分的外表是否有损坏，桨叶是否有空泡腐蚀情况。

（8）检查是否有漏油情况（桨轴，转舵密封等）。

（9）通过上述的检查确定下步工作安排。

小 结

螺旋桨方式的四种常用的电力推进装置，即直接轴系推进装置、间接轴系推进装置、全回转舵桨推进器和吊舱推进器。

直接轴系推进的主机和螺旋桨之间除了传动轴系外，没有减速和离合设备，运转中螺旋桨和推进电机始终具有相同的转向和转速。因此具有如下优点：①结构简单，维护管理方便；②经济性好，传动损失少，传动效率高；③工作可靠，寿命长。因此普遍应用于大、中功率的船上。

间接轴系推进的推进电机和螺旋桨之间的动力传递除经过轴系外，还经过某些特设的中间环节（离合器、减速器等）。它的主要优点是：①推进电机转速可以不受螺旋桨要求低转速的限制；②轴系布置比较自由；③在带有倒顺车离合器的装置中，主机不用换向，使推进电机结构简单，工作可靠，管理方便，机动性提高；④有利于多机并车运行及设置轴带发电机。它的主要缺点是轴系结构复杂，传动效率较低。

全回转舵桨推进器是通过Z形或L形轴系将主机发出的转矩传递到螺旋桨，螺旋桨可绕竖向立轴轴线做360度回转，从而产生全方位的推力。它可以使船舶原地回转、横向移动、急速后退和在微速范围内做操舵等特殊驾驶操作。船舶装备了全回转推进器后可以省去尾柱尾轴管，使艇部形状简化，减少船舶阻力，并且在推进器发生故障时可以将整机从机舱吊出而不需要进坞，使维修工作大大简化。

吊舱推进器是一种特殊全回转舵桨推进器，它是将推进电机安装在水下箱体内，直接驱动螺旋桨的推进器，是一种高性能的推进装置。

思考题与习题

1. 现代电力推进船舶主要有哪几种推进方式？
2. 试分析直接轴系推进装置中传动轴系的组成和作用。
3. 尾轴密封装置的作用是什么？它由哪几部分组成？各部分的功能是什么？
4. 传动轴系的管理维护要注意哪些问题？
5. 间接轴系推进和直接轴系推进相比有哪些优缺点？
6. 全回转推进器有哪几种类型，各有什么特点？
7. 全回转推进器由哪几部分组成？各部分的功能是什么？
8. 试分析全回转推进器的回转泵站启动器工作原理。
9. 回转液压泵站中三个延时继电器的作用各是什么？
10. 回转液压泵站过载保护为什么不直接使电机停止运行？
11. 吊舱推进器由哪几部分组成？各部分的功能是什么？
12. 与传统推进器相比，吊舱推进器有哪些特点？

第 7 章　船 舶 侧 推 装 置

船舶侧推装置可提高船舶的操纵性能，便于精确保持船位，在船舶领域得到了广泛应用，本章主要介绍几类常用的船舶侧推装置。

7.1　船舶侧推装置概述

船舶侧推装置（side thruster），也叫横向舵、横向喷流舵，是指在船舶水线面以下横向套筒中的一种特殊的横向推进装置，其推力的大小和方向可由控制系统操纵而改变。它装设于船艏、艉部较低处，以便于在船舶低速航行时和布置在船艉部的常规舵协作以完成转向操作，以及当船舶停车或后退时能获得较好的控向性能。侧推器的轴向与船舶舯剖面相垂直，位于船艏底部者称艏侧推器（bow thruster），如图 7-1 所示，装于船艉者为艉侧推器（quart thruster）。由于船艉有螺旋桨和舵设备，因此艉

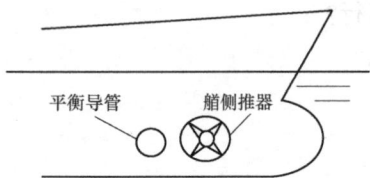

平衡导管　　艏侧推器

图 7-1　艏侧推器

侧推器的安装工艺复杂、成本相对较高，故船舶侧推器大多只布置在艏部。

船舶上安装的侧推器均为隧道式推进器，它工作时利用布置在横向导管中的螺旋桨所产生的推力来实现船舶变向。为了增加艏侧推器的使用效果，有的船舶还在其后侧另开设一个中空且左右贯通的平衡导管（见图 7-1）。侧推器可采用定螺距螺旋桨或变螺距螺旋桨做推进器，其转速一般有 2～3Kn，而且它直接在驾驶室遥控。这样，根据实际需要通过操纵手柄（或按钮）就能控制其转动方向和转速达到操控船舶的目的。

7.1.1　船舶侧推装置的工作原理

船舶侧推器的结构很简单，在船舶一端或两端的水下部分作横贯船体的管道，内装螺旋桨，图 7-2 所示是位于侧推器处的船体横剖面示意图。从图中可以看出：当螺旋桨转动时，分别从管道口 1、2 吸入水流，从管道口 3、4 排出水流，形成向船侧的排出流。从管道口 1、2 对称吸入的吸入流，对船体无横向作用力，而从管道口 3、4 排出的水流，其排出流方向由半环形罩筒控制，如图 7-2 所示。图 7-2（b）是管道口 3、4 的俯视图。由图 7-2（b）的（A）可见，半环形罩筒口朝左，排出流从管道口 3 排出，管道口 4 中无水流排出，这是完全不对称排出，使船体获得最大的向右舷方向的推力；由图 7-2（b）的（B）可见，半环形罩筒口朝右，排出流从管道口 4 排出，管道口 3 中无水流排出，这也是完全不对称排出，使船体获得最大的向左舷方向的推力；由图 7-2（b）的（C）可见，半环形罩筒口朝前，排出流从管道口 3、4 对称排出，对船体无横向作用力；当半环形罩筒口朝非前、非左、非右的某一位置时，排出流分别从管道口 3 和管道口 4 不等量排出，这种不等量排出使船体获得向左右舷方向的推力差，推力差的大小和方向由半环形罩筒口的位置确定，控制半环形罩筒口的位置可任意获得所需的作用在船舶上的侧向力。

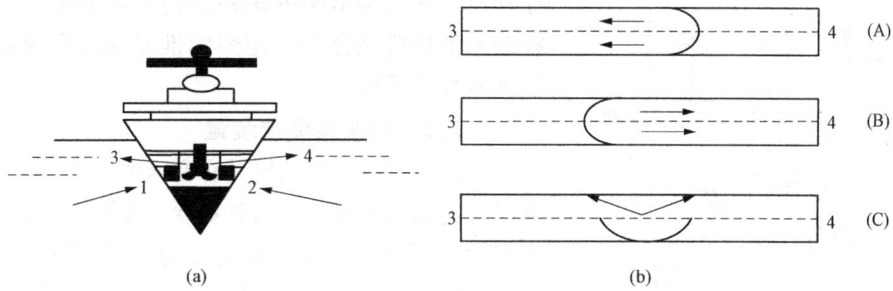

图 7-2 侧推器结构

(a) 侧推器在所作横剖面上的位置；(b) 管道口 3、4 之俯视图

7.1.2 船舶侧推装置的作用和要求

侧推器是一种能产生船舶横向推力（侧推力）的特殊推进装置。安装在船艏或船艉水线面以下的横向导筒中，产生的推力大小和方向均可根据需要进行改变。

一般船舶在靠离码头、过运河、进出水闸、穿过狭窄航道和船舶拥挤的水域时，一是要开慢速，二是要经常用舵改变航向。但船速越慢舵的效果越差，给船舶操纵带来困难。特别是受风面积大的集装箱船、滚装船、木材船等，在低速航行时，只靠舵效改变航向往往不能满足要求，不得不用拖船帮助。

船上设侧推器将会起到如下作用：

（1）提高船舶的操纵性能，特别是船速为零或船速很慢时的操纵性能；

（2）缩短船舶靠离码头的时间；

（3）节省拖船费用；

（4）提高船舶机动航行时的安全性；

（5）减少主机启动、换向次数，延长主机使用寿命。

侧推器应满足如下要求：

（1）装置结构简单，工作可靠，维护管理方便。

（2）应尽可能设在船的端部，以便在同样推力下获得较大的转船力矩。

（3）应有足够的浸水深度，以提高侧推器的工作效率。侧推器的螺旋桨轴线到水线面的距离不得小于它的桨叶直径，以免空气进入螺旋桨处，影响侧推器工作。

（4）对船体所造成的附加阻力要小，侧推装置本身的工作效率要高。

（5）能根据需要迅速改变推力大小和方向。

（6）在侧推器旁及驾驶室均能进行操作。

侧推器的类型很多，按布置位置不同有艏推、艉推和舷内式、舷外式之分；按产生推力的方法不同有螺旋桨式和喷水式；按原动机不同有电动式、电液式和柴油机驱动式等。

7.2 船舶侧推装置控制系统的组成和原理

图 7-3 所示是某型船舶侧推系统原理示意图。

按推力控制方式的不同，船舶艏侧推装置分为定距桨侧推器与调距桨侧推器。定距桨侧推器一般通过控制液压马达转速与转向获得不同的推力；调距桨侧推器通常利用电动机作为

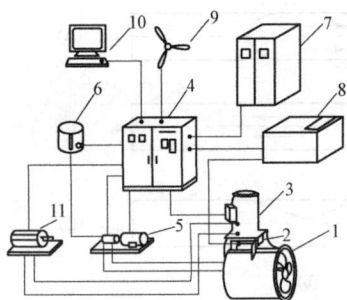

图 7-3　船舶侧推系统
1—侧向推进器；2—桨角发信器；
3—主电机（或柴油机）；4—侧推启动柜；
5—液压系统及油泵电机；6—重力油箱；
7—主配电板；8—侧推遥感控制装置；
9—风机系统；10—上位机监控系统
水泵（可选）；11—海水泵/冷却水泵（可选）

原动机，通过调节桨的螺距获得不同的推力，因而其控制系统相应地分为定距桨侧推器控制系统和调距桨侧推器控制系统。

7.2.1　定距桨侧推装置

定距桨要求其原动机具有变速变向功能，而可变速变向的电动机控制系统相对复杂，传统的定距桨式侧推器多用液压马达带动。其主要的组成部分如下：定距桨，液压马达，变量液压泵，电磁换向控制阀，辅助定量泵，溢流阀以及单向阀等。定距桨侧推装置控制系统原理如图 7-4 所示。定距桨经联轴器与液压马达相连，液压马达的转向和转速由变量液压泵产生的液压油的流向和流量来控制；而变量液压泵的进出口方向和排出量受控于电磁换向阀。系统工作时，变量液压泵的电动机带动泵运动，当伺服变量机构处在零位时，变量液压泵零功率输出。通过电磁换向阀的动作，改变液压变量泵伺服机构的位置来改变变量液压泵的进出口方向和压力油的排量，驱动液压马达正转或反转，提高或降低液压马达的转速，从而达到改变船舶侧向推力的方向和大小的目的。

液压马达驱动螺旋桨的方式有两种，即垂直式和直碰式，如图 7-5（a）和图 7-5（b）所示。其中，图 7-5（a）又称为垂直整体式，其特点是由位于侧推内的液压马达通过配对伞齿轮来驱动螺旋桨转动，液压马达与螺旋桨的轴线是相互垂直的，配对伞齿轮非常精密，结构相当紧凑，所以往往做成整体式的。这种形式的优点是液压马达及其相关的油管位于舱室内，且传动轴亦包在密封铸件内，较好地解决了船用推力装置的水下密封及推力轴的润滑问题，因此这种形式的侧推器是较受欢迎的。但这种侧推器的主要缺点是价格昂贵，技术含量很高，只有少数欧美国家能够生产，国内船厂多数用的是德国 SCHOTTEL 产品，国内虽有合资厂家能生产，但多是进口零部件组装，价格亦不菲。

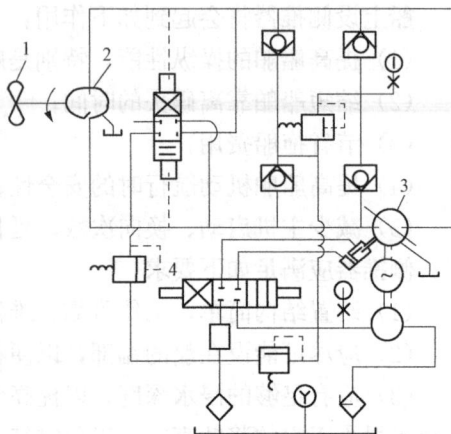

图 7-4　定距桨侧推装置控制系统原理图
1—定距桨侧推器；2—液压马达；
3—变量液压泵；4—电磁换向阀

图 7-5（b）是驱动马达与螺旋桨同轴线直接接合的形式，这种形式的侧推器结构比较简单，精度较低，工艺也不复杂，虽然存在水线下布油管等问题，但其突出的优点是价格低廉。

7.2.2　调距桨侧推装置

调距桨不需要驱动它的原动机换向，容易实现遥控，在恒速下靠桨叶角的变化就可以改变推力大小，因此由电动机驱动调距桨的侧推器形式应用最为广泛。

1. 调距桨侧推装置组成

调距桨侧推器主要由可调距桨、艏侧推电机、驱动电机启动器、电动液压模块等组成。

（1）可调距桨（含导管）。可调距桨是艏侧推装置的重要组成部分之一，艏侧推装置使用

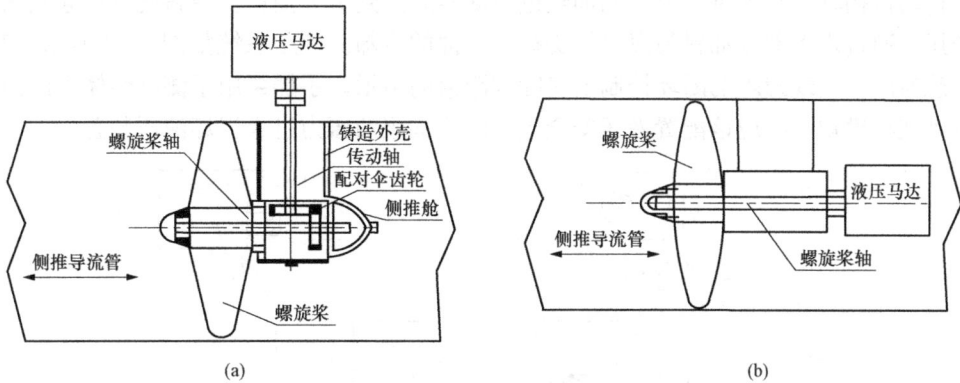

图 7-5 液压马达驱动螺旋桨的方式
(a) 垂直式；(b) 直碰式

的可调距桨一般带有单层导管，用于导流，所以艏侧推装置又叫隧道推进器，有些特殊规格的侧推装置还配有双层导管，可以有效的降低噪声，但价格很高。从经济性考虑，选择单层导管的可调距桨即可，桨叶材料为镍铝青铜。可调距桨带有螺距传感器，可以输出当前螺距信号。

（2）艏侧推电机。艏侧推装置的原动机一般采用三相异步电动机，为螺旋桨提供动力。艏侧推电机有立式和卧式两种安装方式，通过传动装置带动螺旋桨转动。艏侧推电机转速不可控。艏侧推电机运行中需要注意过载问题，螺距变化过快，负载过重都容易导致电机过载，除过载保护外，选型时应该留有一定的转矩裕量。

（3）驱动电机启动器。调距桨的驱动电机，绝大多数采用鼠笼式电动机。它的启动电流一般为额定电流的6倍，应根据船上电网的条件选择适当的启动方法。当容量较大的三相异步电动机直接投入电网启动时，会产生过大的启动电流，导致电网电压下降以及电机过热。

目前一般采用降压启动方式，利用星形—三角形启动器降压启动是较为经济的一种。采用星形—三角形启动器启动时，电动机启动电流为直接启动的57.7%，启动转矩为直接启动的1/3。星形—三角形启动器通常带有时间继电器和热继电器，时间继电器整定为电机启动时间，用于电机启动后将定子绕组从星形切换为三角形接法；热继电器用于过载保护。

为了进一步减小启动电流，可采用自耦变压器降压启动，如电动机侧抽头为45%，设直接启动电流为600%，则此时的启动电流为120%，启动力矩也降至20%，考虑到对启动力矩的要求，对启动电流的降低应有限制。

此外，还可以采用具有很好软启动特性的交流变频器作为驱动电机启动器。对于调距桨侧推装置，为启动大容量电动机，交流变频器以交流调压方式限制电动机的启动电流，接近于恒电流软启动，带电流限幅的电压自动爬升。它不仅可以实现软启动，使机械传动系统平稳加速，而且可以实现启停止，这对泵的传动系统是很有好处的。

（4）电动液压模块。电动液压模块有三个作用：为艏侧推装置的螺距调节提供液压动力；为艏侧推传动装置的轴（如伞齿轮轴与桨轴）密封提供压力；对机械装置起到润滑和冷却作用。

电动液压源模块一般由重力油箱、电磁分配阀及油泵电机等组成，重力油箱为液压单元提供油料，油料在重力作用下进入液压泵，油泵电机拖动液压泵，将油料压入电磁分配阀。在电磁分配阀内，一部分油料作为调螺距用油，推动调螺距伺服油缸；另一部分作为轴密封用油，为传动机构轴密封提供压力，回油经过过滤器后回到重力油箱。油料同时还起到润滑和冷却作用，通过水下部分油料与海水热交换实现油的冷却。液压系统如图 7-6 所示。其中，螺距传感器用于实现螺距的闭环控制及实际螺距值的指示，手摇泵用于侧推桨体中的油料填充。电动液压模块本身应该配置液压安全阀，防止伺服油压力过大损坏液压装置。

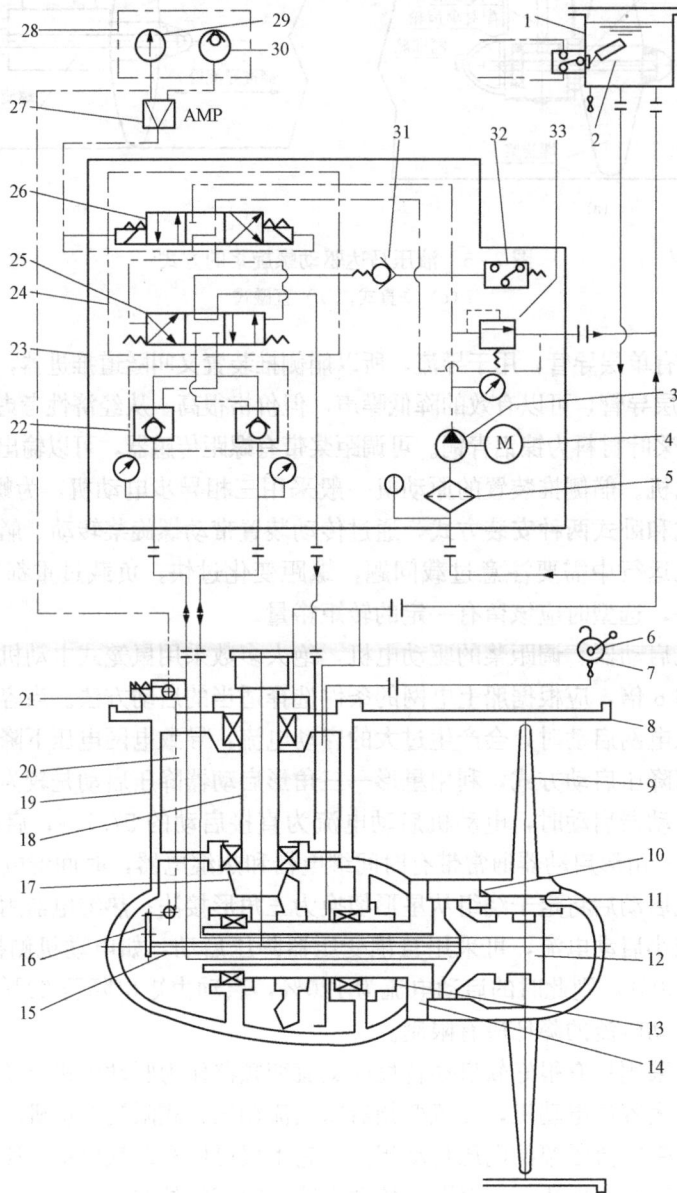

图 7-6 调距桨式艏侧推装置系统图

1—重力油柜；2—浮子开关；3—伺服油泵；4—伺服油泵马达；5—滤器；6—手摇泵；7—球阀；8—导筒；9—桨叶；
10—动力油缸；11—曲柄；12—动力活塞；13—密封装置；14—螺旋桨轴；15—活塞杆；16—反馈杆；17—锥齿轮；
18—传动轴；19—齿轮箱；20—反馈链条；21—桨叶角发信器；22—锁闭阀；23—液压单元；24—控制阀单元；
25—液控三位四通阀；26—电磁三位四通阀；27—放大器；28—操纵台；29—桨叶角指示器；30—操纵钮；
31—止回阀；32—压力开关；33—安全阀

2. 调距桨侧推装置操控系统

操控系统利用艏侧推装置各部分提供的接口对艏侧推进行操纵，指示其状态并提供必要的保护。

（1）系统操纵模式。艏侧推提供三种控制模式：驾驶室及两翼遥控模式，侧推舱本地控制模式，DP 控制模式。驾驶室及两翼操纵主要通过驾驶室各控制台面板实现遥控；侧推舱本地控制模式通过机旁控制柜直接操作艏侧推装置；DP 控制模式中，处于驾驶室的 DP 系统接管艏侧推的控制权。其中，侧推舱本地操纵优于驾驶室操纵，驾驶室操纵优于 DP 模式操纵。

（2）操控系统功能。艏侧推操控系统主要实现启动、调距、负载限制及保护功能，图 7-7 所示为艏侧推控制系统框图，各功能描述如下。

艏侧推启动：艏侧推启动前，需要向 PMS（生产管理系统）系统进行重载问询，只有 PMS 系统允许重载启动时，才能启动艏侧推装置。启动时，要保证伺服油压已经建立，同时调距桨处于零螺距状态。当按下艏侧推启动按钮后，控制系统先启动液压泵电机，当液压系统伺服油压达到某一阈值时，才能进行艏侧推电机的启动。启动艏侧推电机时，先问询零螺距指示装置，确保螺旋桨螺距为零时才启动艏侧推电机，否则先调节螺距为零，当艏侧推电机启动完毕，发出一个艏侧推就绪信号，指示此时可以对螺距进行调节。

艏侧推停车与紧急停车：收到停车命令后，控制系统首先调节螺距为零，然后依次停止艏侧推电动机、液压泵系统。收到紧急停车命令后，控制系统直接停止艏侧推电动机和液压泵系统。

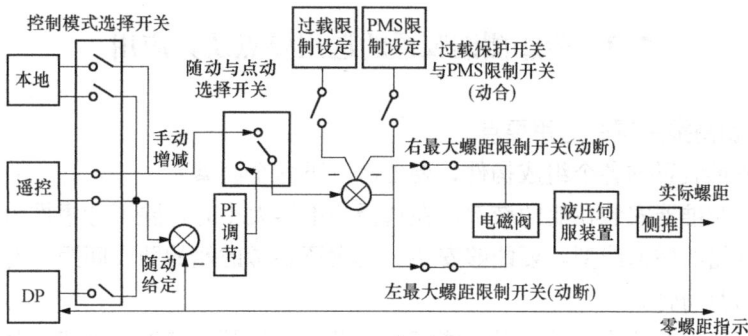

图 7-7　艏侧推控制系统框图

螺距调节：当艏侧推处于正常状况时，可以对螺距实现随动控制，通过操作手柄给定一个螺距信号，控制系统实现螺距的闭环调节。同时控制系统应该具有限制螺距变化率的功能，在满足螺距响应时间的前提下，防止螺距变化过快导致艏侧推电机过载。当控制系统处于故障状态时，通过应急操纵按钮进入应急操纵模式，使用硬连线连接到螺距调节装置，对螺距进行非闭环控制。

负载限制：控制系统获取从配电板或 PMS 系统过来的信号，当发电机容量较低时，艏侧推功率达到某个限制值，自动减少螺距，从而限制负载功率，如果过载保护动作后，过载依然存在（例如桨轴挂住渔网），则在一定时间后使艏侧推停车。

最大螺距限制：当左右螺距达到最大值时，为防止液压系统继续作用损坏机械部分，对

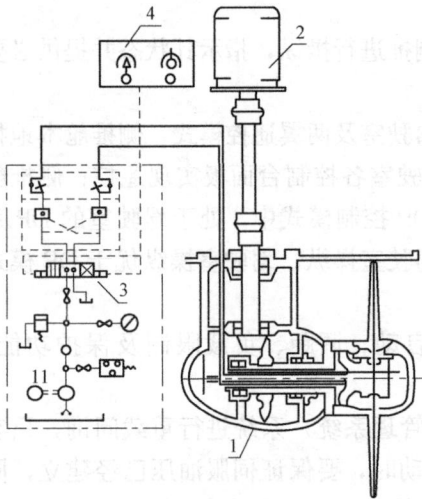

图7-8　变螺距侧推装置控制系统原理图
1—变螺距桨；2—驱动电动机；
3—电磁分配阀；4—控制指示单元

最大螺距进行限制，一旦达到最大螺距，最大螺距限制开关打开，电磁阀闭锁，停止进一步增加螺距。

艏侧推装置的保护：当出现艏侧推电机风机故障、艏侧推电机过载故障、艏侧推电机超速故障、艏侧推电机冷却水泄漏故障、艏侧推电机滑油压力低、伺服油压低故障、液压系统过载故障、重力油箱油位低等故障时对系统提供必要的保护，并给出一个艏侧推故障的综合报警信号。

3. 调距桨侧推装置控制系统工作原理

图7-8所示的变螺距侧推装置控制系统主要由可变螺距桨、驱动电动机、电磁分配阀、指示控制单元、液压动力站以及螺距角发送器等组成。控制指示单元发出操作指令后，电磁分配阀打开，液压动力油经电磁分配阀加载于可变螺距侧推装置的伺服油缸，伺服油缸活塞带动桨叶的转动。当螺距角为零时，推力为零；当桨叶转动，螺距角为正时，推力方向朝左，则船首向右回转；当螺距角改变为负时，推力方向朝右，则船首向左回转。由于只要改变螺距角的方向及大小就可达到改变船舶侧向推力的大小和方向的目的，侧推器的控制操作灵活简便。

7.3　船舶侧推装置的选用要点及其应用

7.3.1　船舶侧推装置的选用要点

选用船舶侧推装置的各个组成构件，要考虑以下六个因素：

（1）船型。侧推器安装在船的艏部，在选择侧推器大小时，除了考虑推力的大小外，首先要注意的是该船的艏部线型，要能够安装。其次还要考虑船的肋骨间距，对于中、小型船舶，应尽量不伤及肋骨。

（2）航区。选用的侧推器的容量应能解决船舶定位问题，其推力应能克服航行区域内的风、浪和水流的作用。

（3）侧推器容量。根据船舶在水线以上和以下的侧面积估算推力，取其大者作为设计推力，但在船型受限制的情况下，应以最大安装限度为标准设计侧推器的容量。

（4）功率选择。根据计算出的推力值选定原动机的功率，经验数据是1马力原动机功率可产生约11公斤的推力。

（5）类型选择。定距桨结构简单，制造方便，使用可靠，但其操纵性能差；调距桨操纵性能好，但结构复杂，制造困难，成本高。

（6）原动机选择。侧推器的原动机形式有电动机、柴油机和液压马达三种。电动机初期投资少、使用方便、体积小、噪声小，但船上需配置较大容量的电站；柴油机体积大、噪声较大、设备较复杂，但独立性强；液压马达通常用在小船上，液压元件造价较高，维修工作量大。

7.3.2 船舶侧推装置的应用

1. 侧推器的应用

(1) 侧推器在系离泊操纵中的应用。普通船舶缺乏横移能力，在系离泊操纵中往往会不能恰到好处地靠上泊位，并有发生碰撞的危险。尤其在泊区狭窄或有吹开风或吹拢风时系离泊问题更加突出，有时不得不请拖船帮忙。然而，装有侧推器的船舶因侧推器的侧向推力能使船舶横移和原地转动，因而能安全地完成系离泊作业。

(2) 侧推器在解脱锚链绕结作业中的应用。船舶在潮汐海区或风向多变的情况下，抛双锚锚泊时，若锚泊时间较长，由于船首按一定的方向转动常常会发生锚链互相绞缠的现象，严重时会形成多个十字结。对于普通船舶来说要解多十字结是十分困难的，有时可能引发事故。例如，1994 年，某轮在中等风浪中进行解脱多十字结的作业时，因操纵困难和锚的走动而不慎误入海珍品养殖区并搁浅。如果船上装有侧推器，就能在侧推器的作用下，使船舶沿锚链缠绕的相反方向，以船首端为中心转动，安全解脱锚链绕结。

(3) 侧推器在狭窄水域转弯中的应用。众所周知，普通船舶在狭窄水域中转弯是十分困难的，其根本原因是普通船舶的转动能力弱，且无横移的能力。装有侧推器的船舶，由于增加了原地转动和横移平动的能力，能够容易地实现转弯。

(4) 侧推器在大风浪中的应用。普通船舶在大风浪中进行大角度转向或掉头是十分危险的。其主要原因是大角度转向或掉头操纵时，船舶会产生先向内后向外的横倾，尤其是向外横倾，对于高速船舶来说，横倾角可达 20°左右。因此，普通船舶在大风浪中进行大角度转向或掉头时，为了防止因转向而造成大的横倾角，不得不采用特殊的操纵方法，即转向前适当降低航速，在较平静的海面到来之前用小舵角开始转向，在转至接近横浪时加大舵角和航速，迅速越过横浪，完成转向或掉头。然而，装有侧推器的船舶就不必如此麻烦，由于侧推器的侧向推力在船舶的重心之前或之后且近似在同一水平面内，利用侧推器的转船力矩实现船舶在大风浪中的大角度转向或掉头既迅速又安全，且不会产生大角度横倾。

(5) 侧推器在克服“船吸”及“岸壁效应”中的应用。“船吸”或“岸壁效应”产生的原因主要是船舶间或船岸间的动水压力场的变化。虽然这种情况不常发生，但一旦发生，通常会造成船舶碰撞或触岸的恶性事故，不可小视。普通船舶遇到“船吸”或“岸壁效应”时，往往措手不及。然而，装有侧推器的船舶在可能有“船吸”或“岸壁效应”的场合航行时，只要启动侧推器，向有“船吸”或“岸壁效应”的一侧适当侧推，就能克服“船吸”或“岸壁效应”。侧推器排出的水流不但能破坏船舶周围部分压力场，而且横向排出的水浪犹如一层智能保护膜，离他船或岸壁越近，水流对他船或岸壁的冲击力越大。这对船舶的横向补给作业十分有意义。

(6) 侧推器在紧急避险、紧急避碰操纵中的应用。从普通船舶的旋回性中可知，当进行转向或旋回时，会不可避免地产生反向横移、尾外甩和较大的进距。这就给紧急避险、紧急避碰等操纵带来了困难，尤其是对船首方附近突然出现的来船、漂雷或其他漂浮物、适淹礁或浅滩等，无论采取何种避让方法，对任何一个船舶驾驶人员来说都是左右为难，难以做出最佳决策的，甚至难逃劫难。例如，某船在航行中突然发现船艏左侧隐约有暗礁时，急摆右舵避让，不但未能避开暗礁，反而使触礁更严重，造成了船体报废的重大事故。船舶在航行中经常进行规避船首附近危险物的避让操纵。如何才能确实有效地实现这种避让操纵，长期困扰着广大船舶驾驶人员。显然，如果船舶上装有侧推器，利用侧推器的转向、旋回和在航向不变的情况下产生航迹偏移等功能，就能使这种困扰迎刃而解。

2. 艏侧推器适用的船速域

（1）回转角速度的定性分析比较。根据 Brix 所给出的船舶模型试验及实船测量结果，船的原地回转角速度与侧推力的平方根成正比，同时也与船舶两柱间的长度及船舶吃水有关。由此可见，对于给定的船舶，侧推力越大，船舶的转艏角速度也越大。根据施内克鲁特的理论，使用侧推器则可以获得较大的转头角速度。

当船舶处于中高速域时，船速和舵速均较大，因此单独操舵就可获得较好的控向效果。而艏侧推器的安装导致船舶水下线型被破坏，使船舶航行时水阻力增加，国外资料显示，侧推器的安装和使用使航行阻力增加约为 7%（为了减少侧推器结构所造成的附加阻力，多在其导管的出口处两侧装上栅板，同时栅板亦能起到防止浮游生物和水中漂浮物体进入导管的作用）。因此，这时如果使用艏侧推器就可能起不到应有的转向作用，还会增加阻力、降低航速。从接下来的分析中就会发现，在中高速域中使用它，在转向上还可能会起到相反的效果。

（2）中高速域不适于艏侧推器的使用。船舶对水做相对运动时，水动力作用中心至船首距离与船长 L 之比随流舷角 B 的增大而增大，且水动力作用中心随船速的升高而前移，船舶后退时由于相对水流来自船尾方向，故水动力作用中心靠近船艉。当流舷角从 0° 变化到 180° 时，水动力作用中心将由距船艏部 0.25 倍船长处（0.25L）逐渐后移至靠近船艉的 0.75L 处。故船舶正常航行时，水动力作用中心位于船舶重心向前距艏部约 (1/3~1/4) L 的地方，这势必导致艏侧推器在中高船速域工作时的作用力臂较短，即侧推力转船力矩减小。从这一点的分析可以认为，艏侧推器在中高船速域中工作时其能力得不到充分的发挥。

再看图 7-9，在船舶航行时，根据施内克鲁特的船舶水动力学理论，艏侧推器工作所产生的排出流在导管的出口处发生偏转，其排出流的偏转程度取决于船速 v_s 与艏侧推器吸入流速度 v_j 的比值 v_s/v_j，船速越高，这个比值就越大，艏侧推器的螺旋桨排出流就越偏向船体并沿着船体外表流向后方，船艏部的侧推力 F 也就越小。这时，在侧推器排出流一侧的船体犹如被加厚一样，导致水阻力在该侧的增加要大于另一舷侧，即此时艏侧推器的排出流还有着使船艏向着侧推器排出流一侧偏转（即反向偏转）的作用。另一方面，侧推器高速地排出流（它使该侧的负压增加）吸附在船侧，造成船艏两侧压力不平衡，这个压力差的方向与船艏所要回转的方向相反，这也阻碍了船舶的回转运动。这种侧推器排出流被吸附在船侧所产生的现象即称为吸附效应，也叫做克安达效应。正是由于这个原因，进一步决定了艏侧推器不适于在中高船速域中工作。

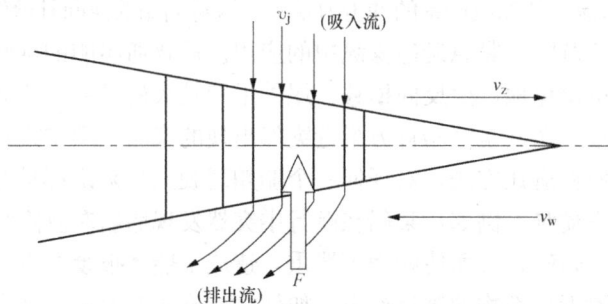

图 7-9 吸附效应（克安达效应）

（艏侧推器工作中，空心箭头为侧推力 F 的方向）

（3）低速域中使用艏侧推器。如前所述，在进行靠离泊和港内避碰、抛起锚作业以及在大风浪中滞航时保持航向等低速域内的船舶操纵时，均可以利用艏侧推器或与车、舵共同作用使船舶方便地转头或产生横向位移。

但应该明确的是，即使船舶处于低速域，艏侧推器的工作效率也开始下降。这主要是由于吸附效应导致艏侧推器工作时排出流向后侧发生偏转，吸入流流速远低于其排出流的流速，在艏侧推器两侧形成了一个压力差，导致产生阻碍船舶回转的作用力。为了减小这种压力差，一般在艏侧推器的后方另开设一平衡导管（见图7-1、图7-10），其直径约为侧推器导管的一半，由于吸附效应，艏侧推器排出流一侧的负压增加，而平衡导管使压差水流通过，得以减小压差和排出流偏折。

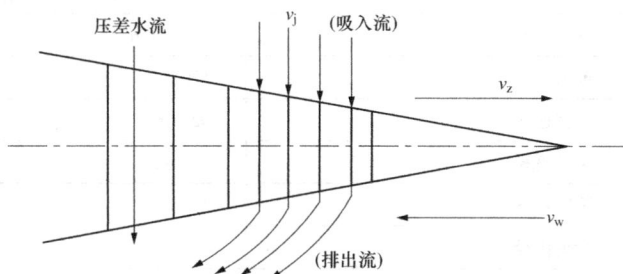

图7-10 平衡导管

但是，采用压力平衡导管也只能在船舶慢速行驶时增加侧推器的转向作用。由于平衡导管的位置在侧推器的后方，因此它在船舶倒车倒航时不起作用。停车时，船舶最多只有较小的淌航余速，因此，艏侧推器在工作时，几乎不受吸附效应的影响，其侧推力转船力矩可以得到充分的发挥。故当船舶处在低速域时，艏侧推器可以发挥出较好的控向作用。

（4）船舶倒车倒航时艏侧推器的使用效果。由于船舶倒车倒航时船尾迎流和定距桨反转时推力特性变差，故相同车速下倒航时的船速明显要低于正常前进时。而且前面已经指出，船舶倒航时的水动力作用中心位于船尾附近（$0.75L$处）。这时如果用艏侧推器控向，一则船速相对较低，艏侧推器受吸附效应的影响较正车航进时小；二则相对于正车航进的情况，侧推力转船力臂较长，侧推力转船力矩加大。因此，如果不考虑平衡导管的作用，船舶使用艏侧推器控向，微速退比微速进时效果好。

另外，由于常规舵在倒车倒航时工作在船舶运动方向的最前端，舵速低，舵控向效应差。此时运用艏侧推器控向，可充分发挥其转船力臂长的优势。当船舶有一定的退速时，艏侧推器处的伴流也较强（航进中艏侧推器受伴流的影响很小），而此时该处的伴流方向与船舶运动方向一致，一定程度上削弱了吸附效应的影响。因此，即使船舶倒车倒航速度较高时，艏侧推器依然能有效地配合船尾舵进行控向。

7.4 TT2000 侧推系统

某型救生船采用 Roll-Royce 公司的 TT2000 侧推系统，共有三个侧推装置。每个侧推装置采用调距桨方式的横向推进器，主要在动力定位工况和船离靠码头时使用。推进器由定转速电动机驱动，螺旋桨变距由液压控制。每个侧推器的螺旋桨有四片桨叶，桨叶的螺距可在±30°范围内调节。为了保证左右舷推力一致，桨叶设计具有零初始螺距和对称叶形。

7.4.1　技术参数

TT2000 侧推系统基本技术参数见表 7-1。

表 7-1　　　　　　　　　　TT2000 侧推系统基本技术参数

系统	参数名称	技术参数
驱动电机	功率	1000kW
	电压	6.6kV
	频率	50Hz
	转速	1500/1480r/min（恒转速/逆时针）
推进器/管道	螺旋桨转速	307r/min（顺时针）
	推力	150kN
	桨梢速度	32.1m/s
	桨叶直径	2000mm
	桨叶数量	4
	管道内径	2026mm
	管道长度	2100mm
液压系统	调距时间	约15s（±30°全左—全右）
	油泵流量	18.4L/min
	侧推单元油容量	340L
	重力油箱油容量	110L
	密封油箱油容量	55L
	油容量总需求	505L
	泵功率	5.5kW
	电压	AC380V
	频率	50Hz
遥控系统	主电源电压	AC220V
	备用电源电压	DC24V
系统重量	推进器和管道重量（干重）	6400kg

7.4.2　组成、功能及接口

TT2000 侧推系统由四个主要部分组成：推进器/管道、液压系统、电气及遥控系统、推进电机及其控制系统。其组成示意图如图 7-11 所示。

1. 推进器/管道

（1）推进器/管道。驱动电机安装在电机基座上并通过联轴节与侧推的输入轴连接。侧推的输入轴通过下端的伞齿轮将功率传递到螺旋桨轴上，螺旋桨轴与桨毂用法兰连接，驱动螺旋桨旋转，如图 7-12 所示。

滚动轴承支撑着输入轴和螺旋桨轴。轴封（唇式密封）防止水的渗入和油的漏泄。在桨毂中，有一个伺服马达转动桨叶。该伺服马达有一个内置活塞和一个轴向移动的活塞杆。通

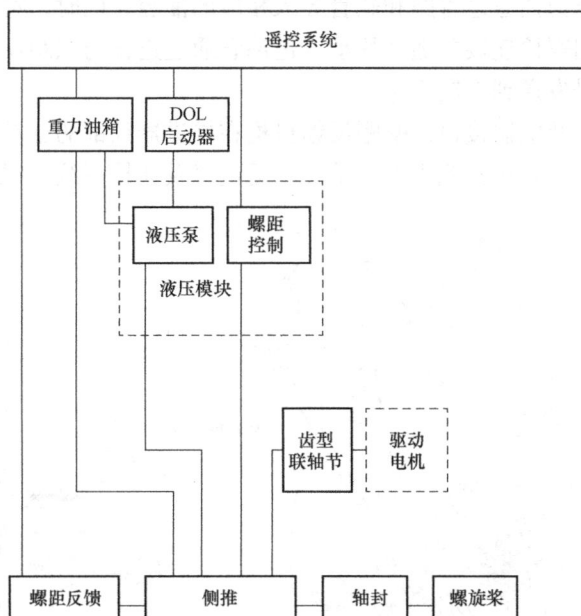

图 7-11 侧推系统组成示意图

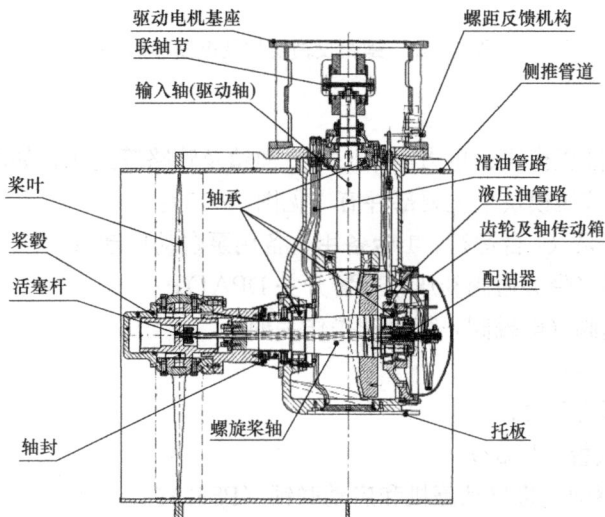

图 7-12 推进器剖面图

过液压油管路将压力油注入活塞一侧或另一侧的油腔而使活塞移动。活塞杆有一个十字头。十字头有四个横向滑槽，滑块在滑槽中滑动。曲柄销环安装在桨毂中内置的轴衬套里。当活塞杆移动时，滑块在活塞杆槽中滑动使曲柄销在圆周方向转动，用螺栓固定在曲柄销环上的桨叶将转动。每个桨叶有一个密封圈防止水进入桨毂或油外泄。

压力油通过螺旋桨轴内孔中的进油管导入桨毂中活塞的一侧。齿轮箱中的配油器有两个压力油腔。一个压力油腔通过轴孔的内壁和进油管外侧形成的通道与伺服活塞的一侧油腔连接，另一个压力油腔通过进油管与伺服活塞的另一侧油腔连接。液压单元中的螺距控制阀

（见"液压系统"）将压力油通过管路和软管导入相应的油腔，同时，将另一个油腔的回油排出。进油管与活塞杆用螺栓连接并随其移动。进油管通过连杆与螺距反馈机构连接。螺距反馈机构将螺距反馈信号发送到控制系统。

（2）螺距反馈机构及电器接口。螺距反馈机构在推进器顶部的驱动电机基座上，将螺距的实际位置转换成电信号发送到侧推电子单元（见电气及遥控系统），如图 7-13 所示。

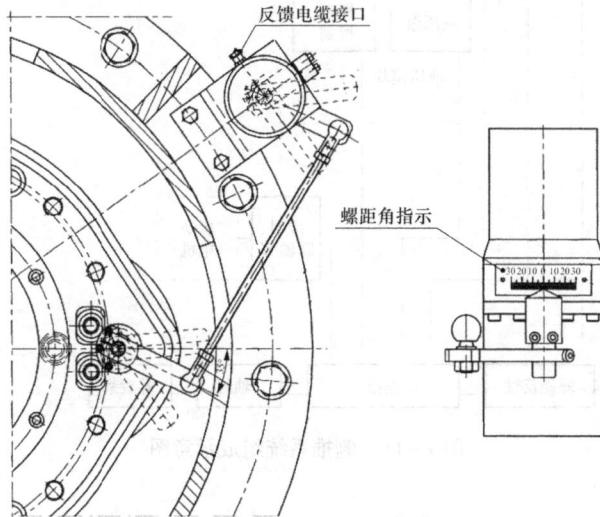

图 7-13　螺距反馈机构及电器接口

2. 液压系统

液压系统主要由液压模块、重力油箱、密封油箱及管路等组成，如图 7-14 所示。

（1）液压模块。液压模块上主要部件有（见图 7-15）：

1）2 台电动液压泵（1 台运行，1 台备用，备用泵自动启动）；

2）1 个双联滤器（带旁通阀和压差报警开关 DPA1）；

3）1 个螺距控制阀（电磁阀，带手动操作手柄）；

4）1 个滑油压力表；

5）5 个液压油压力开关；

6）伺服油低压报警（PS52）；

7）伺服油低压驱动电机自动停机和启动联锁（PS53）；

8）伺服油压高压报警（PS54）；

9）自动启动备用油泵 1（PS55）；

10）自动启动备用油泵 2（PS51）；

11）各类阀门和电气接线盒；

12）液压模块管路接口；

13）液压模块电气及控制信号接口。

（2）重力油箱。重力油箱上主要部件有：

1）110 升油箱；

2）液位开关（LS51）；

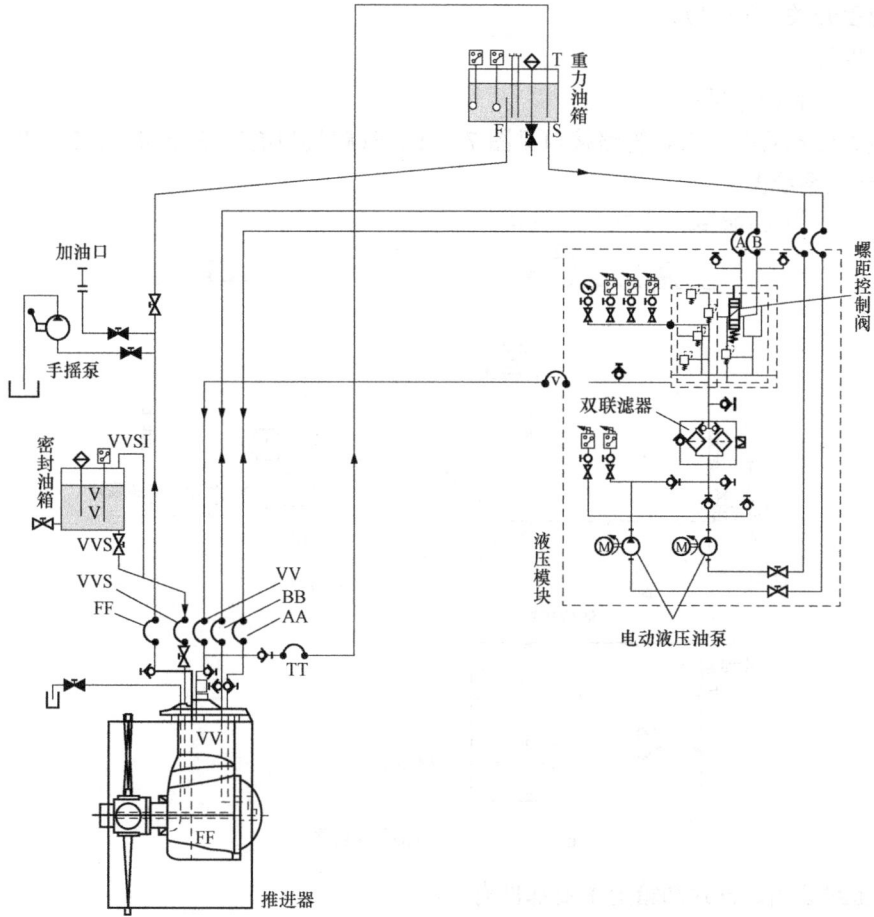

图 7-14 液压系统管路图

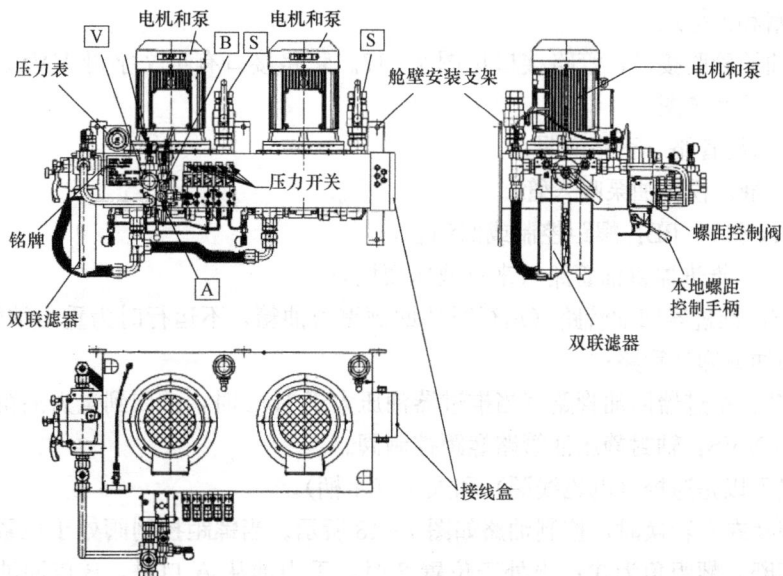

图 7-15 液压模块示意图

3）温度开关（TS51）；

4）温度计；

5）透气帽和油标尺；

6）重力油箱管路接口，管路接口见图7-16。管路接口有英文字母S、F、T标牌（管路连接见液压系统图）。

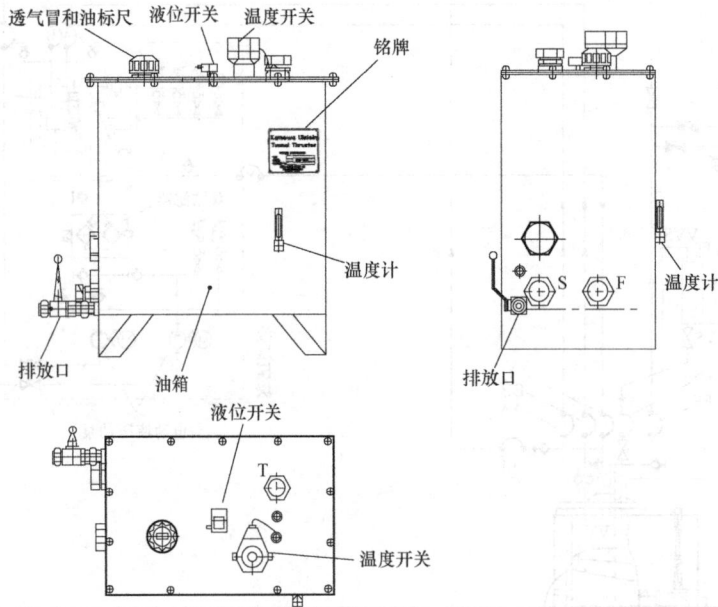

图7-16　重力油箱示意图

（3）密封油箱。密封油箱上主要部件有：

1）55升油箱；

2）液位开关（LS57）；

3）透气帽和油标尺；

4）密封油箱管路接口，管路接口见图7-17。管路接口有英文字母VVS、VVS1标牌（管路连接见液压系统图）。

（4）液压系统管路。管路说明：

1）S-S：液压模块油泵吸入管；

2）A-AA和B-BB：螺距控制或回油管；

3）V-VV：推进器供油管路（来自液压模块）；

4）F-FF：推进器回油管路（运行时油回到重力油箱，不运行时为重力油管路），同时也是推进器加油或卸油管路；

5）T-TT：推进器回油管路（当推进器油压大于1bar时，油回到重力油箱）；

6）VVS-VVS：轴封静压油管路螺距控制阀。

控制方式可以是遥控（电磁线圈）和人工（手柄）。

螺距控制及左右转换时，控制油路如图7-18所示。当螺距控制阀处于位置1时，螺距控制油路被切断，螺距角为0°；当处于位置2时，重力油从A口进，B口回油，此时螺距向左调节；当处于位置3时，重力油从B口进，A口回油，此时螺距向左调节。

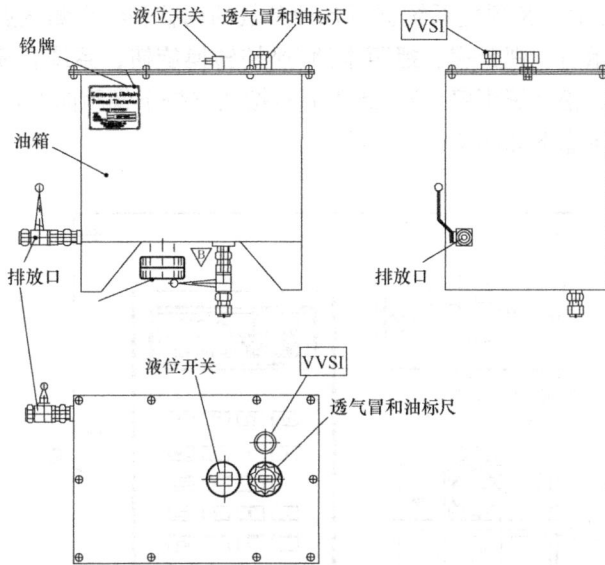

图 7-17 密封油箱示意图

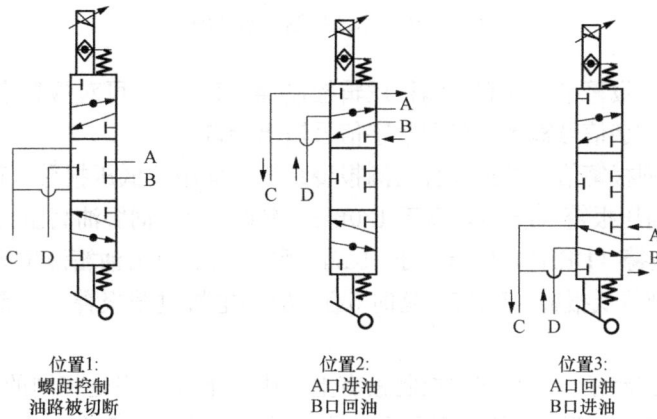

图 7-18 螺距调节与螺距控制阀位置关系示意图

3. 电气及遥控系统

设备主要包括：液压模块泵启动箱（每个液压模块 1 个）、电子单元（装有本地控制板，每个侧推 1 个）、报警单元（每个侧推 1 个）、驾驶室主控制板（3 个侧推共 1 个）、驾驶室左翼控制板、驾驶室右翼控制板。

（1）液压模块泵启动箱。液压模块上 2 个电动液压泵启动和停止控制箱。通常一个泵工作，另一个泵为备用泵，当油压低时备用泵自动启动。每个启动箱面板上有：过载指示灯（每个泵 1 个）、本地或遥控转换旋钮（每个泵 1 个）、手动启动按钮（每个泵 1 个）、手动停止按钮（每个泵 1 个）、主泵/备用泵设定转换旋钮。

（2）电子单元。电子单元内部有 CPU 板、备用系统电子线路、监视和报警电路、输入和输出信号处理板以及带保险丝的电源分配部件。前面板上装有侧推本地控制板，可进行本地螺距控制。本地控制板上装有微型终端作为系统的维护、检查和调整的人—机界面，可方便地对侧推的 HELICON - X 遥控系统进行各种参数的调整和各个测试点的检查。

　　本地控制板上显示有：螺距表、螺距本地/遥控转换旋钮、系统备便指示灯、螺距向左按钮（按下螺距向左，松开螺距停止）、螺距向右按钮（按下螺距向右，松开螺距停止）、微型终端。本地控制板示意图如图 7 - 19 所示。

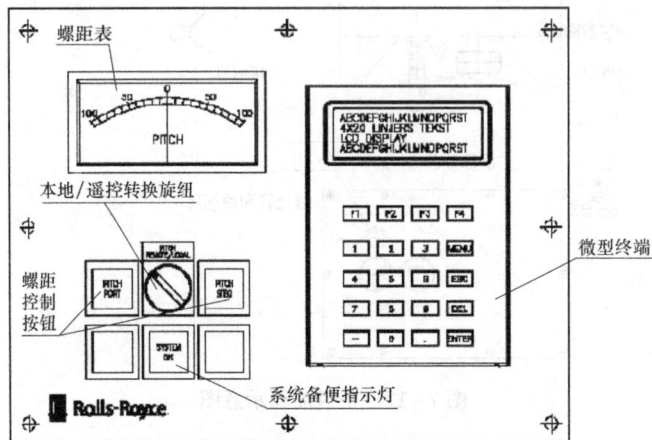

图 7 - 19　本地控制板示意图

　　(3) 报警单元。报警单元内有可编程逻辑控制器（PLC），可对报警点进行编辑和报警设定，并有模拟和数字信号输入接口和数字信号输出接口。

　　报警单元将下列报警信号送到综合监测报警系统：伺服油低压报警（PS52，低于 7bar，延时 5s）、伺服油高压报警（PS54，高于 120bar，延时 5s）、伺服油高温报警（TS51，高于 60℃）、滤器阻塞报警（DPA1，压差高于 5bar，延时 5s）、重力油箱液位低报警（LS51，延时 5s）、密封油箱液位低报警（LS57，延时 5s）、驱动电机过载报警、报警单元电源故障报警。

　　(4) 驾驶室主控制板。驾驶室主控制板有上、中、下 3 个完全相同的显示和操作区域，分别对侧推 1、侧推 2 和侧推 3 进行显示和操作。控制板的右下角有 1 个带刻度的螺距控制手柄，可分别或同时控制 3 个侧推的螺距。驾驶室主控制板示意图如图 7 - 20 所示。

　　图 7 - 21 所示为每个侧推的显示和操作区域，包括：螺距表、侧推启动和停机操作面板、侧推操作部位显示和转换操作面板、螺距备用控制面板、侧推驱动电机紧急停机按钮、调光器、启动和停机操作面板。

　　(5) 驾驶室左翼和右翼控制板。驾驶室左翼和右翼控制板完全相同（见图 7 - 22），均有上、中、下 3 个完全相同的显示和操作区域，分别对侧推 1、侧推 2 和侧推 3 的运行状态进行显示和操作。

　　4. 推进电机及其控制系统

　　推进电机为三相鼠笼感应电机，型号为 1RN4 450 - 4HE78 - Z，电机采用星形—三角形启动方式。

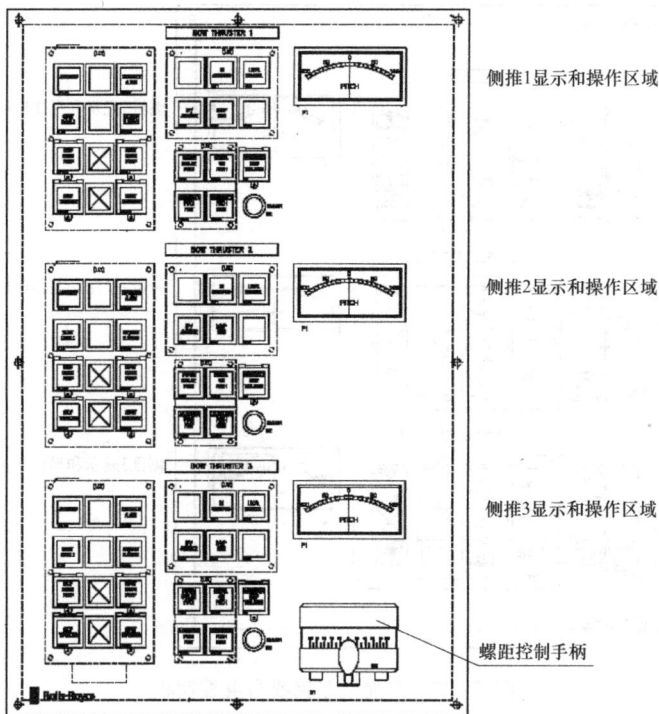

图 7-20　驾驶室主控制板示意图

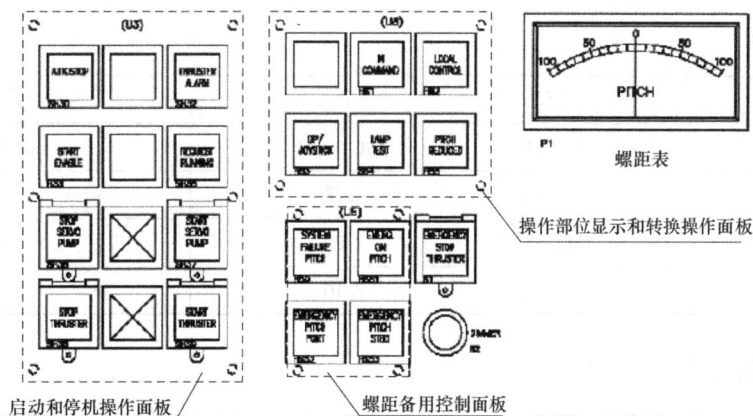

图 7-21　各侧推的显示和操作区域图

（1）电机的运行数据。

额定数据：

功率	P_N:	1000	kW	转矩等级	: KL
电压	U_N:	6600	V$_{+6\%/-10\%}$	连接	: D
频率	f_n:	50	Hz$_{+5\%/-5\%}$	额定等级	: S1
电流	I_N:	104	A	绝对高度	: <1000mab. s. l.
转速	n_N:	1489	1/min	冷却剂（水）温度	: 36℃

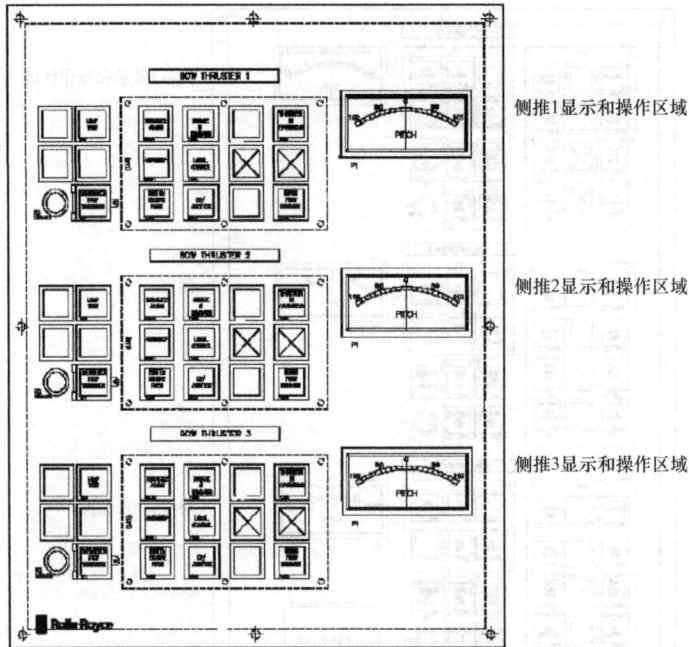

图 7-22　驾驶室左翼或右翼控制板

| 转矩 | M_N： | 6414　N·m | |
| 功率因数 | $\cos\varphi$：0.87 | | 热等级（设计/应用）：F/F |

启动数据：

电机电压	U/U_N	D	Y
制动转子力矩	M_A/M_N	0.95	0.27
最低起动转矩	M_S/M_N	0.78	0.22
极限转矩	M_K/M_N	2.90	0.81
制动转子电流	I_A/I_N	7.10	2.17

部分负载数据：

P/P_N	1.25	1.00	0.75	0.50
$\cos\varphi$	0.89	0.87	0.83	0.75
η（%）	96.4	96.5	96.4	96.2

其他的技术额定值和信息：

转动惯量（转子）：21kg·m²

转子材料：E-CU

测量的表面声压级（空载）：69dB（A），tol.：3dB（A）

驱动设备：侧推器

需要功率：1000.0kW

运动惯量：13.8kg·m² （根据电机速度）

启动时间：0.9s　　　　额定电压下

　　　　　4.0s　　　　58%额定电压下

推进电机的启动特性如图 7-23 所示。

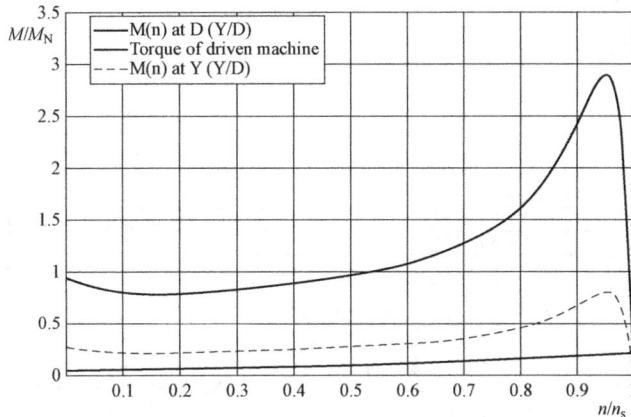

图 7-23　推进电机启动特性

　　（2）推进电机控制。图 7-24 所示为 1 号侧推装置主电路，图中 Q1～Q3 为真空断路器，其通断分别由图 7-26 中相应的 KM1 线圈控制，具有过载、短路和欠电压保护功能，Q1 主要用于接通电源，Q2 和 Q3 用于星形—三角形启动。

　　图 7-25 所示为推进电机星形—三角形转换控制电路，K07 和 K08 为通电延时继电器，K07 延时时间的范围为 0.5～10s，用于控制电机绕组星形连接启动运行的时间，K08 延时时间为 0.05～1s，主要用于控制电机绕组由星形连接转换为三角形连接的时间。

　　图 7-26 所示为推进电机星形—三角形启动合分闸控制电路，图 7-27 所示为推进电机星形—三角形启动合闸联锁控制电路。当螺旋桨螺距为零时，继电器 K13 动作，其动合触点 13-14 闭合，此时侧推电机方能启动。

　　侧推电机启动过程大致如下：先接通主断路器 Q1—合启动按钮 S04—继电器 K12 线圈通电动作—（Q2、Q3 未通电时动断触点闭合，动合触点断开）K07 通电延时继电器通电（不动作），K41 继电器线圈通电动作—Q2 的线圈 KM1 通电闭合，电机绕组星形连接起动，K07 通电延时结束，继电器 K10 线圈通电动作—继电器 K10 动断触点 21-22 断开，K41 继电器失电动作—Q2 的线圈 KM1 失电动作—Q2 分断，动断触点 21-22 闭合—K08 通电延时继电器通电（不动作）—K08 通电延时结束，继电器 K09 通电动作—继电器 K42 通电动作—Q3 线圈 KM1 通电动作—电机绕组三角形连接，至此电机启动完毕。

7.4.3　操作

TT2000 侧推系统可以采用本地（侧推舱）操作及遥控（驾驶室）操作。

1. 本地（侧推舱）操作

各设备启动前应检查供电是否正常，并将控制箱上的本地或遥控转换旋钮转到本地位置。

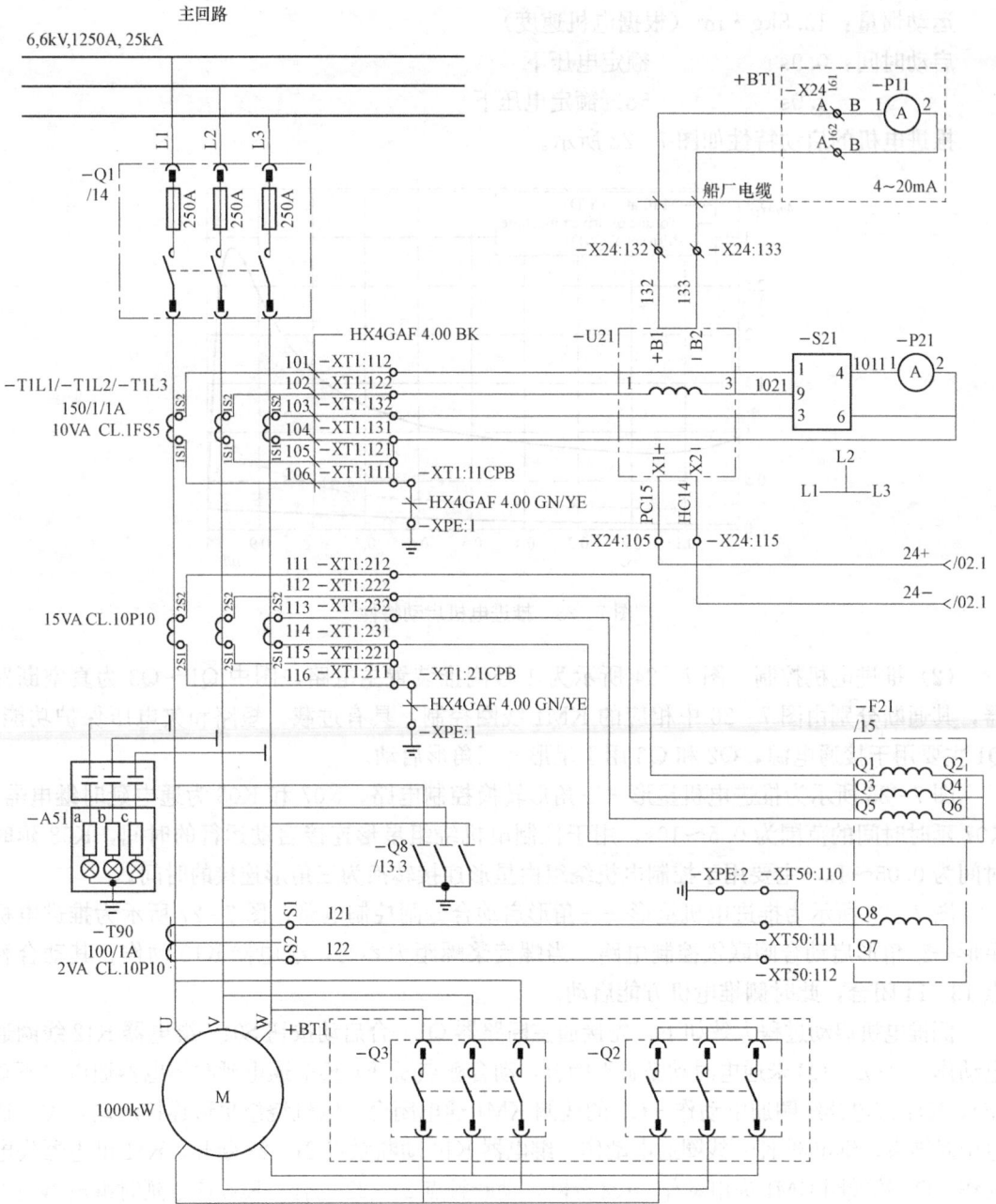

图 7-24 推进电机主电路

（1）启动液压泵。先将主泵/备用泵设定转换旋钮转到选定的主电动液压泵位置，再启动电动液压泵，检查有否报警，螺距自动归零。

（2）本地操作螺距。本地操作螺距可用液压模块上的螺距控制手柄，也用本地控制板上的螺距控制按钮。操作时观察螺距表显示的螺距的变化。

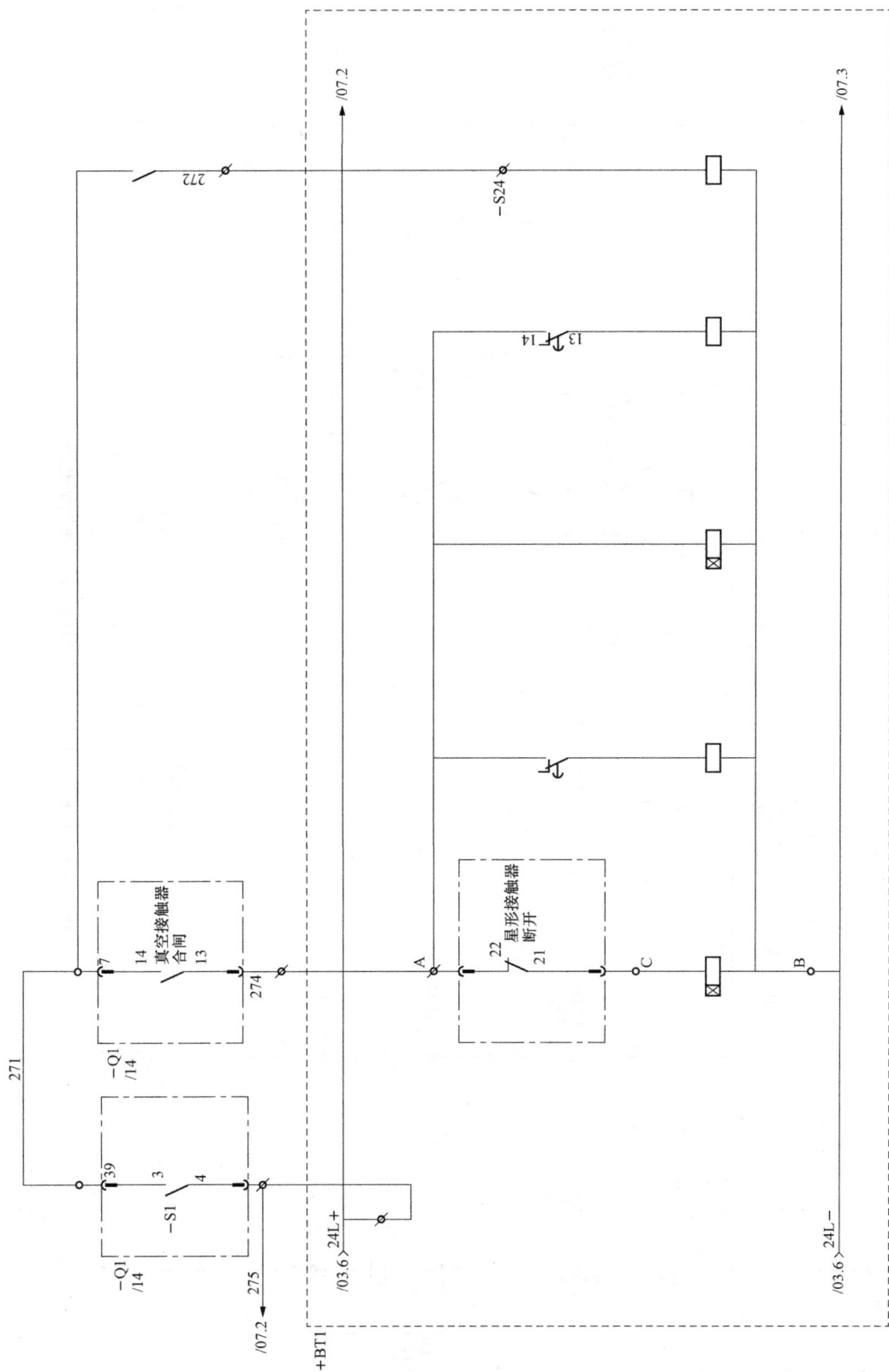

图 7 - 25 推进电机星形—三角形转换控制电路

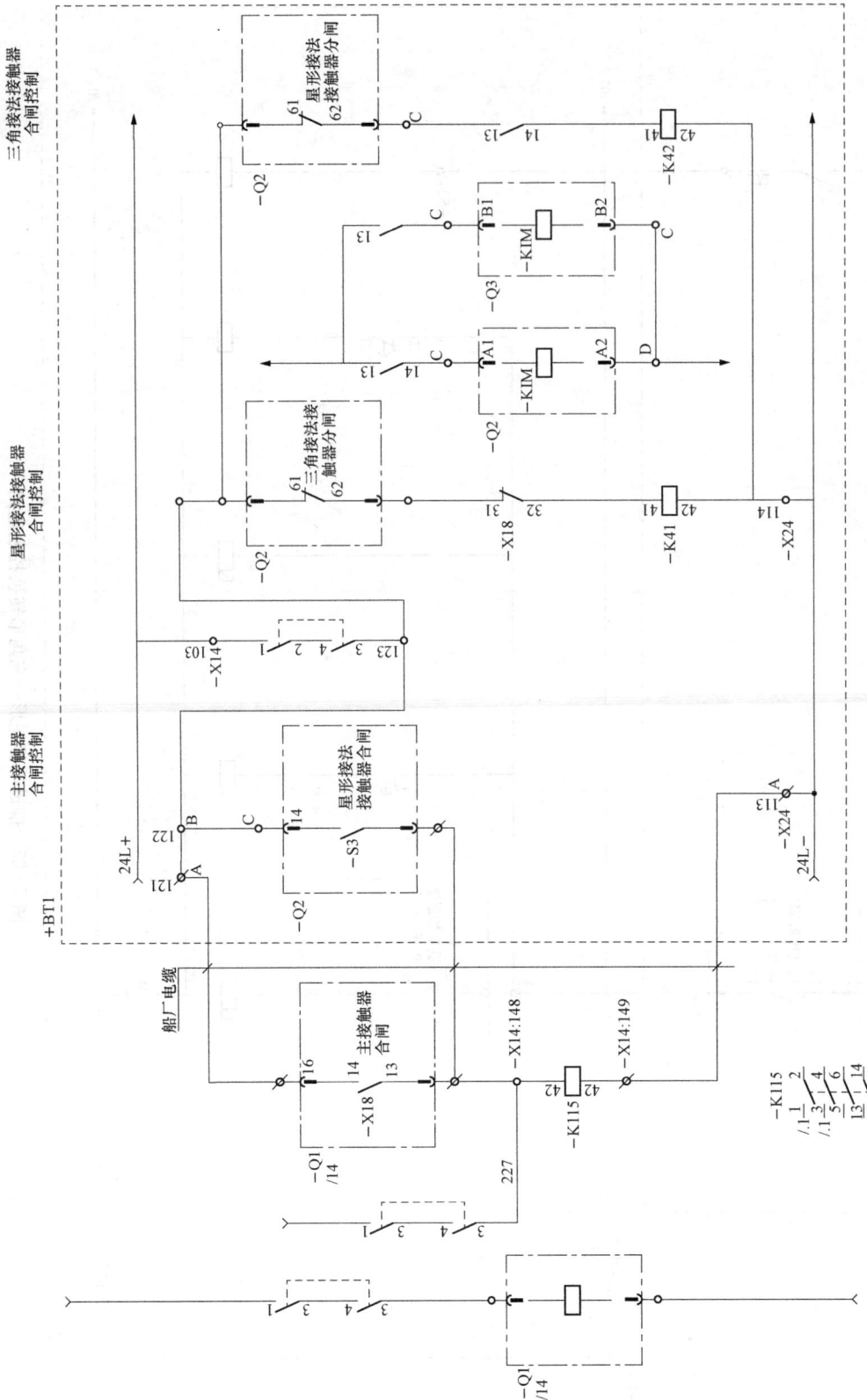

图 7 - 26　推进电机星形—三角形启动合闸分闸控制电路

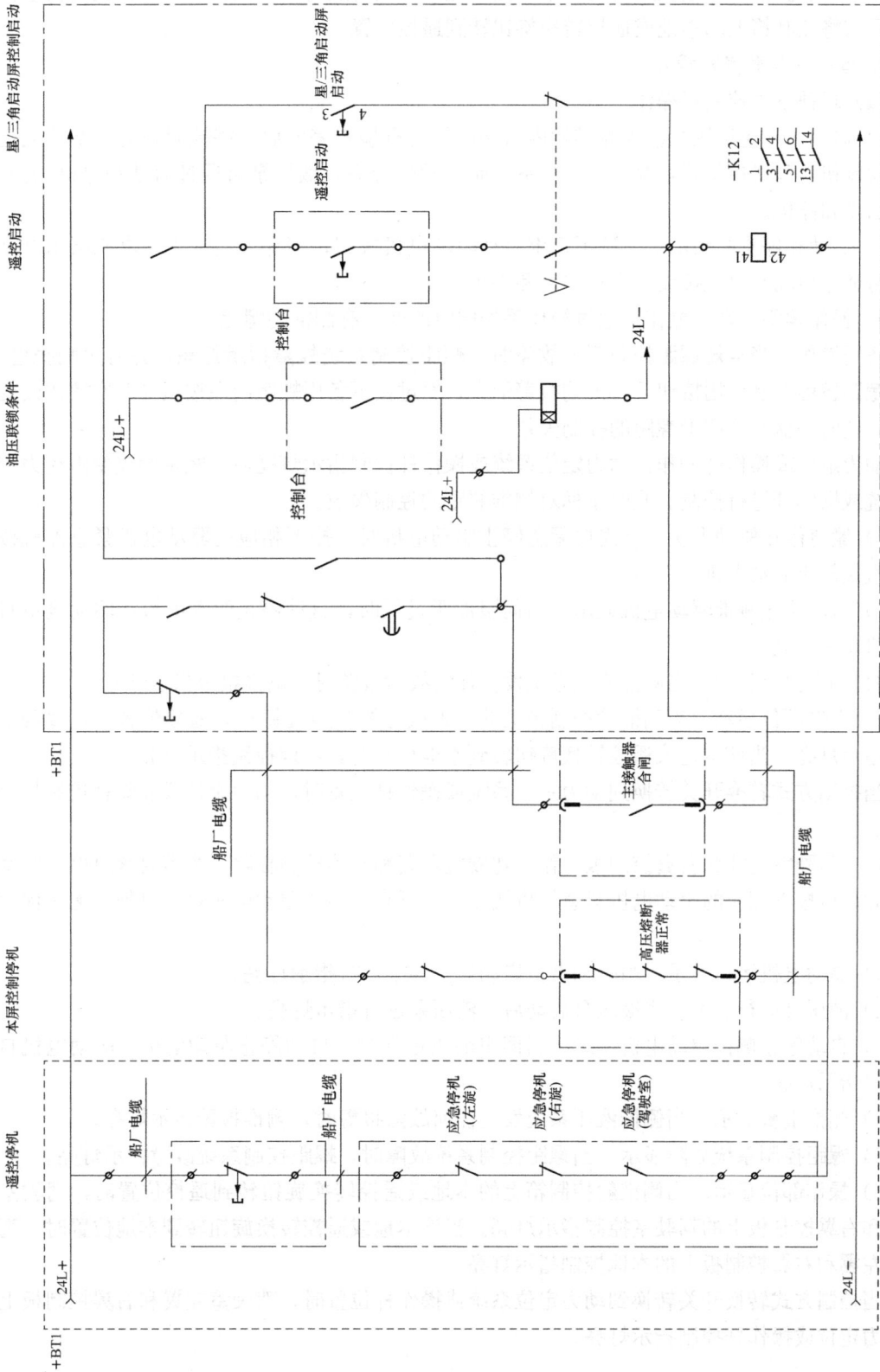

图7-27 推进电机星形—三角形启动合闸联锁控制电路

注意：当侧推驱动电机运行时，本地操作螺距必须听从驾驶室的指令！转换到驾驶室操作，只需将控制箱上的本地或遥控转换旋钮转到遥控位置。

2. 遥控（驾驶室）操作

（1）驾驶室主控制板操作。

1）启动和停止液压泵。当侧推舱内启动前的所有检查完成后，将控制箱上的本地或遥控转换旋钮转到遥控位置，此时，驾驶室控制指示灯应亮。液压泵可通过启动和停机按钮，进行启动和停机。

2）启动和停止驱动电机。按下请求启动驱动电机按钮，当允许启动驱动电机指示灯亮时，可通过启动和停机按钮，进行启动和停机。

3）操作螺距。常规操作：通过操作手柄同时改变所有侧推的螺距。

备用操作：当常规螺距控制系统故障时，螺距控制系统故障指示灯亮，并有声响报警，按下螺距备用控制启用按钮后，声响报警消失，通过按下备用螺距向左按钮或向右按钮改变螺距。此时手柄对该侧推螺距的控制失效。

动力定位或操作杆操作：动力定位系统或操作杆控制指示灯亮后，螺距的改变由动力定位系统或操作杆进行控制。此时手柄对侧推螺距的控制失效。

4）紧急停止驱动电机。当需要紧急停止驱动电机时，按下相应的驱动电机紧急停机按钮可直接停止驱动电机。

5）自动停止侧推驱动电机显示。当伺服油压过低时，自动停止驱动电机，驱动电机自动停机指示灯亮。

6）侧推报警显示。当侧推液压系统发生任何故障报警时，侧推报警指示灯亮。

7）操作部位显示。当侧推舱控制箱上的本地或遥控转换旋钮转到遥控位置时，驾驶室控制指示灯亮。当该本地或遥控转换旋钮转到本地位置时，本地控制指示灯亮。

当控制方式转换开关转换到动力定位系统或操作杆位置时，动力定位或操作杆控制指示灯亮。

（2）驾驶室左翼和右翼控制板操作。驾驶室左翼和右翼控制板除了当需要紧急停止驱动电机时，可按下相应的驱动电机紧急停机按钮，进行直接停止驱动电机操作以外，无其他操作。

1）驱动电机运行显示。当驱动电机启动后，侧推运行指示灯亮。

2）液压泵运行显示。当液压泵启动后，液压泵运行指示灯亮。

3）自动停止侧推驱动电机显示。当伺服油压过低时，自动停止驱动电机，驱动电机自动停机指示灯亮。

4）侧推报警显示。当侧推液压系统发生任何故障报警时，侧推报警指示灯亮。

5）螺距控制系统故障显示。当螺距控制系统故障时，螺距控制系统故障指示灯亮。

6）操作部位显示。当侧推舱控制箱上的本地或遥控转换旋钮转到遥控位置时，驾驶室左翼和右翼控制板上的驾驶室控制指示灯亮。当该本地或遥控转换旋钮转到本地位置时，驾驶室左翼和右翼控制板上的本地控制指示灯亮。

当控制方式转换开关转换到动力定位系统或操作杆位置时，驾驶室左翼和右翼控制板上的动力定位或操作杆控制指示灯亮。

7.4.4　维护保养

侧推设备需定期检查和保养。

1. 定期保养

（1）周检修。

设备起用后，应每周进行下列检查：

1）检查驱动电机的噪声和异常振动。检查轴承、垫圈、电气设备和电机有无异常发热；观察其他异常现象。

2）检查油位和液压系统无漏泄。

（2）月检修。

1）检查中间轴、联轴节和轴承。

2）按电机滑油使用要求中的说明进行检查。检查直流电机的电刷和转子的滑环是否磨损。清洁电刷，去除碳尘等。

（3）年检修。

1）取油样，送油料厂家分析。

2）根据分析结果，若需要，则换油。

3）检查齿轮间隙。

4）检查和添加中间轴承和齿形联轴节的油脂。

2. 坞内检修

（1）常规检查。在进坞前，应注意螺旋桨噪声的状况，若有任何异常，应整体拆除螺旋桨。若没有发现异常，进行下列常规检查：

1）用手盘动螺旋桨，检查以确保轴承和齿轮无卡滞现象。

2）进行螺旋桨压力试验。

3）从液压系统中取油样。若油含水或杂质，换油。

4）检查筒体有无腐蚀。检查锌块，更换腐蚀了的锌块。检查油漆，必要时重新油漆。

5）按电机滑油使用指导给电机加油。

6）给中间轴和中间轴承加油脂。

7）启动电机，注意噪声、过热、振动及其他。

（2）螺旋桨压力试验。检查螺旋桨时应做压力试验，以检查密封情况。压力试验和检查如下进行：

1）进行螺旋桨的压力试验时，重力油箱应连接，并重复进行螺距（左右方向）的操纵。特别应检查并确保桨轴密封和桨叶密封无漏油。

2）检查液压设备，包括管路。

（3）油压调整。安全阀和压力开关的整定压力在交货时已调整好，一般情况下无须调整。如整定压力需检查或调整，如下进行：

1）手动操纵控制阀，使螺距达到（左或右）机械端位。

2）检查油压。若需要，用安全阀上的控制螺钉调整油压。

3）检查运行是否平稳和安全。压力调高不意味着运行时间缩短。

4）调整液压系统中的压力开关值。

（4）齿轮间隙。检查齿轮按照以下步骤进行：

1）在桨叶和筒体间敲入楔形木，锁住桨叶。需要注意的是，测量后不要忘记拆除楔形木。

2）用百分表测量驱动轴的窜动量。检查齿轮间隙是否在允许范围内：齿轮间隙 0.30mm±0.05mm（对应温度为 20℃）。

当齿轮间隙增加到上述最大值的 1.5 倍时，建议对该装置进行大修。

（5）桨叶的拆除。当更换桨叶密封圈或更换损坏的桨叶时，不必从筒体中拆除整个螺旋桨。桨叶与筒体之间的间隙可使桨叶从桨叶座上拆除。拆除步骤：

1）拆除齿轮箱上的螺塞，放掉齿轮箱和上部油箱的油。

2）用凿子去除桨叶螺栓的锁紧板，拆除螺栓。

3）吊起桨叶。若有必要使用吊眼，吊眼可焊在筒体上。若筒体上装有不锈钢带（选择件），不要在此区域焊接。

4）将桨叶移出筒体。

5）桨叶拆除后，应立即将桨叶座处的开口盖住。

6）在桨叶重新安装前，清洁叶根下部和桨叶座。密封圈和轴承面涂润滑油。曲柄环表面不要涂润滑油。

需要注意的是，不允许用（气动、液压或电动）扳手。

（6）驱动轴密封。在运行时，可能会看见一些油从密封处滴出。这是正常的，不要认为是漏泄。若密封环发生漏泄，驱动轴的联轴节可容易地拆除，更换密封环，而且不需要拆除电机。

（7）更换和再加油。若油化验后，发现有杂质或状态不好，应更换。至少一年一次取油样送油料供应商分析。

（8）齿形联轴节的维护。

1）每 6 个月或工作 3000h 重新加油。转动法兰，拆除 A-in（A 进）和 A-out（A 出）旋塞，在 A-in（A 进）孔泵入油脂，直到油脂从 A-out（A 出）孔流出；拧上旋塞，对 B-in（B 进）和 B-out（B 出）重复上述工作。

2）每 24 个月或工作 8000h 应检查。在拆除衬套前，清洁轴毂表面 O 型圈附近的锈或脏物，拆除法兰螺栓和法兰 O 型圈、控制齿轮和密封，去除旧油脂，加新油脂。

小 结

船舶侧推装置是指在船舶水线以下横向套筒中的一种特殊的横向推进装置；其推力的大小和方向可由控制系统操纵而改变。它装设于船艏、艉部较低处，以便于在船舶低速航行时和布置在船艉部的常规舵协作以完成转向操作，以及当船舶停车或后退时能获得较好的控制性能。侧推器的轴向与船舶舯剖面相垂直，位于船艏底部者称艏侧推器，装于船艉者为艉侧推器。

按推力控制方式的不同，船舶艏侧推装置分为定距桨侧推器与调距桨侧推器。定距桨侧推器一般通过控制液压马达转速与转向获得不同的推力；调距桨侧推器通常利用电动机作为原动机，通过调节桨的螺距获得不同的推力，因而其控制系统相应地分为定距桨侧推器控制系统和调距桨侧推器控制系统。

　　选用船舶侧推装置的各个组成构件，要考虑船型、航区、侧推器容量、类型和原动机等六个因素。侧推装置主要应用于低速域，在系离泊操纵、解脱锚链绕结作业、狭窄水域转弯、大风浪、克服"船吸"及"岸壁效应"、紧急避险（避碰）操纵等时机都具有重要的作用。

思考题与习题

1. 简述侧推装置的工作原理。

2. 侧推装置的主要作用有哪些？

3. 侧推装置有哪些类型？

4. 定距桨侧推装置有哪些主要部件？试分析其工作原理。

5. 调距桨侧推装置操控系统有哪些操纵模式和功能？

6. 船舶侧推装置的选用要点有哪些？

7. 侧推装置适用于哪些速域，各起到什么样的作用？

8. TT2000 侧推系统由哪几部分组成？

9. TT2000 侧推系统如何实现对螺距的控制？

10. TT2000 侧推系统驾驶室操作螺距有几种方式？

11. 侧推设备维护保养要做哪些工作？

第 8 章　船舶电力推进监控系统与能量管理系统

船舶电力推进系统功率大，操作不当将会引起全船性停电和失去所有动力，造成可怕的故障，因此必然要设置船舶电力推进监控系统，以保证电力推进系统安全操作和运行。另外，由于采用电力推进的船舶电能量巨大，负载类型多，传统的电站监控系统已无法保证全船电力系统的安全运行，一般需设置全船性的能量管理系统来统一调度、管理、控制全船电能。本章主要介绍船舶电力推进监控系统和能量管理系统。

8.1　船舶电力推进监测与控制系统

船舶电力推进监控系统主要是用于电力推进系统的备车、启动、停机、切换、正倒车、调速，并完成各种运行状态参数监测、故障报警、控制和安全保护的系统，主要包括电力推进系统、执行机构系统、传感器系统和控制计算机系统。

20 世纪 60 年代，随着电子技术的发展，已经推出了机舱集中监控系统，机舱内主要设备实现了单项的自动监控和自动调节，做到分散监控，但当时所采集和控制的信号主要以模拟信号为主，属于模拟式监控。70 年代，随着计算机技术的发展，形成了数字式集中控制的方式。80 年代，由于计算机以及通信技术的快速发展，开始应用多微机分散控制、集中管理的主、从分布式结构。20 世纪末，随着网络技术和计算机技术的进一步发展，监测和控制计算机都连接到网络总线上，推进监测和控制系统进入网络化阶段。

8.1.1　船舶电力推进监测与控制系统组成

船舶电力推进监测与控制系统是船舶电力推进系统的重要组成部分，完成电力推进系统各组成设备主要运行技术参数、工作状态的监测和电力推进系统的操作控制以及故障监测、报警、保护等功能，并通过便捷友好的人机界面进行显示、报警等。主要由监测与控制网络、人机界面、监测与控制面板、监测与控制软件等部分组成。

1. 监测与控制网络

随着计算机技术、通信和网络技术的迅速发展，船舶推进系统自动化、信息化的要求越来越高，船舶电力推进监测与控制系统越来越多地采用网络技术。

网络结构必须根据电力推进监测与控制系统具体性能要求和技术指标来进行统一规划，譬如根据在网络上交换的信息量、实时性、误码率、通信可靠性等，以及监测与控制系统所监控的对象特点，选择具体的网络组件，包括网络的拓扑结构（是总线网、星型网、还是环形网，协议是令牌、还是主从）、网络介质、交换机、中继器、网关等。图 8-1 所示为某船电力推进系统监测与控制网络单线图。

2. 监测与控制面板

船舶电力推进控制系统的操作控制一般分为驾驶室（含两翼）、机舱集控室和机旁三个操作部位，在系统运行过程中可以相互转换，而且有操作优先级，任何时刻只允许一个操作位置有效。每个操作部位都有相应的操作面板，并通常具有如下功能和部件：

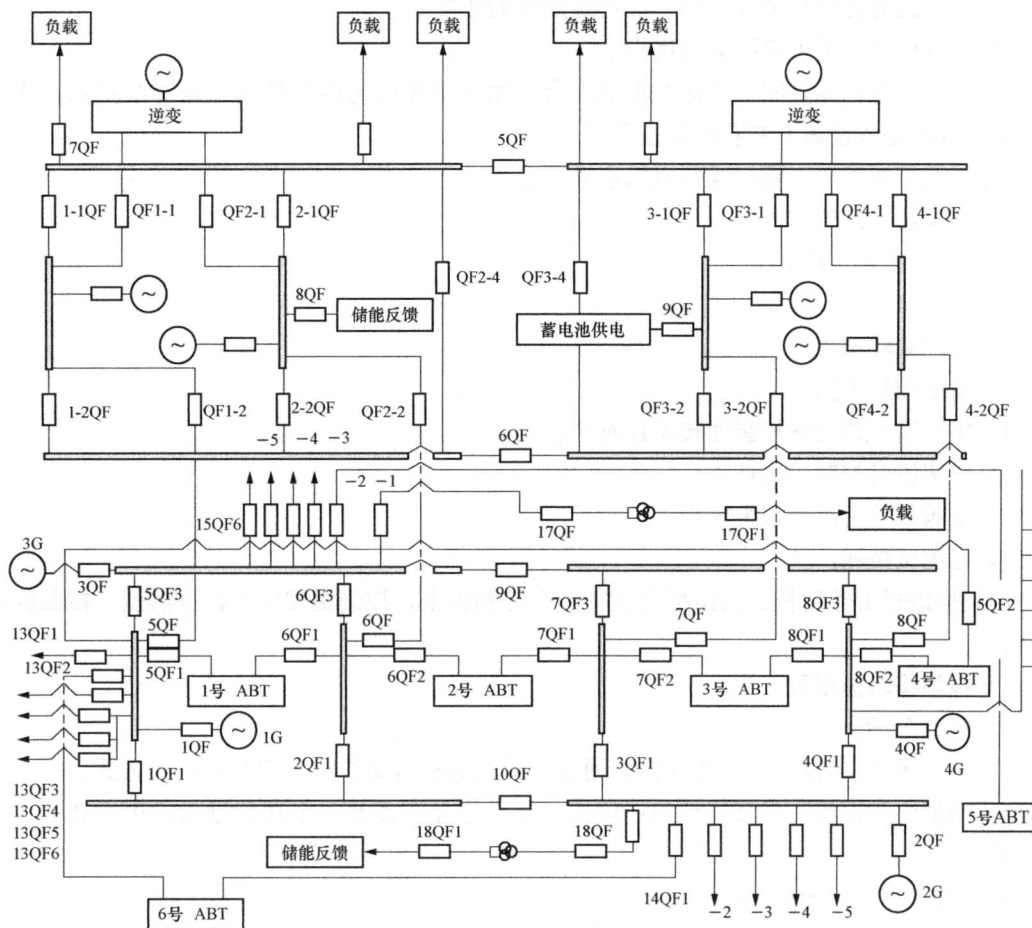

图 8-1　某船电力推进系统典型监测与控制网络单线图

（1）驾驶室控制板。

1）组合式速度操纵装置，用于设定螺旋桨的速度。

2）指示仪表，用于螺旋桨转速指示。

3）驾驶室与集控室控制的转换控制组合，用于驾驶室与集控室转换控制。主要有控制转换按钮（带灯光照明）、蜂鸣器、当前控制部位指示灯等部件。

4）主控台与桥翼控制站选择及指示组合，用于主控台与桥翼控制站选择及指示。主要有本站获取控制权按钮、左右桥翼指示灯。

5）转速机旁控制信号灯，当在推进机舱选择转速机旁控制时，转速控制系统进入机旁本地控制模式，该信号灯将会点亮。

6）紧急停车按钮（硬连线到电机启动装置），用于立即断开电动机电源，正常的停车等到电动机转速降低到某一程度时才断开电动机电源。

7）驾驶室故障报警模板。

8）调光器及灯测试。

（2）驾驶室桥翼控制板。

1）组合式速度操纵装置，用于设定螺旋桨的速度。

2）指示仪表，用于螺旋桨转速指示。

3）主控台与桥翼控制站选择及指示组合，用于主控台与桥翼控制站选择及指示。主要有本站获取控制权按钮、左右桥翼指示灯。

4）紧急停车按钮，硬连线到电机启动装置。

5）调光器及灯测试。

（3）机舱集控室控制板。

1）指示仪表。

2）螺旋桨转速指示。

3）角度控制手柄。

4）集控室与驾驶室控制地转换控制组合。

5）转速机旁控制信号灯。

6）机舱集控室故障报警模板。

7）灯测试按钮。

（4）推进机旁控制板。该面板安装在一个控制柜上，控制柜安放在推进器舱。控制面板包括：

1）螺旋桨转速指示。

2）应急车钟。

3）本地操舵/遥控操舵选择开关，用于选择机旁或者集控室与驾驶室遥控方式。

4）微型终端面板。微型终端面板包括一个数字显示器及一个功能键盘，用于调节、维护和故障排除。

3. 监测与控制系统软件

随着计算机、通信、软件技术的不断发展，监测与控制系统软件设计也发生了根本变化。组态软件已逐步成为监测与控制系统软件设计的主流设计方法。

监控组态软件是面向监控与数据采集的软件平台工具，具有丰富的设置项目，使用方式灵活，功能强大。早期监控组态软件主要解决人机图形界面问题。随着监控组态软件的快速发展，实时数据库、实时控制、通信及网络、开放数据接口和对 I/O 设备的广泛支持也成为其主要内涵。表 8-1 为国际上比较知名的几种监控组态软件。

表 8-1 国际上比较知名的几种监控组态软件

序号	公司名称	产品名称	国别
1	Wonderware	Intouch	美国
2	Intellution	iFIX	美国
3	西门子	WINCC	德国
4	国家仪器仪表	LabView	美国
5	罗克维尔	RSView	美国

现场总线是一种特殊的网络技术，其核心内容一是工业应用，二是完成从模拟方式到数字方式的转换，使信息在一根双线电缆上传输。同其他网络一样，现场总线的网络结构也具

备 OSI 的若干层协议。现场总线技术的成熟发展更加促进了组态软件的应用。

组态软件一般由图形界面系统、实时数据库系统、第三方程序接口组件和控制功能组件等组成。组态软件最突出的特点是实时多任务。如数据采集与输出，数据处理与算法实现，图形显示与人机对话，实时数据的存储、检索管理，实时通信等多任务同时运行。

工程设计技术人员在组态软件中填写事先设计的表格，再利用图形功能把被控对象形象地画出来，通过内部数据连接把被控对象的属性与 I/O 设备的实时数据进行逻辑连接。当由组态软件生成的应用系统投入运行时，与被控对象相连的 I/O 设备数据发生变化会直接带动被控对象的属性变化。

组态软件设计的一般步骤：

（1）收集具体工程应用对象的所有 I/O 点，并填写 I/O 参数表。

（2）明确所使用的 I/O 设备的特征，使用的通信接口、采用的通信协议，以便在组态时准确定义 I/O 设备。

（3）标识 I/O 点。每个 I/O 标识是唯一的，组态软件通过向 I/O 设备发出 I/O 标识请求对应的数据。

（4）根据工程的工艺过程设计界面结构和界面。

（5）根据 I/O 参数表，建立实时数据库，组态各种变量参数。

（6）在实时数据库中建立实时数据库变量与 I/O 点的一一对应关系，即定义数据连接。

（7）组态静态的操作界面。

（8）将操作界面中的图形对象与实时数据库变量建立动画连接关系，同时规定动画属性和幅度。

（9）对组态内容进行分段调试和总体调试。

4. 人机界面

图 8-2 所示为典型电力推进系统监测与控制界面，其主要组成部分和功能如下：

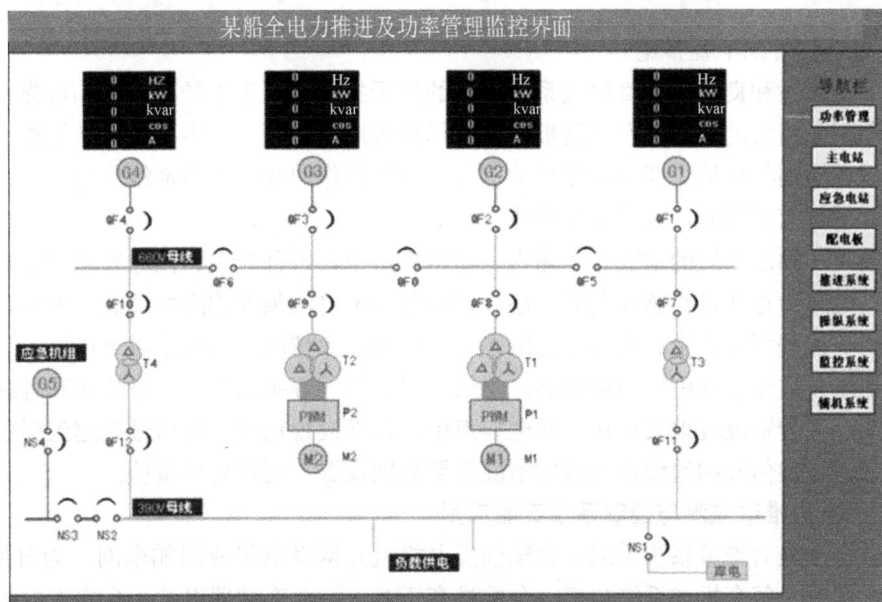

图 8-2 某船电力推进系统监测与控制界面

（1）登录界面。进行系统登录和用户管理。

（2）主导航栏。切换查看船舶电力推进系统各监控子界面。

（3）状态栏。显示当前系统运行状态、运行时间和指示所监控的子系统，同时包含若干监控系统的快捷按钮。

（4）主监控界面。主监控界面主要显示当前所监控的子系统的具体情况，为监控界面的核心，主监控界面一般由分导航栏和监控界面两部分组成。

（5）报警界面。主要分实时报警和历史报警，当某个系统发生故障报警时，监控界面自动切换到实时报警界面，状态栏的报警状态闪烁显示，同时发出报警声响，直到实时报警被确认为止。

（6）趋势界面。分实时趋势和历史趋势，主要用于显示船舶电力推进的功率趋势、温度趋势等。

（7）日志系统。记录不同用户对监控系统的登录、注销，对数据库的访问、修改等。

8.1.2　船舶电力推进监测与控制系统抗干扰措施

1. 信号系统的抗干扰措施

信号抗干扰的重要措施之一是信号隔离，信号隔离可以采用隔离放大器，也可以采用光电隔离器件，使监控计算机与测量、控制现场没有直接的电的联系。对于空间干扰，信号通常用屏蔽的双绞线传送，当传送距离较远时，应加金属管屏蔽；对于串模干扰，除了信号屏蔽外，还采用 RC 滤波和数字滤波；对于共模干扰，可以采用信号放大器浮空加屏蔽及信号隔离等措施。

2. 电源系统的抗干扰措施

对于交流电源一般采用变压器隔离、LC 滤波、交流稳压和不间断电源。

对于直流电源加稳压、RC 滤波；对于印刷电路板及 IC 芯片电源加置 RC 滤波。

对于电源系统中的电源变压器一律加电磁屏蔽，最大限度地减小电源系统被干扰的可能性。

3. 接地系统的抗干扰措施

接地的正确性和良好性，直接关系到系统的抗干扰能力及工作的稳定性和可靠性。

（1）印刷电路板的地线。在电路板设计中尽量采用多层板，其中几层做整体地线；在电路板上采用环抱网状接地，即将电路板的空位和边缘留作地线，边沿地线作为主干线，而且要尽量宽；平行信号线间，尽量添加地线。

（2）输入、输出系统的地线。在输入、输出接口中，各种开关、按钮容易产生抖动脉冲干扰，接口电路中存在各种感性负载，还存在瞬态冲击电流很大的阻性负载，另外，各种引线敷设很长，这些都是产生和引入干扰的因素，针对以上情况，可采取以下措施：

接口地线在敷设过程中应连接可靠，绝缘良好；不同等级的电压、电流线和容易引进干扰的信号线，应分别设置地线；在信号电缆束中，合理设置地线，对信号线起到屏蔽和隔离作用；输入、输出信号的地线在可能的情况下要分别设置，而且要尽量粗。

8.1.3　电力推进监测与控制系统实船应用

某船综合全电力推进系统采用 4 台柴油发电机组并网发电组成船舶电网，为日用以及 2 套推进系统供电，每套推进系统包括一台推进变压器、一台变频器以及一台推进电机。每台电动机由独立的变频器供电，每台变频器通过推进变压器连接到船舶电网，如图 8‐3 所示。

监控系统作为综合全电力推进系统的控制中心，控制对象主要有柴油发电机组、发电配电屏、变频调速驱动推进装置（推进变压器、变频器、推进电动机）、配电变压器、中央控制台、驾驶室推进控制台、车钟系统以及一些辅机控制箱。根据功能划分，可将监控系统控制对象分为发电分系统、推进分系统、配电分系统、应急分系统四部分。

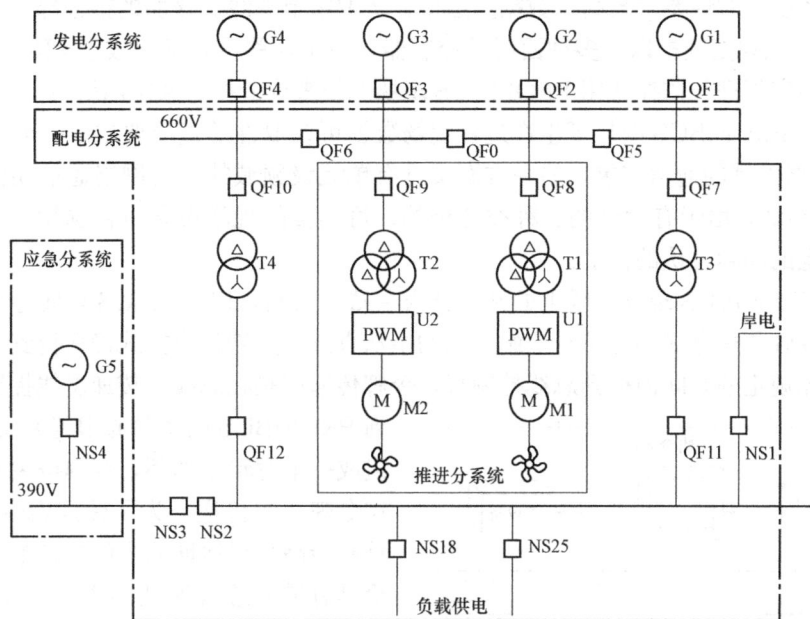

图 8-3　某船综合全电力推进系统

监控系统能对各组成设备实施实时控制、有效的故障诊断与保护，能自动协调柴油发电机组和电力推进功率，实时记录系统的事件信息及系统设备的运行参数和状态。功率管理和监控系统包括分布在整个电力推进系统内的传感器和执行机构。这些传感器和执行机构通过实时通信连接到中心处理器。功率管理和监控系统实时监测电力推进系统各设备的运行状况，并利用对设备的在线检测，使操作人员全面掌握电力推进系统的运行状况，同时功率管理和监控系统利用检测的信息对电力推进系统进行评估、故障诊断和故障报警等，从而提高电力推进系统的可靠性和维修性。

1. 系统网络

船舶监控系统的控制对象分布于不同的舱室，各舱室之间布线不便，为此，通常采用分布式网络控制系统，而分布式控制系统稳定性和可操作性很大程度上取决于控制网络，包括控制网络现场总线、网络传输介质、网络拓扑结构等。

（1）现场总线。在过去的十多年里，随着生产车间自动化和过程自动化中分散化结构的迅速增长，现场总线系统的应用日益普遍。现场总线系统实现了数字和模拟输入/输出模块、智能信号装置和过程调节装置与可编程逻辑控制器（PLC）和 PC 之间的数据传输，把 I/O 通道分散到实际需要的现场设备附近，使安装和布线的费用减少到最小，从而使成本大大地节省。另外，标准化的现场总线具有“开放”的通信接口，允许用户选用不同制造商生产的分散 I/O 装置和现场设备。

目前，现场总线种类较多，常用的有 PROFIBUS、FF、CAN、LonWorks 等。根据数据传输容量的不同，可分为数据流总线（如FF等）、字节总线（如PROFIBUS、Device Net等）和位总线（如AS-i等）。数据流总线适用于大型系统的信息传输与过程控制；字节总线有开关量和模拟量I/O，适合于PLC和过程控制应用，数据量适中，实时性也可以得到保证；位总线传送二进制信号，适用于简单开关量I/O等。

　　由于该系统实时性要求较高，数据量适中，选取字节总线。该船的推进部分采用西门子公司的6SE71系列变频柜以及多种西门子控制器，由于这些设备都集成了PROFIBUS总线接口，因此功率管理与监控选用PROFIBUS现场总线来构造控制系统网络。

　　现场总线PROFIBUS满足了生产过程现场数据可存取性的重要要求。一方面它覆盖了传感器/执行器领域的通信需求，另一方面又具有单元级领域的所有网络通信功能。特别在"分散I/O"领域，由于有大量的、种类齐全的、可连接的现场设备可供选用，PROFIBUS已成为事实上的国际公认的标准。

　　连接在PROFIBUS现场总线上的站点分为主站和从站，PROFIBUS总线存取协议包括主站之间的令牌传递方式和主站与从站之间的主从方式。令牌传递方式确保得到令牌的主站可在一个事先规定的时间内得到总线控制权，令牌传递就是在总线上传递总线控制权，连接到PROFIBUS的主站按其总线地址的升序组成一个逻辑令牌环，令牌按主站地址升序在令牌环中传递，为了使逻辑令牌环闭合，具有最高总线地址的主站总是把令牌环传递给具有最低总线地址的主站，如图8-4所示。主从方式允许得到令牌的主站与所属的从站进行通信，主站向从站发送数据或发出轮询，从站接收数据或者接收到轮询后进行

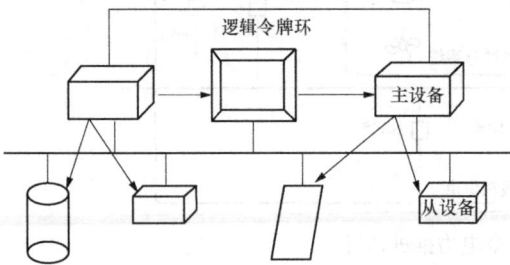

图8-4　PROFIBUS现场总线存取方式

应答。总线启动或初始化时，介质存取控制（MAC）通过辨认主站建立令牌环，并将这些主站的地址保存在主站列表（LAS）中，LAS可以在运行期间自动更新，可以自动剔除有故障的主站节点，也可以添加新的主站节点到令牌环中。

　　（2）网络介质。用玻璃或塑料纤维制成的光纤电缆可用作PROFIBUS传输介质，目前光纤能处理的连接距离达到15千米。光纤通信作为第三代有线通信技术，具有容量大、速度快、线路损耗小、抗干扰能力强等突出优点。光纤技术的成熟已经为新型的总线结构打下了坚实的基础，使用光纤技术，可以构建更加复杂的网络拓扑结构，如环形结构，此外还有线形、树形或星形结构，光纤链路模块（OLM）可以用来实现光纤环网。在光纤环网中，OLM通过双工光缆相互连接，如果光纤发生断线或OLM故障，它们将作出反应并自动地切换总线系统成线性结构。一旦光纤导线中的故障排除，总线系统即返回到正常的冗余环状态。因为每条光缆由发送光纤以及接收光纤组成，有些文献把这种称为冗余双环。

　　（3）网络拓扑结构。现场总线控制系统结构按照职能分为三层：现场控制层、过程监控层和管理层，如图8-5所示。其中现场控制层主要包括现场控制器PLC、变频器、远程I/O设备等。过程监控层主要包括操作面板、监控工作站以及其他工作站，它是联系现场控制层和管理层的纽带，通过与子站进行通信获取现场设备运行信息，并传送给管理工作站或服务器。管理层包括管理工作站及其他服务器，如知识库服务器、运行数据库服务器等。

　　功率管理和监控系统由中央控制台、驾驶室推进控制台和发电配电板、机旁控制箱组

成，通过 PROFIBUS 现场总线相连，通过 OLM 实现光纤环网连接，中央控制台 S7 - 400 作为主站的单主站 PROFIBUS 系统，同时通过以太网与上位机相连形成计算机监控系统。

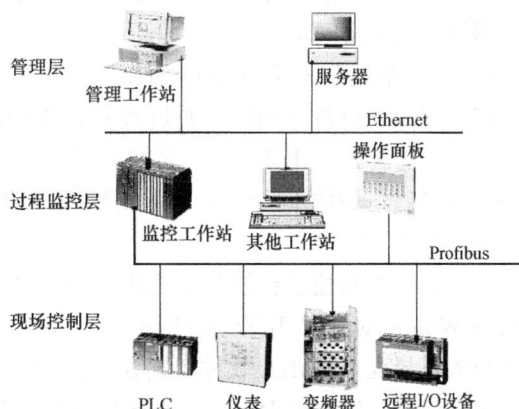

图 8 - 5　控制网络分层

功率管理和监控系统对主推进系统的控制设备实行实时监控，实现航行工况及航速的集中控制；对柴油发电机组控制设备实行实时监控并显示。对发电配电分系统，主要操作模式有中央控制台自动、半自动、板前半自动、板前手动以及机旁操作等。对推进分系统，主要操作模式有驾驶室操车、中央控制台操车、中央控制台后备操车以及变频器机旁操车等。

2. 系统软件

该监控系统采用西门子公司的 S7 系列可编程控制器（以下简称 PLC）S7 - 400 为主控制器，结合外围控制电路组成计算机控制系统来控制、管理该系统相关设备。驾驶室推进控制台推进子站、配电子站选择 S7 - 300 作为控制器，应急子站选择 S7 - 200 作为控制器，发电子站采用 S7 - 300 作为主控制器，通过 PROFIBUS 连接 4 台 ET200M。

软件能实时对各种故障信号进行检测及判断，并及时作出处理。PLC 上电后，能对设备进行初始化及工作后的实时诊断，并且软件加入冗余和容错技术，进一步提高了系统的可靠性，可输出正常工作信号、故障报警和保护信号。

功率管理功能由中央控制台 S7 - 400 协同系统设备完成，功率管理是本系统功能的一个很重要的组成部分，是船舶电力系统的核心。它可以根据功率需求以及机组运行状态对全船供用电进行管理监控。可实现以下主要功能：

（1）电站机组控制模式选择。

（2）机组启动、解列顺序。

（3）负载检测、合理分配。

（4）母线开关管理控制。

（5）发电机管理与保护。

（6）母线电压、频率检测与管理。

（7）功率管理报警与事件信息。

S7 - 300 及 S7 - 400 系列 PLC 程序使用 STEP7 编程语言编制。STEP7 编程语言与 SI-MATIC S7 系列可编程控制器 PLC 一起使用，用以实现各种自动控制功能。STEP7 引用了结构化程序设计思想，采用软件块来构造程序。软件块分为组织块 OB、功能块 FB、功能 FC、数据块 DB。组织块 OB 是操作系统与用户的接口，用以管理用户程序，可用于循环、中断驱动或定时驱动。PLC 系统在运行时实际上是循环调用组织块 OB1 的，这样用户就是从 OB1 开始自顶向下构造程序的。功能块 FB 是在逻辑操作块内的功能或功能组，在操作块内分配存储器，并存储变量，需要背景数据块。功能 FC 类似于 FB 的逻辑操作块，但是不分配存储区，不需要背景数据块。有许多标准功能块 FB 和功能 FC 由 OEM（能源管理器）

提供。数据块 DB 存储用户数据。软件块可用嵌套调用。PLC 程序通过 STEP7 软件包实现程序编制、调试等功能。

S7 - 200 系列 PLC 程序使用 Step7 - Micro/WIN 编程语言编制。它基于标准 Windows 操作系统，可以进行符号编程，通过符号表来分配符号地址和绝对地址。对 TD200 文本显示面板、PID 控制器、用于 CPU 之间数据传输的通信功能、高速计数器等，Step7 - Micro/WIN 具有非常适用的向导功能，可帮助用户快速完成自动化任务。

3. 人机界面

该系统在中央控制台设有工控机一台，通过工业以太网与 PLC 通信，采用的上位机监控软件 Wonderware® InTouch® 8.0 是用于工业自动化、过程控制和管理监视的一个强大的图形人机界面（HMI）软件。它在 PC 基础上开发的操作员监控系统，用于可视化和控制工业生产过程。同时以 Wonderware 公司的 InSQL Server8.0 提供工业实时数据库支持智能化和信息化，不仅提供更友好的人机界面，使信息更加详细，并可以向上提供标准数据接口，使监控系统与管理系统能沟通。这样，综合全电力控制系统将不再是信息孤岛，而成为全船信息系统的一部分。

该船电力推进监控系统可以对全船的各种设备的重要变量进行实时监控，主界面如图 8 - 6 所示，它主要组成和功能如下：

登录界面：可进行监控系统登录，由操作人员输入正确的密码方可进入系统操作。

导航栏：切换查看监控系统的各监控画面，主导航栏包括 8 个监控界面菜单，即功率管理系统、主电站系统、应急电站系统、配电系统、推进系统、操纵系统、监控系统、辅机系统。

状态显示：指示当前所显示的监控界面，具体表现为当显示某监控界面时，背景界面上

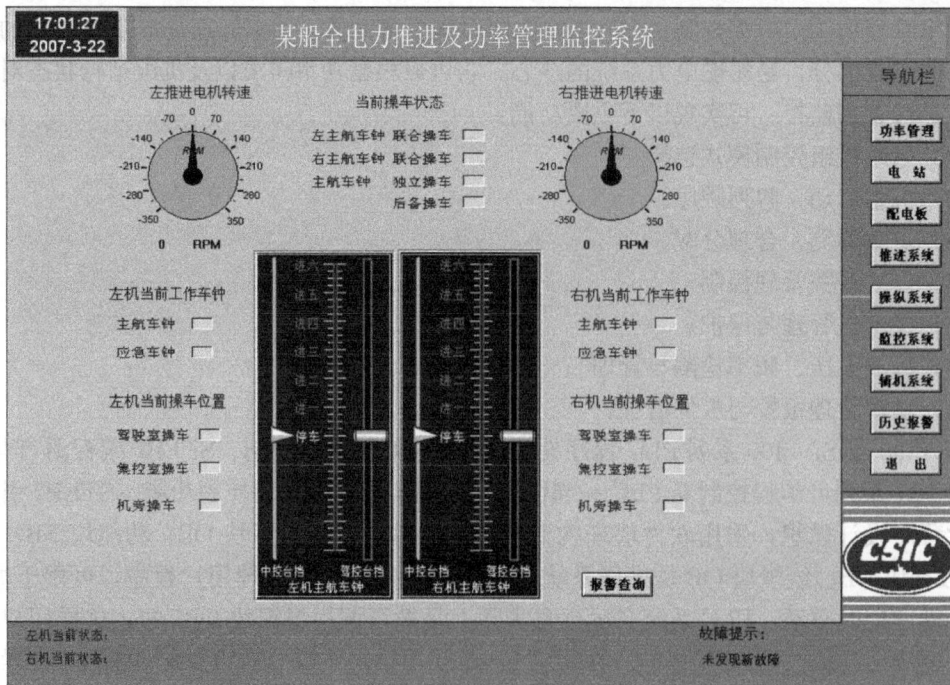

图 8 - 6　电力推进监控系统实时监控主界面

的绿线指示到主导航栏相应的菜单。例如，若当前显示推进系统监控界面，则绿线指示导航栏中的推进系统菜单。

主监控界面：主监控界面主要显示当前所监控的子系统的具体情况，为监控界面的核心部分。主监控界面由两部分组成：导航栏和监控界面。本监控系统的主监控界面是功率管理系统监控界面，它能实时监测各发电机的输出有功功率、无功功率、功率因数、频率、电流等变量，以及监测各开关和变压器、逆变器的工作情况。

报警查询系统：主要是向用户提供历史报警记录，当某个系统所监控的变量发生报警时，该变量名后的状态框会变成红色，音响发出报警声，直到报警被确认为止，报警查询系统则记录该次报警，以便用户查询。

在推进控制台设有 OP 操作面板一个，通过现场总线 PROFIBUS - DP 连接到 PLC，OP面板通过总线报文获取现场运行数据，以图形化方式显示系统运行状态，用户也可以通过它给出推进控制指令。OP 面板通过 COROS ProTool 软件包来设计界面。ProTool 是一个Windows 支持软件包。利用它设计好界面后，通过编程器传送给 OP 面板，自动实现 OP 面板与 PLC 的连接，实现对系统的状态监控和其他功能。

8.2　能 量 管 理 系 统

能量管理系统（Power Management System，PMS）是船舶综合电力系统的一个重要组成部分，它是电力船舶推进系统的核心，负责对船舶电能进行统一调度、管理、控制。随着船舶用电负载功率的增加，船舶的发电、配电和用电负载的电能管理变得异常复杂，采用能量管理系统对船舶发电系统、配电系统和用电负载的电能进行统一有效管理，确保向推进负载、日用负载和武备系统等用电负载提供稳定、连续、优质的电力，可以有效地提高船舶的生命力和续航力，这是电力推进船舶系统的核心。

目前，国外 PMS 技术发展领先，各大公司相继推出了基于计算机网络的分布式 PMS产品。这些产品已经以其稳定可靠的性能成功应用于各类电力推进船舶。如：SIEMENS 公司的 PMA300 系列、ABB 公司的 AC800 系列、DELF 公司的 DM - 4 系列、MARORKA 公司的 Maren2 系列、KONGSBERG 公司的 K - Chief500 系列等。

在国内，中船重工武汉船用电力推进装置研究所、上海船舶运输科学研究所、哈尔滨工程大学、上海海事大学等单位在船舶功率管理技术方面做出了一定的理论研究。自 2007 年以来，中船重工武汉船用电力推进装置研究所在国内自主集成设计的 10 余艘电力推进军民船舶上开始应用自行设计的国产 PMS 产品。其性能已基本达到了国外同类产品的技术水平。

8.2.1　能量管理系统的结构

船舶 PMS 是一个包含传感与变送、计算机与网络、控制与调节、信息处理与显示、系统决策与管理的综合性系统，也是一个能量控制系统：能够实现电能的管理、失电保护、燃油优化、推进装置以及其他负荷的功率控制。在船舶电力推进系统中，它对电力推进系统的各组成设备实施实时控制、有效故障诊断与保护，自动协调发电机组和电力推进功率、系统设备的运行参数，记录系统故障事件信息并自动生成各种工况报表。

通常，船舶 PMS 主要由以下四部分组成：发电机控制模块（GCM）、中央处理 PLC（S7 - 300）、现场控制子站（ET200M）、带触摸屏的图形终端（HMI），如图 8 - 7 所示。中央处理 PLC 与 GCM、ET200M 之间的内部通信采用 Profibus - DP 总线协议，并利用光纤做传输介质，很容易实现内部几台发电机组的分布式控制。其中，GCM 是 PMS 的核心部件之一，它能控制和监视所有发电机组的本地运行参数、接收/执行指令。其基本的功能包括发电机的电压调节、发电机组与母线的动态同步、机组频率控制、负载控制、发电机监视和保护等。

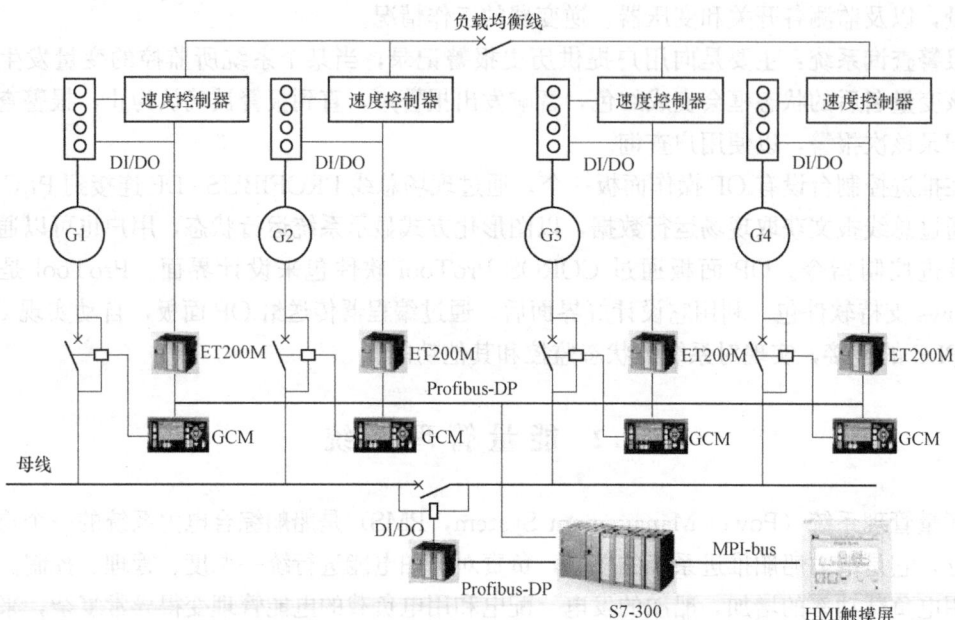

图 8 - 7　某型船能量管理系统基本结构组成图

8.2.2　能量管理系统的功能

PMS 根据负载的实时功率需求和电网的运行状况对每台柴油发电机组进行监控并协调各台柴油发电机组的工作，动态调整对机组的控制指令，对供电分系统进行故障报警和处理，为电力推进系统及其他用电设备提供可靠、稳定及优化配置的电力能源。在供电分系统出现故障时，能量管理系统能采取相应的措施，尽可能保证对负载的连续供电，避免电站断电以确保船舶的安全性。该系统的主要功能如下。

1. 机组的自动启动

当供电系统在网机组功率总和达到在网机组额定功率总和的 90%（可设定），此时储备功率不足，备用机组应自动启动，备用机组的优先顺序可人工设定。

当在网运行机组因柴油机报警（二类故障）时，经延时后能自动启动备用机组，备用机组成功并入电网后，逐步卸去故障机组负荷并对故障机组发出停机指令，并发出报警信号。

当在网运行机组因柴油机故障（一类故障）时，能自动启动备用机组，并发出报警信号。当 PMS 收到一套机组启动失败信息后，则能自动将启动指令转至下一套备用机组，并发出报警信号。同时，能对每套机组的自动启动予以闭锁，以便安全地进行维修。

2. 机组投入和并联运行

汇流母排无电时，待用机组在达到一定电压和频率后立即投入。汇流母排有电时，待并机组可自动同步，自动合闸。应设有预防措施，以避免两个或两个以上发电机组开关同时合闸。机组投入运行后，频率调节精度为 $50\text{Hz}\pm0.5\text{Hz}$。当电网出现短路故障而造成在网发电机主开关脱扣时，在人工应答复位前防止各发电机组开关重新合闸。

自动并车主要技术指标：合闸频差可调范围，$\pm0.1\text{Hz}\sim0.5\text{Hz}$；合闸电压差，$5\%U_N$；允许合闸相角差，$0°\sim10°$。

自动并联后，具有有功功率自动分配功能。在机组正常工作时，保证任意发电机组长期并联运行，当总负荷率在 $20\%\sim100\%$ 和功率因数在 $0.6\sim0.9$（滞后）范围变化时，一般要求有功功率分配差度不大于 5%（相同功率机组）或 10%（不同功率机组的小机组），无功功率分配差度不大于 10%。分配差度计算公式如下：

$$\Delta P_i = \left| \frac{P_i}{P_{Ni}} - \frac{\sum\limits_i^n P_i}{\sum\limits_i^n P_{Ni}} \right| \times 100\%$$

$$\Delta Q_i = \left| \frac{Q_i}{Q_{Ni}} - \frac{\sum\limits_i^n Q_i}{\sum\limits_i^n Q_{Ni}} \right| \times 100\%$$

式中　ΔP_i——参加并联运行的第 i 台发电机组实际承担的有功功率分配差度；

P_i——参加并联运行的第 i 台发电机组实际承担的有功功率，kW；

P_{Ni}——参加并联运行的第 i 台发电机组的额定有功功率，kW；

ΔQ_i——参加并联运行的第 i 台发电机组的无功功率分配差度；

Q_i——参加并联运行的第 i 台发电机组实际承担的无功功率，kVar；

Q_{Ni}——参加并联运行的第 i 台发电机组的额定无功功率，kVar。

3. 机组的解列和停机

若指定机组解列后，其实时功率为某一值（如小于 60% 的可用功率）时，则指定机组自动解列、停机。在解列过程中，除严重故障之外，均能平滑地自动转移负荷。当解列发电机组经负荷转移后，通常在负荷率低于 10%，电流不超过 30% 母线电流时，发出分闸指令。

机组发生超速或滑油失压等严重故障时，可使故障机组紧急停机，并启动备用机组投入。

当负荷减少而自动减机时，在网机组按指令设定的顺序减少机组。被解列的发电机组在分断发电机主断路器并空载运行一定时间（可设置）后，按规定程序发出停机指令。若发出停机指令一定时间（可设置）后，柴油机仍未停机，发出停机失败报警。

4. 发电机组启、停序列设定功能

通过母联屏触摸屏可设定供电系统各发电机组的自动启、停的优先级并可在人机界面上修改。

5. 跨接开关控制及联锁功能

对各区跨接开关实行指定自动合、分闸控制功能，并实现各区双跨接线下跨接开关之间的联锁保护功能。母线开关实行自动合、分功能，并带有联锁保护功能，对船电、岸电的不停电切换功能。

6. 重载询问

在启动大容量（如主推进装置）的用电设备之前，用电设备应先向 PMS 发出启动请求，PMS 根据机组在网情况，判断是否能满足它们的用电和启动要求，若能够满足时，则发出启动允许信号，允许启动；若不能满足时，则应在一台备用发电机组启动、并网且在网机组功率储备足够时，才发出启动允许，允许它们投入电网用电。一般应将额定功率大于等于主发电机单机额定功率 15%～20% 的负载视为大容量用电负载。重载设备的启动情况，应在系统设计中予以充分考虑。

若能量管理系统处于具有自动增机功能的模式时，则在进行重载询问电站现时供电发电机的功率储备是否能满足大容量用电设备的用电要求时，应使大容量用电设备启用后的电站总负载量不超过重载判断条件中的临界值。在无备用发电机组可用的情况下，不得发出启动允许。

若需要进行重载询问的大容量用电设备不止一个，则在某一大容量用电设备正在进行重载询问时，应对其他大容量用电设备的重载询问通道实施闭锁（或记忆性闭锁），并直到先行询问的大容量用电设备接入电网稳定运行后才能解除这种闭锁，以避免两个或两个以上大容量用电设备的同时启用。

若某一大容量用电设备属于重要设备，则在紧急情况下应能实现对其重载询问功能的越权控制。

7. 自动分级卸载及分级启动

当电网在线负载的总用电量超过供电发电机的额定输出能力，并持续一定的时间之后，应能自动将在线负载中的次要负载以一级或分作几级的方式从电网分断，以确保对重要负载的连续供电。分级卸载应根据被卸负载的相对重要性，确定分断的先后顺序。例如当发电机发生单相或两相持续过载时，自动分级卸载装置也应能发出卸除次要负载的指令。

断电电网自动恢复供电之后，应实施负载的自动分级启动，以限制启动冲击电流，防止出现电网电压跌落过大或恢复时间过长。

实施负载的自动分级启动，应根据紧急情况下各用电负载的重要性以及它们启动电流的大小进行排序和分级，并按重要负载先行启动和每级启动电流尽可能均等并接近允许限值的原则安排合理的启动程序。

各用电设备的重要性排序应与由应急发电机供电的负载优先顺序相同。同时，根据供电发电机的性能及负载的分组情况合理地确定各级负载间的启动时间间隔。实施负载分级启动时，应注意对投入负载总容量的限制，以防供电发电机组过载。实施分级卸载后的电网，在备用发电机组自动启动、并网成功后，应对先前卸除的次要负载实施自动分级投入电网。被卸负载投入电网的顺序应同卸载时的顺序相反，级数的确定和过程的控制还应注意防止电网较大浪涌电流的出现。

8. 电力推进装置功率限制

船舶电力推进中，推进负载一般是整个电力系统中最大的负荷。在恶劣海况航行中，螺旋桨可能突然在 10%～100% 的负荷率下变动工作，这样可能造成在网发电机组的瞬时过功率运行，这种状态的反复出现可能引起整个船舶电网的崩溃。同时，系统正常满负荷运行过程中某一台或几台发电机组突然的非正常脱扣也会造成系统瞬时运行在过负荷状态。这种状态同样会造成整个船舶电力系统的崩溃。因此，PMS 在船舶电力推进中的一个关键的技术就是推进功率的限制和保护。

9. 供电的平衡性

在分区供电时，主要设备可根据左、右舷电能的配置状态，自动选择其供电电源，从而使电能分配合理、平衡。

10. 全船失电恢复

全船失电（Blackout）恢复，即是一旦全船失电，PMS 将在较短时间内自动恢复正常的电力系统功能。万一发生全船失电，PMS 将在同一时间启动所有可用的发电机组，率先启动成功的发电机组将投入运行。所有变压器、配电断路器和母联开关将根据当前的运行模式按照设定好的次序依次闭合，实现船舶电力系统的重新配置。

11. 保护功能

能量管理系统的信号采集单元将采集到的发电机各个运行参数送到能量管理系统的主控制单元，主控制单元将这些运行参数实时地与设定的标准参数比较，如果检测参数不正常，会根据需要解列在网发电机，并发出停车信号。若参数的状态对电网或设备造成的危害较大，能量管理系统会发出主发电机开关脱扣指令，甚至向发电机组发出"Shutdown（失电）"指令。

常用的保护有：欠/过电压、欠/过频、逆功率、过载、短路及绝缘监测保护等。

12. 人机界面监测功能

对电力系统重要参数的实时监控是实现 PMS 功能的前提保障。PMS 可以根据电网的运行状况、每套发电机组的运行情况，动态调整对机组的控制指令。主要有以下功能：

（1）人机界面的动态显示。在母联屏人机界面上动态实时监测柴油发电机组的运行状态、母线的运行状态、电能分配状况等，同时可以在线修改 PMS 设置参数。

（2）报警功能。对柴油发电机组进行动态实时故障报警监测，并对故障进行相应的处理。

（3）图形显示。以动态图形显示电站系统，当情况异常时，予以变色或闪动。

（4）页面显示。含参数页、报警页。

（5）报警窗口。当有报警时，弹出当前的报警信息窗口。

8.2.3　PMA300 型能量管理系统

某型救生船能量管理系统采用西门子公司的 PMA300 型系统。

1. PMA300 型能量管理系统概述

（1）系统结构。PMA300 系统由机组保护与并车单元（GENOP71）、机组控制单元（PMA71）、控制面板（MP370 触摸屏）三部分组成。各部分间通过 PROFIBUS-DP 现场总线进行通信，系统的操作是通过安装在舱内集控室控制台上的 MP370 触摸式面板（显示屏）来实现的。

图 8-8 所示为某型救生船能量管理系统单线图。该系统包括 4 台 3000kW 柴油机组、2 台 3500kW 变频调速舵桨主推进系统、3 台 1000kW 艏侧推及 2 台 3000kVA 日用变压器等。

（2）系统人机界面。PMA300 型能量管理系统人机控制界面菜单包括单线图、系统总图、负载、不平衡负载、重载、三级卸载、配电板显示、系统、报警等子菜单选项。通过这些菜单选项可以完成系统参数设置及各项功能。

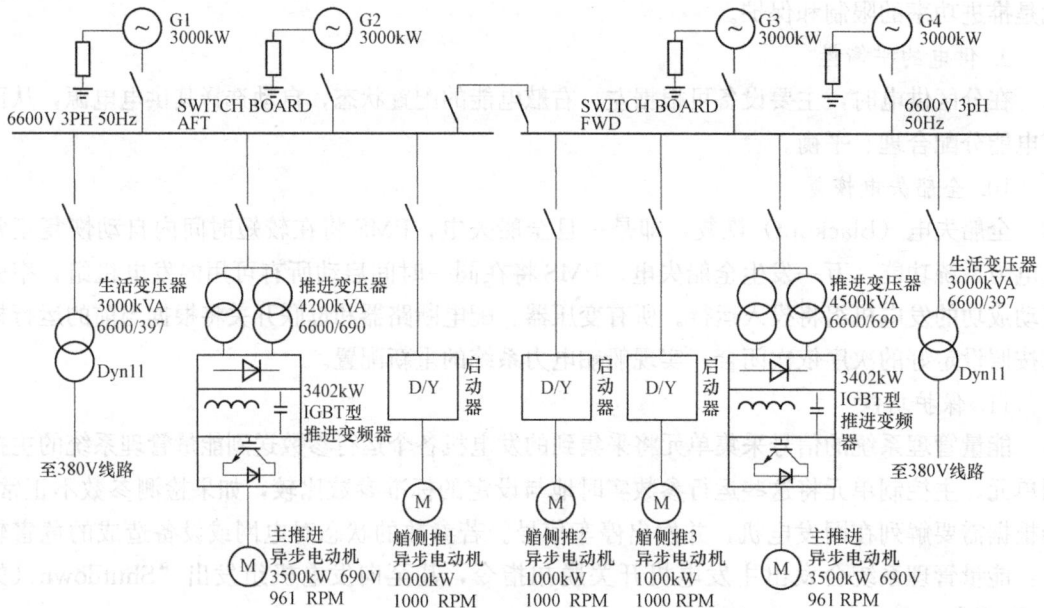

图 8-8　能量管理系统单线图

2. 系统操作

(1) PMA300 触摸屏操作模式选择。PMA300 触摸屏上操作模式可以采用本地手动、半自动、自动三种运行模式。

1) 本地手动 (LM) 模式。当配电板和机组控制箱上的"LOCAL - REMOTE (本地/遥控)"开关均合至"LOCAL (本地)"时，本地手动控制方式被激活 (PMA300 被设为本地手动模式)。在这种情况下，PMA300 触摸屏上只显示实时的数值和系统的状态，PMS 不会发出任何指令。发电机组会处于"透明"状态。

2) 半自动 (SAM) 模式。当主配电板和机组控制箱上的"LOCAL - REMOTE (本地/遥控)"开关合至"REMOTE (遥控)"位置，PMA 会进入半自动状态。在这种模式下，在PMA300 触摸屏上可以手动控制启动机组，手动控制合上发电机的开关 (机组自动进行同步和负载分配)。

3) 自动 (AM) 模式。PMA300 可以在触摸屏上从半自动模式切换到自动模式下。在自动模式下，系统会处于全自动状态，包括失电启动、低负荷停机、重载阻塞、重载启动、自动卸载等。

在自动模式下，发电机的"分/合闸"按钮会失效。但是如果系统允许，可以通过发电机主开关的自动分/合闸来控制柴油机组的启动和停止。

(2) 柴油发电机组的控制。

1) 本地手动操作。本地手动模式通常被维护和服务人员用来在机旁或配电板处进行手动启机和停机操作。该模式可以通过在主配电板的"LOCAL - REMOTE (本地/遥控)"选择开关上选择"LOCAL (本地)"，或在机组"BLOCKED - LOCAL - REMOTE (阻塞/本地/遥控)"选择开关上选择"阻塞/本地"而被激活。同时，机组和主配电板分别将选择为本地控制。在这种模式下，可跳过 PMA300 对机组直接在本地进行启/停机。

此模式下，在触摸屏上显示为"LM（本地）"，在触摸屏的发电机或柴油机处显示为"Not Available（不可用）"。操作模式联锁如图 8-9 所示。

　　a. 配电板处手动启动机组。在本地手动模式下，没有任何自动或半自动的功能。但是，触摸屏上的参数（断路器状态、机组运行情况、电压及频率等）显示功能正常。调速或发电机主开关合闸只能在配电板处进行手动操作。

　　注意：当本地启动机组时，在机组正常运行之前，"LOCAL-REMOTE（本地/遥控）"选择开关不能切换到"REMOTE（遥控）"位置，否则，PMA300 不能检测到机组已经启动。

　　b. 发电机手动同步。发电机的手动同步由另外的同步检测装置完成。在手动启动机组后，机组通过配电

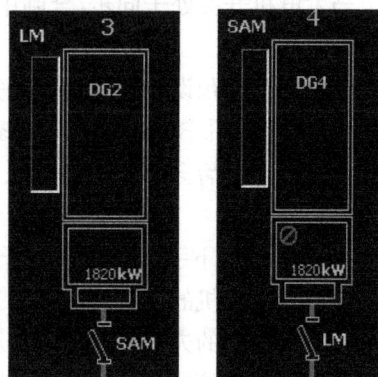

图 8-9　操作模式联锁

板上的手动调速按钮来实现与汇流排的频率同步。在按下配电板上的"BREAKER ON（合闸）"按钮后，合闸信号会由同步检测装置发出。

　　当汇流排上失电时，发电机的合闸可直接由主配电板上的"BREAKER ON（合闸）"按钮实现。

　　2）半自动模式下操作。实现半自动模式的前提条件：配电板上的"LOCAL-REMOTE（本地/遥控）"选择按钮切换到"REMOTE（遥控）"或机组的"BLOCKED-LOCAL-REMOTE（阻塞/本地/遥控）"选择按钮也切换到"REMOTE（遥控）"位置。

　　在半自动模式下，屏幕上"SAM（半自动）"，"Not Available（不可用）"和"Engine Not Ready（机组未准备好）"显示会消失。

　　半自动模式下，可从触摸屏上实现的功能包括：机组的启动、机组的停止、自动同步后合发电机主开关、自动负载分配、自动卸载后分断发电机主开关。

　　注意：为避免误操作，重要的操作（启动、停止、分/合闸、半自动/自动等）一定要在 3 秒内双击该命令的相应按钮才能实现。

　　a. 手动启动机组。3 秒内双击触摸屏上的"Start（启动）"按钮，否则，启动请求会被取消。与此同时，"Starting（启动中）"信号会在触摸屏上显示出来，触摸屏上的符号变成蓝色，出现向上的箭头。

　　如果输入数字信号"Running（运行）"，或检测到发电机电压大于 85%（可设置），启动的命令被收回。启动命令的持续时间不长于设置的"Starting time（启动时间）"。

　　如果输入数字信号"Engine running（机组运行中）"，或"发电机电压大于 85%"（启动条件），触摸屏上会显示"Running（运行）"。"Running（运行）"状态在触摸屏上以绿色显示。

　　如果在预先设置的时间内没有"Engine running（机组运行）"或"发电机电压大于 85%"信号发出，或者预先设置了多次启动（次数可任意设置，但默认值和推荐值仅可使用一次），"Engine running（机组运行）"或"发电机电压大于 85%"信号在设定的启动次数内不出现，则 PMA300 会发出停止信号。另外，会出现下面的提示信息：

　　　　- 'Start Fault'（起动失败）（Alarm）（报警）

　　b. 发电机手动同步。3 秒内双击触摸屏上的"Close（合闸）"按钮，如果不如此，合闸请求会被取消。自动同步会被激活，同时发电机主开关会自动闭合。

　　当发电机开关处于同步/合闸中时，开关符号会变成蓝色，同时会有一个蓝色箭头指向开关合闸的方向。

　　如果同步在预设置的时间内未完成，一个报警信息会显示在触摸屏上。如下所示：

　　——'Gen. Breaker Close Fault'（发电机开关合闸故障）　（Alarm）（报警）

　　在开关闭合后会自动开始进入外部的负载分配系统控制，通常是 Woodward 负载分配和调速系统。

　　c. 失电情况下手动合发电机开关。在失电情况下，双击触摸屏上的合闸按钮或切换至自动模式，发电机的主开关会合闸。

　　注意：真正的失电状态在触摸屏上汇流排会一直以红色显示并有报警显示。如果发生发电机开关的反馈信号或控制电压熔断器故障，不会出现真正的失电指示。

　　d. 手动分断发电机主开关。3 秒内双击触摸屏上的"Open（分闸）"按钮，如果不如此，分闸请求会被取消。当发电机组与另外的一台发电机组并联运行时，此发电机会自动卸载。触摸屏上显示"Opening（分闸中）"。开关符号会变成蓝色，同时会有一个蓝色的箭头指向开关分闸的方向。

　　当负载值减到预设定的值时，发电机开关会分断。如果外部负载分配系统与发电机的主开关有电气连接，"Breaker Off（开关分闸）"命令同样可以由外部负载分配系统发出。

　　在系统配置过程中，可以决定是否允许分断最后一台发电机组从而造成失电。如果不允许，那么在这种情况下触摸屏上会在开关符号旁边显示 "Open breaker locked（开关分闸锁定）"。

　　e. 手动停机。在半自动模式下，只要发电机开关闭合，那么机组就不会停机。在发电机开关分闸状态下，停机只需 3s 内双击触摸屏上的"Stop（停机）"按钮，否则，停机请求会被取消。

　　3）自动模式下操作。3s 内双击触摸屏上的"AM（自动）"按钮，即可激活自动模式，否则，请求会被取消。

　　在自动模式下，主界面不会显示任何东西。启动（备用机组启动）和停机（紧急停机，故障停机，欠载）均自动进行。

　　a. 柴油机组的自动启动。在自动模式下，启动机组的过程由机组转化为"Standby set（备用机组）"开始（机组切换到自动模式下，备车完毕，触摸屏上不显示任何故障），然后机组发出启动命令。

　　"机组的自动启动"可由检测到的电网失电、另一台机组的功率需求、汇流排的功率需求、机组的延时停机、低压/低频报警、发电机电流高、重载启动等信号来激活。

　　根据备用机组的启动顺序，下一台可用机组在机组内部会显示""符号。

　　在自动模式下，启动机组可由按下"Start（启动）"按钮来实现，机组会自动启动、同步和联网。

　　注意：自动模式下的一次或多次启动步骤与半自动模式下相同。同样，如果在设定的启动时间内没有检测的"Engine running（机组运行）"或"发电机电压大于 85%"信号，则 PMA300 会发出停止信号，并在屏上显示 'Start Fault（启动失败）'。

b. 自动停机。当非延时停机（紧急停机、短路故障、逆功率等引起的停机）时，发电机的主开关会同时分闸。当发电机组由于汇流排负载低而自动解列时，机组会自动卸载。

首先，触摸屏上会显示"Opening（分闸中）"，然后机组在"Stopping（停机中）"和"Stopped（停机）"状态前会进入"Cool down run（冷却运行）"。

发电机开关"Opening（分闸中）"状态会有两种不同的输出：

——对机组负载分配装置发出的卸载命令（继电器输出）；

——在外部负载分配装置没有卸载信号输入接口时，对机组发出（继电器输出）减速脉冲。

当机组减载到一个预设定的值时，在收到机组负载分配单元或能量管理系统发出的命令后，发电机开关会分闸。

机组会在空载状态下，继续运行设定的一段时间，"Cooling down run（冷却运行）"会在此期间一直显示在触摸屏上。当运行完设定的这段延时时间后，PMA300 会发出停止命令，该命令在"Engine running（机组运行）"消失和超过等待时间后停止。这段等待的时间需要调整，以便机组在这段时间内停止运行。

手动发出停机命令，"Cool down run（冷却运行）"状态会被取消，机组的状态会变成"Stopping（停机中）"，然后"Stopped（停机）"。机组停机显示如图 8-10 所示。

注意：此时，若手动发出启动命令，"Cool down run（冷却运行）"状态会被取消，机组会变成"Running（运行）"。

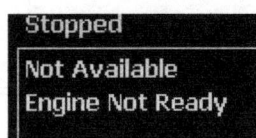

图 8-10　机组停机显示

（3）备用机组启动。在 PMA300 系统中，备用机组启动分正常起动（超过限定值）、报警起动（超过报警值）。

1）备用机组正常启动。

a. 汇流排负载过大时备用机组正常启动。PMA300 会对每段汇流排的总消耗功率予以计算（总有功功率与总预留功率之和，占总在网机组的额定功率的百分比），如果计算出的总功率超过了设定的总启动功率限值（见图 8-11），并持续一段时间后，PMA 会对下一台备用机组发出启动信号。

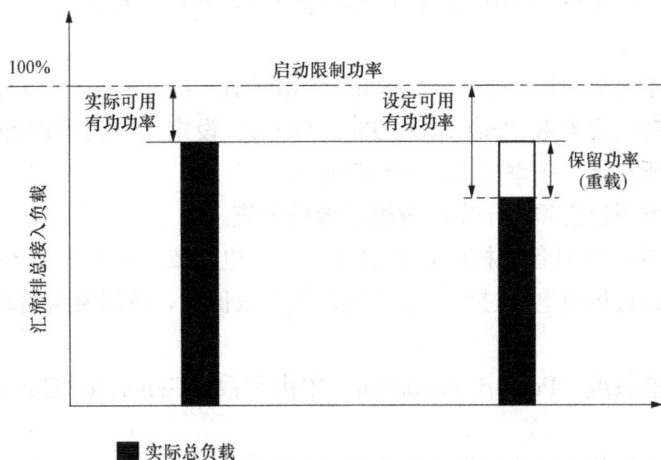

图 8-11　汇流排负载过大时备用机组正常启动

　　　设定限值计算采用滞后法，以防止重复计算和突然地超过设定值。

　　　启动限值可以在菜单"MASTER ＿ PORT/STBD"中由参数"Total Power Start Threshold ［％］（启动总功率门槛值％）"设定。对于每一段的汇流排，同样有相应的菜单，但当母联开关合闸时，只能在左舷汇流排处设定。

　　　b. 汇流排电流过大时备用机组正常启动。PMA300 会计算每段母排在当前运行状态时所消耗的电流（百分比表示）。如果在网负载电流与保留可用电流之和超过设定的总启动电流限值一定时间（见图 8 - 12），将给备用机组发送启动指令。

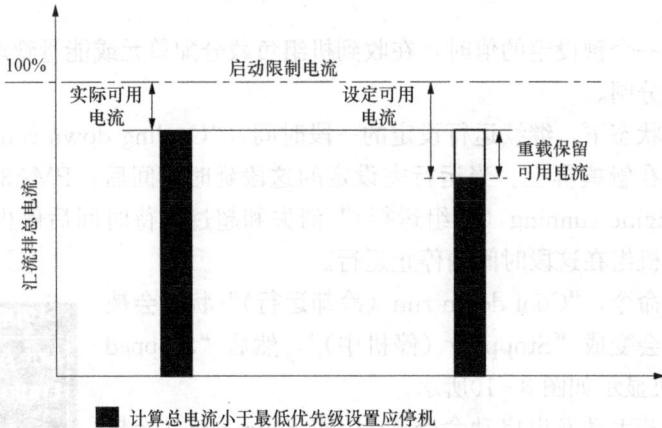

图 8 - 12　电流过大时备用机组正常启动

　　　超过电流限值时，采用闭环控制进行处理，以避免因短时反复超过电流限值导致机组不断启停。

　　　母排上启动电流阀限值在参数组"MASTER ＿ PORT"中由参数"Total Current Start Threshold ［％]"设定。每一段母排均有一参数组，但母联开关合闸时，以左舷母排的设定参数为准。

　　　c. 运行机组功率过大时备用机组正常启动。对于每一发电机组，都有一个可设定的启动功率限值，达到该设定的功率限值延时一定时间后，该机组将发出一个备用机组启动信号。

　　　该功率限值在参数组"PowerCalculation"中由参数"Generator Power Start Threshold ［％]"设定，延时时间由参数"Set Start Time Delay"设定。该延时时间对发电机功率过大、电流过高、电压过低、频率过低时启动都有效。

　　　注意：启动功率限值必须小于发电机组报警设定值。

　　　d. 运行机组电流过大时备用机组正常启动。为了电站安全，运行机组电流过高时也可以启动备用机组。运行机组电流过大，但未超过报警限值时，备用机组启动，不会发出报警信号。

　　　电流高限值在参数组"PowerCalculation"中由参数"Generator Current Start Threshold ［A]"设定。

　　　注意：启动电流限值必须小于发电机主开关脱扣电流值。

　　　e. 运行机组频率过低时备用机组正常启动。发电机设定了备用机组启动频率下限值，如果发电机运行时频率低于该限值，延时一定时间后，启动备用机组。此时，备用机组启动不会发出报警。

频率低限值在参数组"PowerCalculation"中由参数"Generator Frequency Start Threshold［Hz］"设定。

注意：启动频率下限值应该大于发电机报警频率下限设定值。

f. 运行机组电压过低时备用机组正常启动。发电机设定了备用机组启动电压下限值，如果发电机运行时电压低于该限值，延时一定时间后，启动备用机组。此时，备用机组启动不会发出报警。

电压下限值在参数组"PowerCalculation"中由参数"Generator Voltage Start Threshold［V］"设定。

注意：启动电压下限值应大于发电机失压脱扣报警设定值。

2）备用机组报警启动。

a. 运行机组功率过大时报警启动。对每一发电机组都有一个可设定的功率报警值，达到该设定的报警值，并延时一定时间后，将发出一个备用机组启动信号。

该功率报警值在参数组"Data Control"中对参数"Power Alarm Limit［%］"设定，延时时间由参数"High Power Alarm Delay"设定。

b. 运行机组电流过大时报警启动。当运行机组电流过大超过机组保护脱扣值时，将立即启动备用机组。

警告：发电机过流保护脱扣设定值必须根据对整个系统的分析以及发电机本身特性来进行设定，该设定值在经过试车运行后不得未经授权而随意改动。

c. 运行机组频率过低时报警启动。为了系统安全，PMA 会对母排的频率进行监测，判断其是否低于两个设定的报警频率下限值。如果频率低于报警频率下限值，那么正在运行的发电机将进入"延时停机"模式，并发送备用发电机启动请求信号。

备用发电机启动后，会一直尝试并网同步，但是如果因为频率差别而一直（延时停机、延时时间结束）无法并网，另一台已经启动的发电机将进入失电状态。

可以在设置参数组"Data Control"中由参数来设置频率低报警参数。

d. 运行机组电压过低时报警启动。系统对汇流排低压报警设置两级不同的下限值。如果电压低于设定的电压下限值，运行的机组会进入延时停机的模式，同时会要求备用机组准备。备用机组会一直进行同步，直到由于电压不同而转向另一台备用机组，从而避免"延时停机"的时间过后，电网失电。

电压报警启动可从菜单"Data Control"内配置。

（4）备用机组启动、停止顺序设置。

1）备用机组的启动顺序设置。可根据 PMA300 需求来预设定机组的启动顺序。在顺序启动过程中，下一台备用机组在发电机标志内部以"▓"标识，在启动顺序列表中输入新的数字即可方便的更改启动顺序。例如：四台机组的启动原顺序依次为 1>2>3>4，按下 3，则屏幕上会显示出一个小键盘，可以选择 1 然后回车。启动顺序会自动变成"3>2>1>4"（新的值会和上一次的值交换位置）。最小的值具有最高的优先级，标号 1 会首先启动，然后标号 2，标号 3，标号 4。如果启动顺序为 3>1>2>4，如果 2 号机组不可用，那么下一个启动的机组会变成 3 号机组。

　　在配置中同样可以选择备用机组的优先级，来重新安排启动顺序。如果优先级低的机组已经在网上，机组控制器会先启动优先级最高而尚未启动的机组。

　　2）备用机组的停机顺序设置。停机顺序和启动顺序一样，这意味着拥有高优先级启动的，同样会先停机。

　　（5）功率限制自动停机。PMA会计算出每一段汇流排的总消耗功率百分数（总有功功率和总预留功率占总在网机组额定功率的百分数）。当总负荷占剩余机组功率的百分数小于负荷停机的设定值，则会激活负荷停机。

　　设定值计算采用滞后法，以防止重复计算和突然地超过设定值。

　　系统会始终检测是否可以采取负荷停机。如果机组的停机会造成功率不足，使得备用机组启动，则自动停机会被阻塞。由于负荷减少而采取的正常的停机始终会使机组停止。

　　在菜单"MASTER _ PORT/STBD"中的参数"Total Power Stop Block Limit［%］"和"Total Current Stop Block Limit［%］"可以设置停机的限值。

　　对于每一段的汇流排，同样有相应的菜单。但当母联开关合闸时，只能在左舷汇流排处设定。

　　对于机组容量不同的系统，可以设置为系统忽略停机指令，或容量最大的机组无法停止时，停止最小容量机组。

　　（6）基于功率的自动增机和自动减机阻塞。激活阻塞自动增机功能后，系统将在母排负载高时不启动备用机组，这样可以使并网的机组加载至最大而避免增机。阻塞自动增机功能只阻塞因母排负载高导致的自动增机情形，如果并网的任一机组负载超过其功率限定值，那么请求备用机组启动。

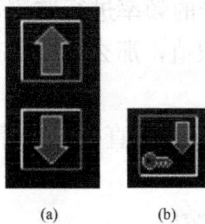

图 8 - 13　自动增机
和减机界面显示
(a) 阻塞自动增机/减机；
(b) 激活阻塞自动减机

　　阻塞自动减机功能将阻塞因母排总负载低而自动减机的情形，该功能主要用于负载波动较大的机动运行状态，这时要求一直有足够的功率。

　　在触摸屏主界面上有自动增机和自动减机的激活按钮，如果母联开关打开则每段母排分别有激活按钮。自动增机和减机界面显示如图 8 - 13 所示。

　　（7）设定最少运行机组数。除了阻塞自动减机功能，还可设定最少运行机组数。运行的机组数达到设定最少运行机组数后，这时即使减载至自动减机限值也不再减机。但是如果增加负载则有可能自动增机。

　　注意：改变母联开关的状态将会使最少运行机组数为 1。

　　（8）负载和频率控制。柴油机通常会带一个既具有速度控制又能进行负载分配的模块［典型模块如 Woodward 2310D，721 或者 723（PLUS）］。为了更好进行负载分配，负载分配功能通常由该模块完成。

　　作为可选项，在柴油机运行时，PMA300 在下垂模式进行负载分配和频率调节。PMA300 进行负载分配时，在主界面上由"DROOP"标识。

　　当由 PMA300 控制负载和频率时，PMA300 控制原则是：只给柴油机速度控制器发送加速或减速指令。

　　PMA300 在负载或者频率偏差比较大时能快速响应，而当偏差比较小时响应较慢。响应时间可在参数组"Load Share Control"中进行参数设置。

（9）不对称负载分配（ASL）/不平衡负载分配。将运行的发电机设置为半自动状态并且设置为 ASL。在触摸屏手动设置该机组的负载率，该机组将以设置负载运行，如图 8‐14 所示。

如果其他机组因为负载增加或下降而超过其限定值，这时，不对称负载运行模式将取消，进行正常负载分配。

对于无法采用 ASL 模式的机组（比如停机状态或者不是半自动状态），指示图标会显示"Disabled"，如图 8‐15 所示。

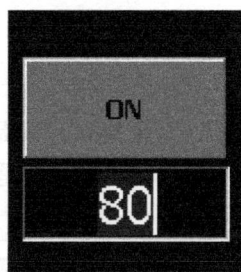

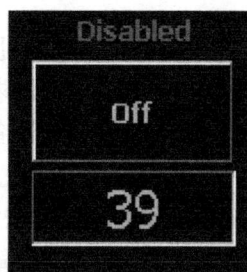

图 8‐14　负载率设置　　　　　　图 8‐15　不对称负载分配禁止

每一机组不对称负载分配参数设置在参数组"Asymmetric Load"中进行。

（10）重载控制。

1）重载设备启动。PMA300 要求重载设备启动时，由启动器发送"请求运行"信号，该信号应该是稳定的信号（闭合的触点信号），当重载设备启动时，该信号作为重载设备"运行"状态的反馈信号。

当启动器发送"请求运行"信号，PMA300 会计算船舶电站当前剩余功率，并将其与请求启动的负载功率进行比较，如果船舶电站的剩余功率足够，PMA300 将给重载设备的启动器发送"允许启动"信号（闭合的触点信号）。

如果这时功率不够，将会请求启动备用发电机。备用发电机启动并网之后重新计算功率是否足够。如果功率足够将允许该负载启动。如果有多个负载要求启动，那么将根据收到请求信号的顺序将请求信号存储，并根据该顺序依次启动这些负载。

注意：

a. 如果没有可用的备用发电机或者备用的发电机处于"半自动状态"，这时即使负载需求控制要求增加负载，但将不允许增加负载。

b. 为了安全，重载设备应安装一越权控制开关，以便在 PMA300 系统出现故障时能忽略 PMA300 的启动阻塞信号而启动。

2）重载配置。每一重载设备均可从触摸屏的参数组"Heavy Consumer"的参数进行设置，可设置的参数如下：

a. 启动需要的功率（kW）。

b. 启动需要的电流（A）。

c. 需要启动的发电机数。

d. 重载设备运行时需要保留的功率（kW）（在主画面上显示保留的功率）。

e. 重载设备运行时需要保留的发电机台数。

以上所列参数可以任意组合。

3）重载设备操作设置。在PMA300触摸屏的"重载"设置界面，如图8-16所示，可以手动设置如下功能：

a. 使能/禁止。如果重载用户被禁止，那么PMA300在收到重载设备"启动请求"信号后将不会给出"允许启动"信号，即使这时电站剩余功率足够。

b. 未激活越权控制/激活越权控制。如果重载设备越权控制激活，那么PMA300将不检查剩余的功率和可用的发电机台数，PMA300在收到"启动请求"信号后将立即给出"允许启动"信号。

c. 取消重载启动请求。PMA300在处理重载设备发送的"启动请求"信号时，可以按"CANCEL"按钮来取消重载设备启动请求。

d. 复位。如果因为某一原因重载设备的"启动请求"无法执行，但是信号仍然存在，这时就会报警，且只有这一报警信号复位后才会处理后续的启动请求。但是在要求的发电机数或者要求的电流或功率未达到之前无法复位。

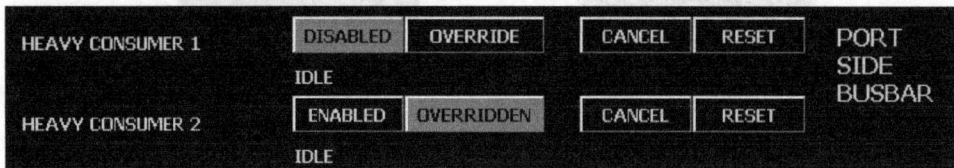

图 8-16　重载设备操作显示

（11）负载分配的监控。负载分配的监控是利用所有在网的发电机组的参数来分析负载分配和电压调节好坏。该监控系统可以监视有功功率和无功功率。如果机组的有功功率或无功功率与另外的几台机组偏离过多则会发出报警。

负载分配故障监测可以采用如下两个模式：

1）如果两台机组并联运行在负载分配模式下，当一台机所带的负载相对两台机的平均负载偏离过多时，会发出负载分配故障报警。例如：报警设定值为10%，两台机均带50%负载，如果负载分配使得机组的负荷率占一台40%，一台60%，则会产生报警。

2）如果三台或更多的机组并联运行在负载分配模式下，当一台机所带的负载相对其他机组偏离很多时，会发出负载分配故障报警。例如：报警设定值为10%，三台机均带50%负载，如果负载分配使得机组的负荷率占一台55%，另一台45%，则会产生报警。

第一种模式采用滞后计算方法，而后一种模式采用直接比较偏离值的方法。

报警的设定值可从触摸屏上的"Load Share Supervision（负载分配监控）"菜单修改。根据具体设置和PMA300中的选项（下垂模式下的负载分配）可实现下面的功能：

1）有功负载分配报警会把所有机组转变为下垂模式。如果PMA300的版本在下垂模式下的能量管理系统具有负载分配功能，那么PMA会通过发送升速/降速给负载分配和调速装置，来实现负载分配的功能。

2）有功负载分配报警会导致汇流排开关跳闸。设定值可在触摸屏上的"Load Share Supervision"和"SYSTEM"菜单中修改。且该设定值在没有进一步的实验和确认之前不会进行修改。

（12）非重要负载脱扣（负载卸载）。正常运行时，当运行机组负载过高，备用机组将启动以减少运行机组的负载。

如果因为某种原因负载增加太快或者没有可用的备用机组，这时将根据过载程度及过载时间分三级对非重要负载脱扣。非重要负载脱扣是基于母排总的负载情况确定的。

各级脱扣负载限值和延时时间可以在触摸屏上进行修改。

脱扣情况不同将显示如下报警信息的一个或多个：

——"Non Essential Consumers 1 trip"（非重要负载 1 脱扣）（Alarm）（警告）

——"Non Essential Consumers 2 trip"（非重要负载 2 脱扣）（Alarm）（警告）

——"Non Essential Consumers 3 trip"（非重要负载 3 脱扣）（Alarm）（警告）

标准配置是设定三个过载设定值，由相应的输出继电器给出相应的过载信号。

"优先级 1"为非重要负载中最重要的负载，其卸载将在最高级别时才脱扣。最高级别脱扣时较低级别的肯定已经脱扣。

可以在 PMA300 操作面板取消非重要负载脱扣功能，在负载卸载界面有一个按钮用来允许和禁止该功能，如图 8 - 17 所示。

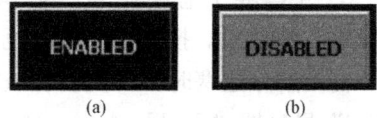

图 8 - 17　非重要负载脱扣
允许和禁止操作
(a) 使能；(b) 禁止

对非重要负载参数设置在参数组 "Load Shedding" 中进行。每一段母排均有一参数组，但在母联开关合闸时只用左弦母排的参数组。

除了因为母排功率高而卸载非重要负载外，母排电压低报警和母排频率低报警也可以卸载非重要负载。

在参数组 "SYSTEM" 中，参数 "Low Bus Voltage/Freq Load Shed ON" 可使能母排低压和母排低频时的非重要负载脱扣。

（13）系统报警及保护。

1）报警延时停机。报警延时停机功能用于在某一个报警值达到故障区域之前启动备用机组作为预警，当报警值达到故障区域之后，机组会停机。报警输入信号可以从机组作为预报警信号直接引出，也可以从报警系统引出作为一组报警（例如：滑油压力低，发电机组绕组、淡水冷却水温度高的预报警等）。

当 PMA300 收到柴油机组或报警系统发出的报警时，"延时停机"功能会被激活，延时停机的计时器（时间可调，默认为 3 分钟）会开始工作，同时会请求启动备用机组，当备用机组可以启动时，会按照启动顺序启动机组并网。机组的调速系统和负载分配系统会进行负载分配。在超过了设定的延时停机时间时，故障机组会卸载、断网、停机。

除了外部报警外，PMA 中的电网监控会对电压和频率的非正常状态进行预报警。过低的电压和过低的频率会引起延时停机。

两种情况下触摸屏上都会显示下面的信息：

——"Delayed Shutdown" or "Under Voltage 2" or "Under Frequency 2"（延时停机或欠电压或欠频）　　　　　　（Alarm）（警告）

——"Delayed shutdown"（延时停机）　　　　　　（State）（状态）

在延时停机完成后显示下面信息：

——"SAM"（Semi‑automatic）（半自动）　　　（State）（状态）

延时停机的配置可以有以下几种方式（通过触摸屏上的"Engine"菜单配置）：

a. 可以选择延时停机信号发出后，在备用机组联网之后立刻断开，停止报警机组（默认设定），还是持续到延时时间结束后再停机（在汇流排负载高时，停止断网，停机）。

b. 在机组完成转换或停机被改变之前，机组延时停机报警后的运行时间。

c. 对于延时停机输入信号，可以选择直接断开发电机的主开关而不进行卸载。注意：发电机的保护报警，可以不进行卸载而直接断开发电机的主开关。

d. 可以选择激活延时停机闭锁（默认设置）。如果选择激活，则机组的控制器会保持延时停机的状态（只针对外部的报警输入，并不包含系统内部产生的发电机保护延时停机）。如果未选择该功能，则当延时停机情况消失后，机组控制器可以自由地使机组回到运行和联网的状态。

2）阻塞报警。在机组不处于运行状态或处于启动过程中时，可以阻塞一部分报警信号。标准系统在机组启动和停止过程中对停机报警和电压、频率报警具有延时。

3）触摸屏上忽略报警。提供对报警的堵塞功能是为了服务工作和测试。当按下"SUPP"按钮时，按钮会变成红色，在原报警的图标上会显示"X"来表示堵塞该报警。

需要解除阻塞时，再次按下该按钮会关闭报警信号的阻塞。也可以在配置菜单"SYSTEM"里，把"Enable Alarm Suppression PORT/STBD"设为零，同样可以解除阻塞，并在触摸屏上隐藏"SUPP"按钮。

4）报警的重置。所有的报警被触发时，都会在触摸屏上弹出一个新窗口。"ACK"按钮用来接受该报警，如图 8‑18 所示。

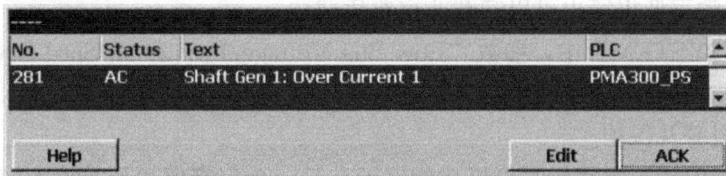

No.	Status	Text	PLC
281	AC	Shaft Gen 1: Over Current 1	PMA300_PS

| Help | | Edit | ACK |

图 8‑18　报警界面显示

如果想重置报警信号必须选择故障柴油机或发电机的窗口，然后按下"RESET"。

只要有报警发生，它就会在报警清单和相应的图片中显示。最近发生的所有的报警同时会存在报警缓冲区内并有时间标识。

5）系统保护。

a. 失电保护。汇流排监测被用于每段发电机屏，监测用的继电器的辅助触点在 PMA 内部有相应的输入。在真正的失电之前，PMA 会对失电、电压短路器跳闸、发电机主开关、汇流排开关和汇流排的通信信号进行监测。

如果检测到汇流排失电，则启动下一台可用的备用机组并在电压达到 85％额定电压后经短延时后合闸。

失电会在屏幕上显示红色的汇流排并报警。如果以上的某一个信号丢失或控制熔断器已跳闸，那么不会显示失电，备用机组也不会启动。

b. 欠/过频保护。船上电网的频率被 SIMATIC S7 所监控。在触摸屏的"Data Control"

菜单中，可以修改欠/过频的设定值。

当实际的值低于或高于设定值时，会出现下面的提示信息：

——Over Frequency 1 过频报警 1　　　　　　（Alarm）（警告）

——Over Frequency 2 过频报警 2　　　　　　（Alarm）（警告）

——Under Frequency 1 欠频报警 1　　　　　（Alarm）（警告）

——Under Frequency 2 欠频报警 2　　　　　（Alarm）（警告）

在"Table of generator protection functions（发电机组保护功能表）"中列出了触发此功能的值。

欠频报警同时会输出延时停机和负载转移信号至备用机组。

c. 欠/过电压保护。船上电网的电压通过发电机保护装置和同步装置传送到 PMA，并由 SIMATIC S7 来监视。在触摸屏的"Data Control"菜单中，可以修改欠/过压的设定值。

当实际的值低于或高于设定值时，会出现下面的提示信息：

——Over Voltage Step 1 过电压报警 1　　　　（Alarm）（警告）

——Over Voltage Step 2 过电压报警 2　　　　（Alarm）（警告）

——Under Voltage Step 1 欠电压报警 1　　　　（Alarm）（警告）

——Under Voltage Step 2 欠电压报警 2　　　　（Alarm）（警告）

在"Table of generator protection functions（发电机组保护功能表）"中列出了触发此功能的值。

欠电压报警同时会输出延时停机和负载转移至备用机组信号。

d. 发电机电压调节器的保护。特别针对使用西门子发电机的柴油电力推进系统，会提供一套保护系统用来防止因发电机电压调节器故障产生的影响。

报警显示为：

——Generator under excitation（发电机欠励磁）　　　　　　（Alarm）（警告）

——Generator over excitation（发电机过励磁）　　　　　　（Alarm）（警告）

——Generator excitation measuring fault（发电机励磁检测故障）　（Alarm）（警告）

e. 短路保护。发电机短路电流的监视由多功能电子保护装置 Siprotec 来实现。当电路发生短路故障时，信号会通过总线或开关量传输给 PMA300。

报警显示下列信息：

——Short Circuit（短路）　　　　　　　　　　（Alarm）（警告）

——Not Available（不可用）　　　　　　　　　（State）（状态）

——SAM（Semi‐automatic）（半自动模式）　　（State）（状态）

发电机开关的跳闸信号会直接从发电机保护装置发出。

为保护电网不受多台发生短路故障的发电机的影响，采用了"多开关跳闸联锁"功能。如果电网中有两台或更多的机组运行，该功能将检测在某一时间段内脱扣的发电机开关数量。标准设置是 5s 内两台发电机开关脱扣。如果这样，所有的机组会被转换到半自动模式。

f. 过电流保护。发电机过电流的监视由多功能电子保护装置 Siprotec 来实现。当电路发生过电流故障时，信号会通过总线或开关量传输给 PMA300。

PMA300 会显示下面的信息：

——Over Current Trip 过电流脱扣　　　　　　　　　（Alarm）（警告）

——Not Available 不可用　　　　　　　　　　　　　（State）（状态）

发电机开关的跳闸信号会直接从发电机保护装置发出。

发电机的三相电流 I_{L1}，I_{L2}，I_{L3} 同样会在 PMA300 中被监视。只要有一相电流超过设定值（设置两级保护），就会显示"Over Current 1"或"Over Current 2"报警。

超过设定值时，PMA300 会显示一个或几个下面的报警信息：

——Over Current 1 过电流 1 报警　　　　　　　　　（Alarm）（警告）

——Over Current 2 过电流 2 报警　　　　　　　　　（Alarm）（警告）

g. 逆功率保护。发电机功率的监视由多功能电子保护装置 Siprotec 来实现。当电路发生逆功率故障时，信号会通过总线或开关量传输给 PMA300。

报警时会显示下面的报警信息：

——Reverse Power（逆功率）　　　　　　　　　　　（Alarm）（警告）

——Not Available（不可用）　　　　　　　　　　　（State）（警告）

——SAM（Semi‑automatic）（半自动模式）　　　　　（State）（警告）

发电机开关的跳闸信号会直接从发电机保护装置发出。

6）发电机的灭磁脱扣保护。

a. 发电机的灭磁差动保护系统。发电机容量达到一定值后，要求配备差动保护系统。为了实现这种功能，就要提供一个适合的差动保护装置。

从差动保护装置传送来的报警信号，直接通过主配电板内硬线传输。并会立刻使发电机开关脱扣并对发电机进行灭磁。

b. 自动调压装置的监测。从自动调压装置（如果与发电机成套供应）传来的信号，直接通过配电板的内硬线传输。并会立刻使发电机开关脱扣并对发电机进行灭磁。

c. 操作。上面提到的"差动保护"和"自动调压装置监控"故障会以开关量信号输入 PMA300 中，同时显示"灭磁脱扣"，并产生下面的信号：

——Disconnection of generator breaker（directly from switchboard）：发电机开关脱扣（直接从配电板发出）

——Generator set stop command：发电机组停机

——Blocking of generator set：发电机组联锁

——Switch over to "Semi‑automatic mode"：切换到半自动模式

在触摸屏上会产生下面的信息：

——De‑excitation Trip（灭磁脱扣）　　　　　　　　（Alarm）（警告）

——Gen. Breaker Trip（发电机开关脱扣）　　　　　　（Alarm）（警告）

——Shutdown（停机）　　　　　　　　　　　　　　（Alarm）（警告）

——Not Available（不可用）　　　　　　　　　　　（State）（状态）

——Start Interlocked（起动联锁）　　　　　　　　　（State）（状态）

——SAM（Semi‑automatic）（半自动模式）　　　　　（State）（状态）

小　结

　　船舶电力推进监控系统主要用于电力推进系统的备车、启动、停机、切换、正倒车、调速，并完成各种运行状态参数监测、故障报警、控制和安全保护，主要包括电力推进系统、执行机构系统、传感器系统和控制计算机系统。

　　能量管理系统是船舶综合电力系统的一个重要组成部分，它是电力推进船舶系统的核心，负责对船舶电能进行统一调度、管理、控制。随着船舶用电负载功率的增加，船舶的发电、配电和用电负载的电能管理变得异常复杂，采用能量管理系统对船舶发电系统、配电系统和用电负载的电能进行统一有效管理，确保向推进负载、日用负载和武备系统等用电负载提供稳定、连续、优质的电力，可以有效地提高船舶的生命力和续航力，它是电力推进船舶系统的核心。

思考题与习题

　　1. 船舶电力推进监控系统功能有哪些？

　　2. 船舶电力推进监控系统有哪些组成部分？

　　3. 船舶电力推进监控系统监控面板有哪几类，各包含哪些主要部件？

　　4. 船舶电力推进监测与控制系统抗干扰措施有哪些？

　　5. 船舶电力推进监控系统软件设计步骤有哪些？

　　6. 船舶电力推进监控系统人机界面由哪几部分组成？各有什么功能？

　　7. 简述能量管理系统的作用。

　　8. 简述能量管理系统的一般结构及主要功能。

　　9. PMA300 型能量管理系统组成及各部分的作用有哪些？

　　10. PMA300 型能量管理系统的操作模式主要有几种方式，各模式下，如何对发电机组进行控制？

　　11. PMA300 型能量管理系统中，备用机组的启动有哪几种模式？

　　12. 简述 PMA300 型能量管理系统重载控制过程。

附录 船舶电力推进系统仿真

某型试验船电力推进系统由直流电网供电，采用逆变器驱动永磁同步电动机，电动机通过联轴器带螺旋桨，系统结构如附图1所示。直流电压 $U_{DC}=4000V$，永磁同步电机额定功率 $P_n=2500kW$，相电压有效值 $U_N=3300V$，转子为凸极结构，定子直轴电感 $L_d=0.00236H$，交轴电感 $L_q=0.00243H$，定子电阻 $R_s=0.05\Omega$，永磁体磁链 $\Psi_f=4.1Wb$；极对数 $p=11$，额定转速 $n_N=300r/min$。下面将通过MATLAB建立永磁同步电机推进系统模型，并针对不同航行工况下的系统运行性能进行仿真。

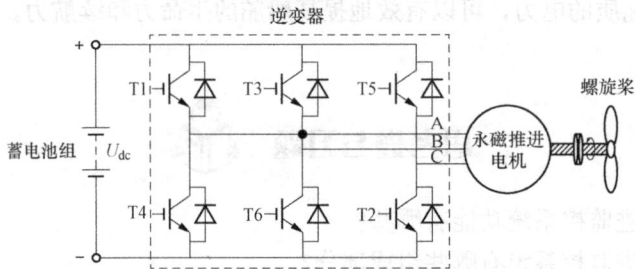

附图1 某型试验船电力推进系统结构

永磁同步电机推进系统模型主要包括永磁电动机（PMSM）模块及其矢量控制模块、逆变器主电路及其控制模块、螺旋桨负载等，如附图2所示。

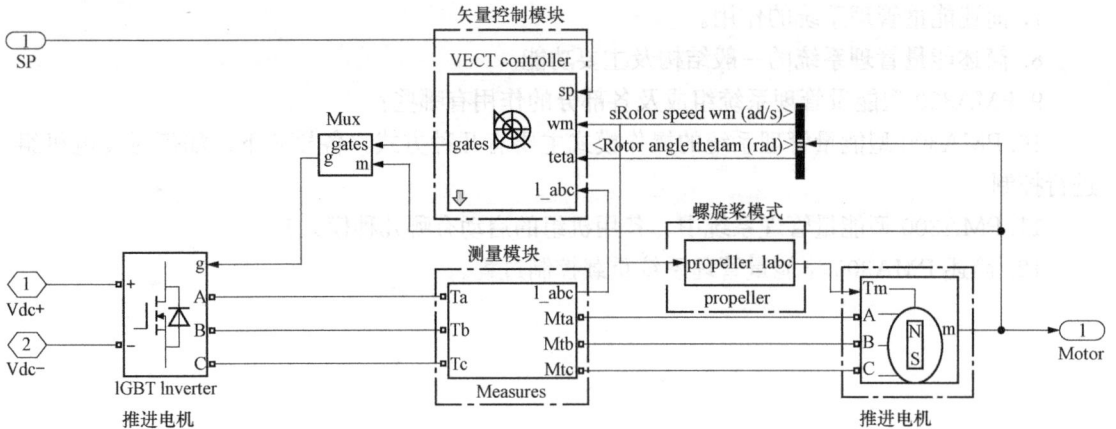

附图2 永磁推进系统仿真模型

螺旋桨负载建模可以采用曲线拟合模拟其转矩、功率随转速变化曲线，可利用MATLAB工具箱cftool，在MATLAB命令窗中输入转速、转矩对应坐标点数组，即可生成相应的函数（这里，采用多项式函数模拟螺旋桨特性曲线），某型螺旋桨反转特性曲线拟合结果如附图3所示。螺旋桨的系缆特性及自由航行特性近均为过零点的二次曲线，只是系数不同。

仿真条件设置为：参考转速 n 在 $t=0\sim1.5s$ 时间内由0线性上升至 $100\%n_N$（n_N 为额定

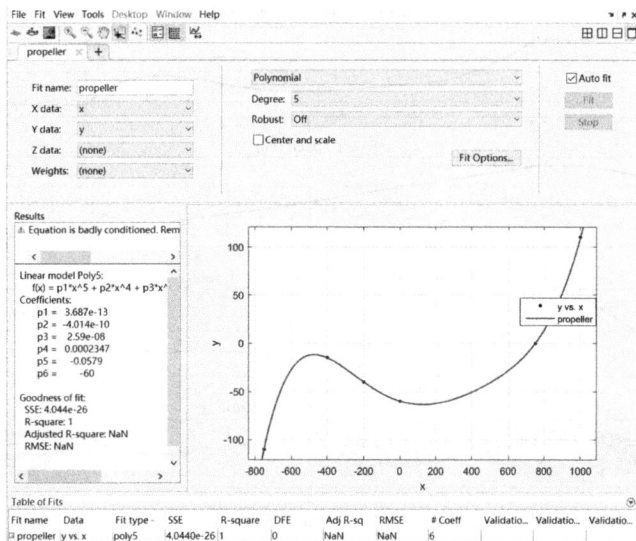

附图 3　螺旋桨反转特性拟合曲线

转速），此时，螺旋桨特性表现为自由航行特性；在 $t=1.5\sim2\mathrm{s}$，转速为额定转速，推进电机为额定转矩 T_N，此时为额定工况稳定运行；在 $t=2\sim6\mathrm{s}$，转速由 $100\%\,n_\mathrm{N}$ 线性下降至 $-75\%\,n_\mathrm{N}$，此时，螺旋桨特性表现为反转特性；在 $t=6\sim8\mathrm{s}$，螺旋桨反转稳定运行，可通过设置 Simulink/Signal Builder 参数实现，如附图 3 所示。螺旋桨负载在转速为 $100\%\,n_\mathrm{N}$、$-75\%\,n_\mathrm{N}$ 时，对应的推进电机额定功率为 P_N。

　　永磁同步电机推进系统仿真结果，如附图 4、附图 5 所示。附图 4 为推进系统自由航行、反转过程中，负载转矩随转速变化时的仿真结果，与实际螺旋桨特性曲线很相近。附图 5 为仿真过程中转矩、转速、输出功率及电机电流随时间变化的仿真结果。

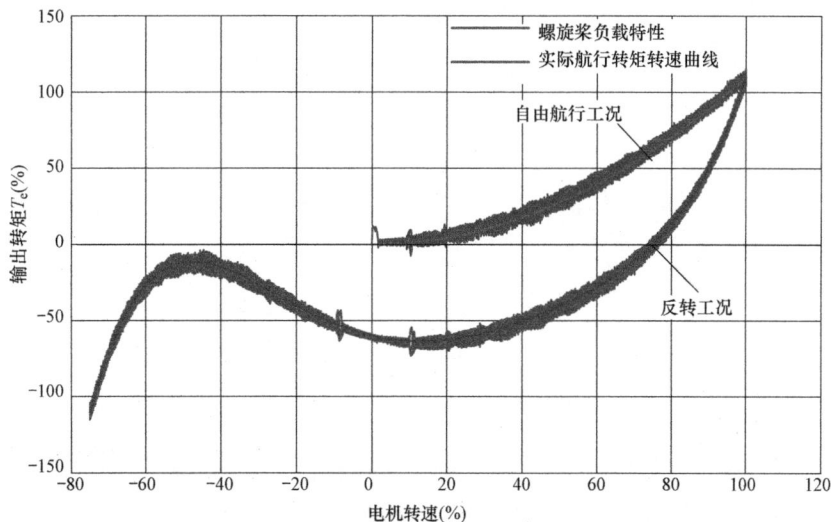

附图 4　仿真过程中负载转矩随转速变化时的仿真结果

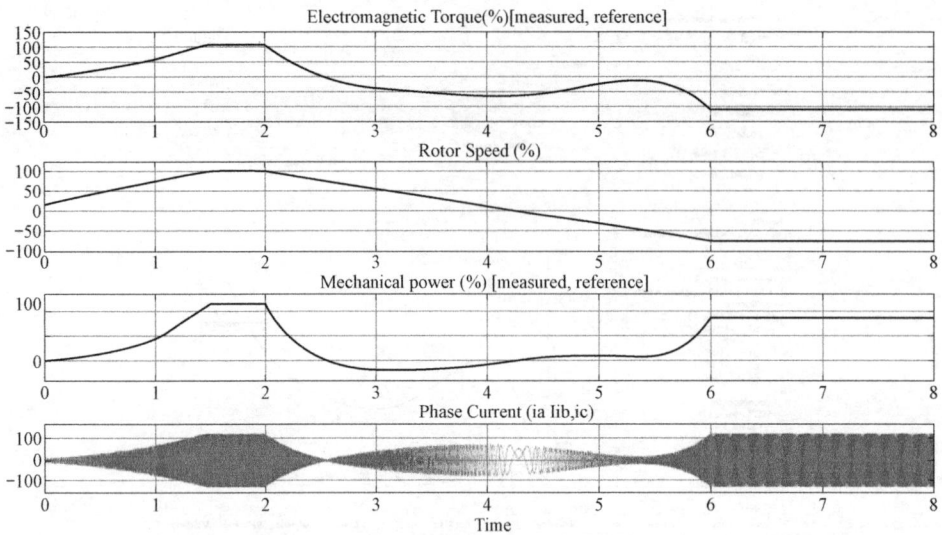

附图 5　永磁同步推进电机系统仿真结果

从附图 4 和附图 5 所示的仿真结果可以看出，所建立的永磁推进电机系统模型很好地模拟了推进系统运行过程，从而验证了仿真模型的正确性。

参 考 文 献

[1] 马伟明，张晓锋，焦侬，等 . 中国电气工程大典·第 12 卷·船舶电气工程 [M] . 北京：中国电力出版社，2009.

[2] 乔鸣忠，于飞，张晓锋 . 船舶电力推进技术 [M] . 2 版 . 北京：机械工业出版社，2019.03.

[3] 王国强，董世汤 . 船舶螺旋桨理论与应用 [M] . 哈尔滨：哈尔滨工程大学出版社，2007.10.

[4] 韩富强 . 烟大铁路轮渡渡船的电力推进系统 [J] . 中国铁路，2007，8：61 - 63.

[5] 李学，郑玉梅 . 综合检测船电力推进系统设计 [J] . 船舶设计通讯 . 2007，12：56 - 59.

[6] 吴双，夏立，张超，等 . 电力推进对船舶直流区域配电稳定性影响 [J] . 中国航海，2012，12：45 - 49.

[7] 桂阳，何炎平，陈哲 . 破冰船动力系统及主推进器发展现状 [J] . 造船技术，2021，49（04）：62 - 68.

[8] 李泽皓，王甫，胡卓，等 . 混合动力船舶能源配置与推进系统发展现状 [J] . 大连海事大学学报 . 2023，49（03）：74 - 87.

[9] 刘毅 . 50000 DWT 半潜船的电气系统特点介绍 [J] . 广船科技，2008，1：9 - 12.

[10] 朱奥，辞戴睿 . 船舶电力推进矢量控制系统的研究 [J] . 船电技术，2022，42（07）：33 - 36.

[11] 刘先越，胡静，吴晓阳，等 . 基于舰艇电力推进系统的永磁同步电机控制策略研究 [J] . 江苏科技大学学报（自然科学版）. 2023，37（02）：75 - 81.

[12] 王孙清，郑恒持，于朝，等 . 电力推进船舶开关磁阻电机交错控制策略研究 [J] . 船电技术，2022，42（11）：65 - 69.

[13] 唐绍栋 . 高温超导交流同步电动机 [J] . 船电技术，2004，1：4 - 8.

[14] 张丙楠，杜博超，赵天旭 . 舰船电力推进电机研究现状与发展综述 [J] . 中国电机工程学报，2022，42（20）：7608 - 7623.

[15] S. M. Abu Sharkh, S. H. Lai and S. R. Tumock. A Structurally Integrated Brushless PM Motor for Miniature Propeller Thrusters [J] . IEE Proc. - Electr Power Appl, 2004, 151 (5), pp: 513 - 519.

[16] J. Hong, S. Wang, Y. Sun and H. Cao. A Method of Madal Parameter Estimation of the Motor Based on Electromagnetic Vibration Exciter [J] . IEEE Transactions on Industry Applications, 2020, 56 (03): 2636 - 2643.

[17] 杜承东 . 多相同步电动机直接转矩控制系统研究 [D] . 海军工程大学博士论文，2008.

[18] 乔鸣忠 . 舰船多相永磁同步推进电机的模型、参数及运行研究 [D] . 海军工程大学博士论文，2003.

[19] 于飞 . 多相空间矢量 PWM 控制的理论与应用研究 [D] . 海军工程大学硕士论文，2006.

[20] 沈浙 . 逆变器并联传动系统控制策略研究 [D] . 海军工程大学硕士论文，2009.

[21] S. Eicher, S. Bernet, et al. The 10 kV IGCT—A New Device for Medium Voltage Drives [J] . IEEE Industry Applications Conference, 2000: 2859 - 2865.

[22] Feng Chai, Member, IEEE, Yi Li, Yulong Pei, and Yanjun Yu. Analysis of Radial Vibration Caused by Magnetic Force and Torque Pulsation in Interior Permanent Magnet Synchronous Motors Considering Air - Gap Deformations [J] . IEEE Transactions on Industrial Electionics, 2019, 66 (9): 6703 - 6714.

[23] T. Ogura, H. Ninomiya, et al. 4.5kV Injection - Enhanced Gate Transistors (IEGTs) with High Turn - Off Ruggedness [J] . IEEE Transactions on Electron Devices, 2004, 51 (04): 636 - 641.

[24] M. D. Manjrekar, P. K. Steimer, et al. Hybrid Multilevel Power Conversion System: A Competitive

Solution for High Power Applications [J]. IEEE Transactions on Industry Applications, 2000, 36 (03): 834 - 841.

[25] E. A. Lewis. Power Converter Building Blocks for Multi - megawatt PWM VSI Drives [J]. IEE Seminars on PWM Medium Voltage Drives, 2000, (03): 1 - 9.

[26] 李永东. 交流电机数字控制技术 [M]. 2版. 北京: 机械工业出版社, 2014.

[27] 张永昌. 感应电机模型预测控制 [M]. 北京: 机械工业出版社, 2020.

[28] 王志新, 罗文广. 电机控制技术 [M]. 北京: 机械工业出版社, 2020.

[29] 周扬忠. 多相永磁同步电动机直接转矩控制 [M]. 北京: 机械工业出版社, 2021.

[30] G. Escobar, A M Stankovic, E Galvan, et al. A Family of Switching Control Strategies for the Reduction of Torque Ripple in DTC [J]. IEEE Transon Control System Technology, 2003, 11 (6): 35 - 245.

[31] Vanja Ambrozic, Rastko Fiser, David Nedeljkovic. Direct Current Control - A New Current Regulation Principle [J]. IEEE Transactions On Power Electronics, 2003, 18 (1): 495 - 503.

[32] Jehudi M., Jan A. M. Speed - sensorless Direct Torque Control of Induction Motors Using an Adaptive Flux Observer [J]. IEEE Trans. on Industry Applications, 2006, 36 (3): 778 - 785.

[33] Shin M. M., Hyun D. S. Machine in the Field Speed Sensorless Stator Flux - oriented Stator Control of InductionWeakening Region [J]. IEEE Trans. on Power Electronics, 2007, 18 (21): 580 - 586.

[34] 杜煜. 三电平逆变器空间电压矢量 PWM 调制及实现 [D]. 山东大学博士学位论文, 2007.

[35] 宋庆国. 基于 IGCT 多相多电平高压变频器的设计与控制 [D]. 海军工程大学博士论文, 2008.

[36] Fenini L, Quaroni LN, Malavasi S. Estimation of Aerodynamic Noise of Diaphragms Through IEC 60534 - 8 - 3 and CFD [J]. Measurement and Control. 2021, 54 (3 - 4): 189 - 195.

[37] Song, Zaixin; Liu, Chunhua; Zhao, Huang. Investigation on Magnetic Force of a Flux Modu lated Double - Rotor Permanent Magnet Synchronous Machine for Hybrid Electric Vehicle [J]. IEEE Transactions on Industrial Electronics, 2019, 5 (4): 1383 - 1394.

[38] Zhou D, Rouaud D G. Experimental Comparisons of Space Vector Neutral Point Balancing Strategies for Three Level Topology [J]. IEEE Trans. On PE, 2001, 16 (6): 872 - 879.

[39] Bendre A, Krstic S, Meer J V, et al. Comparative Evaluation of Modulation Algorithms for Neutral - point - clamped Converters [J]. IEEE Trans. on IA, 2005, 41 (2): 634 - 643.

[40] Pou J, Boroyevich D, Pindado R. New Feed Forward Space Vector PWM Method to Obtain Balanced AC Output Voltages in a Three - level Neutral - point - clamped Converter [J]. IEEE Trans. on IE, 2002, 49 (5): 1026 - 1034.

[41] Esp inoza J E, Esp inoza J R, Moran L A. A Systematic Controller Design Approach for Neutral Point Clamped three - level Inverters [J]. IEEE Trans. on Power Electronics, 2005, 52 (6): 1589 - 1599.

[42] Sergio B M, Bordonau J, Boroyevich D, et al. The Nearest Three Virtual Space Vector PWM - a Modulation for the Comprehensive Neutral - point Balancing in the Three - level NPC Inverter [J]. IEEE Trans. on Power Electronics. 2004, 2 (1): 11 - 15.

[43] 王兆安, 刘进军. 电力电子技术 [M]. 5版. 北京: 机械工业出版社, 2020.

[44] 李庆国. 改进直接转矩控制技术的舰船电力推进系统 [J]. 舰船科学技术, 2021, 43 (06): 97 - 99.

[45] 赵博, 刘剑. 多单元永磁同步电动机运行原理及容错运行特性 [M]. 北京: 电子工业出版社, 2020.

[46] Mendoza - Mondragon F, Hernandez - Guzman V M, Rodriguez - Resendiz J. Robust speed control of permanent magnet synchronous motors using two - degrees - of - freedom control [J]. IEEE Transactions on Industrial Electronics, 2018, 65 (8): 6099 - 6108.

[47] Yan Bo, Wang Xiuhe, Yang Yubo. Starting perfor - mance improvement of line - start permanent - mag-

net synchronous motor using composite solid rotor [J]. IEEE Transactions on Magnetics, 2018, 54 (3): 1-4.

[48] Bekka N, Zaïm M E H, Bernard N, et al. A novel methodology for optimal design of fractional slot with concentrated windings [J]. IEEE Transactions on Energy Conversion, 2016, 31 (3): 1153-1160.

[49] 张海波. 变频器在船舶电力推进系统中的应用 [J]. 舰船科学技术, 2021, 43 (08): 97-99.

[50] 陈颖, 陈鹏宇. 电力推进系统的谐波仿真研究 [J]. 船舶工程, 2022, 33 (03): 95-105.

[51] 马骋. 船舶吊舱推进器水动力学 [M]. 北京: 国防工业出版社, 2009.

[52] 高宜朋, 曾凡明, 张晓锋. 吊舱推进器在舰船推进系统中的发展现状及关键技术分析 [J]. 中国舰船研究, 2011, 6 (1): 90-96.

[53] 王松, 郑安宾. 吊舱式电力推进器现状及发展方向 [J]. 船舶工程, 2023, 45 (03): 14-19.

[54] 王永生, 丁江明, 刘承江, 等. 舰船新型推进系统 [M]. 武汉: 海军工程大学出版社, 2011.

[55] 乔鸣忠, 张晓锋. 变频器供电的船舶推进系统制动过程研究 [J]. 武汉理工大学学报 (交通科学与工程版), 2009 (5): 33-37.

[56] 乔鸣忠, 梁京辉, 张晓锋, 等. 一种大气隙低噪声机桨一体化永磁推进装置 [P]. 中国: 201110131078.3, 2011.

[57] Qiao Mingzhong, Liang Jinghui, Zhu Peng. Design and Analysis of a Novel IMP PM Motor for Low Noise Pump [C]. ICMA 2010, Xi'an, China, 2010.

[58] Wu bo, Qiao mingzhong. A Review of the Research Progress of Motor Vibration and Noise [J]. International Transactions on Electrical Energy Systems. 2022: 10-16.

[59] 张明宇, 王永生, 林瑞霖, 等. 泵喷推进器低噪声优化设计 [J]. 华中科技大学学报 (自然科学版), 2019, 47 (03): 7-12.

[60] 周智勇, 孙俊忠, 刘文. 轮缘推进器应用于深潜救生艇的可行性分析 [J]. 船电技术, 2022, 42 (09): 43-45.

[61] 袁建平, 王子路, 王龙滟, 等. 泵喷推进器推进性能及噪声研究综述 [J]. 舰船科学技术, 2022, 44 (06): 1-7.

[62] 王永生. 喷水推进和泵喷推进的概念: 共性、特性及区别 [J]. 中国舰船研究, 2019, 14 (05): 1-9.

[63] 刘秀峰, 卢永进. 高温超导技术在舰船装备中的应用 [J]. 船电技术, 2013, 33 (07): 39-42.

[64] 李宏强. 船舶交流超导磁流体推进技术研究 [D]. 哈尔滨: 哈尔滨工程大学硕士论文, 2019.

[65] 徐周华. 船舶艏侧推器适用的船速域 [J]. 武汉理工大学学报 (交通科学与工程版), 2002, 26 (1): 116-119.

[66] 陈伟民, 倪士龙. 全方位推进器与艏侧推器综合作用对船舶操纵性能的影响 [J]. 上海船舶运输科学研究所学报, 2005, 28 (1): 11-14.

[67] 龙飞, 王孟莲, 杨俊飞. 艏侧推装置及其应用研究 [J]. 船电技术, 2005, 2: 6-9.

[68] 高双, 朱齐丹, 李磊, 等. 双喷水推进船舶的运动控制技术研究 [J]. 船舶工程, 2011, 30 (3): 60-67.

[69] 李亚旭, 刘晓林. 船舶磁流体推进与高温超导 [J]. 船电技术, 2009, 29 (8): 1-4.

[70] 赵猛, 邹继斌, 尚静, 等. 磁性流体行波泵实验装置 [J]. 哈尔滨工业大学学报, 2009, 41 (7): 78-80.

[71] 吴国栋, 刘昭. 船舶电力推进模拟器监控系统研究与设计 [J]. 上海造船, 2010 (2): 31-34.